འབྲི་རུ་རྫོང་གི་ལོ་རིམ་མེ་ལོང་།

比如县年鉴

BI RU XIAN NIAN JIAN

比如县年鉴编纂委员会编
比如县地方志办公室

方志出版社
Publishing House of Local Records

图书在版编目（CIP）数据

比如县年鉴. 2017 / 比如县年鉴编纂委员会，比如县地方志办公室编. -- 北京：方志出版社，2018.9
ISBN 978-7-5144-3304-3

Ⅰ. ①比… Ⅱ. ①比… ②比… Ⅲ. ①比如县—2017—年鉴 Ⅳ. ①Z527.54

中国版本图书馆CIP数据核字（2018）第224329号

比如县年鉴（2017）

编　　者：比如县年鉴编纂委员会
比如县地方志办公室
责任编辑：刘方圆
出 版 人：冀祥德
出 版 者：方志出版社
地址　北京市朝阳区潘家园东里9号（国家方志馆4层）
邮编　100021
网址　http://www.fzph.org
发　　行：方志出版社图书经销中心
电话（010）67110500
经　　销：各地新华书店
印　　刷：河南美图印刷有限公司
开　　本：889×1194　1/16
印　　张：27.5
字　　数：588千字
版　　次：2018年9月第1版　2018年9月第1次印刷
印　　数：001~400册
ISBN 978-7-5144-3304-3　定价：290.00元

比如县行政区划图

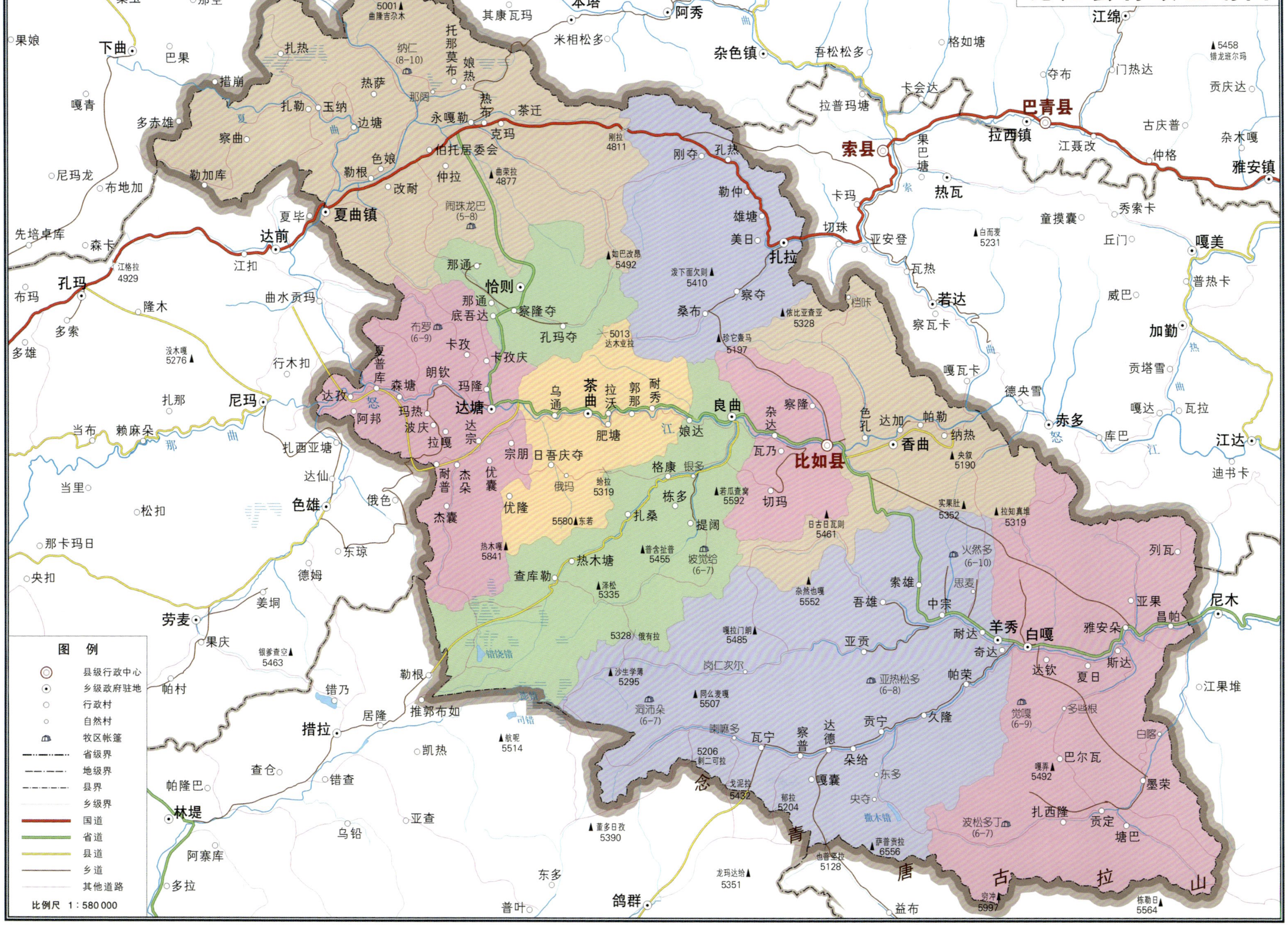

批准审图号：藏S（2016）012号　西藏自治区测绘院　编制

编 写 说 明

一、《比如县年鉴》是比如县人民政府行政公署编辑出版的地方性综合年鉴。全书以马克思列宁主义、毛泽东思想、邓小平理论、“三个代表”重要思想、科学发展观、习近平新时代中国特色社会主义思想为指导，真实、全面、系统地载录比如县自然、政治、经济、文化、经济等方面的基本情况，为社会各界和了解、研究、开发、建设比如县服务，为促进比如县建设和构建和谐比如服务，为编史修志积累宝贵的资料。

二、《比如县年鉴2017》是记录比如县2016年经济社会发展的基本资料。设有特载、大事记、综述、政治、人民团体、军事、法治、经济和社会事业、财政税务、金融、农牧林水、城建环保、交通运输、邮政通信、商贸、教育、文化旅游、医疗卫生、乡镇、机构和负责人、先进名录、附件、索引23个栏目。

三、《比如县年鉴》采用分类编辑法，由类目、分目、条目组成。条目标题统一使用黑体字加【】表示。

四、《比如县年鉴》所用综合性资料、数据由各乡（镇）、县（中）直各单位提供，一律截至2016年底。统计资料由比如县统计局提供，正文中的数据由各乡镇、各单位提供。

五、《比如县年鉴》的编辑出版工作得到了比如县各级领导、各乡镇、各单位的大力支持与协助，在此表示感谢，由于精力有限，本书的疏漏和不足之处在所难免，恳请各位读者多提宝贵意见，以便《比如县年鉴》做得更好。

《比如县年鉴》编纂委员会

主　　任： 边巴次仁

常务副主任： 李　兴　林

副 主 任： 索朗达瓦　赵　红　丹　觉阿次仁

旦增旺加　杨　复　洪　张　　俊

尼　　玛　扎西索朗　索朗多布杰

西饶旺杰

《比如县年鉴》编辑部

主　　编： 边巴次仁

副 主 编： 扎西索朗

责任编辑： 扎西索朗

编　　辑： 挪　　增　拉巴片多　巴桑罗布

2017 数字比如

比如县全景

◆土地面积：1.12万平方公里
◆年末常住人口：73538人
◆生产总值：81988.09万元
◆第一产业：21209.79万元
◆第二产业：18083.20万元
◆第三产业：42695.1万元
◆农林牧渔业总产值：121万元
◆粮食产量：3686.3吨
◆蔬菜产量：303.7吨
◆毛线产量： 132.90吨
◆肉类产量： 11553.02吨
◆奶类产量： 7955.95吨
◆虫草产量： 20707斤
◆贝母产量：41738斤
◆全社会固定资产投资：201609万元
◆税收收入：4210万元
◆财政收入：116949.1万元
◆财政支出：116740.1万元
◆金融业存款余额：124754万元
◆金融业贷款余额：85094万元
◆社会消费品零售总额：17065.73万元
◆国内游客接待人数：5.54万人次
◆游客总收入：594.9万元
◆农牧民人均纯收入：10939.7元
◆全县项目：190个
◆实现脱贫：446户、1691人

◆贫困户人均可支配收入：4150元
◆易地搬迁：129户、532人
◆牲畜存栏：20.05万头（只、匹）
◆种植牧草：12000余亩
◆干草产量：1123.95万斤
◆文艺演出：70场次
◆确定各类文物：1512件
◆自制藏药：125种
◆城镇新增就业：365人
◆困难群体、失业人员再就业：1641人
◆开发就业岗位：360个
◆转移就业：7383人
◆造林面积：1071.6亩
◆新建干部职工周转房：836套
◆援藏总投资：8275万元
◆农牧民技能培训：799人
◆合作组织：90家

比如县南岸新区全景

9月22日，全国总工会副主席、书记焦开河一行到比如县调研慰问

8月4日，西藏自治区党委常务副书记吴英杰（右二）在比如县良曲乡然塘村看望慰问驻村工作队队员，并与村“两委”班子、老党员、老劳模座谈

8月4日，西藏自治区党委常务副书记吴英杰在比如县良曲乡贡萨寺考察工作

8月4日，西藏自治区党委常务副书记吴英杰亲切看望慰问了自治区老劳模、老党员宗美

◎ 3月5日，西藏自治区政府副主席、自治区驻那曲维稳督导组组长多吉次珠（右一）在达塘乡牧民家进行走访慰问

◎ 8月11日，珠海市委书记郭元强（中）带领的赴藏考察组到比如县考察夏曲镇小城镇建设情况。西藏自治区政府副主席边巴扎西（右二）陪同

◎ 5月11日，西藏自治区人大常委会党组副书记、副主任嘎玛(前排左三）在良曲乡开展冬虫夏草资源保护与管理专题调研

◉7月6日，西藏自治区高级人民法院党组书记、院长索达（右四）一行在比如县法院调研指导工作。那曲中院党组书记、院长旺扎（右三）陪同

◉1月7日，西藏自治区教育厅厅长马升昌一行到比如县中学调研

◉5月16日，西藏自治区人大法制委员会副主任布尼玛在良曲乡检查督导虫草采集工作

◉11月份，那曲地委副书记、行署专员敖刘全（左二）在茶曲乡检查指导工作

◉那曲地委副书记索朗嘎瓦在比如县政法委检查指导综治工作开展情况

◉1月14日，西藏自治区工商局党委书记、副局长张世军，工商局强基办副主任孔亚鹏到达塘乡阿帮村检查指导扶贫工作并开展结对认亲活动

◉10月4日，西藏自治区党委组织部副部长边巴扎西（右三）在茶曲乡检查指导工作

◎9月26日，西藏自治区人民检察院副检察长赤列晋美（左一）在那曲地区检察分院政治处主任娘嘎陪同下到比如县检查院进行调研

◎8月9日，自治区党委统战部副部长才仁桑珠（右三）带领的工作组到比如县调研

◎8月17日，那曲地委委员、组织部部长白玛罗布(左二)带领的考察组在良曲乡热如村考察了解村级活动场所建设进展情况

◎10月19日，那曲地委委员、政法委书记、公安处党委书记扎西多吉到比如县检查指导工作

◉ 3月9日下午，西藏自治区民宗委副主任拉巴坚参（右一）在比如寺检查指导工作。那曲地区宗教办主任索朗罗布，县委常委、统战部部长旦达陪同

◉ 6月5日，西藏自治区总工会副巡视员、法律保障部部长扎西罗布（左四），那曲地区工会办事处党组副书记、主任次仁塔青（左一）带领的调研组在比如镇检查指导工作

◉ 8月14日，西藏自治区住建厅副厅长刘新峰（中）在比如县羊秀乡驻村工作队进行工作汇报

◉ 那曲地委书记松吉扎西（右）在香曲乡亚扎寺调研时与寺管会干部座谈

◉ 10月30日，那曲地区行署副专员多杰热登带领地区各县县委书记、县长一行到比如县公安局参观考察交流

◉ 5月15日，那曲地区民宗局党组书记、副局长布卓玉到比如县香曲乡亚扎寺督导调研寺庙“九有工程落实情况”

◉ 2月28日，以那曲地委统战部副部长、工商联党组书记、副主席次仁多吉为组长的考核组一行7人到达塘乡开展党建考核工作

◉ 4月15日，那曲地区工商联主席桑珠次仁一行到比如县检查指导工作

◎7月3日，地委委员、比如县县委书记陈刚在恰则乡检查指导工作

◎12月25日，地委委员、县委书记陈刚（前排左一）在良曲乡检查萨玛村奶牛养殖基地

◎7月，县委副书记、县长顿珠群培出席比如县学生三包大宗物资采购会

8月2日，县委副书记、县长边巴次仁在羊秀乡督导工作

8月26日下午，县委常务副书记盛悠，县委常委、统战部部长旦增旺在比如寺检查指导工作

6月6日，县委副书记李东（右二）向地区老干部调研组汇报工作

◉ 7月14日，县政协副主席、民宗局局长洛桑旦增前往茶曲乡一片区督导调研宗教工作

◉ 7月28日，县政协主席索朗达瓦检查教体局财务工作

◉ 7月16日，县委常委、宣传部部长、副县长张俊，政协副主席、教体局局长塔曲仁青到扎拉乡小学督导学校工作

◉ 12月，县政协副主席、教体局局长塔曲仁青出席比如县励耕计划困难教师资助金发放仪式

◉3月31日，县委常委、统战部长旦达带队深入寺庙检查督导维稳工作开展情况

◉11月15日，县委副书记、县人大常委会主任江英到恰则乡宗教办督导

◉10月19日，县委副书记、县长边巴次仁在达塘乡检查干部周转房施工运行情况

◉9月12日上午，比如县举行2016年第一批异地扶贫搬迁入住仪式，由县委副书记、县人大常委会主任江英同志主持，县委副书记、县长边巴次仁作重要讲话，地委委员、县委书记陈刚出席

3月17日下午，比如县人大常委会组织召开了第十一届比如县人民代表大会常务委员会第23次会议

9月20日，自治区人大民宗外侨委副主任委员朱朗时（左三）出席了县民族团结立法前的调研工作会

县直选区投票

第十二届比如县人民代表大会一次分组讨论会

10月24日，政协第六届比如县委员会第七次常务委员会议在人大会议室召开

县委委员投票选举县政协主席、副主席

政协第七届比如县委员会第一次常委会

政协第七届比如县委员会第一次全体会议开幕

比如镇巴贡村小康新村示范点

新建比如县人民法院综合楼

坐落于南岸新区的比如县第二小学

新建怒江岛公园全景

目录

大事记

综述

政治

人民团体

军事

法治

经济和社会事业

财政·税收

金融

农牧林水

城建·环保

交通·运输

邮政·通讯

商贸

教育

文化·旅游

医疗·卫生

乡镇

机构和负责人

先进名录

附 录

索 引

大 事 记

大事记

1月

4日，那曲地区扶贫工作领导小组选派督查组开始对比如县扶贫建档立卡开展督察指导工作。

5日，督查组主要对比如县扶贫工作的基本情况、工作流程等进行全面了解，查看比如县各项扶贫工作方案和精准扶贫工作进行情况。

11日，比如县召开近期干部职工违纪公开处理通报电视电话会议，县委副书记、县长顿珠群培，县委副书记、政法委书记、公安局党组书记拉巴坚赞出席主会场并讲话。

13日，举办“比如县五保集中供养服务中心”五保老人入住仪式。县委副书记、县长顿珠群培，县委副书记、人大常委会主任江英出席。县民政局局长、敬老院院长和各乡镇的90余名五保老人参加，副县长德吉卓玛主持。

19日，那曲地区保密工作督导检查组到比如镇检查指导工作。

25日，县委副书记、县长顿珠群培主持召开全县维护稳定工作会议，传达学习自治区、地区维稳视频会议精神，对自治区“两会”、春节、藏历新年期间全县各项维稳工作进行再安排、再部署。

30日，比如县组织县城的离退休干部举行春节、藏历新年茶话会。县委副书记、县长顿珠群培，县委常委、纪委书记李兴林出席。县委常务副书记、政法委书记、公安局党委书记拉巴坚赞主持。

2月

5日，自治区党委组织部副部长、自治区强基办副主任李小里，地委委员、组织部部长、地区强基办主任白玛罗布到达塘乡玛擦村慰问驻村工作队。

11日，召开比如县党建暨党风廉政建设工作会议。那曲地委委员、比如县委书记陈刚出席并作重要讲话，县委副书记、县长顿珠群培主持会议。

13日，比如县委、县政府组织干部职工及群众开展为期三天的“迎新春、促和谐”体育活动，全县200余名干部职工及群众代表参加活动。

23日，那曲地委委员、比如县委书记陈刚到白嘎乡督导调研白嘎乡市政建设情况。

22日至24日，比如县干部群众在青少年活动中心和娜秀文艺广场开展体育竞技活动。

29日，地委统战部副部长、工商联党组书记、副主席次仁多吉为组长的考核组一行7人到达塘乡开展党建考核工作。县委副书记李东陪同。

29日，那曲地区地委委员、比如县委书记陈刚到达塘乡检查指导维稳工作。

3月

2日，比如县委常委、县委统战部部长旦达，县民宗局副局长扎西平措到比如镇片区管委会检查指导工作。

2日，那曲地区双湖县政协副主席、地区

“三月法制宣传月”督导组组长曲加带队的督导组一行3人到达塘乡检查指导驻村强基惠民工作开展情况。乡党委副书记余正伟陪同。

4日，比如县人大常委会组织召开比如县十一届人民代表大会常务委员会第22次会议。应出席此次会议的人大常委会常委17人，因事、因病请假7人，实际出席10人，出席会议人数超过半数，符合法定要求。县委副书记、人大常委会主任江英主持会议。

4日，自治区统战部副部长才仁桑珠、地区统战部副部长罗布央金一行到达塘乡耐普村检查指导工作。

4日至7日，自治区政府副主席、自治区驻那曲维稳督导组组长多吉次珠深入比如县达塘乡、达姆寺、贡萨寺、比如寺、便民警务站、双集中供养点等地开展督导调研工作。

8日，自治区那曲工作会议筹备工作领导小组经济社会发展组到比如县实地调研经济社会发展情况。地委委员、比如县委书记陈刚，行署副专员杨东升，比如县委副书记、县长顿珠群培等地县领导陪同。

8日，自治区民宗委副主任拉巴，地委统战部副部长段武，索县县委副书记、统战部部长西洛一行11人到比如县恰如寺检查指导“三月法制宣传月”各项工作落实情况。

8日，比如县召开2016年基层党建、党风廉政建设暨纪检监察工作电视电话会议。那曲地委委员、比如县委书记陈刚出席并作重要讲话。全县干部代表共计360余人参加会议，县委常委、纪委书记李兴林主持。

11日，自治区民宗委副主任拉巴次仁深入白嘎寺、申扎寺开展调研，县委副书记、驻羊秀乡督导组组长李东陪同。

11日，自治区疾控中心地方病所和性病艾滋病所驻恰则乡孔玛夺村和察隆村驻村工作队向群众发放价值58950元的药品、计生用品。

12日，那曲地委副书记、行署专员松吉扎西到比如县扎拉乡督导检查工作。

13日上午，比如县副县长、羊秀乡包乡县级领导王建国到乡普宗沟检查督导工作。

13日，比如县召开宗教领域情况汇报会，向自治区民宗委副主任拉巴次仁一行汇报比如县宗教领域相关情况。地委委员、县委书记陈刚，县委副书记、县长顿珠群培等县级领导出席。

14日，县政协副主席、县民宗局局长、恰则乡包乡领导洛桑旦增到多雍塘日追检查片区管委会日常工作。

15日至16日，县委副书记、县人大常委会主任江英，县委常委、统战部部长旦达分别到比如镇片区管委会开展督导调研。县政协副主席、教体局局长、包镇县级领导塔曲仁青，镇党委副书记、镇长孔祥飞陪同。

16日，地委副书记、行署专员松吉扎西代表地委、行署专程到比如县公安局城西、色空、农贸警务站看望慰问基层一线执勤民警。政协主席边巴次仁，县政法委副书记、公安局党委副书记、局长、督察长觉阿次仁陪同。

16日，自治区疾控中心驻恰则乡孔玛朵村、察龙夺村工作队向恰则乡中心小学捐赠总价值6000余元的文具用品。

16日，比如县扶贫开发工作领导小组成立比如县“十三五脱贫攻坚指挥部”，下设10个工作组，即办公室（综合组）、政策资金保障组、规划项目组、产业脱贫组、异地搬迁脱贫组、教育脱贫组、社会保障组、转移就业组、督导考核组、宣传组。

16日，比如县委在比如会堂召开2015年基层党建述职评议会，会议以电视电话形式召开。地委委员、县委书记陈刚以及其他县级领导、县基层党建工作领导小组成员、组织部全体工作人员、县直各单位负责人、比如镇负责人、“两代表一委员”、村党支部书记、第一书记、大学生村官和群众代表参加主会场会议；各包乡县级领导、各乡（镇）党委班子成员、党的建设工作领导小组成员、党建全体工作人员、基层党建工作的“两代表一委员”、村（居）党支部书记、第一书记、大学生村、干部、党员和群众代表等参加各乡（镇）分会场会议。县委副书记、县长顿珠群培主持。

17日，比如县人大常委会组织召开比如县十一届人民代表大会常务委员会第23次会议。应出席此次会议的人大常委会常委17人，因事因病请假6人，实际出席11人，出席会议人数超过半数，符合法定人数。县委副书记、人大常委会主任江英主持会议。

17日，县委副书记李东，县委常委、统战部部长旦达到羊秀乡桑达寺、白嘎乡白嘎寺、沃阔寺召集僧众开展法治宣传，县委常委、统战部部长旦达主持。

18日，自治区教育厅副厅长刘伯清、地区教体局副局长次仁达培等领导到比如县各学校检查指导工作。

18日，比如县委常务副书记、政法委书记、县公安局党委书记拉巴坚赞到比如镇片区管委会就“三月法制宣传月”宣讲活动推进情况进行督导检查。

1日至18日，县委常委、统战部部长旦达先后到亚扎寺、曲德寺、达姆寺、热登寺、强那寺、龙卡寺、瓦塘寺、珠德寺、曲林寺、热钦寺、仲那寺、秀东寺、欧括寺、桑达寺、贡萨寺和部分片区管委会，开展督导检查和宣传教育工作。

20日至21日，自治区人大常委会党组副书记、副主任嘎玛一行深入比如县羊秀、良曲、夏曲等乡镇督导调研。

21日，自治区扶贫工作组到比如县夏曲镇检查指导精准扶贫工作。县委副书记、县长顿珠群培，副县长普布珠久，县扶贫办，夏曲镇负责人陪同。

23日，比如县与自治区脱贫攻坚督导组、地区陪同组在比如县召开脱贫攻坚督导情况反馈会。县脱贫攻坚指挥部常务副总指挥长、政府副县长普布珠久主持。督导组组长、自治区农牧厅副厅长顿吉和地区脱贫攻坚指挥长、行署副专员多杰热登反馈督导检查意见，地委委员、县委书记陈刚作发言，各单位负责人和乡镇扶贫专干参加会议。

24日，比如县组织各乡镇扶贫专干召开建档立卡数据填写培训电视电话会议。县脱贫攻坚指挥部办公室副主任边曲主持，县脱贫攻坚指挥部常务副总指挥长、副县长普布珠久出席并作重要讲话。

24日，自治区教育厅驻查库勒村工作队一行到比如县良曲乡中心小学为去年新招一年级学生发放洗漱包、足球等文体用品以及1000元慰问金。

27日，比如县以电视电话形式召开县乡领导班子换届工作业务培训会，县换届办全体工作人员、比如镇换届办有关人员参加主会场会议；各包乡县级领导、乡（镇）主要领导、乡（镇）换届办全体工作人员在各分会场参会，参会人员共计78人。

28日，比如县副县长、县脱贫攻坚指挥部常务副总指挥长普布珠久带领工作组到恰则乡督导调研脱贫攻坚工作。

28日，比如县举行升国旗仪式。地委委员、比如县委书记陈刚出席并作重要讲话，其他县级领导以及武警官兵、公安政法干警、干部职工、中小学生、僧人代表、比如镇等干部群众共800余人参加。县委副书记、县长顿珠群培主持。

28日，比如县举行庆祝“3·28”百万农奴解放纪念日群众大型文艺演出。地委委员、比如县委书记陈刚，县委副书记、县长顿珠群培及其他县级领导和广大农牧民群众共计10000余人观看。

4月

2日，比如县人大常委会组织召开比如县十一届人民代表大会第六次会议筹备工作小组会议。县委副书记、人大常委会主任江英主持。

2日，全体涉宗部门召开比如县2016年第一季度宗教领域工作专题会议，县委副书记、县人大常委会主任江英，县委常委、统战部部长旦达，政协副主席、民宗局局长洛桑旦增出席会议，比如县8个乡（镇）宗教办、25座寺庙管委会、8处片区管委会及统战部、民宗局、宗教办全体干部职工参加会议。

1日至3日，地区督导组一行12人到比如县7个乡（镇）督导检查脱贫攻坚工作开展情况。

3日，山南考察团到恰则乡考察虫草工作。

3日，自治区维稳调研组一行在自治区党委政法委副秘书长、自治区综治办副主任格桑罗布的带领下到比如县公安局，对各项维稳工作进行调研指导。比如县委副书记、县长顿珠群培陪同。

4日上午，比如县组织开展清明节祭扫活动。县委副书记、县人大常委会主任江英，县委常委、宣传部部长周战平，全县干部职工，武警官兵，公安干警，中小学生共计600余人参加扫墓活动。

4日，自治区教育厅党组成员、副厅长娄源冰，自治区卫计委党组成员、副主任扎西顿珠，自治区人社厅公务员局副局长多吉朗杰等一行到比如县夏曲镇、达塘乡督导调研。

4日，自治区党委政法委副秘书长、综治办副主任格桑罗布等领导一行到应急民兵连检查指导工作。

5日，自治区教育党组成员、教育厅副厅长娄源冰，地委委员、地委组织部长白玛罗布一行到达塘乡朗钦村检查指导党建工作。

5日，县中学在篮球场上举行首届“梦想杯”班级篮球联赛开幕式。校长索加、校党支部书记次旺多吉、副校长卓玛、副校长阳菊、各科室主任、全体裁判员、班主任、全体运动员参加。

7日，地区水利局副局长周越带督导组到良曲乡开展扶贫督导工作。

7日，自治区检察院驻达塘乡玛热村工作队邀请藏寿堂医务人员进驻玛热村为农牧民群众开展为期2天的免费义诊活动，发药4000余元。

11日，比如县召开脱贫攻坚干部包乡包户动员大会。县委副书记李东主持，县脱贫攻坚指挥部副总指挥长、副县长普布珠久宣读《比如县脱贫攻坚各级干部包乡包户的事实方案》，县脱贫攻坚指挥部总指挥长、县长顿珠群培作重要讲话。县级领导、县（中）直各单位负责人、各乡镇、各寺管会、各片区管委会、脱贫攻坚指挥部各职能小组组长参加。

12日，召开政协第六届比如县委员会第六次会议，地委委员、县委书记陈刚，县委副书记、县长顿珠群培，县委副书记、人大常委会主任江英，县委委员、组织部部长格桑旺姆，县法院院长索朗多布杰，县检察院副院长侯伟波，出席会议。此次会议县政协委员应到35人，实到27人，符合《中国人民政治协商会议章程》规定，县政协副主席达布·朗杰旺久主持。

21日，召开比如县政府系统第一次廉政工作会议。副县长王建国主持，县委副书记、县长顿珠群培出席并作重要讲话，副县长普布珠久、德吉卓玛等参加。

24日，浙江省宁波市、绍兴市两地共同出资480万元设立的那曲地区首个教育基金　　比如县甬绍教育基金正式成立。该基金由比如县第七批援藏小组发起。　——

24日，自治区检察院驻达塘乡玛热村工作队曩扎德晞购买书本捐献给达塘乡中心小学。

26日，自治区卫生监督局副局长郭林海到吉琼村，看望慰问村“两委”班子、结对户和老党员等共12名群众，为他们送去牛奶、水果等价值3516元的慰问品。

5月

1日，在县青少年活动中心进行第二届“奋进杯”篮球赛的开幕仪式。比如县县直机关队、乡镇代表队、武警四大队等共19家单位组成的参赛队伍在篮球场上列队，那曲地委委员、县委书记陈刚为运动员加油鼓劲，县委副书记李东致开幕辞。

1日，召开比如县政法系统党员大会，选举政法系统县级党代表。县政法委副书记、公安局党委副书记、局长、督察长觉阿次仁同志主持。县政法委、司法局、检察院、法院、公安局党员共计91人参加。

3日，地委委员、比如县委书记陈刚等3人

一行到白嘎乡检查指导工作，比如县人大常委会副主任、白嘎乡党委书记扎西维色，白嘎乡党委副书记、乡长仁青桑珠陪同。

8日，比如县人大常委会组织县直机关选区选民召开比如县十二届人民代表大会选区选举大会。县直机关选区共登记符合条件的选民1155人，591名选民参加选举大会，493名选民委托到会选民投票。县委副书记、人大常委会主任江英主持。

8日至9日，由那曲地区行署副秘书长吴春奎带队的一行调研组到比如县香曲乡、比如镇部分村居开展关于群众“弃农弃牧”情况调研。

9日，县（中）直17个支部，比如镇政府，比如镇5个居委会，曲林管委会干部、僧人，驻地官兵共654人在曲林寺周围开展义务植树活动，县委副书记、县人大常委会主任江英，县委副书记李东，县政协主席边巴次仁，县委常委、统战部部长旦达等领导参与活动并现场指导。

11日，自治区人大常委党、党组副书记、副主任嘎玛和人大那曲地区工委副主任央宗等一行10余人在地委委员、县委书记陈刚的陪同下，对恰则乡、良曲乡2016年度冬虫夏草资源保护与管理情况，进行专题调研。

12日，在国家林业局中南院指挥部孙继霖副处长、郝建新副院长及2名技术人员的指导下，启动全县森林资源连续清查第三次复查工作。

12日，那曲地区公安处政治副主任汪学刚一行到比如县公安局开展理顺管理体制的专题调研工作。比如县公安局党委委员、副政委杨刚及各部门负责人陪同。

15日至16日，以地区民宗局党组书记、副局长布卓玉为组长的一行少数民族发展资金项目督导检查组到比如县良曲乡热如村纸质加工厂改建项目、香曲乡亚东村蔬菜种植基地、茶曲乡玛库村牧场道路、达塘乡帕索牧场道路、恰则乡孔玛夺村等项目实地进行督导检查。县政协副主席、民宗局局长洛桑旦增陪同。

16日至17日，自治区人大法制委员会副主任委员、第六督导组组长布尼玛，日喀则市人大常委会党组成员、副主任、第六督导组副组长巴桑多吉一行到比如县对4个乡（镇）12个村（居）的“两学一做”学习教育、强基惠民、维护稳定、精准扶贫等工作进行全面督导检查。

17日，自治区国土资源厅巡视员张建平、厅局机关专职副书记崔广全、政工人事处副调研员杨马先一行到恰则乡察隆夺村、底吾达村视察工作。

17日至19日，比如县委副书记、县长顿珠群培带队到白嘎乡、羊秀乡、比如镇、香曲乡等乡镇虫草采集点督导虫草采集管理工作，并现场指导。

19日，比如县政法委书记、公安局党委书记、局长、督察长觉阿次仁到扎拉乡各执勤设卡网点，对设卡网点的执勤民警工作开展情况督导检查。

20日至21日，自治区教育工委党组成员、教育厅副厅长吴爱珍带队的一行4人组成的自治区教育督导组，在地区教体局党组成员、副局长普布顿珠和计财科科长晋美陪同下，首先看望并慰问自治区教育厅驻法若村、查库勒村工作队，随后对比如县良曲乡中心小学、教体局、县中学财务管理工作进行专项检查指导，县委副书记李东、教体局副局长旦增罗布、教体局财务室主任扎西同珠陪同。

21日，地区卫生局义诊团“送健康进山下村”为主题义诊活动走进比如镇布龙沟采集点、查龙村、珠德村为300多名群众进行免费健康体检，并送去价值千余元的常用药品。

23日，召开比如县2016年基层党建工作推进会。会议以电视电话形式召开，县直各党组织、各部门主要负责人和比如镇、良曲乡主要领导参加主会场会议；包乡乡镇县级干部、各乡镇在岗全体干部职工、部分驻村工作队队长和村居党支部书记参加乡镇分会场会议。县委常委、组织部部长格桑旺姆主持。

24日，自治区高院组织全区三级法院召开

“基本解决执行难”暨执行案款清理工作动员部署会议并做重要讲话。县法院党组成员、副院长格桑罗布及各业务庭室全体干警在分会场参加会议。

24日，比如县召开“两学一做”学习教育专题讲座暨动员部署会。会议以地委委员、县委书记陈刚讲党课的形式全面启动，县委副书记、县长顿珠群培主持并作重要讲话，共400余人参加。

24日，那曲地区公安处召开“忠诚教育月”动员部署电视电话会议，比如县公安局领导、各部门、各便民警务站负责人在分会场参加。

26日，比如县副县长普布珠久带领工作组到白嘎乡叮色村等地了解高效牧草长势情况。

30日，受地委委派，泽让昂堆（地区编译局原党委副书记、局长）、斯塔扎西（地区财政局原办公室主任）带队的退休老干部调研组到扎拉乡，对虫草采集管理进行调研。地委委员、比如县委书记陈刚，县委副书记李东，县委委员、政法委书记、县公安局党委书记、局长觉阿次仁陪同。

30日，县委副书记、县人大常委会主任江英，县统战部副部长扎西达杰一行到夏曲镇瓦塘村采集点对虫草采集管理工作进行督导检查。镇党委副书记、镇长王炜陪同。

31日，比如县人大常委会组织召开比如县十一届人民代表大会常务委员会第25次会议。应出席此次会议的人大常委会常委17人，因事、因病请假8人，实际出席9人，出席会议人数超过半数，符合法定人数。县委副书记、人大常委会主任江英主持。

28日至31日，那曲地区检查分院党组副书记、副检察长仁增杰布带队的山西援藏技术团一行7人到比如县检察院开展案管技术帮扶工作。

6月

1日，比如县全面使用“钉钉”管理软件。软件全面推广之后，基本达到干部职工工作作风明显提高、信息及时上传下达、请假流程不断优化、考勤签到更加高效的目的。

2日，比如县召开第七批援藏工作座谈会。地委委员、县委书记陈刚出席并作重要讲话，县委常务副书记徐真民，县委副书记、人大常委会主任江英，政协主席边巴次仁，县委常委、常务副县长朱如华，县委常委、组织部部长格桑旺姆等领导以及9名援藏领导干部出席。县委副书记、县长顿珠群培主持。

3日，那曲地区离退休干部督导调研组一行到茶曲乡对各项工作进行检查指导，县委常委、统战部部长、包乡县级领导旦达，乡党委书记嘎桑，乡人大主席黄绍凡陪同。

3日，自治区总工会副巡视员、法律保障部长扎西罗布，地区工会办事处党组副书记、主任次仁塔青率调研组到比如镇检查指导工作。

6日，比如县那曲河大桥工程项目部负责人到南岸新区警务室送锦旗，感谢民警为项目施工保驾护航所作出的贡献。

7日上午，比如县检察院党组书记、检察长西绕旺杰组织干警带着哈达和衷心的祝福，一同欢送县检察院援藏副检察长马力军。

9日，自治区组织部驻茶曲乡日普村、耐秀村工作队牵头，茶曲乡党委组织，辖区所有驻村工作队队长到茶曲乡各采集点观摩指导虫草采集点临时党支部工作开展和马库村高效牧草种植情况。观摩团共计30人。

10日，那曲地区公安处法制支队执法质量考评组一行到比如县公安局开展执法考评工作，比如县公安局党委委员、政委格布及各业务部门负责同志陪同。

10日至11日，由自治区党委宣传部部务委员、纪检组长张志军带队的换届风气巡回督察组到比如县换届办和10个乡镇开展换届工作全面督导检查。县委副书记李东，县委常委、组织部部长格桑旺姆陪同。

6月13日，那曲地区民宗局党组成员、调研员陈昌逢一行3人到达塘乡、良曲乡、恰则乡检查指导宗教领域各项工作落实情况，县政协副主席、民宗局局长洛桑旦增陪同。

13日至14日，以那曲地区民宗局副局长为组长的寺管会党建工作年中检查验收小组一行到比如县5个乡镇、3个寺管会、县相关单位开展寺管会党建工作年中验收，县委统战部副部长、县民宗局副局长陪同。

15日，由索县县委常委、组织部部长王永杰带队的索县、巴青县换届办工作人员一行8人到比如县开展换届工作现场交流学习会。比如县县委常委、组织部部长格桑旺姆陪同。

19日，浙江省工商行政管理局局长黄笑苹、浙江省工商行政管理局虞科长、那曲地区工商行政管理局局长罗永宏等一行7人到茶曲乡日吾庆夺村采集点参观指导采集点临时党支部工作情况，县委副书记、县人大常委会主任江英和茶曲乡党委书记噶桑陪同。

19日，2016年西藏自治区高中（中职）招生全区统一考试那曲考区比如考点考前会议在县中学召开，县政协副主席、教体局局长塔曲仁青主持。县委副书记李东，副县长普布珠久及地区巡视员双湖县教体局教研员旺杰，双湖县中学教务处主任旦巴塔青，县中学教师扎西出席，县直部门抽调的15名监考、教体局6名流动监考、各乡镇小学教师中抽调的36名监考、考点工作人员及县中学毕业班教师共100人参加。

20日，比如县人民政府主办，重庆家禾影视文化传媒有限公司、重庆寰行天下旅游发展有限公司、重庆自驾旅游协会承办的“西藏比如县第八届娜秀文化旅游艺术节暨冬虫夏草交易会自驾旅游重庆新闻发布会”在重庆君豪国际会所、六味合酒楼宴会厅隆重举行，会议邀请重庆知名旅行社代表、多家自驾俱乐部、十余家主流媒体出席。

17日、20日，县城区域开展两次大扫除活动，县（中）直各单位干部职工参与。

23日，地委委员、县委书记陈刚主持召开比如县2016年县委理论学习中心组第三次学习会。

24日，县委副书记、人大常委会主任江英带队到达塘乡检查指导寺庙属地管理工作、那拉拉康日常工作开展情况。县委常委、统战部部长旦达，包乡县级领导、县政府党组成员扎西平措陪同。

22日至24日，中央电视台第七频道《每日农经》栏目组到良曲乡采访虫草采集服务管理工作。副县长普布珠久、乡党委书记扎西尼玛陪同采访。

26日，地区卫生局副局长次旦到达塘乡督导检查卫生工作。县长扬复洪、卫生局主任科员冷冻梁陪同。

27日，比如县看守所释放人员舒某等7人将一面印有“执法严明、管教有方”的锦旗亲手递到管教民警手中，表达对比如县看守所人性化管理及看守所领导、管教民警悉心帮教的感谢。

28日，区党委巡视十一组巡视比如县动员会召开。巡视组长李文革出席并讲话，巡视组副组长姜太强、扎西旺堆出席，地委委员、比如县委书记陈刚主持并代表县委作表态发言。比如县四大班子全体成员，县直部门副科级以上干部，乡镇党政负责人，部分党代表、人大代表、政协委员、离退休老干部代表参加。

23日至28日，对各乡镇财务所从业人员、各学校兼职会计、出纳等34名学员进行为期6天的教育领域财务管理培训。

30日，那曲地区脱贫攻坚指挥部副总指挥长那托带队的地区扶贫督导工作组一行到夏曲镇督导检查精准扶贫各项工作落实情况，比如县副县长李建军、夏曲镇党委书记扎西尼玛、镇长王炜、扶贫专干陪同。

7月

1日，地委委员、县委书记陈刚到茶曲乡检查指导项目工作进度，乡党委书记嘎桑、乡长巴杰多吉陪同。

1日，地区督导组那托副主席一行3人到

比如县4个乡（镇）督导检查脱贫攻坚工作开展情况。

1日，地委委员、比如县委书记陈刚到达塘乡检查指导工作，乡党委书记青美次仁，乡党委副书记、乡长扎西平措陪同。

3日，地委委员、比如县委书记陈刚到恰则乡检查指导工作，乡党委书记阿布次仁和包乡县级领导洛桑旦增陪同。

4日，副县长普布珠久、县农牧局局长葛超到良曲乡开展高效牧草种植调研工作。

4日，地区督导组那托副主席、县脱贫攻坚指挥部常务副总指挥长李建军一行4人到达塘乡督导检查脱贫攻坚工作开展情况。

5日，举行比如县2016年第二季度宗教工作专题会。会议以电视电话形式召开，比如县设主会场，各乡镇设分会场。县委副书记、县人大常委会主任、县宗教工作领导小组组长江英，县委常委、统战部部长旦达，县政协副主席、县民宗局局长洛桑旦增及县宗教工作领导小组成员单位负责人出席主会场；各乡镇党政主要负责人、宗教办负责人、各寺管会、片区管委会（特派员管理小组）主要负责人出席分会场。县委常委、统战部部长旦达主持，县委副书记、县人大常委会主任、县宗教工作领导小组组长江英作重要讲话。

5日，自治区人大党组副书记、副主任嘎玛一行在索县召开比如县、索县、巴青县脱贫攻坚工作汇报会。地委委员、比如县委书记陈刚，副县长、脱贫攻坚指挥部副指挥长李建军前往索县参加。

5日，自治区人大办公厅副巡视员曾华忠一行到比如县羊秀乡中宗村、亚贡村进行调研，同时看望慰问驻村工作队员。

6日，自治区人大办公厅副巡视员曾华忠一行分别到羊秀乡中宗村、亚贡村驻村点参加驻村工作队座谈会，县人大常委会副主任德琼陪同。

6日，自治区高院党组书记、院长索达一行在那曲中院党组书记、院长旺扎的陪同下到比如县法院调研指导工作。

6日，自治区发改委副巡视员付书利到扎拉乡孔热村督导调研，同时，带领第五批第二轮驻村工作队进行轮换工作。比如县党委副书记、县人大常委会主任江英，副县长尼玛次仁，乡党委副书记、乡长王友贞陪同。

6日，大型公益纪录片《中国梦——百家企业公益行》在浙江省第七批援藏干部的牵头下，来自浙江省的东方日升、纽能集团、天映传媒、杭州重型钢管、云上团队、逗逗龙服饰、永欣服饰、鑫耀宝藏等优秀企业在比如县委、县政府的协调配合下走访茶曲乡小学、茶龙教学点、郭那教学点，为学校发放打印机、复印机，为同学们捐献衣服、体育文具用品等物资。考察过程中，浙江省部分企业家对比如县茶龙学前点、扎拉乡小学、达塘乡小学和茶曲乡小学一些品学兼优的贫困学生进行一对一的长期对接和资助。企业家们了解到比如县2016年被棕熊咬伤的少年南加扎西的情况后，为他捐款31400元。同时，浙江省纽能集团董事长徐文平先生更表示将对南加扎西今后的学习和生活进行全程资助，解决他学习的全部费用，直至南加扎西大学毕业。本次公益行走进比如县活动先后为比如县白嘎乡小学、达塘乡小学和茶曲乡小学捐助速印一体机1台、图书千余册、毛衣200件、文具若干，捐赠物资总价值近15万元。与此同时，企业家黄颖、沈红英等为比如县贫困学生捐献爱心助学金5万余元。

7日，县强基办组织召开驻村意见交流会，自治区人大办公厅副巡视员曾华忠带领的工作组及县委常委、组织部部长、强基办主任格桑旺姆，县人大常委会副主任德琼，县人大办公室主任何晓娟和县强基办工作人员参加。

8日，山南第五考察组一行到比如县公安局参观学习各项重点工作，比如县政法委书记、公安局党委书记觉阿次仁，县公安局政委格布陪同。

9日，地委委员、县委书记陈刚到良曲乡检查指导高效牧草种植工作，良曲乡党委副书记、乡长袁武，良曲乡人大主席央珠陪同。

10日，地委委员、比如县委书记陈刚和副

县长普布珠久，县农牧局局长葛超一行到羊秀乡检查指导高效牧草种植工作。

10日，地区综治办副主任杨红亮带队的考评组一行到比如县对上半年综治工作进行考评验收。

11日，县委委员、县人大常委会副主任、白嘎乡党委书记扎西维色带队的一行人员到良曲乡交流学习高效牧草种植经验。

12日，比如县以电视电话会议形式召开“两学一做”学习教育专题党课会，县委副书记李东向全县广大党员干部职工上专题党课，县委常委、组织部部长格桑旺姆主持。县（中）直各单位主要负责人和县直党支部负责人以及比如镇、夏曲镇、扎拉乡“两学一做”学习教育负责人参加主会场会议。其他各乡镇主要领导、寺管会负责人、片区管委会负责人、驻村工作队队长、第一书记及党员干部参加乡镇分会场会议。

14日，比如县公安局对部分辖区进行一次安全大检查。

15日，地区交警支队政委李文明一行到比如县交警大队检查督导交通管理工作。公安局党委副书记、政委格布和交警大队教导员次仁旺久同志陪同。

15日，比如县举办“两学一做”学习教育及“七月党建月”系列活动之“如何做一名合格党员”主题演讲比赛。县委常委、组织部部长格桑旺姆等领导观看比赛并为获奖选手颁奖。

13日至15日，县委统战部部长旦增旺加，县委统战部副部长扎西塔杰一行到白嘎乡、羊秀乡检查指导乡宗教办、9座寺庙工作开展情况。

16日，比如县机关党委在娜秀文化广场举办比如县干部职工文体活动。地委委员、县委书记陈刚，县委副书记、县长顿珠群培等县级领导参加。县委常委、组织部部长、机关党委副书记格桑旺姆致开幕词。

18日，召开“县纪委、县委组织部向自治区巡视十一组汇报会议”，自治区巡视十一组组长李文革及区巡视组成员出席，比如县委副书记、县长顿珠群培，县政协主席边巴次仁，县委常委、组织部部长格桑旺姆，县委常委、统战部部长旦增旺加及县纪委、县委组织部、县人社局全体干部参加，县政协主席边巴次仁主持。

20日，自治区工青妇驻比如县比如镇嘎叶居委会工作队代表到比如县公安局嘎叶村便民警务站进行慰问，并送上“心系群众、尽职尽责”字样的锦旗，以感谢在虫草采挖期间嘎叶村便民警务站民警良好的职业素养。

21日，那曲县委常委、统战部部长尼玛扎西为组长的考察组一行先后到比如县教育矫治培训中心、部分市政建设点进行考察学习。县委委员、政法委书记、公安局党委书记、局长觉阿次仁，县政法委副书记、综治办主任格桑巴珠陪同。

24日，浙江省第八批援藏干部人才及比如县接待小组成员一行顺利抵达比如县。地委委员、县委书记陈刚率领四大班子成员举行欢迎仪式。

27日，那曲地区公安处党委委员、副处长扎西次仁带领地区维稳工作第一督导组到比如县公安局检查指导工作，比如县公安局党委委员、副政委杨刚陪同。

29日，中央政法委举办政法干部学习讲座第三讲，比如县公安局组织各科室、警务站负责人共计14人参加学习。

8月

1日，浙江省宁波市的第八批援藏干部在教体局副局长杨周宏带领下对县中学进行检查指导。

1日，地委委员、县委书记陈刚带队的比如县委、县政府慰问团到人武部、武警四大队、生产连、消防大队、武警中队、应急民兵连走访慰问。县委副书记、县长顿珠群培，县委常务副书记盛悠，县政协主席边巴次仁，县政法委书记、公安局局长觉阿次仁，副县长德吉卓玛陪同。

2日，召开第八批援藏干部人才见面会。地委委员、县委书记陈刚以及其他县级干部，盛悠、徐丽东等10名援藏干部出席，县直各单位负责人共计50余人参加见面会，县委副书记、县长顿珠群培主持。

3日，那曲地区农牧局党组成员、调研员、考察组组长强巴，比如县委常委、组织部部长格桑旺姆一行4人到茶曲乡实地考察村干部转乡镇公务员工作，乡党委书记嘎桑主持，共24人参会。

8日，日喀则市委常委、统战部部长巴旦旺久带领的阿里地区考察交流团在比如县委常委、统战部部长旦增旺加的陪同下，到达姆寺、热登寺、贡萨寺和比如寺等寺庙进行交流学习。

8日至9日，阿里地委委员、统战部部长拉巴平措带队的工作组一行到比如县考察交流。县委副书记、县长顿珠群培陪同。

9日，第八批援藏教体局副局长杨周宏到良曲乡中心小学进行调研指导。良曲乡中心小学校长达瓦次仁、副校长次仁加参陪同。

9日，自治区党委统战部副部长才仁桑珠一行5人在比如县召开精准扶贫、职教工作汇报会，县委副书记、县长顿珠群培，县政协副主席、民宗局局长洛桑旦增等相关单位负责人出席，由县委常委、统战部部长旦增旺加主持。

10日，中央党校西藏班班主任张伟带队的调研组一行到比如县考察调研工作，那曲地委党校副校长卓日随行，县委副书记、县长顿珠群培陪同。

11日，珠海市委书记郭元强赴藏考察组到夏曲镇实地考察比如县夏曲镇建设情况并与自治区、那曲随行领导进行座谈。

16日，比如、索县、巴青，那曲地区东三县的学前教育工作人员集中在索县完小阶梯室启动2016年“国培”计划——“送教下乡”学前教育“索县站点”的开班仪式。

16日，日喀则市委统战部宗教工作交流考察组一行20余人到比如县达姆寺考察交流。县委常委、统战部部长旦增旺加陪同。

17日，比如县召开干部座谈会。地委委员、组织部部长白玛罗布，地委组织部副调研员索朗罗布出席，其他县级领导干部、县（中）直各单位负责人，比如镇、良曲乡党政主要领导参加，会议由地委委员、县委书记陈刚主持。

19日，第八批援藏外科医师王海勇对比如县医院收治的1名气胸患者进行气体引流术。

25日，县政协副主席、教体局局长塔曲仁青一行前往昌都市边坝县尼木乡小学考察交流学习。

25日，在昌都市八宿县副县长扎西顿珠带队下，八宿县教体局局长杨重钧、副局长土嘎、崔永超一行38人组成的昌都市八宿县教育系统考察团对比如县完小、良曲乡小学进行教育考察。

26日，县委常委、副县长、宣传部长张俊，第八批援藏干部县教体局副局长杨周宏等一行数人组成的工作组到羊秀乡、白嘎乡两所学校进行检查指导。

26日，那曲地区民政局工作组在县民政局主要领导陪同下对比如镇村务公开民主管理示范单位创建情况进行督导检查。

8月26日至9月7日，县卫生局、县人民医院、县疾控中心和各乡镇卫生院密切配合浙江包虫病调查专家组进行包虫病调查工作。

27日，那曲地委统战部常务副部长罗布央钦带队的各县统战部部长、四省学经回流人员教管办负责人考察组一行到比如县，考察创新寺庙管理工作。县委常委、统战部部长旦增旺加，县政协副主席、民宗局局长洛桑旦增陪同。

29日，比如县召开县委八届六次全委会，地委委员、县委书记陈刚主持。

9月

1日，中国共产党比如县第九次代表大会在比如县召开，大会应出席代表206名，实到192名，因事因病请假14名。各代表分别召开代表团分组讨论会议。各代表团团长主持。

1日，中国共产党比如县第九次代表大会主席团第二次会议召开。大会主席团应出席27人，1人因工作原因请假，实际出席26人。大会由主席团执行主席陈刚主持。

1日，地区明察暗访组一行到扎拉乡督导检查维稳工作并提出具体工作要求。

2日，召开中国共产党比如县第九届纪律检查委员会第一次全体会议，纪委书记李兴林主持，会议应到纪委委员13名，实到委员12名。那曲地区政协副主席那托、地区人大工委秘书长贡嘎、地委组织部组织科科长徐涛出席。

3日，地委委员、比如县委书记陈刚，副县长尼玛次仁，县住建局副局长扎西顿珠及发改委工作人员到羊秀乡考察城乡规划建设、农贸市场建设等情况。乡党委书记加努，乡党委副书记、乡长储从飞陪同。

4日，召开比如县十一届人民代表大会常务委员会第28次会议，应出席此次会议的人大常委会常委17人，因事因病请假6人，实际出席11人，出席会议人数超过半数，符合法定要求。县委副书记、人大常委会主任江英主持。县委组织部、县公安局、卫生局、后勤办、编译局、消防大队、武警县中队、电视台、网信办、县检察院等有关单位10名负责人列席。

7日，国家林业局高原湿地研究中心王行博士一行4名专家到比如县娜若湿地公园开展湿地状况调查。

7日，政协比如县委员会召开新一届政协委员培训会，委员应到63人，实到59人。本次培训会旨在通过以会代训的方式增强委员业务理论水平，提升委员履职能力。县政协党组成员扎西索朗主持。

7日，召开政协比如县七届一次会议预备会，委员应到63人，实到59人，符合《中国人民政治协商会议章程》规定。县政协主席索朗达瓦主持。

7日，召开县政协七届一次会议主席团第一次会议，主席团应到12人，实到12人，符合《中国人民政治协商会议章程》规定。

8日，政协比如县第七届委员会召开第一次会议。县政协委员应到63名，实到58名。地委委员、县委书记陈刚，县委副书记、县长边巴次仁，地区政协副主席那托，县委副书记、县人大常委会主任江英，县法院院长索朗多布杰，地委组织部组织科科长徐涛，县检察院党组成员、副检察长侯伟泼，应邀出席。县委组织部、县委统战部、县人社局、县财政局、县民宗局、县工青妇、县农牧业科技服务站、县扶贫办等政协各参加单位的负责同志及7名区、地级政协委员应邀列席。县政协副主席扎西索朗主持。

8日，比如县十二届人大一次会议及代表团分组讨论会议召开。会议推选代表团团长、副团长，审议《比如县十二届人民代表大会第一次会议主席团和秘书长名单（草案）》《比如县十二届人民代表大会第一次会议议程（草案）》，通过《比如县十二届人民代表大会第一次会议主席团和秘书长名单》。

8日，比如县十二届人大一次会议召开党员代表大会，地委委员、县委书记陈刚出席会议并做了讲话。县委副书记、人大常委会主任江英主持会议。比如县十二届人民代表大会代表中的109名党员参加会议。

8日，比如县十二届人大一次会议召开主席团第一次会议。大会主席团应出席成员17人，实际出席17人。县委副书记、人大常委会主任、大会主席团执行主席江英主持。

9日，比如县召开十二届人大一次会议，应出席代表129名，因事因病请假缺席代表18名。地区政协副主席那托、地委组织部组织科科长徐涛应邀列席会议。县政协七届委员会委员、县级依法列席人员、县（中）直单位主要负责同志、各乡（镇）、寺管会、片区管委会有关同志列席

9日，县委常委、政法委书记、公安局党委书记、局长觉阿次仁主持召开全县维护稳定工作会议。相关县级领导、部分乡镇主要领导及县（中）直各单位负责人共计68人参加。

9日，比如县政协七届一次会议召开主席团第二次会议，主席团应到12人，实到12人，符合《中国人民政治协商会议章程》规定。县政协副主席、教体局局长塔曲仁青主持。

9日至10日，珠海市建筑设计院副院长张震山，设计师柴云一行赴比如考察碘盐工作并承担夏曲镇群众文化活动中心、群众文化活动广场项目的设计任务。自治区住建厅副厅长石文江，那曲地区行署副专员扎江，自治区住建厅规划处副处长丁剑云，那曲地区住建局局长杰嘎随行，地委委员、县委书记陈刚，副县长尼玛次仁陪同。

10日，比如县完成夏秋季征兵工作，将优秀青年送交接兵部队。

10日，比如县十二届人大一次会议召开主席团第三次会议。大会应出席成员17人，实际出席17人。县委副书记、县人大常委会主任江英主持会议。各代表团团长、副团长列席会议。

10日，根据《中华人民共和国招标投标法》《中华人民共和国政府采购法》和《比如县大宗物资采购管理办法》有关规定，经比如县人民政府同意，比如县大宗物资采购中心召开招标会议，对比如县第二小学，第一、二幼儿园食堂设备进行询价采购。县委副书记、县长边巴次仁出席并作了讲话。县委常委、副县长杨复洪主持招标会议，副县长普布珠久，副县长扎西平措，政协副主席、教体局局长塔曲仁青，县政府办、财政局、教体局等询价小组成员单位有关人员和县委督查室有关人员及教师代表、竞标单位法人或委托人参加会议。

10日，地区政协副主席那托、地委组织科科长徐涛到良曲乡检查指导换届工作，乡党委书记扎西尼玛，乡党委副书记、乡长袁武陪同。

11日，召开县政协七届一次会议第二次全体会议，政协委员应到63人，实到57人，符合《中国人民政治协商会议章程》规定，县政协主席人选索朗达瓦主持。地区政协副主席那托应邀到会指导。

11日，比如县十二届人大一次会议召开第三次全体会议。大会主席团成员陈刚、边巴次仁、普布次旦、李兴林、觉阿次仁、德琼、吴道华、扎西尼玛、拉珠次仁、努托、陈朋占、何晓娟、央珠、尼确、美朵、索朗卓玛在主席台就座。108名人大代表出席，县委副书记、人大常委会主任江英主持。

11日，召开县政协七届一次会议第三次全体会议。县政协委员应到63人，实到57人，符合《中国人民政治协商会议章程》规定。县政协副主席塔曲仁青主持。

11日，比如县十二届人民代表大会第一次会议胜利闭幕。大会应出席代表129人，因事因病请假代表21名，实际出席108名。大会主要成员陈刚、边巴次仁、江英等17名成员在主席台就座。县人大常委会副主任德琼主持会议。

11日，比如县冬虫夏草、特色农畜产品参与第三届藏博会展销，参观人数达3000余人次，实现产品销售现金额32万元，订单金额30余万元。

12日，比如县召开2016年第一批易地扶贫搬迁入住仪式，县委副书记、人大常委会主任江英主持，县委副书记、县长边巴次仁作重要讲话，地委委员、县委书记陈刚出席并为搬迁群众代表发放钥匙。共200余人参加。

12日至14日，那曲地区食品药品监督管理局副局长吾措一行到比如县检查指导工作。

12日，地区扶贫办党组书记西绕加措检查察隆夺村皮毛加工厂。

12日，比如县首届足球联赛开幕，那曲地委委员、县委书记陈刚，县委副书记、县长边巴次仁，县委常委、政法委书记、公安局党组书记、局长觉阿次仁，县委常委、宣传部部长、副县长张俊，县政协副主席、教体局局长塔曲仁青等参加。

13日，由自治区第十一巡视组副组长扎西

旺堆带队的工作组到良曲乡检查指导工作，县政协主席索朗达瓦，乡党委书记扎西尼玛，乡党委副书记、乡长袁武陪同。

13日，那曲地区安监局党组书记扎西到香曲乡、羊秀乡检查安全生产各项工作。比如县副县长扎西平措、比如县安监局局长边曲陪同。

13日，比如县召开政府系统工作会议，县委副书记、县长边巴次仁出席并作了重要讲话。其他副县长、县直各单位部门主要负责同志参加，县人大常委会副主任吴道华应邀列席，县委常委、副县长徐丽东主持。

6月23日至9月13日，自治区第十一巡视组分阶段在比如县开展常规巡视工作。

13日，比如县召开第一批70名事业干部抽签分配会，县委副书记、县长边巴次仁，县委副书记、人大常委会主任江英，县政协副主席、教体局长塔曲仁青参加。

13日，比如县委组织部、县委老干部局组织县城的28名退休老干部召开座谈会。地委委员、县委书记陈刚，县委副书记、县长边巴次仁，县委副书记、人大常委会主任江英，县委常委、比如镇党委书记孔祥飞，县委常委、副县长杨复洪，县人大常委会副主任吴道华出席，县委副书记、人大常委会主任江英主持。地委委员、县委书记陈刚向28名退休老干部发放慰问金10000元。出席座谈会的县级领导一一为退休老干部敬献哈达，向在座的各位老领导、老同志致以中秋佳节的美好祝愿。

13日至15日，政协西藏自治区第十届委员会委员、政协那曲地区第十届委员会委员、那曲地区第七届佛协副会长、索县热登寺管会副主任洛桑丹增，自治区政协委员佛协西藏分会第十届理事、政协那曲地区第十届委员会委员、那曲地区第七届佛协副会长、比如县恰如寺管会名誉副主任尼扎·云丹桑布，佛协西藏分会第十届理事、政协索县第六届委员会委员、琼科寺管会副主任阿旺曲觉组成的爱国爱教宣讲团到比如县达姆寺、热登寺、古龙寺、恰如寺进行宣讲，县委常委、统战部部长旦增旺加和县民宗局副局长贡觉扎西陪同。

14日至21日，比如县委组织部组织22名退休干部职工赴北京参观考察。县委老干部局局长达吾、县人社局副局长强久次仁、人民医院医生嘎白陪同。

16日，比如县召开全县项目工程建设质量安全工作会议。县委副书记、县长边巴次仁出席并讲话，县政府办、发改委、住建局、安监局、信访局负责人及各项目负责人、监督管理单位有关人员参加，副县长扎西平措主持。

16日至17日，自治区环保厅的工作人员及专家组到比如县检查生态村开展情况。

17日至19日，那曲地区第二批离退休老干部督查调研组在比如县督查调研工作，县政协主席索朗达瓦陪同，地委委员、县委书记陈刚参加督导调研意见反馈会并作讲话。

17日至23日，比如县开展“第十六个全民国防教育日（周）活动”。

18日，比如县召开政府第一次全体会议，县委副书记、县长边巴次仁出席并作讲话。会议以电视电话形式召开。县委常委、副县长杨复洪主持，县委常委、宣传部部长、副县长张俊，副县长李建军，副县长普布珠久，副县长扎西平措，县直各部门主要负责同志参加主会场会议，各乡（镇）全体干部职工参加分会场会议。

18日，县脱贫攻坚指挥部组织召开脱贫攻坚工作推进电视电话会，各乡镇设分会场。县脱贫攻坚指挥部常务副总指挥、副县长李建军作重要讲话。

19日，比如县举行2016年贫困在校大学生资助金发放仪式。地区老干部调研组一行，县政协主席索朗达瓦，县委常委、副县长杨复洪，县委常委、宣传部部长、副县长张俊，县脱贫攻坚指挥部副指挥长、副县长李建军，县政协副主席、教育局局长塔曲仁青出席，县纪委、扶贫办、教育局、财政局负责人和各乡镇扶贫专干以及贫困在校大学生家长共53人参加。此次资助资金发放仪式共为38名贫困在校大学生发放资金298000元。

19日，县政协副主席扎西索朗、旅游局局长刘盛华等组成的工作组到良曲乡开展文化资料搜集工作。

19日，比如县首届足球联赛圆满闭幕，县委副书记、县长边巴次仁，县委常委、副县长杨复洪，政法委书记、公安局党组书记、局长觉阿次仁等领导为获得冠亚季军和团体奖的参赛队进行颁奖，县政协副主席、教体局局长塔曲仁青主持。本次比赛中，县完小获得足球联赛冠军，奖金1万元；县公安局获亚军，奖金8000元；县中学获得季军，奖金6000元。羊秀乡代表队和政府支部代表队道德品质优良，充分展现“友谊第一、比赛第二”的宗旨，获得道德风尚奖，分别奖励2000元。

20日，自治区人大民宗外侨委副主任、委员朱朗时一行到比如县开展民族团结立法前调研工作。

20日，召开民族团结立法前调研工作汇报会，自治区人大民宗外侨委副主任委员朱朗时，自治区人大民宗外侨委民宗处处长郑仕伟，自治区人大民宗外侨委干部旦增伦珠，人大那曲地区工委办公室副调研员郝润格，地区民宗局副调研员旦增多吉出席。县委副书记、县长边巴次仁，县人大常委会副主任德琼、吴道华，以及县人大办、政府办、统战部、民宗局等相关单位的负责人参加；县委常委、统战部部长旦增旺加主持。

21日至24日，自治区可移动文物普查办工作组一行到比如县开展可移动文物普查调研工作。

21日至22日，自治区换届督导组到比如县开展换届督导工作。

22日，全国总工会副主席、书记处书记焦开河一行到比如县调研工作，期间，对比如县企业困难职工、县环卫工人进行慰问，发放慰问金2万元。自治区政协副主席、总工会主席洛桑久美，地委委员、比如县委书记陈刚，那曲地区公会党组书记、主任次仁塔青，比如县委副书记、县长边巴次仁陪同。

24日至30日，比如县组织第二批离退休老干部赴北京参观考察。

25日，昌都市八宿县教育系统考察团到比如县考察交流。地委委员、比如县委书记陈刚，县委副书记、县长边巴次仁，县人大常委会副主任德琼，县政协副主席、教体局局长塔曲仁青等陪同。

25日，那曲地区扶贫办党组书记、副主任、综合组副主任西绕加措带队的地区扶贫督导组一行到夏曲镇督导检查精准扶贫各项工作开展情况。

25日至30日，自治区文物局普查工作组组长、处长索珍率专家组一行6人到白嘎乡对全乡6座寺庙开展第一次文物普查，比如县委常委、统战部部长旦真旺加陪同。

25日，比如县旅游局召开帕拉晶塔景区详细规划修改会议，地委委员、县委书记陈刚，县委副书记、县长边巴次仁，其他县级领导、各相关单位负责人以及成都易道设计规划人员参加。

26日至29日，那曲地委副书记、嘉黎县委书记索朗嘎瓦到比如县督导调研工作。

15日至26日，那区地区及其他县农牧局的购买饲草人员和车辆来到比如镇种植高效牧草的村（居）进行牧草收购。

27日，地区农牧局调研员郭红宝带队一行到良曲乡检查奶牛养殖基地项目建设工作。县委副书记、县长边巴次仁，乡党委书记扎西尼玛，乡党委副书记、乡长袁武陪同。

27日，比如县举行第七批援藏援助基层兽医器械发放仪式。副县长普布珠久出席并讲话。县农牧业科技服务站站长把桑次仁、各乡镇农牧业科技服务中心10名村级防疫员代表参加。援助器械总价值29.20万元。

27日，那曲地委副书记索朗嘎瓦等一行到白嘎乡开展调研，比如县委常委、政法委书记、公安局局长觉阿次仁以及党委副书记、乡长仁青桑珠陪同。

27日，比如县人大常委会组织召开比如县十一届人民代表大会六次会议、比如县十二届人民代表大会第一次会议代表意见建议交办会。县人大常委会主任、副主任及县（中）直相关单位负责人共29人参加。县委副书记、人大常委会主任江英主持。

27日，自治区审计厅党组书记、副厅长次多，自治区审计厅党组成员、副厅长、强基惠民工作领导小组组长拉巴到比如县香曲乡仲耐村督导调研工作。自治区审计厅相关部门负责人、那曲地区审计局负责人陪同。

27日至28日，自治区疾控中心常务副书记平措扎西一行7人到比如县开展公共卫生综合干预示范村建设启动会、挂牌仪式，举办结核知识讲座、健康教育宣传等活动。比如县强基办、卫生局、恰则乡、夏曲镇参与。

28日，自治区人大民宗外侨委副主任委员云丹次仁一行到比如县娜秀大酒店会议室听取比如县贯彻落实宗教事务条例汇报。自治区人大民宗外侨委民宗处处长刘玥、自治区人大民宗外侨处主任科员旺加、区民宗委宗教一处副主任科员黄昱霖、人大那曲地区工委调研员高文生、地区民宗局工作人员尼玛旦培出席。县委副书记、县长边巴次仁，县人大常委会副主任吴道华，以及县委办、人大办、政府办、政协办、统战部、民宗局等相关单位的负责人参加；县委副书记、人大常委会主任江英主持。

29日，地区教体局副局长、纪检组组长普布顿珠（正县）一行到比如县，对比如县第二中学、第二小学、第一第二幼儿园建设情况和比如县普通高中用地规划情况进行检查指导。县政协副主席、教体局局长塔曲仁青陪同。

30日，那曲地区地委副书记索朗达瓦一行在比如县政法委书记、公安局局长觉昂次仁陪同下到达塘乡调研各项工作开展情况。

9月，文化局协同自治区文物普查办文物鉴定专家到比如县25座寺庙及5个拉康日追（比如镇玉贡拉康、良曲乡帕拉拉康、恰则乡朵雍拉康、夏曲镇江日日追、夏曲镇那果日追）进行文物普查，本次普查文物件数1546件，其中一级文物13件，二级文物54件，三级文物539件，一般文物906件，待定34件。

10月

1日，比如县举行“十一”庆国庆升旗仪式，地委委员、县委书记陈刚，四大班子领导、全县干部职工、驻地部队、农牧民群众、僧尼、在校学生等参加。

1日至3日，比如县举办“娜秀风情”原生态牧歌、舞蹈比赛。

2日，县公安局党委副书记、政委格布带队，警务督察协同，对8个便民警务站各项安保工作及节日期间落实中央八项规定等规章制度落实情况进行专项督导检查。

3日，恰则乡察隆夺村芫根上自治区西藏日报。

4日，自治区纪委常委巴桑卓玛一行到比如县努玛村、亚扎村看望慰问区纪委驻村工作队员。

4日，自治区党委组织部副部长边巴扎西带领的工作组到比如县茶曲乡了解检查工作并实地参观茶曲乡建设，地区党委组织部副部长李东，县委副书记、人大常委会主任江英，比如县委组织部副部长张保扩，乡党委书记嘎桑陪同。

4日，比如县政协副主席、教体局局长塔曲仁青一行到白嘎乡检查指导白嘎乡中心小学校园规范化建设工作。乡党委副书记、乡长仁青桑珠陪同。

6日，那曲地委委员、政法委书记、公安处党委书记扎西多吉到扎拉乡派出所检查指导工作。

7日至8日，地委副书记、行署专员敖刘全到比如县指导调研工作。

8日至14日，县脱贫指挥部联合各乡镇扶贫专干开展交叉督导检查工作。

9日，地委组织部副部长李刚带领考察组到良曲乡格康村、吉日村对次仁巴旦、次加两名同志进行考察。县委副书记、人大常委会主任江英，良曲乡党委副书记、乡长袁武陪同。

10日，比如县五保集中供养中心举行“敬老节”活动。

10日，自治区文物普查工作组到比如镇玉贡拉康开展文物普查工作，县委常委、统战部部长旦增旺加陪同。

11日至12日，自治区公安厅法制总队阿桑总队长带领的执法质量考评工作组一行7人到比如县公安局开展执法质量考评工作，比如县县委常委、政法委书记、公安局党委书记、局长觉阿次仁，公安局党委副书记、政委格布以及其他局领导、各科室负责人全程陪同。

12日，县委常务副书记盛悠到良曲乡露域专业经济合作社考察调研，乡党委副书记、乡长袁武，乡人大主席央珠陪同。

12日，县委常委、政法委书记、公安局党委书记、局长觉阿次仁组织局领导、各科室、各便民警务站负责人共计25人召开2016年度公安局冬季练兵工作部署会议，公安局党委副书记、政委格布主持。

14日至17日，县委常委、副县长杨复洪组织县委督查室、卫生局干部到全县10个乡镇开展督促检查。

14日，在副县长徐丽东的带队下，县旅游局负责人刘盛华与局干部一名，参加国内具有较大影响力和较强竞争力的品牌会展——第十八届杭州西湖博览会（西博会）。

17日至20日，地区疾控中心副主任桑吉带队的疾控交叉验收组一行到比如县检查指导疫病预防各项工作的开展情况，副县长德吉卓玛陪同。

17日，地委委员、比如县委书记陈刚到扎拉乡检查督导，副县长扎西平措，乡党委书记四郎绕吉，乡党委副书记、乡长王友贞，乡人大主席次仁顿珠陪同。

17日，比如县委副书记、县人大常委会主任江英到白嘎乡检查督导人大之家及宗教领域工作开展情况，乡党委副书记、乡长仁青桑珠，副乡长石丹成及有关人员陪同。

18日，那曲地委委员、政法委书记、公安局党委书记扎西多吉到夏曲镇法庭检查指导，比如县县委委员、政法委书记、公安局党委书记觉阿次仁陪同。

18日，比如县人民政府联合比如县公安局组织全县各乡镇农牧民群众代表召开专题宣讲会议，县委副书记、县长边巴次仁，副县长土登格列，公安局党委副书记、政委格布出席。

18日至20日，副县长、县脱贫攻坚指挥部副总指挥长李建军到各乡镇调研指导脱贫攻坚“九个一批”开展情况。

18日至21日，副县长普布珠久、白嘎乡党委副书记仁青桑珠带队到喜江村、叮色村、达钦村、董大村等558国道沿路各村，现场指导和开展高效牧草销售工作。

19日，县委副书记、县长边巴次仁到达塘乡检查干部周转房施工运行情况，召集全体施工队员作指导性讲话，听取施工队负责人对周转房的施工进展问题情况汇报。

19日，自治区公安厅党委委员、政治部主任洪力带领的调研组在比如县委副书记、县长边巴次仁，县委常委、武装部政委王国良，公安局党委副书记、政委格布的陪同下到比如县民兵连开展调研工作，民兵连政治指导员邱志华、连长毛登红陪同。

19日，那曲地委委员、政法委书记、公安局党委书记扎西多吉到比如县公安局检查指导工作，地委委员、比如县委书记陈刚，县委常委、政法委书记、公安局党委书记、局长觉阿次仁及相关公安局领导陪同。

20日，县政协副主席、民宗局局长洛桑旦增带队到比如镇对乡镇属地管理工作，各寺管会、片区管委会寺庙属地管理工作和党建工作进行检查督导。

20日，在自治区统战部驻达塘乡耐普村工作队的积极协调，在区党委统战部高度重视和西藏中华职教社、西藏社会主义学院的大力支持下，在西藏社会主义学院为达塘乡24个行政村的50名党员干部进行为期6天的培训，均获得结业证书。

20日，自治区档案局副局长尚拥军带领工作组到比如县检查指导工作，行署副秘书长旦巴扎西、地区档案局业务科科长央金到比如镇、良曲乡、交通局等相关单位检查历年来文件资料存档归档情况并提出意见建议。

21日，地委副秘书长杨志刚、地委副秘书长吴斌峰、地委办机要局局长多布次仁、地委督查室主任冯硕果在县人大副主任、夏曲镇党委书记扎西尼玛及镇扶贫工作人员的带领下到夏曲镇玉纳村进行结对帮扶贫困群众慰问工作，并给贫困群众发放茶、菜油、酥油等基本生活用品。

21日，自治区教育厅规划处副处长南木加一行9人到羊秀乡完全小学检查校园建设规划情况，县政协副主席、教体局局长塔曲仁青，乡党委副书记、乡长储丛飞，乡完小党支部书记普布次仁陪同。

25日，北京武警总医院援藏医疗队到比如县第一小学、县幼儿园、县中学开展先心病筛查确诊工作，共筛查学生1500人，确诊病例5人。

25日，比如县召开区党委巡视十一组比如县县委情况反馈会，区党委巡视工作组小组成员、区纪委副书记、监察厅厅长拉巴次仁，区党委巡视十一组组长李文革出席，县委、人大、政府、政协四大班子成员，县直各单位在岗全体干部，就近乡镇党委书记、部分党代表、人大代表、政协委员以及离退休老干部代表参加。

25日，自治区扶贫办副主任普布次仁一行到比如县扎拉乡调研指导脱贫攻坚工作，县委副书记、县人大常委会主任江英，县扶贫办副主任王刚等陪同。

26日，那曲地区行署副专员多杰热登带队那曲地区各县县委书记一行到比如县夏曲镇考察交流，地委委员、比如县委书记陈刚陪同，县人大副主任、夏曲镇党委书记扎西尼玛介绍讲解。

27日，那曲地区工商联副主席阿央次仁到夏曲镇边塘村开展“百企帮百村、助力推进精准扶贫”慰问活动。

28日，那曲地区安监局局长旺堆及河北福道注册安全工程师事务所专家崔俊禄到比如县白嘎乡杰秀达巴才加油站、羊秀加油站进行督导检查。比如县安监局局长边曲陪同。

28日，自治区工商联一行领导在地区工商联主席桑珠及比如县县委常委、统战部部长旦真旺加的陪同下到达塘乡达孜村开展“百企帮百村”调研工作。

29日，自治区林业厅规划院助理工程师李大江一行在林业局、白嘎乡工作人员的陪同下，到白嘎乡娜若国家湿地公园进行调研。

29日至31日，那曲地委副书记索朗嘎瓦、行署副调研员多杰热登及11个县主要领导组成的考察团到比如县开展考察交流，地委委员、比如县委书记陈刚，县委副书记、人大常委会主任江英，县政协主席索朗达瓦陪同。

11月

1日，县委组织部组织第一批即将前往西部尼玛、双湖两县交流学习的20名干部召开动员部署会议，县委副书记、人大常委会主任江英主持并作重要讲话，县委组织部相关人员列席。

1日至3日，那曲地区农牧局、气象局、班戈县补奖办、尼玛县补奖办、聂荣县补奖办以及四川测绘局地理信息局测绘技术服务中心组成的一行6人验收工作组到比如县对基本草原划定工作以及建立草原生态保护补助奖励机制工作进行全面细致的检查验收，还督导比如县防抗灾工作开展情况，同时到比如镇、白嘎乡、羊秀乡、良曲乡的7个行政村62户牧户家中进行入户调查并与乡镇领导进行座谈，查看乡镇、县有关资料和档案建设情况。

2日，比如县公安局组织全县各建筑工地负责人共计40余人在公安局会议室召开安全生产专题会议，公安局党委委员、副政委杨刚主持，县委常委、政法委书记、公安局党委书记、局长觉阿次仁出席并作重要讲话。

2日，县人大常委会组织区、县、乡三级人民代表在县人大会议室召开比如县2016年“三级人民代表”考察活动动员部署会，县委副书记、人大常委会主任江英，县人大常委会副主任德琼出席，10个乡镇22名人大代表及相关人员参加。

3日，比如县委常务副书记盛悠（援藏）代表宁波市江北区政府向比如县政府捐款100万元，向县委办捐赠30万元；向县委办公室捐赠笔记本电脑、台式电脑、打印机、复印机、碎纸机、摄像机等办公设备；向民政局捐赠大米、糌粑、酥油等物资。

3日，县委、县政府组织比如县总工会举行2016年企业困难职工帮扶救助资金发放仪式，对比如县生活困难、经济条件较差的14名困难职工给予生活救助，对7名患病职工给予医疗救助，对5名困难职工家中的应届学生提供助学救助，共计救助资金66000万元，县人大常委会副主任德琼、副县长德吉卓玛参加并为困难职工发放救助资金。

3日，公安局党委于10月15日开班的2016年第一期冬季大练兵活动，经过为期20天紧张而充满压力的全封闭训练，于11月3日落下帷幕。

4日，县人大常委会副主任德琼带队的十个乡镇的22名人大代表及相关人员参加考察活动。

4日，县委常委、副书记盛悠（援藏）代表宁波市江北区政府向比如县“五保”集中供养服务中心捐赠大米、糌粑、酥油等物资，同时察看服务中心“五保”老人的住房、厨房、餐厅，并与“五保”老人亲切交谈，询问老人们的生活、身体情况。

5日，驻比如县援藏干部临时党支部召开“两学一做”和十八届六中全会精神专题学习会，浙江省援藏指挥部副指挥长、比如县委常务、副书记、临时党支部书记盛悠主持。

5日，西藏阿云电子商务有限公司王聚仓董事长和他的团队为同学们发放保暖棉衣、保暖运动鞋等物资，这批物资共计150套，价值6万余元。

6日，中国共产党比如县委员会党员代表会议召开，县委副书记、人大常委会主任江英主持，参加选举的陈刚、次加、次仁巴旦三位同志均以122票通过当选为中国共产党西藏自治区第九次党员代表大会的代表。

6日，地委委员、比如县委书记陈刚召集10个乡镇主要领导和相关县级领导召开各乡镇经济考评工作督导通报会议。

6日，区、地联合工作组到比如县开展财政专项扶贫资金检查工作，县政协主席索朗达瓦、副县长李建军、扶贫办、财政局、发改委、民宗局相关负责同志陪同。

6日至7日，浙江省旅游局质量监督所副所长、那曲地区旅游局原副局长舒忠亮，浙江省旅游科学研究院院长毛永根一行6人组成的专家组，在地区旅发委副书记刘宝杰和比如县县委委员、宣传部部长、副县长张俊以及旅游局、文化局工作人员的陪同下，对比如县旅游发展情况进行为期两天的考察调研。

8日，申扎县常务副县长巴塔一行到比如县白嘎乡现场交流市政小城镇建设工作，比如县委副书记、人大常委会主任江英，县委常委、乡党委书记扎西维色，乡党委副书记、乡长仁青桑珠陪同。

8日，那曲地区政协副主席那托到达塘乡开展对口贫困结对认亲及慰问活动，为旺杰、卓玛斯曲、洛旺扎巴家等三户贫困户各送去1000元慰问金。

8日，自治区气象局减灾处科长石磊、日喀则气象局副局长索朗达瓦、山南地区气象局副局长建军、那曲地区气象局副局长郭青林、那曲地区气象局人事科科长梁科等组成的自治区气象局交流工作组到比如县茶曲乡检查指导气象工作，比如县副县长扎西平措全程陪同。

8日，县政协副主席扎西索朗带队的工作组到茶曲乡进行文化挖掘工作。此次工作以走访的形式，分别对法若村的登贞仓、旦培、拉朗三户人家和拉沃村的伦嘎多吉家以及拉沃拉康的僧人进行访问。

9日至10日，地区民政局副局长巴桑罗布带领各县民政局局长组成的交叉考评组到比如县达塘乡就民政工作进行督导考评。比如县民政局副局长措吉陪同。

9日至12日，以地委统战部调研员洛桑扎西为组长的那曲地区寺庙属地管理验收组到比如县检查寺庙属地管理工作。

9日，由那曲地区团地委副书记仁青扎西带队的少先队工作专项督导组一行到比如县第一小学就少先队建设工作进行专项督导检查。

11日，在比如县委常委、宣传部部长、副县长张俊的带领下，旅游局参加在上海举办的“中国国际旅游交易会”。

12日，比如县召开2016年秋季新考入大学贫困生资助资金发放仪式，对19名贫困大学生发放资助资金157000元，县政协主席、县脱贫攻坚指挥部常务副总指挥长索朗达瓦，副县长、县脱贫攻坚指挥部副指挥长李建军，县政协副主席、教体局局长塔曲仁青出席发放仪式，各乡镇扶贫专干及贫困大学生家长参加发放仪式。

12日,召开政协比如县委员会第七届一次会议提案交办会，比如县政协办主任扎西罗布主持，县政协副主席、方志办主任扎西索朗，12家提案办理工作承办单位以及县政协提案办理工作部门负责人参加。

14日，自治区工商局党委书记、副局长张世军，工商局强基办副主任孔亚鹏一行到比如县达塘乡阿帮村检查指导扶贫工作并开展结对认亲活动，并为贫困户家庭人员发放慰问金4000元。

14日，地区妇保院党组书记次仁扎西带领妇保院专家一行到达塘乡，对定点包户的25户贫困户开展精准帮扶访亲认友义诊活动。

15日，召开比如县2016年下半年和谐模范寺庙暨爱国守法先进僧尼表彰大会，县委副书记、人大常委会主任江英主持，县委副书记、县长边巴次仁，县委常委、统战部部长旦增旺加，县人大常委会副主任德琼，县人大常委会副主任、夏曲镇党委书记扎西尼玛，政协副主席扎西索朗，各乡镇主要负责领导，宗教办负责人，各寺管会主要领导、寺庙僧尼代表及县直各单位负责人出席，共计160人参加。

15日，比如县召开脱贫攻坚考核验收见面会，那曲地区外事办党组副书记、主任、比如县考核验收组组长蔡剑，那曲地区教育局副局长、比如县考核验收组副组长吉布等一行4人考核组，县政协主席、县脱贫攻坚指挥部常务副总指挥长索朗达瓦，副县长、县脱贫攻坚指挥部副指挥长李建军，县脱贫攻坚指挥部各职能单位负责人，各职能组组长参加。

15日，比如县兑现2016年“双联户”联户长补助资金，此次共发放“双联户”户长1331人的补助资金2662000元，其中误工补助1040元/人·年，通信费360元/人·年，交通费240元/人·年，杂费360元/人·年，共计2000元/人·年。

16日，组织羊秀乡、比如镇、扎拉乡共417名农牧民党员参加第二期农牧民党员教育培训开班仪式，县委副书记、人大常委会主任江英主持，县人大常委会副主任德琼，县委常委、统战部部长旦增旺加出席。

16日，那曲地区外事办党组副书记、主任、比如县考核验收组组长蔡剑，那曲地区教育局副局长、比如县考核验收组副组长吉布等一行4人到比如县恰则乡督导检查脱贫攻坚工作，县政协主席、县脱贫攻坚指挥部常务副总指挥长索朗达瓦，副县长、县脱贫攻坚指挥部副指挥长李建军陪同。

16日，比如县召开脱贫攻坚考核验收工作动员部署会议，那曲地区外事办党组副书记、主任、比如县考核验收组组长蔡剑，那曲地区教育局副局长、比如县考核验收组副组长吉布等组成的工作组，相关县级领导，县脱贫攻坚指挥部各成员单位负责人，各乡镇全体干部职工参加，那曲地区考核验收组东部负责人、地区人大工委会主任顿珠群培出席并发表讲话。

16日，那曲地区人大副主席顿珠群培，那曲地区旅发委书记西德，比如县委副书记、县长边巴次仁，相关县级领导，各相关单位负责人以及CCTV发现之旅《精彩世界》栏目组在怒江岛公园参加“寻迹唐蕃古道穿越之旅　比如站”活动启动仪式，玉树州旅游局局长阿夏永红、CCTV发现之旅《精彩世界》总导演裴中华、玉树旅游局副局长扎西、那曲羌塘旅游公司总经理多布杰、域上和美集团编导何骞、西藏宏绩集团有限公司藏游网总监方源、走吧网运营主管张凌楚、浙江猛禽纵队领队曾剑锋、甘肃省自驾旅游协会会长胡晓红、《文成公主》藏文化大型史诗剧文成公主饰演者杨欢和禄东赞饰演者旦东等出席。

16日，自治区工商局党委书记、副局长赵世军，工商局强基办副主任孔亚鹏一行到达塘乡阿帮村检查指导扶贫工作并开展结对认亲贫困户活动。

19日，召开比如县第三次全国农业普查动员部署电视电话会议。比如县委副书记、县长边巴次仁出席，统计局全体干部职工、相关单位负责人、比如镇负责人及比如镇驻村工作队队长等，共200人参加，副县长尼玛次仁主持。

19日，自治区党委组织部驻那曲地区比如县日普村、耐秀村工作队协同村“两委”班子和党员召开自治区第九次党代会精神学习会。

21日至22日，巴青县县委常委、政法委书记、公安局局长平措顿珠带队一行21人，到比如县公安局交流学习，县委常委、局长觉阿次仁，公安局党委副书记、政委格布陪同。

23日，那曲地区专门抽调地委讲师团成员组成地委宣讲团到比如县作“十八届六中全会精神”报告会。县委副书记、县长边巴次仁主持并讲话。

23日至24日，比如县组织相关县级干部、县直机关和就近乡镇干部职工、农牧民党员、群众代表、驻地部队官兵代表分别召开县委理论中心组学习会和全县干部职工大会，传达学习中国共产党西藏自治区第九次代表大会精神。

24日，地区教体局副局长次仁达培带队的地区教研室评估人员对比如县教研室2016教研年工作开展情况进行评估检查。

25日，比如县第一批从云南引进的奶牛全部住进良曲乡萨玛村养殖基地和比如镇章达村，养殖基地正式投入使用。

26日至29日，那曲地区外事办党组副书记、主任蔡剑，那曲地区教育局副局长、脱贫攻坚指挥部教育脱贫组副组长吉布带领的那曲地区脱贫攻坚考核验收工作组到比如县考核验收精准脱贫工作。县政协主席、脱贫攻坚指挥部常务副总指挥索朗达瓦，副县长、脱贫攻坚指挥部副总指挥李建军陪同。

27日至29日，索县县委副书记到比如县进行观摩交流。县委常委、副县长杨复洪，县委常委、县委统战部部长旦增旺加陪同。

29日至30日，那曲地区环保局党组成员、副局长尼玛潘多，那曲地区行署国资委副调研员巴桑仓决，巴青县委常委、宣传部部长扎西，巴青县鲁布寺管会党委书记、主任才旺塔青等组成的宣讲团，到比如县羊秀乡、白嘎乡、达塘乡、恰则乡开展中共十八届六中全会和自治区第九次党代会精神巡回宣讲。比如县委常委、宣传部部长、副县长张俊陪同并主持会议。

30日，那曲地区教育局副局长吉布带领的验收小组到扎拉乡对2016年精准扶贫工作进行考核验收，县人大常委会副主任，扎拉乡包乡县级领导德琼，乡党委书记四郎绕吉，副乡长、扶贫办主任杨松亚陪同。

30日，比如县第一幼儿园正式开园。

12月

1日至5日，那曲地区环保局党组成员、副局长尼玛潘多，那曲地区行署国资委副调研员巴桑仓决，巴青县委常委、宣传部部长扎西及巴青县鲁布寺管会党委书记、主任才旺塔青等组成的宣讲团到比如县宣讲中共的十六届六中全会和自治区第九次党代会精神。

1日，那曲地区检察分院纪检监察室副主任张超一行与县委组织部、政法委组成的联合考核组，开展对检察院领导班子成员首批检察官入额考核工作。

1日，比如县召开创先争优强基础惠民生活动第五批驻村（居）工作总结表彰暨第六批驻村（居）工作动员大会。县委副书记、县长边巴次仁，县委常委、政法委书记、公安局党委书记、局长觉阿次仁，县委常委、副县长杨复洪，人大常委会副主任德琼等领导出席，各乡镇主要领导、县直各单位全体党员干部，各驻村（居）工作队队长或副队长以及受表彰的先进集体和先进个人代表等，共计302人参会。县委常委、统战部部长旦增旺加主持。

2日，县委组织部组织第二批前往尼玛、双湖两县交流学习的20名干部召开动员会议。县委副书记、人大常委会主任江英主持并作重要讲话，县委常委、统战部部长旦增旺加出席，县委组织部相关工作人员列席会议。

2日，比如县召开年末岁初重点工作部署会议。县委副书记、县长边巴次仁出席并讲话，县委常委、副县长杨复洪，副县长尼玛次仁，县直各单位及各乡镇负责人参加。

3日，比如县组织县直各单位所有干部职工参加2016年第二批赴西部县交流学习出发仪式，县委副书记、县长边巴次仁作重要讲话，县委常委、宣传部部长、副县长张俊宣布2016年第二批交流干部名单及岗位安排，县委副书记、人大常委会主任江英主持。

5日，那曲地区经济考评东部县考评工作组到夏曲镇考评2016年度工作开展情况。县委副书记、人大常委会主任江英，县纪委副书记王小进与党建办、农牧局、发改委、卫生局等县直单位人员陪同。

5日，比如县召开2016年社会发展目标责任制考评工作汇报会，地委副书记陈澄出席并作了重要讲话，县委副书记、县长边巴次仁代表比如县委、县政府作工作汇报，县委副书记、人大常委会主任江英主持，那曲地区经济考评组领导，在家县级领导，县直各单位主要负责同志参加。

6日，地区经济考评工作组在县委常委、副县长杨复洪，县纪委书记王小进以及县直单位工作人员的陪同下到达塘乡开展2016年度经济考评工作。乡党委副书记、乡长扎西平措全程参与考评工作。

13日，召开政协比如县第七届委员会第一次常务委员会议，由政协副主席、方志办主任扎西索朗主持。

13日，比如县召开脱贫攻坚工作整改落实部署电视电话会议。

15日，比如县组织相关县级领导、干部职工、驻村驻寺干部召开干部职工纪律作风建设部署会，县委副书记、县长边巴次仁出席并作重要讲话，县委副书记、人大常委会主任江英主持。

15日，举行比如县2016年民族团结进步模范表彰大会，县委副书记、县长边巴次仁出席并作重要讲话，县委副书记、人大常委会主任江英及相关县级领导参加，各乡镇主要负责人、群众代表、僧尼代表、武警代表、公安代表、个体经商户代表参加，政协副主席、民宗局局长洛桑旦增主持。

15日，自治区公安厅经侦总队次多副总队长一行4人到比如县公安局调研指导工作，县委常委、政法委书记、公安局党委书记、局长觉阿次仁同志全程陪同。

16日，召开比如县2016年县级“先进双联户”总结表彰暨2017年“双联户”服务管理安排部署会，县委副书记、县长边巴次仁出席并作重要讲话，政协副主席、方志办主任扎西索朗主持。

18日，比如县娜秀城投客运出租车公司正式成立。

20日，那曲地区地委委员、纪委书记庄存伟，纪委委员、监察局副局长阿旺次仁一行到夏曲镇热萨村、仲拉村进行调研摸底。县人大副主任、夏曲镇党委书记扎西尼玛陪同。

20日，《比如县志》初稿初审会在比如县娜秀大酒店三楼会议室召开，由副县长德吉卓玛主持，县委副书记、县长边巴次仁出席并作重要讲话。那曲地区行署办公室副调研员高平，地区地方志办公室科员白玛拉增，县政协副主席、方志办主任扎西索朗以及各乡镇主要领导和比如县地方志编纂委员会成员单位负责同志，共62人参加。会上，那曲地区行署办公室副调研员高平对《比如县志》初稿进行评议，那曲地区地方志办公室对《比如县志》初稿进行评定。

20日，比如县举办公文处理专题培训班，组织各乡镇分管文秘工作领导和文秘专干、县直单位文秘专干共计60余人参加培训。

20日，全县10个乡镇中抽调8名责任心强、业务能力扎实的扶贫专干赴巴青县开展精准扶贫对口支援工作。

21日，从比如县组织县直机关部门负责人、乡镇在家干部、部分驻村驻寺干部、县乡下派的村（居）党支部第一书记以电视电话会议形式召开下派村（居）党支部第一书记动员大会，县委副书记、人大常委会主任江英主持。

21日至23日，县委副书记、人大常委会主任江英带领的工作组先后到白嘎乡、羊秀乡、扎拉乡、夏曲镇、香曲乡政府及各驻村点、寺管会检查指导工作。

25日，地委委员、县委书记陈刚到良曲乡萨玛村视察奶牛养殖基地。农牧局局长葛超，良曲乡党委副书记袁武，乡人大主席央珠陪同。

26日，比如县综合人民医院工程二次安装方案讨论会在成都举行，县委常务、副书记盛悠，县委常委、副县长杨复洪，卫生局援藏副局长刘琳，住建局洛桑云丹，人民医院洛桑扎西赶赴成都参会。

26日，那曲地区农牧局党组成员、农牧局副主任达瓦带领工作人员到夏曲镇考察验收退牧还草和禁牧相关工作。夏曲镇人大主席扎西顿珠陪同。

30日，比如县举行水电开发签约仪式，副县长尼玛次仁，发改委、水利局、环保局、商务局、比如县怒江水电开发有限公司等8家单位负责人参加。

综 述

综　述

比如县概况

【县情概况】比如地处那曲地区东部，怒江上游，东与昌都市边坝县接壤，西与那曲县毗邻，南靠嘉黎县，北与巴青、索县相连。全县国土面积1.12万平方公里，草场面积1566万亩，耕地面积3万余亩，林地面积13万多公顷，平均海拔4000米以上，县城海拔3960米，比如县属高寒季风半湿润气候，盛产虫草，素有"藏北江南""虫草之乡"的美誉。全县总人口72637人。

【历史沿革】公元前4世纪，苏毗部落王国，比如隶属该王国，公元7世纪，松赞干布兼并苏毗，统一了西藏，比如归"苏毗—茹东岱"管辖，此时苏毗中心"杰秀达巴才"归入今羊秀乡境内。1732年归驻藏大臣直接管辖。辛亥革命爆发后归噶厦地方政府管辖。1941年，噶厦地方政府撤销霍尔基巧，设立六个宗，比如正式成为一个宗。1959年9月下旬，比如县人民政府成立，隶属那曲地区至今，县城驻比如镇。

【行政区划】2016年，比如县辖2个镇（比如镇、夏曲镇）8个乡（恰则乡、达塘乡、茶曲乡、良曲乡、扎拉乡、羊秀乡、白嘎乡、香曲乡）及175个行政村（含7个居委会）。县人民政府驻比如镇。

比如镇　镇政府驻吉扎居委会。辖5个居委会和18个村委会：其达居民委员会、吉扎居民委员会、色康居民委员会、图嘎居民委员会、嘎叶居民委员会和美日村、央然村、珠德村、察隆村、迦然村、夏尔耐村、杂达村、孟庆村、莫瓦村、塘定村、巴贡村、尼朗村、培瓦村、玉贡村、瓦乃村、吉前村、吉琼村、切玛村。

夏曲镇　镇政府驻夏曲卡居委会。辖2个居委会20个村委会：伯托居委会、夏曲卡居委会和边塘村、玉纳村、扎勒村、扎热村、瓦塘村、改乃村、茶曲松果村、勒加库村、热萨村、色娘村、勒根村、诺美尼村、仲拉村、布龙村、茶迁村、克玛村、热布村、永嘎勒村、托那莫布村、娘热村。

恰则乡　乡政府驻曲荣夺村。辖6个村委会：孔玛夺村、帕玛夺村、察隆多村、曲荣夺村、那通村、底吾达村。

达塘乡　乡政府驻玛擦村。辖24个村委会：玛擦村、玛隆村、卡孜琼村、卡孜庆村、阿秀村、朗钦村、列玛村、拉硅村、森塘村、夏普库村、达孜村、阿帮村、童莫村、喇嘛隆村、玛热村、波庆村、拉嘎村、耐普村、杰囊村、杰朵村、优囊村、达宗村、宗朋村、塘连村。

茶曲乡　乡政府驻塔果村。辖16个村委会：日普村、耐秀村、达勒村、郭那村、塔果村、多硕卡村、乌通村、优隆村、日吾村、玛库村、嘎塘村、萨塘村、昂永村、法若村、拉沃村、肥塘村。

良曲乡　乡政府驻萨玛村。辖13个村委会：萨玛村、帕拉村、娘达村、吉日村、嘎达村、提阔村、栋多村、格康村、热木塘村、查库勒村、热如村、朵卡村、扎桑村。

扎拉乡　乡政府驻扎拉村。辖9个村委会：桑不村、察朵村、扎拉村、美日村、昂秀村、孔热村、刚夺村、雄塘村、勒仲村。

羊秀乡　乡政府驻羊秀乡村。辖18个村委会：吾雄村、索雄村、耐达村、羊秀村、赤塔村、奇塔村、达德村、朗切村、久隆村、贡宁村、吉仁村、朵给村、瓦宁村、亚贡村、察普村、中宗村、帕荣村、嘎囊村。

白嘎乡　乡政府驻喜江村。辖23个村委会：喜江村、叮色村、童达村、达钦村、鲁卡村、沃阔村、夏日村、杂亚村、斯达村、雅安夺村、欧泽村、亚阔村、列瓦村、偌托村、吉仲村、昌帕村、巴尔瓦村、扎西隆村、塘巴村、墨荣村、麦庆村、贡定村、热若村。

香曲乡　乡政府驻吉瓦村。辖21个村委会：丁嘎村、日兴村、贡许村、亚扎村、色雄村、培巴村、亚东村、帕勒村、央巴村、贺塔村、热宗村、玛热村、纳热村、仲耐村、吉瓦村、嘎当村、努玛村、色雄村、帮切村、达加村、旺耐村。

【地理环境】位置境域　比如县地处青藏高原中部，位于唐古拉山脉和念青唐古拉山脉之间，属怒江上游流域区。地理坐标为北纬31° 12′ ~32° 20′ ，东经91° 47′ ~94° 27′ 。

地形地貌　比如县平均海拔4500米左右。县境内地貌形态比较复杂。在北部唐古拉山构造岩浆带、南部冈底斯山—念青唐古拉山构造岩浆带、西边羌塘盆地和东边三江构造带的影响下，区内形成性质复杂的构造过渡带，因而也在区内形成复杂的地貌类型和多变的岩性分布。区内中部的怒江流域区以中低山为主，间有高山峡谷。由于河谷深切，支流众多，山体分割较为破碎，形成较为典型的高山峡谷地貌。四周冰山险峰环绕。南部地貌组成以中高山山地地貌为主；西北部地貌则呈高原状态，东北部地貌则以中高山河谷地貌为主。总体地势由西向东倾斜，最高峰为良曲乡、茶曲乡和达塘乡三界处的山——热木嘎（根据不同角度看，叫法也不同），海拔5841米；最低点为香曲乡恰如寺附近的怒江水面，海拔约3755米，相对高差约2100米。邻县交界处有40多个海拔5000米左右的山口。境内海拔5000米以上的高山也有10来座。著名的有曲宗拉山（山口海拔高度为4892.9米），达木业拉山，下拉山（海拔高度为5090米）。

水文　比如县属印度洋水系的怒江上游地区，怒江自西向东横贯全县，受地质构造和地势的控制，其支流既有南北流向，亦有东西流向。受半湿润气候的影响，比如县水文季节变化明显。湖泊、河流占全县面积的8%。东部外流区怒江水系支流较多，流域面积最大，包括比如县全部，并流入印度洋。

气候　属于高寒季风半湿润气候，全县以达木业拉山为界分为东西两部分，西部属亚寒带气候；东部属亚寒带湿润气候。主要气候特点：空气稀薄，气候相对温和，降雨量丰富；太阳辐射强，日照条件好；春迟，夏短，冬长。四季不分明，昼夜温差大，冬春多大风。

【自然资源】野生动植物近500多种，其中冬虫夏草、雪莲花、藏红花、贝母等名贵药用植物达58种。雪豹、棕熊、獐子、马鹿、雪鸡等珍稀野生动物在比如均有分布。铅锌矿、金、铜、煤、油页岩、玉石等矿产资源储量也十分可观。

【人口】　2016年比如县农牧民总户数12799个，总人口70190人。其中夏曲镇2850户，14478人（男6977，女7501）；扎拉乡630户，3815人（男1879，女1936）；恰则乡612户，3047人（男1485，女1562）；达塘乡1455户，8762人（男4337，女4425）；茶曲乡1199户，6926人（男3391，女3535）；良曲乡811户，4724人（男2299，女2425）；比如镇1180户，5921人（男2916，女3005）；香曲乡1221户，6409人（男3182，女3227）；羊秀乡1229户，7290人（男3601，女3689）；白嘎乡1612户，8818人（男4262，女4556）。

【旅游资源】骷髅墙天葬台　达姆寺骷髅墙天葬台由曲德贡日沃班巴林寺第八世达布·白玛班杂活佛提倡修建，著名天葬师德钦土卓为当时达布·白玛班杂任命的骷髅墙天葬台首任天葬师，天葬台由达姆寺直接管理。2007年被列入西藏自治区文物保护单位。

帕拉水晶宝塔　帕拉水晶宝塔位于良曲乡境内怒江北岸山坡上，属于直孔噶举教派，由贡萨寺直接管理。主塔高30余米，周围底部造起建有130余座小塔，塔群占地面积300平方米，帕拉金塔及附近的美巴日追、塔巴灵塔被尊为当地的佛法圣地。据史料记载，宝塔是由噶举派格西乃乌索巴于公元1071年修建。

那拉藏巴　南瞻部州猛神那拉藏巴是藏区十三大神山之一，位于达塘乡西南，距乡政府22公里。

萨普棍拉嘎布 藏族地区四大名山之一萨普棍拉嘎布神山位于羊秀乡普宗沟内，世人称其为五名山。由于高大，从很多地方能看得到，所以人们根据不同角度看到的形状，命有五种不同的名字。形态也很多：静似供果，美如绸幔，庄若佛塔，威如雪狮。位于杰秀笨龙嘉母的沟顶，这座雪山如万军之中的勇士屹立于群山之中，炫耀着高大与雄壮，守护着一方水土神灵。

觉沃白宗嘎尔波　那秀觉沃白宗嘎尔波是比如县境内最大的名山。是掘藏大师尼玛扎巴的主寺恰日森宗的背山。此山是三谷一方的主护神。带也称药王之乡。脉主峰是封顶白雪覆盖的觉沃白宗山。次峰分别是多吉西宗、卡日多吉宗、康夏多吉宁宗等山峰，人称三姊妹山。觉沃白宗嘎山极具特色，山顶是终年不化的白雪，山腰是片石和草坡相间的牧场，山麓是灌木丛林。从山坞中流下清澈的涧水，潺潺作响。此情此景，如诗如画。

麦莫溶洞　麦莫溶洞或仙女密室位于比如县夏曲镇与巴青县交界处，是自宇宙的诞生起自然自然形成的天然奇谜，洞口在山半腰的一座岩岭中，洞洞相套，幽深莫测，溶洞主要有三个山洞和两个岩石洞组成。洞中竹笋石、钟乳石等千姿百态，造型各异。有石鼓，有栩栩如生的佛像、动物群像，有各种不知名的动物骨架，重水晶石等矿产十分丰富。

文成公主石刻六字真言字迹　六字真言，六字真经或六字大明咒，是藏传佛教诵咒“唵、嘛、呢、叭、咪、吽”6个字。千百年来，藏族僧俗用简短的真言祈求幸福、驱逐烦恼、净化心灵。藏传佛教徒对六字真言尊崇深厚，信仰虔诚。据说信徒在文成公主在岩石上留下的亲笔六字真言字迹旁边停留几步诵念此字，既消灾积德，又能功德圆满。

茶曲地热温泉　茶曲藏语意为“温水”的意思。茶曲地热温泉属于高温弱碱性盐华型。温泉乃“其本为水，依附于岩浆、煤炭等矿物质的热力而变作温水，人称其温泉”。依照藏医学理论，结合使用后的临床效果，茶曲温泉具有一定诊疗效果。其中对痛风、癫疫、皮肤病、中毒、溃疡、骨折等病症浴疗效果甚佳。

那若沟双色湖　那如双色湖位于白嘎乡境内的那若沟内郭布达杰十三峰中间，佛教中双色湖分别代表为白度母和绿度母的灵魂湖，呈现一白一绿景象。

夏曲镇布龙盆地三趾马化石点　1975年，中国科学院考察队在夏曲卡盆地、布龙盆地发掘出三趾马化石。指隆盆地位于怒江上游，地势平缓，是一狭长的东西向盆地，全被高山草甸植被所覆盖，底层很少出罗露，仅在盆地边缘或有露头。三趾马化石点属布龙居委会东北方向约0.5公里处的小丘上，海拔4500米，化石发掘处为灰白色带绿色及褐黄色砂岩层，疏松，厚约1.4米，下部多灰白色泥岩，化石则保存于褐黄色砂岩中。

郭布扎西塔杰十三峰　郭布扎西塔杰十三峰位于白嘎乡那若沟双色湖白度姆圣湖之畔，分别为：美吉达觉塔杰、那俗莫瓦塔杰、桑·协嘎喇嘛塔杰、玛埲扎堆塔杰、亚布亚谷塔杰、尼瓦沐布塔杰、贡椎噶瓦塔杰、色确鲁谷塔杰、阿聂色拉塔杰、格嘎阿巴塔杰、拉锥门巴塔杰、贝埲丛本塔杰、郭布扎西塔杰。

【名优特产】　冬虫夏草、贝母、雪莲花、红景天、人参果等。

【民间歌舞】　达布阿谐 达布阿谐（打夯歌）：十三世达赖喇嘛时期由“娜秀”比如达布白玛白赞活佛所创制的劳动歌舞艺术，为提高修建寺院的工作效率，宣扬佛教积德行善的思想，创作“达布阿谐”中的颂词在民间广为流传，并配上民间的果谐曲调和劳动节奏，成为独具特色的“达布阿谐”。其动作根据歌词内容而变化，曲调随劳作的轻重而变化。达布阿谐于2008年6月7日被批准列入国家级非物质文化遗产。

热巴　流传在比如全县，据老艺人介绍，约在18世纪末察雅热巴被带到那曲；比如县香曲乡丁嘎村热巴旁单跳前进步、击鼓翻身和鼓的绕花变化等技巧在其他热巴中均少见。

果谐　比如果谐又称“果卓”有一套完整的表演程序，在圆圈舞的基础上慢板和快板交错就行。

噶尔　“噶尔”这一艺术形式兴起于公元7世纪吐蕃法王松赞干布时期，是一种以身体姿态变化为主要表演形式的艺术种类。

比如县2016年经济社会发展情况

【综合】 2016年，比如县地区生产总值（GDP）完成81988.09万元，增速10.5%。其中，第一产业增加值21209.79万元，增速2.9%；第二产业增加值18083.20万元，增速12%（工业增加值124.32万元，增速0.1%；建筑业增加值17958.88万元，增速11.5%）；第三产业增加值42695.1万元，增速12.0%。2016年，农牧民人均纯收入10939.7元，增长8.2%。

【农牧业】 初步核算，比如县实现农牧林渔业总产值41534.76万元。其中，农业产值31935.26万元；牧业产值9278.5万元；林渔服务业产值321万元。2016年，比如县播种面积22303.11亩，其中粮食作物播种面积12728.41亩、蔬菜播种面积725.6亩、青饲料播种面积8849.1亩，粮食生产总量达3684.81吨。牲畜总头数194452头（只、匹），其中黄牛2445头，牦牛174697头，马1939匹，山羊5853只，绵羊9536只，奶产量1896.86吨。各类牲畜已生3879头（只、匹），成活3736头（只、匹），成活率96.31%。奶产量达7936.73吨，毛绒产量达197.27吨，肉类产量达11459.78吨，虫草产量10353.5公斤，贝母20869公斤。2016年在全县6个半农半牧乡镇实施万亩高效牧草种植基地建设，种植牧草12000余亩，干草产量达5619750公斤，总产值近3000万元。

【固定资产投资】 全年项目共计190个，总投资达55.53亿元（含续建工程），其中国家投资建设项目111项，总投资19.47亿元；垫资建设项目61项，总投资34.89亿元；招商引资项目18项，总投资1.16亿元；全年完成投资35.9亿元。完成全社会固定资产投资20.16亿元

【商业、贸易】 2016年，比如县全年社会消费品零售总额达到1.86亿元。

【财政收入】 比如县完成财政收入总额116949.1万元。其中上级补助收入113246.1万元；本级财政入3703万元。实现税收收入4210万元

公共财政支出116740.1万元，其中：农林水支出19217万元；科学技术支出218万元；医疗卫生支出7542万元；教育支出18039万元。

2016年，比如县金融业存款余额124754万元；金融业贷款余额85094万元。

【教育】 2016—2017学年比如县共有各类学校22所。其中初级中学1所，小学11所，小学教学点1个，幼儿园9所。另有小学附设幼儿班4个。全县共有专任教师535人，其中县中学专任教师134人，小学专任教师371人，幼儿园专任教师30人。全县共有在校生15481人（含在外就读2619人），其中县中学在校生2347人，毛

入学率93.92%；全县小学在校生8617人，毛入学率99.48%；幼儿园在园人数1898人，学前三年毛入学率32.60%。

【医疗卫生】 2016年，新建比如县综合人民医院（含藏医院、疾控中心、妇幼保健院），实施夏曲镇、达塘乡、白嘎乡3个中心医院和恰则乡、茶曲乡、良曲乡、扎拉乡、羊秀乡5个卫生院标准化建设。县综合人民医院、乡镇卫生院完成4000余万元的设备招标工作。县藏药制剂室自制藏药125种，总量达12035公斤，研制专治妇科病的藏药1种、应用特色藏药制剂16种，建设县藏药制药厂。

【文化】 2016年，比如县乡村均成立艺术团、演出队，群众性文化活动广泛开展，全年共开展文艺演出70场次，参与群众5万余人次。成功举办第八届娜秀民间文化旅游艺术节暨冬虫夏草交易会和夏曲镇、达塘乡、茶曲乡、白嘎乡、香曲乡5个乡镇的文化旅游艺术节。举办比如县首届娜秀风情原生态牧歌、原生态舞蹈比赛，达布卡尔、多瓦热巴等一批失传多年的优秀民族文化被重新挖掘出来。协同自治区文物普查办文物鉴定专家对比如县25座寺庙及5个拉康日追文物进行鉴定，确定各类文物1512件，其中一级文物13件、二级文物54件、三级文物539件、一般文物906件。投资6600万元实施22个行政村文化活动场所标准化建设。

【人口、人民生活和社会保障】 2016年，比如县175个行政村属下有443个自然村，全县总户数14237户，全县总人口72637人，农牧民总户数12799户，总人口70190人；劳务输出收入为3727.6万元，劳务输出人数为6470人次。农牧民人均纯收入达10939.7元。

2016年，比如县财政安排540多万元，为全县农牧民群众统一购买小额意外伤害保险、大病医疗补充保险，为全县干部职工购买团体意外伤害保险。

全年城镇新增就业365人，困难群体、失业人员再就业1641人，开展农牧民技能培训799人，开发就业岗位360个，转移就业7383人、收入2615.5万元。落实城镇低保资金439.15万元、农村低保资金1014.55万元、医疗救助资金196.16万元、困难家庭临时救助资金27.58万元、五保资金113.76万元、寿星补助22.28万元。县城“五保”集中供养中心于2016年1月投入使用，白嘎乡中心敬老院12月投入使用。

【精准扶贫】 2016年，全县446户1691人脱贫，贫困户人均可支配收入达4150元。实施产业扶持项目共15个，总投资6.62亿元，开工建设比如县虫草交易市场、比如县10个乡镇商业综合体建设等项目。完成129户、532人易地搬迁任务。

注释：以上有些数据为初步统计数，部分数据因四舍五入的原因，存在与分项不等情况。

简略语注释

老西藏精神：特别能吃苦、特别能战斗、特别能忍耐、特别能团结、特别能奉献。

“五位一体”总体布局：经济建设、政治建设、文化建设、社会建设、生态文明建设。

“四个全面”战略布局：全面建成小康社会、全面深化改革、全面依法治理、全面从严治党。

五个定期：定期走访、定期见面、定期谈心、定期汇报思想、定期法治培训。

纪检委

10月5日，西藏自治区纪委常委巴桑卓玛一行对比如县纪检监察机关建设情况进行检查指导工作

12月20日，那曲地委委员、纪委书记庄存伟，纪委委员、监察局副局长阿旺次仁一行在夏曲镇热萨村、仲拉村进行摸底调研

3月8日，比如县召开2016年基层党建、党风廉政建设暨纪检监察工作电视电话会议

12月4日，比如县纪委深入督导检查各项惠民资金落实情况

组织部

6月17日，比如县举办“两学一做”学习教育宣传日活动

2016年3月19日，县委常委、组织部部长格桑旺姆深入良曲乡看望慰问老党员

1月8日，第一期村居干部文化素质提升工程培训班开班

组织开展“中国梦·比如情”文艺演出活动

创先争优强基础惠民生活动办公室

西藏自治区审计厅驻香曲乡仲耐村队为群众送医送药

西藏自治区党委组织部驻茶曲乡耐秀村新建办公场所启用仪式

扎拉乡政府组织驻村工作队开展“法制宣传月”活动

恰则乡驻曲荣夺村工作队举行2016年考上大学学生表彰欢送大会

县委督查室

3月20日，县委常委、纪委书记李兴林向自治区督查室领导介绍督查室情况

3月，由县纪委副书记王小进带队的工作组在白嘎乡督查工作

4月18日，县委督查室工作人员在县直各单位检查上班情况

5月7日，县委副书记李东，县委常委、纪委书记李兴林，县纪委书记、督查室主任王小进与各单位签订2016年考评工作责任书

10月20日，县纪委书记、督查室主任王小进一行在恰则乡进行第二轮督导检查

宣传部

12月29日，开展纪念红军长征胜利80周年国防知识教育专题讲座

11月23日，地委党校高级讲师赵永军教授为全县干部职工作中共十八届六中全会解读报告

“五下乡”——文化下乡

“五下乡”——发放宣传资料

8月10日，阿里地委统战部部长旦巴旺久一行在比如县考察学习

8月16日，日喀则市涉宗部门代表多吉次仁一行在比如县考察学习

10月26日，比如县工商联成立暨第一届会员代表大会

政法委

5月3日，政法系统党代表选举大会

那曲地委副书记索朗嘎瓦在比如县政法委检查指导工作

◎ 6月20日，比如县政法委开展“六月平安月宣传周”活动

◎ 9月15日，比如县政法委开展综合平安宣传

◎ 地委副书记索朗嘎瓦到比如县公安局便民服务大厅检查指导工作

档案馆

11月6日，比如县保密暨信息工作会议召开

6月9日，县档案局开展《中华人民共和国档案法》宣传活动

开展结对帮扶活动

11月9日，那曲地区团地委副书记仁青扎西一行到比如县第一小学进行专项督导检查

那曲地区妇儿工委“两规”督导组在比如县教体局进行检查

人民法院

2016年12月那曲地区中院党组成员、纪检监察室主任嘎次仁一行莅临我院开展年底工作目标考评

在结对帮扶户中走访调研

比如县人民法院执行案款发放仪式

法制宣讲

法官入额考核

援藏干部见面会

9月26日，西藏自治区人民检察院副检察长赤列晋美一行在那曲地区检察分院政治处主任娘嘎的陪同下到检察院开展调研工作

“12·4”法制宣传日活动

检察员入额考核

整改巡视动员部署会议

公安局

12月25日，西藏自治区公安厅经侦总队副总队长次多听取国保大队先进经验和工作开展情况

12月9日，那曲县委、常务副县长格桑益西一行到比如县公安局考察学习

慰问结对帮扶群众

2016年度冬季练兵工作部署会议

“六月法制宣传周”活动

司法局

4月20日，县司法局联合县检察院前往羊秀检查社区矫正工作

4月26日，自治区司法厅社区矫正管理局局长兴华、地区司法处副处长罗布一行莅临比如县调研社区矫正工作

5月2日，比如县司法局开展司法助理业务培训

三月法制宣传月期间，司法局局长索朗杰布深入白嘎乡开展法制宣传

三月法制宣传月期间，索朗杰布深入白嘎乡开展法制宣传

武装部

2月17日，生产连组织官兵赴良曲乡草场救火

巡逻演练

5月9日，县林业局组织官兵到比如县城植树造林

县武装部官兵慰问群众

县武装部医生走村入户给老百姓看病

武警中队

传达学习三级党委扩大会议精神

参加比如镇“五下乡”活动

组织官兵捐款

雪中演练

寺庙文物古建筑消防安全检查

深入村（居）宣讲防火知识

在石油公司讲解灭火器的使用方法

在比如县农行进行消防演练

教体局

9月5日，那曲地区教体局局长丁涛（中间）在比如县指导检查

10月22日，县政协副主席、教体局局长塔曲仁青在班戈县考察学习义务教育均衡发展情况

9月25日，昌都市八宿县教育考察团到比如县完小考察

10月26日，浙江省宁波市共享蓝天阅读筑梦爱心书捐赠暨思源水井捐赠仪式

2016年比如县足球联赛

比如县中学第二十八届“五四”青年运动会

校园文艺演出

红歌会活动

家长会

第一小学

地委委员、县委书记陈刚在我校检查指导

我校教师进行校本培训

“两学一做”学习教育专题讲座

书记金珠带领教师前往敬老院帮扶慰问

党建月演讲比赛

4月，西藏自治区人大常委会副主任嘎玛到比如县幼儿园考察工作

11月3日，县第一幼儿园举行开园庆典

3月28日，县第一幼儿园的小朋友们庆祝西藏百万农奴解放纪念日

第一幼儿园举行首届亲子运动会

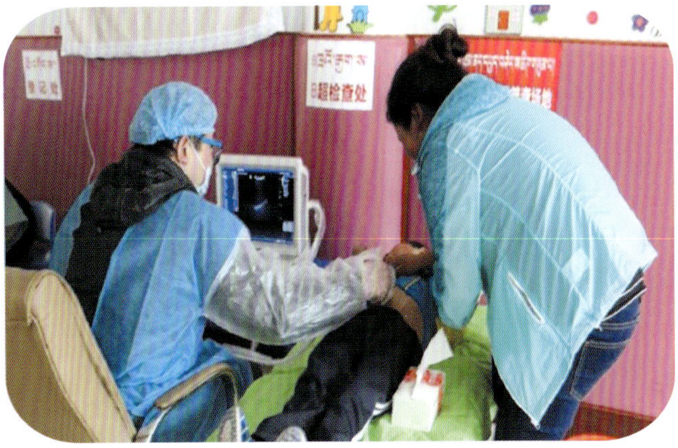

7月3日，浙江援藏医生到比如县第一幼儿园开展包虫病筛查工作

民宗局

3月13日，自治区民宗委副主任拉巴次仁在比如县督导调研宗教工作

6月7日，由比如县委统战部、县民宗局组成的督导检查组深入16个寺管会、片区管委会检查寺庙属地管理、党建等工作落实推进情况

5月16日，那曲地区民宗局党组书纪、副局长布卓玉在良曲乡热如村督导

5月15日，那曲地区民宗局党组书记、副局长布卓玉在比如县民宗局调研民族工作

7月7日，县政协副主席、民宗局局长洛桑旦增在良曲乡萨玛村调研

比如寺管委会

8月16日，日喀则市委统战部调研员、市宗教办主任多吉次仁，民宗局党组书记赤列坚赞一行在比如寺参观

8月8日，阿里地委委员、统战部长旦巴旺久，民宗局党组书记阿旺顿珠一行在比如寺参观

8月26日，县委常务副书记盛悠，县委常委、统战部部长旦增旺加在比如寺检查并指导工作

8月6日，县委常委、统战部部长旦增旺加到比如寺检查并指导工作

寺庙僧人在举行“3·28”百万农奴解放纪念日座谈会

武警比如中队官兵与寺管会干部、干警及寺庙僧人一起打扫寺庙卫生

白嘎寺管委会

白嘎寺管会干部开展捐款活动

白嘎寺管会组织僧众举行“3·28”升国旗仪式

白嘎寺管会三名唐卡画师在拉萨参加比赛

白嘎寺管会干部在唐卡学习班讲课

白嘎寺管会僧人在进行新旧西藏对比展活动

2016年11月，干部开展“两学一做”学习教育

2016年3月，组织僧人学习法律法规

比如县人民法院执行案款发放仪式

开展法制宣讲

2016年10月，干部帮助安装路灯

民政局、人力资源和社会保障局

6月3日，那曲地区应急办书记张德之在比如县救灾仓库检查指导工作

6月14日，干部职工集体学习中央八项规定的相关

比如县人社局在各乡镇进行2017年城镇居民医保费用收缴工作

6月9日，比如县武警四大队八分队在比如县双集中供养中心打扫卫生

城投公司负责人向农牧民群众讲解购房政策

农牧民群众在选购住房

西藏自治区环保厅专家在比如县现场验收生态村建设

自治区环保厅工作人员及专家组莅临比如县检查生态村建设情况

交通局 住建局

施工方讨论项目建设情况

检查那若沟道路桥梁工程

9月9日，珠海市领导及地区住建局领导莅临夏曲镇考察城市规划

检查市政管网项目

11月28日，那曲地区交通运输局工作组负责人检查比如公路段保通路段情况

道路恢复畅通现场

道路抢通现场

农牧局

◉ 5月6日，自治区农科院高级畜牧师禹黛林在比如县良曲乡指导高效牧草种植

◉ 5月19日，那曲地区草监站专家在比如县指导种草工作

◉ 开展牧草出售工作

◉ 12月26日，地委委员、县委书记陈刚考察良曲乡萨玛村奶牛养殖基地

第七批援藏援助——兽医医疗器械发放仪式

动检人员对县肉食市场进行大检查

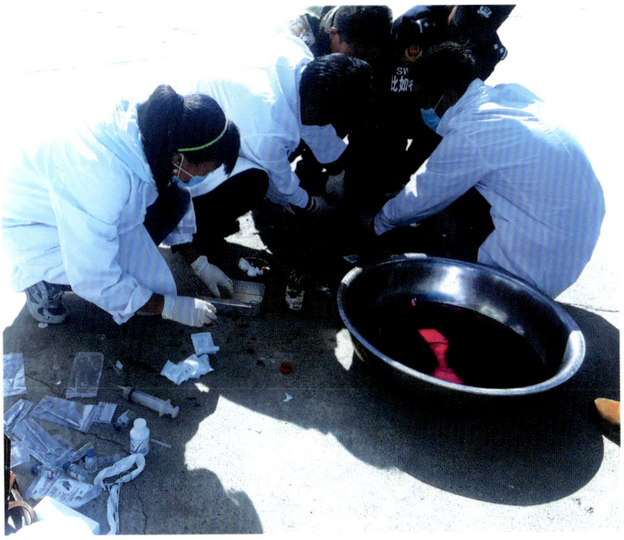

9月21日，农牧业科技服务中心工作人员带领拉萨农校实习生出诊

12月14日，农牧业科技服务中心同药监局人员在拉扎乡肉食店检查

林业局

11月10日，林业局局长扎西平措一行参观比如镇、良曲乡公益林专业管护站

2016年造林前期技术培训

喷洒药物

苗圃育苗

护林员巡山

商务局

◉ 西藏自治区商务厅供销社副处长拉巴次仁在比如县指导工作

◉ 比如县虫草商参加首届上海（西藏）冬虫夏草特惠展

◉ 看望慰问“双集中”供养老人

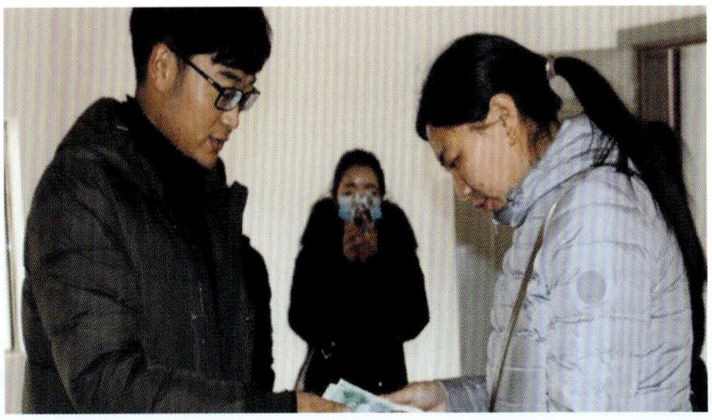

◉ “家电家具”促销活动

怒江源文化传媒公司

怒江源文化传媒公司成立剪彩仪式

怒江源文化传媒公司拍摄组上山取景

怒江源文化传媒公司摄像组正在拍摄演出现场

怒江源文化传媒公司为客户做设计图

怒江源文化传媒公司雕刻机刻出的文字

◉ 新闻采访

◉ 外线人员闭路维修

◉ 调频发射器信号检查及调试

◉ 机房编辑人员进行新闻编辑

◉ 摄影记者拍摄文艺演出

卫生局

◎比如县卫生局局长罗布召开2016年上半年总结暨下半年工作部署会议

◎比如县援藏副局长刘琳召开比如县综合人民医院二次装修及安装方案讨论会

◎县卫生局局长巴桑卓玛慰问贫困户

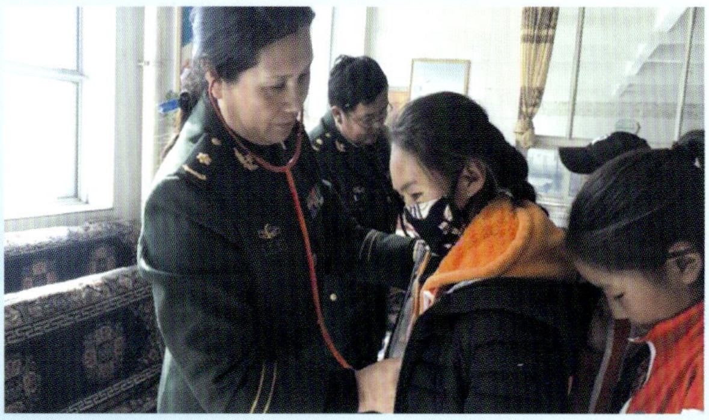

◎10月25日，由北京武警总医院心内科专家刘英、心外科专家苏立伟、眼科专家秦静组成的援藏医疗队在第一小学、县幼儿园、县中学开展先心病筛查确诊工作

◉ 9月9日，西藏自治区领导检查指导疾控工作

◉ 4月5日，签订目标责任书

◉ 9月26日，在恰则乡开展泡型包虫病流行调查

◉ 8月21日，各乡镇兼职人员查验补种工作培训

◉ 3月24日，在人民医院门口进行结核病宣传

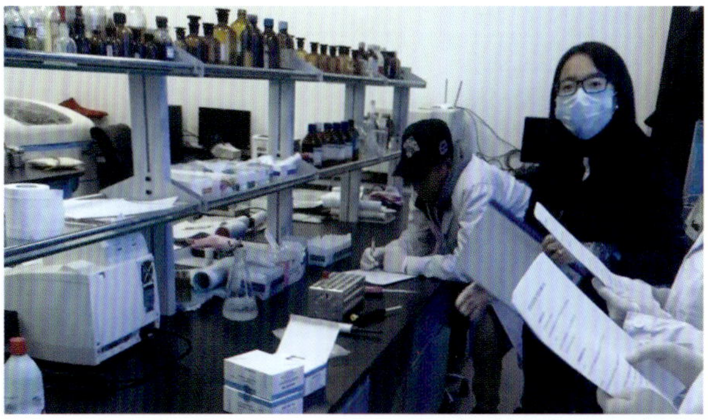

◉ 9月10日，西藏自治区疾控中心对人民医院、疾控中心人员进行艾滋病初筛检测培训

卫生服务中心

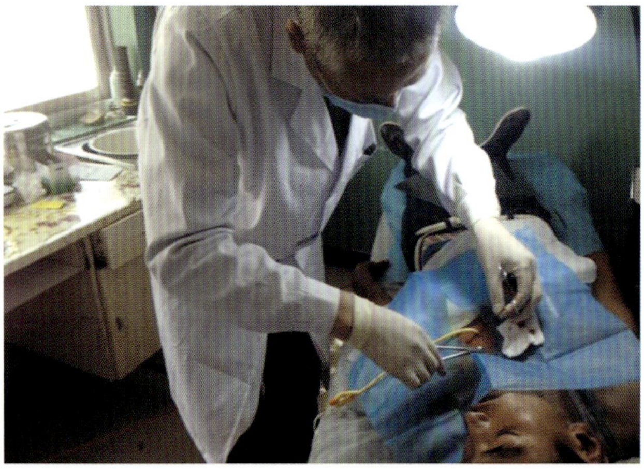

第八批援藏医生王海勇对病人进行气胸封闭式引流

第八批援藏老师在为比如县人民医院医护人员讲授医院发展理念等知识

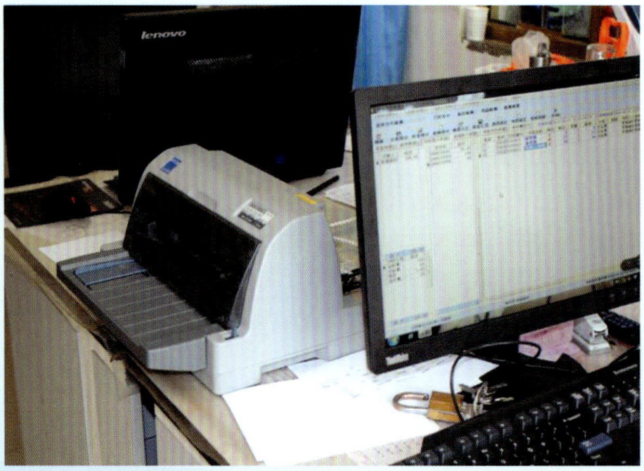

比如县人民医院部分科室实现信息化

药监局

◉ 开展食药安全宣传

◉ 组织药店法人召开药品安全会议

◉ 县食药局例行检查

◉ 地区食药局工作组检查校园食堂

◉ 地区食药局工作组检查化妆品店

工商局

◉ 1月4日，比如县工商局局长格桑达瓦在市场检查

◉ 组织非公人士慰问孤寡老人

◉ 7月1日，比如县工商局重温入党誓词

◉ 比如县工商局全体干部职工宣传新消法、商标法

◉ 1月5日，比如县工商局严厉打击制假、售假行为

◉ 4月15日，比如县税务局召开农牧民专业合作经济组织核查清理整顿专题研讨会

◉ 4月25日，县税务局局长扎西罗布向县郊农牧民经合组织宣传营改增税收政策

◉ 比如县税务局干部走访结对贫困帮扶户

◉ 比如县税务局召开提供第三方涉税信息工作会议

安监局

◎ 2016年9月13日，地区安委办主任、安监局扎西书记莅临比如检查工作

◎ 2016年7月12日，区、地领导及专家检查中石油夏曲镇加油站

◎ 2016年10月，安监局同交警大队在白嘎乡开展安全生产教育及“两站两员”培训

◎ 2016年11月，比如县开展安全生产事故警示教育活动

◎ 安监局检查建筑施工工地

◉12月19日，开展全国第三次农业普查

◉召开全国第三次农业普查动员部署会议

◉2016年比如县统计年报布置培训会

◉白嘎乡召开2016年全国第三次农业普查培训暨动员大会

旅游局

11月16日，那曲地区人大副主席顿珠群培参加寻迹唐蕃古道穿越之旅（那曲站）自驾游拍摄活动

1月7日，浙江旅游专家组对比如县旅游景点进行参观考察

11月30日，旅游市场安全生产检查

10月13日，县旅游局局长刘盛华参加第十八届杭州西湖博览会

9月22日，县旅游局召开帕拉晶塔景区规划修改会议

11月11日，县旅游局局长刘盛华参加在上海举办的“中国国际旅游交易会”

9月12日，那曲地区扶贫办党组书记、副主任西绕加措在比如县督导检查脱贫攻坚工作

4月1日，那曲地区督导组在比如县7个乡（镇）督导检查

自治区扶贫办第六强基惠民工作队入驻勒仲村并开展走访调研工作

6月8日，副县长、脱贫攻坚指挥部副组长李建军一行到达塘乡督导检查精准扶贫工作

比如县脱贫攻坚指挥部召开第三次会议

邮政局

◉ 开展残币兑换活动

◉ 那曲地区邮政公司经理视察邮政工作开展情况并慰问工作人员

◉ 县邮政局干部给退伍兵上门提供服务

◉ 比如县电信局工作人员在进行“四讲四爱”主题教育宣讲活动

◉ 比如县电信局工作人员在抢修通信线路

◉ 比如县电信局工作人员在进行业务考试

◉ 比如县电信局工作人员在保证通信网络畅通

中国农业银行比如县分行

组织全体员工积极开展金融扶贫知识学习

以合规促发展，对所辖网点开展业务检查

深入到牧区，积极开展账务核对与流动金融服务

县农行人员与乡镇村居商讨精准扶贫相关事宜

组织全体员工传达学习会议精神

7月18日，供电公司人员在检查电路运行情况

5月15日，吉前电站工作人员检查电路

9月19日，供电公司工作人员在维修吉前电站发电机

11月10日，供电公司工作人员在维修电路

第八届娜秀民间文化旅游艺术节暨冬虫夏草交易会

比如县第八届娜秀民间文化旅游艺术节暨冬虫夏草交易会开幕仪式

「牧人风采·比如形象」选拔

「牧人风采·比如形象」选拔

曲德寺卡尔舞

政 治

政　治

中国共产党比如县委员会

【经济发展】 2016年，比如县地区生产总值（GDP）完成81988.09万元，增速10.5%。其中第一产业增加值21209.79万元，增速2.9%；第二产增加值18083.20万元，增速12%（工业增加值124.32万元，增速0.1%；建筑业增加值17958.88万元，增速11.5%）；第三产业增加值42695.1万元，增速12.0%。2016年，农牧民人均纯收入10939.7元，增长8.2%。

【项目建设】 全年项目共计190个，总投资达55.53亿元（含续建工程），其中国家投资建设项目111项，总投资19.47亿元；垫资建设项目61项，总投资34.89亿元；招商引资项目18项，总投资1.16亿元；全年完成投资35.9亿元。

【新型城镇化建设】 以新型城镇化建设为突破口，按照建好城镇、聚集人口、盘活资源、带动发展的思路，实施新一轮总规修编，确立“四心四廊三片区”的空间布局，提出“一个核心+三个中心+五个重点+N个示范”的城镇发展格局，统筹城乡、区域发展，协调推进县城、中心乡镇、小康示范新村建设，形成竞相发展的良好局面。加快建设现代新城。围绕打造区域性中心城市，高位推进城市建设，对城市重新规划布局，实施一批改变城市面貌的重大项目。建设比如新区、娜秀岭安居苑、四星级宾馆、虫草交易市场、高端住宅小区、比如商贸大厦、其达商业广场，完成布曲河景观改造和怒江岛公园建设，县城给排水工程有序推进，新建市政干道和支路延伸，比如城市面貌焕然一新，一座充满现代气息、具有民族特色的“小山城”雏形正在形成。加快建设特色城镇。重点建好夏曲镇、白嘎乡、达塘乡三个中心乡镇，按照“特色鲜明、功能完善、集约节约、宜居宜业”的总体要求，全面启动夏曲镇、白嘎乡小城镇建设工作，完成达塘乡建设初步规划。加快建设小康示范新村。高起点建设比如镇巴贡、夏曲镇夏曲卡小康示范新村，政府出资50%，群众自筹50%，小康示范新村群众住宅全部通水通电，室内均有水厕和太阳能洗澡设备，每户均实现人畜分离，在小康示范新村内均建设群众文化广场，成立民族手工业园区。

【交通水利】 G558比如至边坝段改扩建工程、比扎油路建设加快推进，初步形成以G558线为主线，4条县道为干线，2条乡道及56条村道为次干线，贯穿东西南北、纵横交错的区域道路网。截至年底，建制村通达数174个，通达率达99.43%，乡镇通畅率达90%，建制村通畅率13.14%。完成对G558、G317沿线10公里内的85个行政村、寺庙、拉康（日追）公路的勘察设计工作，并纳入路面硬化项目，总里程达263.52公里，概算总投资96474.44万元。狠抓水利建设。总投资6979万元，建设怒江流域县城段防洪堤、南岸新区防洪堤，加强中小河流治理工作，及时进行河道清淤和堤防加固，加强河道采砂管理力度。投资2297.7万元，建设白嘎乡灌区、2014—2015小型牧区水利项目。加强恰则乡山洪治理，比如老电站、吉前电站、白嘎电站技改维修工作有序推进。

【旅游发展】 突出“藏北江南、秘滟娜秀”主题定位，完成比如县旅游总规划和三个景区修建性详规，启动茶曲乡骷髅墙、温泉度假村景区建设。成功组织200人的自驾游客参加比如第八届娜秀民间文化旅游艺术节暨冬虫夏草交易会。参加藏博会、四川绵阳电子商务博览会、第十八届杭州西湖博览会和成都、重庆旅游推介会、昌都三江茶马文化旅游艺术节，CCTV发现之旅《精彩视界》寻迹唐蕃古道——比如站活动圆满成功，对宣传展示比如文化旅游资源、提升比如知名度，加强区域旅游合作起到积极的促进作用。积极尝试房地产开发。那曲地区首个真正意义的房地产项目——娜秀岭安居苑项目加快推进，全面封顶，填补地区房地产开发的空白，建设商品房631套和4.7万平方米超大型地下停车场，土地出让金达1.3亿元，经济效益较为可观。

【生态保护】 积极开展环境监测工作，与四川天晟源环保有限公司签订《2016年环境监测工作合同》，在全县建立4个水质监测点和1个空气质量监测点。投资194万元，建设农村饮用水水源保护项目工程20个。认真做好自治区级生态村创建申报工作，茶曲乡马库村、多硕卡村通过自治区评审。大力实施植树造林和人工种草（退牧还草）工程，全县造林1071.6亩，落实草原生态保护补助奖励资金2644.44万元。深入推进草场沙化治理工作，投资310万元，在夏曲、扎拉、达塘3个乡镇休牧10万亩，草地补播5万亩。投资90万元，在夏曲实施人工种草4500亩。市容村貌专项整治工作扎实开展，成立县市政局，进一步提高城区和各乡镇环境卫生管理水平，形成城区环境卫生管理长效机制，“脏、乱、差”现象得到有效治理。

【“三农”工作】 农牧业生产形势总体平稳，完成粮食播种面积21500亩，各类牲畜已生67911头（只、匹），成活63928头（只、匹），大畜死亡4636头（只、匹）。春、秋季牲畜疫苗接种工作全面完成，接种率达100%。全县共采挖虫草20707斤，与去年相比减少2543斤，下降10.94%。涉农项目稳步实施，比如县共有农牧项目13个，总投资12083.8万元，其中国家投资10671.2万元。新建项目包括，2015年退牧还草项目、2016年高寒牲畜棚圈建设、2016年农技推广服务体系建设、牧道桥涵工程、草原防火基础设施建设、牧区专用防疫设施建设、扎拉乡农牧业防抗灾物资储备库建设、比如县鼠害治理、万亩高效牧草种植基地、良曲乡萨玛村奶牛养殖基地、比如镇章达村奶牛养殖基地。续建项目包括，比如镇乡镇农技推广服务体系建设、6个乡镇农技推广服务站，完成项目前置手续的办理和项目建设选址工作。

【产业发展】 坚持农牧业转型升级与转变观念、增加收入相结合，在全县6个半农半牧乡镇大力实施万亩高效牧草种植基地建设，种植高效牧草10000余亩，干草总产1123.95万斤，县外销售249.40万斤，县内销售874.56万斤，帮助群众增收2809.87万元。依托万亩高效饲草基地，积极发展农区畜牧业，计划建设5个奶牛养殖基地，建成良曲乡萨玛村、比如镇章达村2个奶牛养殖基地，并投入使用，新购进花白奶牛30头。开展农牧民经济合作组织整顿清理工作，农牧民经济合作组织由原来的208家整顿为86家，通过加大扶持、开展培训，经济效益和带富能力进一步增强，全县86家经济合作组织带动群众增收1.15亿元，增长10.86%。

【虫草采挖管理】 促进虫草采集管理工作逐步走上法治化、规范化、信息化轨道，进一步修订完善《比如县冬虫夏草采集管理暂行办法》《比如县冬虫夏草采集纠纷处理实施细则》，全面推行IC卡虫草采集证，共发放IC卡虫草采集证45537张。虫草采集点临时党支部、联户体实现全覆盖。采集人数达43972人，组建工作组95个，组派干部609人、警力359人，设立采集点临时党支部94个、党员1904人。通过依法规范科学的管理，没有发生一起矛盾纠纷，连续三年保持平稳和谐的良好局面。

【宗教管理】 依法依规管理宗教事务，扎实做好管理、教育、服务工作，积极引导藏传佛教与社会主义社会相适应。深入开展加强和创新寺庙管理工作，为全县83处宗教活动场所发放“寺寺通”84套、“舍舍通”707套，寺庙书屋实现全覆盖，82处宗教活动场所通水，36处宗教活动场所通电，宗教活动场所通达率达96.4%，国旗、领袖像悬挂率达100%。建设强达尼寺敬老院和嘎如寺、申扎寺、朗地寺集体僧舍，全部投入使用，僧尼生活和修行条件得到改善。扎实开展寺庙僧尼法治宣传教育，发放宣传资料4569份，开展宣讲831场次，受教僧尼14862人次，培训僧尼156名，僧尼“五个意识”进一步增强。加强社会流动从事宗教活动人员管理和教育。严格佛事活动审批，确保全年142场传统佛事活动安全圆满。新吸收僧尼54名。评选表彰县级和谐模范寺庙48座、爱国守法先进僧尼1194人、先进寺管会14个、优秀驻寺干部50人，发放表彰资金157.70万元。推荐地区级和谐模范寺庙16座、爱国守法先进僧尼604人、先进寺管会12个、优秀驻寺干部36人；推荐自治区级和谐模范寺庙7座、爱国守法先进僧尼220人、先进寺管会7个、优秀驻寺干部42人。加强寺管会班子和驻寺干部队伍建设，全年共提拔驻寺干部10人、进一步使用2人、交流66人，8名非公务员身份驻寺干部通过公务员考试。

【安全生产】 积极发挥县安委会及部门“双项”职能作用，坚持“安全第一、预防为主、综合治理”的方针，按照“标本兼治、重在治本”的原则，以遏制重特大事故发生、减少一般事故为目标，努力夯实监管基础。狠抓安全生产“党政同责、一岗双责”。年初，组织县安委会成员单位和企业负责人召开全县安全生产工作会议，深入分析安全生产形势、周密安排部署重点工作任务，并与各乡镇、成员单位签订《2016年安全生产目标管理责任书》《2016年道路交通安全目标管理责任书》。狠抓安全生产“三项行动”。开展安监执法行动23次，检查各类企业、各类经营场所151家（次），监管覆盖率99%；排查各类隐患75项（处），督办企业4家，完成隐患整改70处，隐患整改率达90%以上；开展各类宣传教育活动150场，受益群众达20000余人次。狠抓安全生产专项大检查。开展以县级干部带队的安全生产大检查专项督导工作4次，检查企业（单位）420家（次），查处各类隐患56处，问题整改率100%。安全生产事故0起。

【综治管理】 加快推进平安比如建设，扎实开展“三月法治宣传月”“六月平安宣传周”及“9·16”平安宣传日活动，表彰2015年度平安单位22家、平安村居10个、平安家庭185户，兑现表彰资金5.4万元。加强法治、诚信建设，开展“老赖”治理专项行动，加大民间债务清理力度，达成还款协议241份，涉及金额4403.42万元，当场还款2189.57万元。开展为期2个月的治安排查整治工作，依法严厉打击各类违法犯罪行为，共开展排查整治13次，出动警力1641人次，警车188台次，清查个体工商户1790户、茶馆593家（次）、旅馆233家（次）、出租房屋585间、网吧64家（次）、娱乐场所135家（次），清查各类人员17691人，排查过往车辆5000多辆，收缴管制刀具12把，没收散装汽油1桶，查处各类交通违法行为66起，均依法依规进行处理。积极开展打击整治“赌博违法犯罪”专项行动、“食品安全”专项行动、交通违法专项整治工作，加强社会治安管理，加大违法犯罪活动打击力度，社会治安形势持续好转，刑事案件破案率75%，治安案件同比下降25%，打击处理违法人员42人，同比下降38%，人民群众安全感、满意度明显提升，群众社会治安满意度达98.9%。

【社会管理】 扎实开展“双联户”创建评选工作，评选地区级先进双联户58户、先进集体3个，县级双联户202户、先进集体3个，评选乡级先进双联户602户、村级先进双联户2331户。深入推进“一村一警”警务工作，驻（包）村民警作用进一步发挥。驻（包）村民警走访群众8.6万人次，收集各类信息2300余条，开展各类宣讲2359场次，开展治安检查防范工作8263次，救助群众429人次，为群众办实事好事756件。持续开展户籍清理整顿工作，注销各类问题户口6328人，户籍管理更加规范。

【思想教育】把深化群众思想教育作为基础性、经常性、全局性工作来抓。结合“三月法治宣传月”活动，发挥基层干部作用，广泛开展爱国主义教育、民族团结教育、反分裂斗争教育、强农惠农政策教育、法治宣传教育，群众“五个意识”不断增强。充分发挥县教育矫治培训中心作用，加强重点人员教育培训，培训1035人次，帮助昌都、日喀则、拉萨、山南等市培训116人，帮助那曲地区各兄弟县培训88人，接收学员254人，结业233人，为维护全地区乃至全区社会稳定发挥积极作用。

【教育事业】新建比如县第二小学和两所幼儿园，第二小学完成工程总量的93%，建成后全县4～6年级学生将集中至第二小学就学，第一幼儿园顺利开园。建设比如县公共职业技能实训基地、第二中学，完成县高级中学规划设计。致力促进教育公平，承诺不让一个适龄儿童辍学，控辍保学工作成效明显。全县中学在校生2022名，小学在校生7813名，幼儿园在校生1448名，小学入学率、巩固率分别为99.84%、99.5%，中学入学率、巩固率分别为93.92%、98.81%，教学质量稳步提升。县小学毕业生全部实现整班移交，升学率达100%。县中学在全区普通高中（中职）升学考试中取得地区第一名的好成绩，初中升高中录取率达100%，其中重点高中录取率58%，普通高中录取率40%；18名学生考入内地西藏班。表彰先进集体6个、先进个人100人。培训教师634人次。投资1.1亿元，建设县教师公寓。

【医疗卫生】加快改善城乡医疗卫生条件，投资7795.49万元，建设县综合人民医院；投资8240万元，实施8个乡镇卫生院标准化建设，完成总工程量的72%。疫苗接种率为95.3%，脊灰免疫接种率达98.8%，开展城乡居民和在编僧尼免费体检，体检率分别为88%、84%；孕产妇住院分娩率85.21%，婴儿死亡率3.7‰；调整新农合基金比例，大病统筹基金调至70%，家庭账户基金调至30%，完成新农合报销2675.15万元，新农合参合率达98.85%，个人筹资66369人，群众筹资率达99%，农牧民群众住院实现即时报结。藏医药事业健康发展，全年门诊人数达12816人次，配制各种藏药123种，年产藏药3500公斤。开展先心病筛查，确诊5人。培训村医266人次，村医培训率76%。

【文化事业】在县怒江源民族文化艺术团、10个乡镇艺术团的基础上，175个村居均成立具有各自特色的民间业余文艺演出队，成立比如镇老年艺术团、比如镇达布阿谐艺术团、香曲乡丁嘎热巴艺术团等传统文化保护艺术队伍。利用节庆纪念日、考察交流等，开展文艺演出46场次，参与群众2.6万人次。成功举办第八届娜秀民间文化旅游艺术节暨虫草交易会和夏曲镇、达塘乡、茶曲乡、白嘎乡、香曲乡5个乡镇的文化旅游艺术节。加大优秀民族文化保护挖掘力度，成功举办比如县首届娜秀风情原生态歌舞大赛，色雄卡尔、多瓦热巴等一批失传多年的优秀民族文化被重新挖掘出来。积极发展文化事业，成立怒江源文化传媒公司。建立非遗项目库，加大非物质文化遗产申报工作，上报桑达寺狮子舞、良曲乡热如藏纸传承人，良曲乡热如锅庄舞申遗工作有序进行，香曲乡色雄村达布卡尔舞蹈、萨普神山传说、良曲乡藏纸制作技艺、羊秀乡桑达寺传统狮子舞资料收集整理工作取得阶段性成效。协同自治区文物普查办文物鉴定专家对比如县25座寺庙及5个拉康、日追文物进行鉴定，确定一级文物13件，二级文物54件，三级文物539件，一般文物906件。

【社会保障】县财政安排540多万元，为63214名农牧民群众统一购买小额意外伤害保险，赔付金额每人10万元；购买大病医疗补充保险，最高报销额度从原来的7万元提标至17万元。完成2015年底至2016年初城镇居民医疗保险71人，报销金额44.05万元；完成职工医疗和生育保险82人，报销金额75.09万元。医保征缴工作顺利开展，城镇职工基本医疗保险实现参保2383人，征缴金额2491.20万元；城镇居民基本医疗保险实现参保2999人，征缴金额10.81万元。养老保险工作顺利推进，为10个乡镇60岁以上农牧民群众发放养老金891.20万元；为全县15名工人落实工龄，收缴其落实工龄的养老保险52.59万元；企业职工基本养老保险实现参保人数410人，征缴金额651.15万元，城乡居民社会养老保险实现参保人数（含僧尼）32118人，征缴金额270万元。兑现2016年第一季度农村低保资金238.67万元，为78名城乡低保对象实施城乡医疗救助，落实救助资金125.74万元；对35户城乡困难家庭实施临时生活救助，发放临时救济款18万元。建立健全629名老人健康档案。总投资3039万元的县城“五保”集中供养中心于2016年1月正式投入使用，供养中心现有五保老人113人，有意愿的五保集中供养率达85%，拨付五保集中供养资金92.43万元。

【精准扶贫工作】“十三五”期间，全县共有建档立卡贫困群众1550户6123人，围绕2018年率先脱贫，争当全地区脱贫攻坚首创示范县，大力实施“九个一批”，如期完成586户2202人的脱贫任务，其中产业脱贫505户822人，转移就业314户450人，易地搬迁122户381人，生态补偿410户1617人，发展教育246户455人，医疗救助345户478人，社会兜底367户512人，信贷扶贫505户822人，微型基建586户2202人。脱贫攻坚工作顺利通过地区级验收。

营造脱贫攻坚浓厚氛围 大力宣传脱贫攻坚政策举措，针对群众“等、靠、要”、盲目攀比、好逸恶劳等突出现象，开展以“好逸恶劳可耻、勤劳致富光荣、自主创业脱贫”为主题的宣传教育，在扶志上下功夫，引导群众转变观念,树立自力更生理念。积极创新宣传方式，在微比如、电视台、户外LED显示屏、脱贫攻坚周报等宣传媒介上发布最近的扶贫动态、典型经验做法和扶贫政策，在全县营造人人关心扶贫、人人重视扶贫、人人支持扶贫、人人参与扶贫的良好氛围。建立扶贫干部结对帮扶机制，全县1550户6123名贫困群众由1367名干部结对帮扶。按照识贫“八看法”（一看房、二看粮、三看劳动力、四看读书郎、五看车、六看牲畜、七看虫草收入、八看其他收入），精准识别贫困对象。科学制定脱贫攻坚总体规划、“九个一批”专项规划、实施方案和年度脱贫计划。

易地搬迁安置 坚持扶贫易地搬迁与新型城镇化同步，科学谋划、分步实施、加快推进，总投资3550.04万元，建设扶贫易地搬迁县城集中安置小区，其中1号楼9月竣工，2号楼完成总工程量的95%，将于年底竣工入住，3号楼完成总工程量的90%，预计明年5月竣工入住。易地搬迁共122户381人。投资70多万元，为扶贫易地搬迁安置小区配套供电、给排水和热水装置等设施。同时为每个搬迁户购买9900元的藏式家具和热水器。通过招聘学校、五保集中供养后勤人员、宾馆酒店服务员、县城环卫工等，保证每户至少1人就业。易地搬迁安置政策受到群众的欢迎和好评，群众满意度达100%。

项目规划 “十三五”期间，计划申报扶贫基建项目167个，总投资19.43亿元，其中2016年申报扶贫基建项目12个，总投资1.36亿元；2017年申报扶贫基建项目76个，总投资15.27亿元；2018年申报扶贫基建项目79个，总投资2.8亿元。

产业扶贫 坚持因地制宜，分类施策，积极发展扶贫产业。结合万亩高效饲草基地建设，引导214户贫困群众参与高效牧草种植，出售49.3万斤，增收123.3万元。依托工业园区和民族手工业园区，吸纳贫困群众就业。申报“十三五”产业扶贫项目53个，总投资30.35亿元，其中2016年计划实施产业扶贫项目15个，总投资6.62亿元，茶曲乡温泉度假村、民俗商业街、10个乡镇农贸市场、9个乡镇汽修厂、奶牛养殖基地等产业项目有序实施，到位产业资金1584万，拨付55.4万元，剩余资金将作为风险基金抵押银行贷款。申报新增产业项目21个，总投资19亿元，其中比如县虫草交易市场、四星级宾馆、10个乡镇商业综合体项目开工。

拓宽群众就业渠道 千方百计为贫困群众开辟就业岗位，寻找致富门路。加强技能培训，依托自治区、地区开展技能培训128人次，县直相关单位和行业培训贫困群众326人次，加

强岗位对接，实现培训一人就业一人的目标。从贫困户中聘用学校后勤人员、建筑小工、环卫工人、宾馆服务员、小区保安，解决就业问题。348名贫困群众顺利实现就业，其中教育系统后勤服务人员85人、五保集中供养后勤人员15人、县城环卫工63人、建筑工地小工38人、酒店和小区服务人员22人、自主创业17人、机关事业单位临时工4人、农牧民经济合作组织吸纳59人、其他岗位45人，人均年增收16000元。

【基层党建】 县委坚持把抓基层、打基础作为长久之计、固本之策，年初召开全县党建工作会议，分解细化党建任务，制定书记党建工作责任清单，基层党建七项重点任务扎实推进。狠抓基层党务工作者素质提升工程，分批组织52名党务工作者外出参观考察，培训基层党务工作者336人次。“双十”工作有效开展，确立6个县级党建示范点，对20个软弱涣散基层党组织进行集中整顿。强化激励、树好导向，有7名优秀村（居）党支部书记、村委会主任通过公务员考试。狠抓村级组织活动阵地建设，总投资6600万元，实施22个村级组织活动场所标准化建设，完成总工程量的70%。深化村（居）干部、农牧民党员培训工作，分四期培训农牧民党员1400余名。深入开展“服务心连心、行动手拉手、温暖千万家”及“提升党员队伍素质、规范基层组织建设”主题实践活动。抓班子、带队伍，坚持“好干部”标准，加大干部选拔力度，提拔调整使用各级干部224人。重视老干部工作，召开老干部座谈会，分三批组织64名退休老干部到北京参观考察。深入推进干部作风建设，继续选派60名干部到西部双湖县、尼玛县学习交流。

【换届工作】 认真开展换届摸底调研，广泛征求基层干部群众意见建议，认真研究换届人事方案。顺利召开县第九次党代会、十二届人大一次会议、政协七届一次会议，选举产生新一届领导班子，选举产生县级党代表205名、乡镇党代表420名；县级人大代表129名、乡镇人大代表427名；政协委员63名。以换届为契机，选优配强各级领导班子，对10个乡镇领导班子民族结构、性别比例、工作实绩、群众评价进行综合分析，调整班子成员7名，把符合条件、群众认可、能力突出的24名事业干部、11名大学生村官、1名转为乡镇公务员的村党支部书记选进乡镇领导班子，确保组织意图的实现。加强换届风气监督，严肃换届工作纪律，保证换届风清气正。

【党风廉洁】 召开全县党风廉洁建设暨反腐败工作会议，由书记对乡镇党委书记抓党风廉洁建设进行约谈，书记办公会研究党风廉洁建设3次，县委常委会研究党风廉洁建设2次，书记讲专题党课3次。坚持新任领导干部廉政集体谈话，4月、7月，县委主要领导开展对新提拔的科级干部进行廉政谈话，在纪律审查过程中，由纪委主要领导对个别违反廉洁自律有关规定的干部进行廉政谈话。组织党员干部开展准则、条例测试，建立县党风廉政警示教育基地，自9月投入使用以来，开展警示教育13次，共有220余人次。加强廉政风险预防，制定《关于进一步加强比如县教育系统科学管理的实施意见》《关于进一步加强和规范乡（镇）财务管理的意见》。支持纪委深化“三转”（转职能、转方式、转作风），加强纪委领导班子和纪检监察干部队伍建设。县纪委聚焦主责主业，加强执纪监督审查，执纪审查案件17件，初核15件，了解6件，转立案9件。加强基层纪检干部队伍建设，在那曲地区率先开展乡镇纪委挂牌工作，各乡镇配备专职纪委书记和纪检专干。6月30日至9月20日，区党委巡视十一组对比如县开展巡视，针对巡视反馈问题，认真制定整改方案，及时召开整改动员部署会议，全面抓好整改落实工作。

【强基惠民】 区地县乡各级驻村工作队，认真贯彻落实自治区党委、地委、县委决策部署，紧紧围绕驻村工作“7+1”项任务，推进创先争优强基础惠民生活动深入开展。以“五个培养”为抓手，建强基层组织，发展农牧民党员367名、入党积极分子789人，把77名致富能手培养成党员，把95名党员培养成致富能手，把69名党员致富能手培养成村组干部。

指导完善村规民约257条，建立完善各类制度179条。带领群众增收致富，帮助群众理清发展思路209条，找准发展路子81个，制定完善经济发展规划80余项，劳务输出1710人次，收入达2775.11万元。召开感党恩教育大会765场次，政策宣讲734场次，新旧对比教育340场次，法制宣讲564场次，举办专题讲座286场次，发放宣传资料11254份，受教育群众达68073人次，群众“五个意识”不断增强。召开2016年全县创先争优强基础惠民生活动总结表彰大会，表彰县级优秀驻村工作队10个、优秀组织单位44个、优秀驻村干部175名。

【群团工作】 总工会城镇户会员有1926名，城镇户入会会员283名；农牧民入会会员1804名，共入会会员1774名。工会小组36个。上半年，对14户企业困难职工发放帮扶资金13万元，下半年发放帮扶救助资金6.6万元，对5名困难职工家中的应届学生提供助学救助，对8名困难职工家中进行医疗救助。积极参加“安全生产月”“三月法制宣传月”“六月平安宣传周”及“9·16”平安建设宣传日活动，发放宣传资料1200余份。始终坚持“党建带团建”原则，认真落实团的各项工作机制，积极推进团组织建设。比如县建立基层团组织186个、青年活动中心1个。开展“依法禁毒，构建和谐”为主题青少年远离毒品活动。在全县中小学开展“不让毒品进校园”禁毒宣传活动。加强青少年法制宣传教育，扎实推进“预防青少年违法犯罪工程”，开展青少年预防犯罪宣传3场，受教育人数1500余人次。比如县175个行政村的妇代会主任都是妇女，并全部进入村“两委”班子。利用“三八”妇女节等节日，宣传《中华人民共和国妇女权益保障法》《中华人民共和国婚姻法》等法律知识。评选出“三八红旗手”13名，妇联工作先进单位3家。

简略语注释

两路精神：一不怕苦、二不怕死，顽强拼搏、甘当路石，军民一家、民族团结。

四个服从：党员个人服从党的组织，少数服从多数，下级组织服从上级组织，全党各个组织和全体党员服从党的全国代表大会和中央委员会，是互相联系的有机整体。

六个西藏：富裕西藏、和谐西藏、幸福西藏、法治西藏、文明西藏、美丽西藏。

强基惠民驻村工作活动“五项重点任务”：建设基层组织，做好为翁仲，寻找致富门路，进行感恩教育，办实事解难事。

自治区利民惠民十件实事：加快实施农牧民安居工程、着力改善农牧区条件、千方百计扩大就业、努力稳控物价、健全社会保障体系、优先发展教育、强化医疗卫生保障、推进文化惠民、加强扶贫开发、抓好防灾减灾和安全生产。

七进：进机关、进乡村、进社区、进学校、进企业、进单位、进宗教场所。

六支持：政策、资金、人才、基础、环境、信誉支持。

维稳“六共”：共讲党恩跟党走、共促团结反分裂、共建文明树新风、共谋发展惠民生、共抓党建固根本、共创平安保稳定。

六对抓手：打牢农牧业和基础设施两个基础、突出特色产业和生态文明建设两个重点、加强民生改善和基本公共服务两个保障、激活改革开放和对口支援两个动力、强化科技和人才两个支撑、巩固民族团结和社会稳定两个基石。

比如县人民代表大会常务委员会

【强化监督】 2016年，比如县通过“十三五”时期国民经济和社会发展规划纲要，县人大常委会听取和审议“十二五”时期国民经济和社会发展计划执行情况报告，充分肯定县政府为经济社会发展所做的努力和取得的成效。同时，加强预决算审查监督力度，听取和审议关于2015年预算执行情况及2016年财政预算（草案）的报告，促进财政工作的规范运行。组织区、县、乡“三级人大”代表，围绕县委中心工作和农牧民群众关心的热点问题，针对脱贫攻坚、法制教育和小康示范村建设进行专题视察，通过视察代表们提出有针对性的意见建议7条。对群众反映强烈的信访问题，开展重点监督，切实维护群众合法权益，进一步发挥人大在保护群众利益和维护社会和谐稳定中的作用。接待和处理人民群众涉法来信来访1件1人次，按照“统一受理、及时批办、责任督办、情况反馈”的原则，及时转交有关部门和单位，全程跟踪督办，限期答复当事人，做到了件件有着落，事事有回音。

【依法行使职权】 县人大常委会听取和审议通过《比如县虫草采集管理办法（暂行）修正案》《比如县人民政府关于购买政府团体意外伤害保险和农牧民小额意外伤害保险、大病医疗补充保险的报告》，认真审议决定重大事项。常委会坚持把党管干部原则同依法行使任免权统一起来，把对党负责同对人民负责一致起来，严格执行党委建议、有关机关提请、常委会把关、主任会议审查、常委会会议审议的任免程序，进一步推进人事任免工作民主化、法制化、规范化，实现县委人事任免意图。2016年，县十二届人大及其常委会选举任免县“一府两院”和常委会工作机构、政府机关工作人员74人次，为地方国家机关建设提供了有力的组织保障，新当选的国家机关工作人员进行宣誓。

【工作成效】 县人大常委会始终把办理代表议案建议作为保障代表民主权利、充分发挥代表作用作为重要工作来抓，针对代表建议办理效率低、质量差等问题，制定《代表建议办理工作制度》，用制度来推动代表建议办理，使建议办理工作规范化、程序化。十一届六次会议受理代表包括政法类、财政计划类、农牧林业类、工业交通类、文化教育类、劳动人事社会保障类和其他七类建议48件；十二届一次会议受理代表和其他各类建议49件。县人大及时与县政府联合召开交办会，落实具体承办单位，切实加强督办，97件代表建议均得到有关部门的规范办理和答复，代表满意率98%，基本满意率2%，收到良好的效果。围绕县委中心工作和农牧民群众关心的热点问题，组织区、县、乡三级人大代表，针对扶贫、小康示范村建设、法治建设领域进行专题视察。人大代表切实履行自身职权，积极参与、认真视察，指出存在的7个共性问题并提出针对性的意见建议，讨论形成视察报告。按照区人大、人大地区工委关于创建“人大代表之家”的系列部署和相关要求，县人民政府解决122万元，县人大常委会完成县乡11个“人大代表之家”的规范化建设，做到硬件建设标准化、软件建设制度化，努力促进代表活动常态化，不断把“人大代表之家”建设成为学习培训、联系选民、开展活动、履行职责的重要载体。

【人民当家作主】 2016年，县人大常委会圆满完成县乡两级人大换届选举工作。按照“坚持党的领导、坚持发扬民主、坚持严格依法办事”的原则，加强检查指导，认真落实广大选民的参与权、选举权和监督权，确保县乡两级人大代表换届选举工作依法有序进行。经过宣传动员和准备、选民登记、提名确定代表候选人、投票选举和召开新一届人代会五个阶段工作，依法选举产生新一届县级人大代表129名，乡镇人大代表428名，县人大常委会组成人员27名。这次换届选举，提高基层人大代表特别是农牧民、专业技术人员代表比例，降低党政领导干部代表比例，妇女代表比例比上届有所提高，人大代表具有更加广泛的代表性，充分体现人民当家作主。

比如县人民政府

【工作成效】 2016年，全县完成生产总值81988.09万元，增速10.5%。其中第一产业增加值21209.79万元，增速2.9%；第二产业增加值18083.20万元，增速12%（工业增加值124.32万元，增速0.1%；建筑业增加值17958.88万元，增速11.5%）；第三产业增加值42695.1万元，增速12%。

【重大项目建设】 2016年，项目共计230个，总投资61.54亿元，其中国投项目128个，总投资19.99亿元；垫资项目102个，总投资41.55亿元。完成2016年县直单位干部职工50套周转房建设，2015年150套棚户区改造工程已完成，2014年至2016年482套乡镇干部周转房建成并实现入住，比如县一号院、二号院建设项目基本完工，一号院3号楼实现入住。第一批易地扶贫搬迁安置点实现入住，检察院干部职工周转房投入使用。县城其达社区、图嘎社区支路项目正在建设中，南岸新区6条市政道路完成规划，待招标。开工建设老城区娜秀休闲公园建设、迎宾大道人行道绿化等项目正在建设中，县城区域供水工程正在建设中。县二号院、人民政府大院、集中供养供水投入使用，县城生活垃圾填埋场项目完成前置手续、布曲河景观带改造工程、怒江岛公园等项目投入使用，比如县给排水工程、比如新区市政工程、比如四星级宾馆、虫草交易市场、高档商住区等项目开工建设。白嘎灌区续建配套与节水改造项目正在建设中，南岸新区防洪堤项目正在建设中，2015年小型牧区水利建设项目完成招投标前期工作，比如县北岸城区防洪堤正在建设中，布曲河景观带建设项目完工，恰则乡山洪灾害治理项目完成前期工作，完成农村饮水安全工程提质增效等14项水利项目的规划编制工作。完成国道558、317沿线14公里内的85个行政村、寺庙公路勘查和设计工作，比如县夏曲镇勒加库公路、白嘎乡童囊村公路、比如县白嘎乡娜如沟道路桥梁公路、比如县珠德村牧场道路维修、比如县扎拉乡昂秀村两座桥、比如县仲耐村青热钢架桥、比如县那曲河工程、恰则乡曲荣夺桥梁工程等项目正在建设中。比如县娜秀岭小区建设工作完成主体工程，总投资达6亿多元，小区建设用地达6万平方米，总建筑面积18万平方米，小区建有商品房631套，面积达4.7万平方米的超大型地下停车场和民俗商业街。出售房屋254套。夏曲镇小康示范新村和比如镇巴贡村小康示范村建设有序推进，总投资分别为2875万元和2063万元，完成总工程量的80%。

【农牧业结构调整】 2016年，全县播种面积22303.11亩，其中粮食作物播种面积12728.41亩、蔬菜播种面积725.6亩、青饲料播种面积8849.1亩，粮食生产总量达3684.81吨。牲畜总头数194452头（只、匹），其中黄牛2445头，牦牛174697头，马1939匹，山羊5853只，绵羊9536只，奶产量1896.86吨。各类牲畜已生3879头（只、匹），成活3736头（只、匹），成活率96.31%。奶产量达7936.73吨，毛绒产量达197.27吨，肉类产量达11459.78吨。按照“乡不漏村、村不漏户、畜不漏针、针不漏量”的原则，全面完成春季、秋季牲畜接种工作，接种率达到100%。全县6个半农半牧乡镇大力实施万亩高效牧草种植基地建设，帮助群众转变观念，增加收入，全县5162.5亩休耕地和2444.32亩弃耕地得到有效利用，牧草总产量达1123.95万斤，向地区其他各兄弟县出售244.21万斤，其余为县域内自销，预计总产值达3000万元。全县5个奶牛养殖基地中，良曲乡、比如镇奶牛养殖基地开工建设。

【精准扶贫工作】 申报“十三五”产业扶贫项目34个，总投资303510万元。2016年产业扶持项目9个，总投资8450万元，4个项目已开工建设，其余5个项目前期工作基本完成。申报新产业项目21个，计划总投资19亿元，其中比如县虫草交易市场、比如县四星级宾馆、比如县10个乡镇商业综合体建设等项目已开工建设。为贫困户提供就业岗位共616名，安置就业157人，其中教育系统后勤服务人员安置就业76人，五保集中供养安置11人，酒店服务人员安置7人，政府机关后勤工作人员22人，县城环卫工人11人，各乡镇安置就业30人。依托自治区、地区技能培训128人，协调教育局、恰则乡、生产连、娜秀大酒店、比如宾馆等分批分次培训253人次，同时加强岗位对接确保培训一人就业一人。根据易地扶贫搬迁群众意愿和县城小城镇建设实际，比如县易地扶贫搬迁贫困群众全部集中安置在县城，安置122户381人。同时，比如县还加强易地扶贫搬迁安置点基础设施建设，投资73.38万元配套1号楼供电、给排水等设施，为贫困户配备热水装置，道路硬化、小区绿化将与易地扶贫搬迁小区2号楼、3号楼共同实施，保障群众基本生活需求。投资65.36万元为每户易地扶贫搬迁家庭购买1对藏式床、1对藏式桌、1对藏式柜，每套家具8600元。生态脱贫转移就业6039个岗位。同时，制订出台生态岗位管理办法，确保生态岗位管理到位。“十三五”期间比如县教育脱贫为1157人。对“十三五”期间贫困学生从幼儿园至大学生进行一一分类统计，全县建档立卡贫困人口共有在校大学生41名，“两后生”共19名。对41名贫困在校大学生发放2016年资助资金32.3万元。

【义务教育事业】 坚持教育优先发展，加快推进义务教育均衡发展，积极开展招生劝学工作，完成第一阶段1036名适龄儿童招生劝学任务。有中学1所，小学10所，教学点10处，幼儿园4所，现有中学生2022名，小学生7813名，幼儿园学生1448名，小学入学率99.84%，中学入学率93.89%。落实春季学期学生资助资金（农牧民子女三包助学金、义务教育阶段营养改善、城镇义务教育、学前免费教育补助）3424万元。派出教师前往那曲、拉萨等地参加培训115人次。坚持注重公平，提升质量的原则，针对目前教育资源分布不均的实际，整合资金项目，促进适度集中办学，新建比如县第二小学和两所幼儿园，其中比如县第二小学项目总投资13697.45万元，建筑总面积45913.09平方米；比如县幼儿园项目总投资1717.06万元，建筑总面积5562.35平方米。比如县第二中学、高级中学已经开工建设。

【基础设施建设】 按照四通八达、方便快捷的路网布局，全力支持保障G558比如至边坝段改扩建工程和比扎油路建设有序推进。2016年，全县通村项目共8个，总投资3779.53万元。全县175个行政村农村公路通达数173个，通达率98.86%，通车数167个，通车率95.43%，农村公路路线总数达到60条，总里程1104.70千米，通车里程637.65千米。开（复）工水利项目共7个，主要涉及防洪、灌溉2个大项，总投资13308.91万元。比如新区防洪堤、比如县北岸城区防洪堤、白嘎乡灌区续建配套与节水改造等6个项目开（复）工，总投资12898.91万元。比如县布曲河景观带改造完成并投入使用，比如县怒江岛公园投入使用，为群众休闲娱乐提供基础保障。

【安全生产】 狠抓安全生产“党政同责、一岗双责”。2月，组织10个乡镇人民政府主要领导、分管领导及安监员，22个成员单位和2家企业负责人召开全县安全生产工作会议，深入分析2016年安全生产形势、周密安排部署今年重点工作任务，并与各乡镇、成员单位签订《2016年安全生产目标管理责任书》《2016年道路交通安全目标管理责任书》。各乡（镇）、各成员单位与各村、企业、学校、各行业领域也分别签订《2016年安全生产目标管理责任书》。开展安监执法行动23次，检查各类企业、各类经营场所151家（次），监管覆盖率99%；排查各类隐患75项处，督办企业4家，完成隐患整改70处，隐患整改率达90%以上；开展各类宣传教育活动150场，受益群众达20000余人次。执法行动、宣传次数比上年明显增加，安全隐患数比上年有所下降，"源头关"堵截能力明显增强。根据季节及敏感时段的特点，开展安全生产大检查专项督导工作4次，各乡（镇）、各单位、各企业自检自查的同时，县安委会牵头，组织由安监、交通、水利、民政、公安、工商、食药、交警、消防、住建等部门组成的联合专项检查组，分别深入辖区各行业（领域）开展专项督查，开展各类检查60次，检查企业（单位）420家次，查处各类隐患56处，整改完毕48处，整改率85.7%；各企业开展自检自查14场次，发现隐患9处，整改9处，整改率100%。

【医疗卫生】 加快改善城乡医疗卫生条件，投资7795.49万元，建设比如综合人民医院，投资8240万元，实施3个乡镇中心医院和5个乡镇卫生院标准化建设。县人民医院、藏医院以及各乡镇卫生院共接诊3.85万人次，完成免疫接种1.11万人次，帮助城乡居民和在编僧尼免费体检5565人，孕产妇住院分娩率和婴儿成活率均达到100%；完成7个乡镇合作医疗审核报销工作，报销金额869.3万元，门诊补偿率和住院补偿率均达到100%；参加合作医疗个人筹资66369人，参合率达到98.8%，共筹资132.73万元；组织开展村医培训266人次，培训率达76%。制定《比如县农牧民群众在县乡住院即时结报制度》，进一步简化县乡医疗报销程序。

【文化事业】 继续大力实施"2131"工程、农村公益电影放映工程和电影进寺庙、进学校、进军营、进工地工程，放映电影719场次，观影人数达3.36万人次。发放"户户通"更换设备722套，升级、维修、调试400余套。坚持文化惠民，结合重要节庆纪念日，广泛开展群众性文化活动，基层文化红红火火，开展文艺演出45场次，参与群众2.55万余人次。积极发展文化产业，成立怒江源文化传媒有限公司，成功举办第八届娜秀民间文化旅游艺术节暨虫草交易会和夏曲镇、达塘乡、茶曲乡、白嘎乡、香曲乡5个乡镇的文化旅游艺术节，成功举办比如县第一届足球联赛，拍摄制作比如微电影《邂逅比如》，成功举办比如县首届原生态牧歌、原生态舞蹈比赛。

【社会保障】 县委、县政府始终心系干部群众，千方百计为干部群众谋福利，为全县3064名干部职工统一购买政府团体意外伤害保险237.1071万元，为63214名农牧民群众统一购买小额伤害意外保险105.5674万元和大病医疗补充保险63.214万元，共计540多万元。全县干部职工参加基本养老保险1471人。完成2015年至2016年初城镇居民医疗报销104人，报销金额69.81万元；上半年新参保36人、居民113人，城镇职工医疗保险参保2358人，征缴基金247.30万元，城镇居民医疗保险实现参保2555人，征缴基金157.39万元。发放10个乡镇5542名60岁以上农牧民群众养老金470.36万元，组织4名群众前往地区参加挖掘机驾驶员培训，收缴民工工资保证金11.73万元。

【惠民资金】 兑现2016年第一季度城镇低保资金99.5657万元和农村低保资金238.6718万元。按照城乡医疗救助办法，为78名城乡低保对象实施城乡医疗救助，落实救助资金125.7349万元；对35户城乡困难家庭实施临时生活救助，发放临时救济款18万元。积极做好社会福利工作，落实2016年一季度五保供养资金110.44万元，投资3039万元，建筑面积8016㎡的"五保"集中供养中心于2016年1月投入使用。建立健全629名老人健康档案。

【旅游业发展】 按照生态统筹、景区支撑、产业融合、全域旅游的理念，以"世界首家生命参悟情感体验旅游目的地"为主题定位，以“将文化旅游业打造成为比如县战略性支柱产业”为产业定位，以“藏北江南、梦境娜秀”为形象定位，按照“四廊、三极、六景区”的空间布局，积极打造比如旅游业。在第八届比如县民间文化旅游艺术节暨冬虫夏草交易会举办期间，比如县通过在重庆市、拉萨市分别召开新闻发布会，通过各大门户网站、新闻媒体等方式，进一步加大文化旅游宣传，在艺术节举办期间，重庆200余辆的自驾游车队前来旅游参观。积极打造烈士陵园“红色旅游”基地、3个乡村旅游、娜若国家湿地公园、三圣湖景区、怒江比如县水生态文明建设工程和骷髅墙、帕拉晶塔、双色湖等旅游景点的打造，加快各旅游景点道路等配套设施的建设，茶曲乡骷髅墙景区、茶曲乡温泉度假村开工建设，良曲乡帕拉晶塔景区、良曲乡嘎达村民俗体验村、良曲乡热如村等景区完成设计方案，三圣湖、萨普神山等旅游景点正在做前期规划。

【生态文明建设】按照保护优先、综合治理、因地制宜、突出重点的原则，认真落实西藏生态安全屏障保护与建设规划和《羌塘高原国家生态文明建设区总体规划》，优化生态格局，促进生态系统良性循环，切实把比如建设成为怒江上游的生态屏障。积极开展环境监测工作，与四川天晟源环保有限公司签订《2016年环境监测工作合同》，在全县建立4个水质监测点和1个空气质量监测点，完成第一季度和第二季度环境质量监测。经检测，比如县环境空气质量达到《环境空气质量标准》（GB3095—2012）一级标准，水环境质量均达标。投资194万元，建设农村饮用水水源保护项目工程20个。认真做好珠德村、丁嘎村等15个行政村的自治区级生态村创建申报工作，相关申报资料完成，待上级部门审批。大力实施植树造林和人工种草（退牧还草）工程，今年以来，全县出动4000余人次，植树7.5万棵，造林面积1071.6亩，开展森林防火巡逻762人次，开展森林病虫害防治工作，喷洒农药4000棵。落实草原生态保护补助奖励资金2644.4378万元。深入推进草场沙化治理工作，投资310万元，其中国家投资260万元，群众自筹50万元，在夏曲、扎拉、达塘等3个乡镇休牧10万亩，草地补播3万亩。顺利通过地区草原站验收，网围栏、牧草种子全部到位。投资90万元，在夏曲镇实施人工种草4500亩。

简略语注释

农牧区“三资”：资产、资源、资金。

教育“三包”：包吃、包住、包学习费用。

两个责任：党风廉政建设党委主体责任和纪委监督责任。

三帮：帮思想进步、帮技能提高、帮身心健康。

三农：指农村、农业和农民。研究三农问题目的是要解决农民增收、农业发展、农村稳定。实际上，这是一个居住地域、从事行业和主体身份三位一体的问题，但三者侧重点不一，必须一体化地考虑以上三个问题。中国作为一个农业大国。“三农”问题关系到国民素质、经济发展，关系到社会稳定、国家富强、民族复兴。

司法体制改革：司法体制改革是指以司法为职能目的而形成的组织体系与制度体系。或者说司法机构组织体系和司法制度的统称。司法体制是国家法律制度的重要组成部分，也是国家政治体制的重要组成部分。

立案登记制：立案登记制是指案件受理制度。根据《最高人民法院关于全面深化人民法院改革的意见》提出的要求，改革案件受理制度，变立案审查制为立案登记制，对人民法院依法应该受理的案件，做到有案必立、有诉必理，保障当事人诉权。加大立案信息的网上公开力度。

司法公开：关于司法公开的具体含义，最高法院明文界定为六个方面，即立案公开、庭审公开、执行公开、听证公开、文书公开、审务公开，更加透明的司法还需要过程性司法信息公开，需要六大环节的整体化公开。

一个中心、两件大事、三个确保：一个中心，就是要以经济建设为中心；两件大事，就是要抓好发展和稳定两件大事；三个确保，就是要明确经济社会由加快发展向跨越式发展，确保社会局势由基本稳定向长治久安发展，确保人民群众的生活水平不断提高。

中国人民政治协商会议比如县委员会

【基本情况】 1988年7月28日召开比如县政协第一届一次会议，宣告比如县政协成立，县级政协机关，政协比如县委员会现设有主席1名、副主席5名，其中：党外副主席2名。政协比如县委员会下设1个正科级行政办公室，政协办公室总编制为2名，主任1名、副主任1名。办公室现有3名工作人员，其中主任1名，副主任1名，副主任科员1名。政协比如县委员会现有政协委员62名，常务委员11名。

【“两学一做”专题学习教育】 坚持集中和自学相结合的方式，确保学习过程中不走过场，不流于形式，把每周星期三下午作为固定的集体学习时间，每月坚持集中学习4次以上，不少于5小时；干部个人自学时间达8小时以上。为检验学习成果，办公室每月底要组织一次对“两学一做”学习教育笔记检查，要求干部每月个人学习笔记不得少于1000字。

【政协比如县委员会换届工作】 政协换届工作前，将原有40名定编委员名额增加至65名。按委员分配方案，拟推荐提名委员共63人，预留2人作为换届时机动使用和届中增补。委员共设8个界别，具体为：中国共产党、民族、宗教、经济（含非公经济代表）、农牧、工青妇（工会、中国共产主义青年团、青年联合会、妇女联合会）、文艺科技教体、医药卫生（社会福利和社会保障）。经地委批准，9月7日至9月11日，政协比如县委员会召开中国人民政治协商会议第七届比如县委员会第一次会议，此次换届选举，共选举产生63名政协委员。其中：党内委员24人，占38.1%；党外委员有39人，占61.9%。中国共产党界7人，占11.1%；宗教界20人，占31.7%；工青妇界2人，占3.2%；文艺科技教体界4人，占6.3%；农牧界8人，占12.7%；医药卫生界3人，占4.8%；经济界3人，占4.8%；少数民族界16人，占25.4%。上届政协委员共35人，本届增加28人，增长80%；其中，党内委员15人，增长37.5%；党外委员20人，增长95%。同时，选举产生政协常委会成员11名；新一届政协领导班子5人。其中：男5名，藏族5名，45岁以下4人，占80%；45岁以上1人，占20%；大专及以上文化程度5人，占100%。上届政协领导班子共5人，与本届领导班子成员人数持平，45岁以下增加2人，增长100%。

【民主监督】 安排专人负责提案工作，继续实行主席督办制度，由正、副主席负责重点提案跟踪督办，加大提案督办力度，不定期做好提案督办反馈工作。七届一次会议以来，共收到提案41件，经审查立案的35件。重视做好反映社情民意工作。为加强反映社情民意工作，进一步加大信息、社情民意的收集和反馈力度。要求各级政协委员和政协参加单位负责收集各自工作范围内的社情民意，使之成为联系社会各界群众的“代言人”。整理编发《政协信息》5期，内容涉及经济发展、城建市容、环境保护、卫生教育和好人好事等各个方面，促进一些问题的解决，真正体现比如县政协及其委员关注全县经济发展，关注百姓生活，对促进社会稳定和谐发挥积极的作用。

【维护稳定】 坚持把维护稳定作为履行职能的第一政治责任，坚持把综合治理工作放在重中之重来抓，干部职工始终恪尽职守、履职尽责，扎实完成各项维稳和综治工作任务。县政协领导班子成员在三月维稳期分别蹲点达塘乡、比如镇、恰则乡，联系全县各级各界政协委员多次深入各行政村（居）、属地寺管会开展法制宣讲教育，督导维稳措施落实。办公室认真制定藏汉双语版《2016年维稳目标责任书》，主要领导与办公室负责人，办公室负责人与每名干部职工均签订责任书。驻村工作队与村“两委”班子成员组织农牧民群众及时召开3月份维稳工作部署会，由工作队、村“两委”、农牧民党员、联户长组成的“红袖标”队伍，坚持24小时昼夜值班巡逻。在虫草采挖期间，按照县委、县府统一安排部署，我办抽调人员赴采集点协助当地乡党委、政府做好《比如县冬虫夏草采集管理暂行办法》等相关法律法规的宣讲教育以及维护稳定工作。办公室组织干部职工召开反邪教常识学习教育会，制作并签订家庭反邪教保证卡。在深入开展“三月法制宣传月”“六月平安宣传周”及“9·16”平安建设宣传日活动期间，办公室按照县综治办总体安排部署，结合本单位实际认真制定工作方案和学习课程表，采取集中学习和自学相结合、发放宣传材料和设立一个法律咨询点相结合的方式，在本单位干部中深入学习宣讲《中国人民政治协商会议章程》等相关法律法规和规章制度。发放各类宣传材料300余份。

【党建工作】突出抓好思想政治建设、组织建设、作风建设、制度建设和党风廉政建设，扎实做好五项工作。认真落实“三会一课”制度。党员干部能积极参加县委支部每月组织召开的党员学习会；单位主要领导和办公室负责人坚持利用每周星期三下午固定集体学习时间，为干部上党课；驻村工作队坚持每月不少于3次为所在村农牧民党员上党课。单位成立党风廉政建设领导小组，制定党风廉政建设工作计划，细化任务分解，明确责任要求，签订《党风廉政建设责任书》。

【强基惠民】县政协办驻香曲乡达加村工作队，组织召开维稳会议10次；集中学习宣讲党的惠民政策、相关法律法规、各级党政组织重大会议精神共20场次，受教育群众覆盖面达100%；经常性入户家访为民办实事、做好事、解难事15件。县政协领导班子为积极推进强基惠民活动扎实开展，多次深入驻村点，督促指导“建强基层基础、维护社会稳定、开展感恩教育、寻找致富门路、做好事办实事”五项重点工作开展情况。

【扶贫攻坚】按照县委、县政府安排，调整达塘乡精准扶贫领导小组，由主席任组长，副主席任副组长，办公室干部职工为成员的工作领导小组，领导小组下设办公室，落实专人具体办公，细化工作任务，明确工作职责。年初制定精准扶贫工作计划，并逐一落实包扶责任。根据县委、县府出台的各项精准扶贫政策要求和具体实施办法，领导多次进村召开精准扶贫专门会议，并多次带领单位包扶干部入户走访，根据《关于开展干部包户帮扶走访工作的通知》（比脱指办〔2016〕43号）文件要求，比如县政协办组织4名干部职工深入达塘乡玛擦村、塘连村，对政协办干部职工承包的7户贫困群众进行走访，并送去糌粑、大米、清油等价值1400元的慰问品。同时，将整村困难和各贫困户实际致贫原因收集汇总，全体干部对所有汇总信息进行梳理和分析，集体商讨研究，制定包扶村和每户的帮扶措施。

纪检 监察

【基本情况】 比如县纪委监察局编制7名，实有16名，内设综合办公室、审理室、信访室、党风政风监督室、纪检监察室共5个科室。配备县纪委书记1名，副书记、监察局局长1名，副书记1名，副局长2名，副科级干部3名，科员7名，工人（驾驶员）1名。其中：藏族6名，汉族10名；大专及以上学历14名。2015年8月在全地区率先成立乡镇纪委，每个乡镇纪委配备纪委书记1名，纪检专干2名。今年9月完成纪委常委和委员的改选，设纪委常委4名和纪委委员13名。

【案件查办】 受理案件23件，立案13件，了结10件，处理人数12人。立案案件处理涉及副县1人，正科2人，副科2人，一般干部7人；给予党内严重警告4人，党内警告1人，行政记大过2人，行政记过2人，行政警告3人，行政撤职2人，诫勉谈话1人。双重处分2人。

【强化监督责任】 践行“四种形态” 2016年，比如县纪委对新分96名干部进行一次集体廉政谈话；4月、7月，对145名调整提拔干部开展任前廉政谈话；12月，对2013年以来受党政纪处分31人进行回访谈话；对2016年新增违纪人员进行谈话（1人进行约谈，1人进行诫勉谈话），党纪处分5人，调离岗位1人。查处2件违反政治纪律审查的案件，涉及人数2人。查处违规使用公车2起，处理4人，追究领导责任2人，涉及副县级干部1人。6月1日，在全县实施“钉钉”软件管理，进一步加强干部职工的监督管理。对党风廉洁建设集中检查5次，出动人员力量30余人次；开展维稳检查60余次，出动人员力量150余人次。

监督检查进一步常态化 2016年，比如县纪委对惠民资金落实情况进行3次集中检查，出动人员力量20余人次。成立换届风气监督工作领导小组，细化《任务分解表》，明确监督目标，细化监督任务。制定地、县、乡“便民监督卡”2000张，设立乡镇举报箱10个、村居150个、县直单位3个，接受广大干部群众监督，拓宽监督的覆盖面。

【巩固深化“三转”成果】 自身建设 2016年，比如县纪委退出25项议事机构，保留6项议事机构；完善内部科室设置，设置综合办公室等5个科室，制定完善18项规章制度；运用“四种形态”，提高纪律审查的政治效果、社会效果；推进纪检监察业务公开，广泛接受监督；9月完成纪委常委和委员的改选。2016年3月，在全县纪检监察机关开展“守纪律、讲规矩、做忠诚干净担当纪检监察干部”专题学习教育活动；选派纪检干部到内地参加培训4人，自治区、地区跟班培训2人，组织乡镇纪委参加自治区培训10人，赴西部县交流学习1人。提拔副科级干部3人。

落实“八项规定”精神，驰而不息纠正“四风” 2016年，县纪委每逢重要节假日，通过不同形式，以廉政教育基地开展警示教育，以讲话、部署工作、有关会议特别提及等灵活多样的方式，贯彻落实上级有关文件精神，重申纪律要求。加强对重要节点日的督促检查，出动人员力量30余人次。4月，实行一车一报告，对超标进口公车16辆和上私户公车24辆，按照地区那纪委〔2016〕79号《关于处置超标公车及上私户公车的通知》文件精神进行集中整改。

深化党风廉政宣传教育 2016年初，县纪委联合县检察院投入资金8万多筹建比如县廉政教育基地，9月初投入使用；自基地投入使用以来，开展警示教育14次，警示教育240余人次。

组织 编办

【工作概况】2016年，比如县委组织部门以改革创新精神和求真务实的作风，开拓创新、狠抓落实，全面推进组织编制工作取得新成绩，实现新突破。依法依规圆满完成县乡领导班子换届工作，做好20名内地专招毕业生安置分配工作，在区、地选派34名干部担任比如县部分驻村（居）党支部第一书记的基础上，从县乡选派141名优秀干部担任驻村（居）党支部第一书记，确保第一书记全覆盖；4名干部提前退休（病退）和离岗休养，6名干部享受64号文件退休；全年向地委、县委推荐和提拔调整县级干部27名，正科级干部26名，副科级干部75名；分批分期组织131名基层干部和各类专技人员赴对口援藏省市进行考察培训；完成52名县级以上领导干部个人有关事项上报工作。

【基层组织建设】党组织设置　全县有党组织276个。其中，乡镇党委及下辖机关党支部20个、公安局党委及下辖党支部16个、县直机关党委及下辖党支部13个、党组5个、教育系统党委及下辖党支部15个、寺管会党委、党总支及党支部24个、片区管委会党支部8个、建制村（居）党支部175个。

党员队伍建设　全县有党员5725人。其中正式党员5014人，预备党员711人（农牧民预备党员649人）。农牧民党员3958 人，占69%；女性党员1276人，占22%。

干部队伍　全县有干部2321人。按编制类别分：行政干部656人，事业干部953人，政法系统干部712人。按结构层次分：地县级领导干部52人（含党外人士2人），正科级干部183人，副科级干部396人，一般干部1690人。按文化学历分：研究生3人，大学文化726人，大专文化1015人，中专及高中以下文化577人。

机构编制　全县有各类编制1701名。其中县乡行政编制404名，事业编制472名，教育系统编制345名，寺管会编制303名（行政编制170名、事业编制133名），政法专项编制187名（公安118名，检、法、司69名）。现有干部2321人，超编620人（含民兵连85人）。

干部任用　全县提拔交流干部128人。其中，提拔交流县级干部27名，副科级干部提任正科级干部75名，科员提任副科级干部26名。7名优秀村（居）党支部书记和村（居）委会主任顺利完成转乡镇公务员笔试。

离退休老干部　全县有离退休干部156人。其中安置在拉萨的68人，安置在那曲的2人，安置在县城的19人，易地安置的22人，安置在乡镇的39人，安置在区外的4人，区内其他地市安置的2人。

【组织及党建工作】狠抓队伍建设　按照“建优乡镇、建强寺管会、建好机关”的原则，坚持“六用、六不用”，注重干部岗位交流。2016年圆满完成县乡领导班子换届，对符合条件、群众认可、能力突出的24名事业干部、11名大学生村官、1名具有公务员身份的村（居）党支部书记提名为乡镇领导班子成员，乡镇领导班子全部配齐配强；换届后，县乡领导班子汉族干部占32%。采取岗前业务培训、抽签明确去向的方式，做好新录用干部分配，确保转变角色、公平公正。认真做好20名专招毕业生安置分配工作，做到生活有保障、工作有帮教。在区地选派34名优秀干部担任比如县村居第一书记的基础上，从县乡选派141名优秀干部担任第一书记和8名干部担任大学生村官，实现了第一书记全覆盖。

突出能力建设　坚持把加强思想政治、履职能力、工作作风建设放在突出位置，以“两学一做”学习教育为契机，分3批组织60名干部前往西部尼玛县、双湖县开展交流学习，砥砺品质、锤炼作风。利用一个月时间，分四期组织1476名农牧民党员围绕“适应新形势、把握新要求，围绕新常态、作出新贡献”主题，开展集中培训，不断提升村居干部服务大局、服务基层的能力。

突出关心关爱　坚持事业留人、感情留人、待遇留人。2015年以来，共投入5.95亿，新建1176套干部周转房，基本实现一人一房。认真落实干部休假、产假、陪护假、婚丧假等规定；在落实上级干部职工包干路费标准的基础上，县财政按照每人增加100元，提高干部职工包干路费。

狠抓干部监督管理　联合县委督查室对全县各级各部门的工作落实情况进行监督，对落实各项工作不到位的单位和个人进行通报批评；对违反纪律、违反规定的人员进行严肃处理。对脱岗漏岗的26名干部职工给予处理，对履行责任不到位的乡镇、部门主要负责同志，落实“一案双查”，追究领导责任7人。

组织保障不断完善　充分运用述职评议考核机制，召开乡镇党委书记、行业系统党组织书记党建工作述职评议会，按照末位倒排，对落实责任不到位、考核评议不达标的党组织书记进行约谈。研究制定基层党建工作《责任清单》《整改清单》《问题清单》和年度党建工作要点，制定《比如县基层党建工作任务分解推进表》，工作细化到月、任务分解到周，进一步提高基层党建工作的针对性和实效性。

党的工作不断加强　2016年分别成立非公党工委、教育系统党委，全面加强非公经济和教育系统党建工作。不断优化党组织设置，机关、事业单位、学校、寺管会、国有企业、离退休领域实现党的组织和工作全覆盖。全县100家农牧民经济合作组织、1331个“联户单位”，采取单建、联建、挂靠的方式，分别建立党组织72个、541个，覆盖率均达到70%以上。

整体功能不断完善　10个乡镇、175个村（居）积极发挥乡镇“微型党校”、村居“夜校”平台功能作用，积极开展基层干部日常教育。认真落实村（居）“四议两公开”民主议事决策制度、村干部轮流坐班制和村务、党务、财务公开等民主管理制度。对未按期换届的4个基层党组织进行全面整改。积极开展党员“承诺、践诺、评诺”活动，坚持把在职党员到村居报到服务活动与落实“包乡包村、联寺联僧”制度相结合，开展报到服务活动11000人次，为群众解决实际困难107件，组织1072名无职党员认领服务岗位，虫草采集期间，农牧民党员主动认领服务岗位，积极参与到服务、管理、监督群众工作中，充分发挥党员积极作用、服务大局。

党员队伍发展有力　按照发展党员“十六字”的总要求和《2015年至2017年比如县发展党员工作规划》，制订年度工作计划，对发展党员工作每个环节、步骤进行细化指导；依托“铿锵本色”党建工作微信公众号，将发展党员政策程序和步骤要求编发至全县各级党员进行学习。强化流动党员管理服务，制定出台《比如县流动党员管理办法（试行）》，10个乡镇全部成立流动党员服务站点，对搬迁至拉萨、那曲的比如籍党员按照便于开展生活、利于教育管理的原则，全部成立党组织，每个乡镇还指定1名党务工作者具体负责流动党员管理服务工作的指导和跟进。集中排查出失联党员2人，经查找全部取得联系。积极开展党费收缴专项检查，通过面向全县党员发送党费收缴标准信息和发放党建工作知识点卡片的形式，进一步明确党费收缴标准和基本要求，规定党员在每月15日之前按规定标准主动向所在党组织缴纳党费。

党建保障落实有力　制定2016年至2020年村级组织活动场所标准化建设总体规划，在地区下拨900万村级组织活动场所建设资金的基础上，采取垫资的方式，按照每村300万元的标准实施22个村级组织活动场所标准化建设，完成工程量的60%左右。认真落实村级组织工作经费和村干部报酬发放标准，及时足额兑现村（居）务监督委员会成员报酬待遇。

党建工作推进有力　七月“党建月”积极开展重温入党誓词，“讲党课”，观看红色教育影片，“唱红歌、颂党恩”活动，“两优一先”评选，以“如何争做合格党员”为主题演讲比赛，手抄《中国共产党章程》，驻村工作队经验交流会，“离退休干部”座谈会，“千名村干部文化素质提升工程”，党务工作者培训，牧民党员培训，我为精准扶贫献“金点子”，我是党员、我承诺等系列庆祝活动；全面启动党员志愿服务活动；大力实施“466”乡镇、机关、村居党建工作平台创建工程，不断推动党建工作科学化、规范化水平。深入开展“服务心连心、行动手拉手、温暖前万家”深化“提升党员队伍素质、规范基层组织建设”主题实践活动，以“点亮心愿、圆梦万家”、服务进万家、28号下村服务日等活动载体为抓手，不断开启大抓党建新常态。

【老干部工作】 切实发挥好老干部政治优势、群众优势、基层优势、威望优势和离岗不离党、退休不褪色、退职不退责的作用，坚持严管厚爱，注重日常服务，使离退休干部积极为比如各项事业发展建言献策，凝聚发展合力。

深入做好慰问关心　为体现组织对老干部的关心关爱，在元旦、藏历新年、春节“三大节日”期间，对187名退休干部进行慰问，发放慰问资金93500元。“七一”建党节，县委主要领导走访慰问10名退休干部，送去党的温暖和关怀，发放慰问金5000元。

深入做好外出参观考察　结合实际，按照《比如县2015年至2017年退休老干部赴北京参观学习考察工作方案》总体要求，2016年分三批组织61名老干部前往北京参观学习，县财政共投入专项经费67.61万元；安排5名老干部到云南疗养。

落实好老干部待遇　足额兑现离退休相关费用，及时按规报销医药费。及时组织安置在拉萨、比如的离退休干部召开迎春节、藏历新年茶话会，通报当年经济社会发展形势，共话未来发展思路；在比如县第八届娜秀民间文化旅游艺术节暨冬虫夏草交易会期间，邀请安置在拉萨、那曲和县域内离退休干部召开“我看这几年、我谈比如发展”座谈会，谈变化、提建议；实地参观比如县矫正中心、农牧民经济合作组织、城市建设情况等，使离退休干部在全县经济社会发展中继续享有参与权、知情权和监督权，离退休干部结合当前推进经济发展、维护社会稳定等方面积极建言献策，共收集整理涉及发展稳定各项工作建议或意见22条。

发挥好老干部优势　县乡领导班子换届中，专门聘请11名离退休干部作为换届风气监督员，开展换届社会面舆情信息收集、政策宣传等，取得良好成效。

积极做好推优工作　着力做好比如县老干部活动中心建设，按照县财政每年投入4万元建设资金标准，用于不断提升老干部活动场所功能。同时，深入挖掘老干部支部先进事迹，形成专题材料，大力宣传老干部支部典型做法，今年老干部支部被地区评选为先进党支部，老干部支部书记同珠被选为地区级优秀共产党员。

【编制工作】 严格管理　按照“有编就配人、无编不进人”原则，切实把好入口关；干部提拔任用中，坚持对空缺岗位认真核查，上报上级部门审核把关，落实好领导职数不超配，不高配，守住底线、红线。坚持机构编制工作审批制度，凡涉及机构编制事项，由编委会集体研究，县编办直接承办、审批、行文。全面推行机构编制“实名制”管理，对全县机构和人员编制进行核查，完善干部信息登记，建立编制信息卡片，确保编制信息准确、完整。

提高效能　深化行政审批制度改革，逐一核实具有行政审批权限的单位和部门，明确审批项目的取消、保留和转移等，制定政府部门行政审批权力清单和责任清单。结合实际，制定上报比如县政府职能转变和机构改革方案，按照“三定方案”规定，完成比如县涉及新增44、整合24家政府部门职能转变和机构改革工作。扎实做好权责清单审核发布工作，组成专门力量，梳理比如县30家政府工作部门行政职权共3995项，在党政综合网及时发布，接受监督。

严格事业登记管理　年初对全县各乡镇、县直55家事业单位登记情况进行全面核实，对法人变更情况进行核实，按照程序开展法人变更登记2家单位，依法加强事业单位监督和管理，确保各事业单位运营管理的规范化、标准化。

严格机构管理　严控机构设置，依法加大对各级机构的管理，督促各级职能机构发挥作用，履行职责，对不按上级审批机构运行，私自设立的相关职能部门坚决予以纠正，全年清理退回3家单位要求设立内设机构的相关事宜，确保机构设置运行的纪律性和严肃性。

规范编制工作接受督导检查　认真按照区、地编制部门的要求，积极开展公务员行政编制、事业干部编制清理核实工作；各级机构成立的审批单位、审批文件（文号）、审批时间登记，干部编制卡片的完善等基础性工作，通过积极努力，比如县干部编制情况、机构设置情况等与区、地的底数一致，接受区、地联合工作组的督导和检查，编制管理情况总体良好。

深入开展混编混岗清理　按照编制的不同类别和使用范围，严格规定使用行政编制，严格控制事业编制的使用范围，针对各级行政单位使用事业干部的问题，主要从岗位工作调整、提任转岗到事业单位使用、退回原事业单位等办法深入抓好混编混岗事业干部的清理，全年清理事业身份干部（职员）6名。同时，积极配合区、地认真抓好寺管会（片区管委会）工人、事业干部、聘请干部的身份转录考试公务员工作，共转录公务员（行政干部）8人；及时反映情况，提供资料，配合地区编办、地委统战部做好片区寺庙管理委员会的机构运行调研工作。

【干部人事档案建档工作】 2016年，县委组织部为切实把干部管理工作做深、做细、做实，规范完善好每一名干部的档案，保证干部档案建立健全。在之前干部档案信息摸底的基础上再次针对性地进行排查，依照上年的档案缺失表，把存在问题的档案全部挑出来逐一排查，所补档案在经由纪委、组织、人社三方核对无误后现场装入档案。同时，针对干部档案中“三龄两历一身份”的遗留问题进行清查，对档案仍存在问题的进行又一轮的补充。同时，协同人社局利用一个月时间，对达塘乡应急民兵连85名符合条件的人员进行转干考试前的档案审查工作，并及时补充完善档案信息。

【援藏干部服务管理】 浙江省第八批援藏干部人才于2016年7月24日下午顺利抵达比如县。2016年8月2日上午召开第八批援藏干部人才见面会，宣布比如县第八批10名援藏干部的任职，各受援单位负责人简要介绍本单位的基本情况；县委主要领导从尽快熟悉环境，及早进入角色；科学确定三年援藏思路；改进服务管理，促进作用发挥；助推共赢发展，再创工作佳绩等四个方面提出希望和要求。县委组织部严格加强援藏干部管理工作，始终坚持“严”字当头、通过发文要求、谈心谈话、短息提醒等方式，教育引导援藏干部严格遵守政治纪律和廉洁规定，保持较高的在藏率、在岗率；始终加强援藏干部学习教育，举办援藏干部课堂10余次，开展日常交流20余次，坚持援藏干部每月学习制度，积极组织援藏干部参加各类文艺活动。

【内部建设】 自治区组织工作会议、组织部长会议和地区组织部长会议结束后，比如县组织部组织部内干部职工深入学习会议精神，结合实际工作，要求部门干部要紧紧围绕经济建设中心和县委工作大局，进一步加强组工干部思想作风建设，强化组织工作服务中心，不断开创组织部门自身建设新局面。

加强思想建设　采取集中学习、个人自学、专题辅导、相互点评、日常教育等多种形式，不断深化学习教育方式，举办专题辅导6场次，召开心得交流座谈5次，组织集中学习10余次，开展干部相互点评5次，日常教育引导13次16人。通过组织学习、教育引导等，使组工干部保持思想上的先进性、政治上的坚定性和行动上的自觉性，为构建和谐组织工作奠定见识的思想政治基础。

作风建设　在自身建设中组织部始终突出作风建设，以加强作风建设塑造公道正派的组工干部形象。大力倡导求真务实、狠抓落实之风，积极倡导“日常加班加点、节假日照常到位”的工作精神。注重以制度抓作风建设，在严格落实原有相关制度以及限时办结制等规定的基础上，制定本部门任务分工和部门干部职工管理规定等，着力形成“按章理部、作风正部、和谐促部”的良好氛围。同时，加强对干部的严格管理、严格要求、严格监督，坚持不懈抓好廉政建设，努力使组织部门成为廉政建设的一块“净土”，作风建设的一面旗帜。2016年与组工干部谈心谈话15人，口头批评教育18人。

【工作荣誉】 2016年度党建工作获得全地区县委组第二名；2016年度地区老干部工作先进集体。

创先争优强基础惠民生活动

【强化保障】 全县175个村居中自治区级共有20家派驻单位38个驻村点，地区级共有16家派驻单位68个驻村点，县级共有41家派驻单位38个驻村点，10个乡镇共有31个驻村点，各级驻村工作队员共有569人，其中县处级领导干部29名、科级干部102名、一般干部438名。

【建强基层组织】 先后协助村“两委”班子建立健全支部学习、支部生活、发展党员、党务公开、村务公开等相关制度798项，村规民约1794条，帮助村级组织党务、村务公开制度952条，党风廉政建设等方面规章制度593条；帮助村（居）党组织培养入党积极分子810名，发展新党员129名，把116名致富能手培养成党员；帮助基层落实好党内激励关怀帮扶资金51.61万元；为村“两委”班子成员上文化课3056个学时，上党课3118个学时，上理论政策课3549个学时，帮助解决村级组织工作经费约30.03万元，村级组织办公设施经费约56.15万元，协助村“两委”开展群众性活动1846场次，党支部召开“三会一课”6207次，使用村级活动场所5113次；举办培训班802期，培训党员22503人次，投入经费6.9万元，手把手对村“两委”班子成员开展“传、帮、带”2807人次；各驻村工作队为巩固扫盲成果，提高群众文化生活，积极开办业余学习，先后共开办扫盲班185个，舞蹈班8个，由驻村队员及村委会成员担任教师，教学内容为藏文、汉语、数学、民间歌舞等基础课程；各驻村工作队通过种种渠道，为群众和村文化室赠送图书93392册，受益群众56223多人；播放红色电影236场次，观看群众39234多人；同时，在重大节庆日，组织群众升国旗、挂彩旗，与群众一同开展联欢会、文艺表演535场次。

【维护社会稳定】 驻村工作队始终从讲政治、顾大局的高度，牢固树立“稳定压倒一切”的思想，认真贯彻落实区、地、县、乡四级党委、政府一系列维稳决策部署，先后完成全国十八届六中全会、西藏第九次党代会、藏历新年、“3·28”百万农奴解放月、虫草采集期间、萨嘎达瓦、转山转湖，比如县娜秀民间文化艺术节暨冬虫夏草交易会重要节点的一系列维护安全稳定等工作。协助县、乡党委、政府，村（居）“两委”班子完成先进“双联户”评选表彰、年底统计、环境卫生整治等重要工作，并协助签订各类《责任书》和《保证书》等8万余份，建立完善敏感时期村（居）排查登记、24小时带班值班、散装油排查管理、村民外出请销假、外来人员清查登记、“红袖标”工程等维稳工作长效机制，制定相应预案十余项。为保证村（居）安全稳定，驻村工作队组织村“两委”班子成员、党员、联户长、护林员等力量，组建“红袖标”、护村队、护校队、护寺队、护路队等各种巡逻队2050个、巡逻人员达3400余人。一年来，调处各类大小矛盾纠纷132起，排查调处邻里、村村之间草场、水源等矛盾纠纷89件，开展相关人员思想教育15270人次；召开维稳宣讲大会3728场次，参会群众109260人，受教育面达100%；帮助建立健全农牧区维稳工作机制1710条；特别在虫草采挖期间，全县118个虫草采集点，成立82个采集点临时党支部和17个党小组，充分发挥基层党组织战斗堡垒和党员模范带头作用，实现党组织、党员作用得发挥，采集秩序得保障的目标，通过各级、各部门的不屑努力，全县形成群防群治、齐抓共管的良好工作格局。在“三月法制宣传月”期间，各驻村工作队积极会同各法制宣传小组，认真开展“三月法制宣传月”活动，贡献应有的力量。其间，宣讲2625场次，参加群众达40250人次，宣讲覆盖率达100%，发放宣讲资料15000余份，有效促进比如县“三月法制宣传月”各项工作圆满完成。各驻村工作队针对群众文化素质偏低、文化生活匮乏的现状，采取开办扫盲补习班、建立村级阅览室、播放电影、组建文艺队、举办歌舞活动等形式丰富群众文化生活，同时在县委、县府的关心和支持下，在春节和藏历年“两节”期间，对全县175个驻村工作队进行节日慰问，发放慰问金17.5万元。

【促进增收致富】各驻村工作队先后把412名农牧民党员培养成致富能手，把193名致富能手培养成村组干部，帮助村（居）“两委”理清发展思路1709条，找准发展路子1545条，制定、完善、实施经济社会发展规划829项，组织农牧民参加挖掘机、装载机、小车、货车等驾驶技能培训131次，培训达1957人次，组织参加电脑使用培训、温室大棚种植技能培训、养殖技能培训等25次，培训达601人次，树立虫草收入消费示范户4000余户，帮助群众规范虫草收入5614户。

【强化感党恩教育】　全年召开感党恩教育大会3712场次，政策宣讲5655场次，举办专题讲座2492场次，发放宣传资料40756余份，宣讲率达100%；开展法律宣讲活动4476场次，参加群众102986人次；下发《比如县人民政府关于比如户籍搬迁户的管理处罚规定（暂行）》《比如县人民政府关于对出境参加“法会”活动和造谣、传播有害信息、私自到区外学经等违法违规行为的处理规定（暂行）》《比如县人民政府冬虫夏草采挖纠纷处理、实施细则》《比如县冬虫夏草采挖管理（暂行）办法》《“双联户”宣传手册》（藏汉双语）《比如县人民政府关于对宗教领域整顿清理规范工作责任追究的处理规定（暂行）》及等各类宣讲资料78768册，组织参观新旧西藏对比图片721场次，参观群众95985人次，宣讲率达100%；邀请百余名“三老”人员、宣讲能力强的干部等召开专题讲座217场次；结合西藏边疆少数民族地区和凡分裂斗争一线的实际，在群众中深入开展全面推进依法治国主题教育活动1279场次，参加活动群众99150人次。

【办好实事好事】各驻村工作队先后帮助协调“短、平、快”项目20个、总投资675万元。开展免费送医药、送服务、送法律、送卫生、送技术、送温暖等活动2089次，投入资金59.64万余元，受益群众12.56万人次；解决民生方面突出问题939件，为群众办实事好事5342件，受益群众33569人次；访贫问苦9120人次，发放慰问金和慰问品价值124.73万元，慰问“三老”人员1017人，发放慰问资金和生活物品价值91.5万元。

【落实惠民政策】各驻村工作组织学习中央和自治区有关强农惠农政策，参加学习人数达17500人次，通过各种形式宣传好党的强农惠农政策，用好用足中央特殊优惠政策，发放优惠政策“明白卡”5128册至农牧民群众手中，协助乡村组织抓好落实，确保自治区出台的80多项优惠政策和提高18项民生补助标准的决策部署落实到户到人，协助做好各类惠民政策落实和资金项目管理，加强对村（居）“两委”班子落实政策情况的监督检查，有效防止出现政策棚架、跑冒滴漏、截留挪用、多拿贪占等现象，确保各项补贴奖励政策落到实处。

【扶贫开发】各驻村工作队协助县乡扶贫办建档立卡1550户6123人，健全贫困户信息管理系统，明确帮扶责任，协助县乡搞好扶贫调研，进村入户、挨家走访54670余次，全面掌握贫困人口数量、分布、贫困程度、分析致贫原因2670条，做到一户不漏、一人不落，切实澄清贫困户和贫困人口的底子，找准发展路子457个；负责填报贫困人口数据25450张，做到人有名、户有卡、村有册，底数清、问题明。各驻村工作队员与贫困户结成帮扶队子，建立扶贫脱困帮扶责任制，因地因人制宜，区别情况、分类施策，协助当地党委、政府的扶贫部门落实好相关措施1745项。

【关爱群众身体健康】各驻村工作队与卫生部门积极沟通联系5421次，把“两降一升”任务和驻村工作结合起来，组织宣讲3290次，接受宣讲人员达45860人次，建立孕产妇、婴幼儿管理系统，做好摸底调查登记工作，宣传孕产妇到医院分娩政策3043次，调动群众住院分娩和接受保健健康检查97.5%，及时掌握孕产妇基本情况，督促协助1247名孕产妇定期到比如县人民医院、那曲地区人民医院检查、待产、分娩等，全年无孕产妇死亡，婴儿死亡率从2015年的3.9‰下降到2016年的3.6‰。

【“两学一做”学习教育深入开展】驻村工作队组织驻村队员、群众党员开展“学党章党规、学系列讲话，做合格党员”学习教育活动4398人次，参加县级领导组织开展讲党课8次，参加四个专题讨论98场次（含全县十个乡镇各10次），撰写写学习心得1587篇，把“学”作为基础，把“做”作为关键，教育引导广大党员认真学习党章、廉洁自律准则、纪律处分条例等党规党纪，做讲政治、有信念，讲规矩、有纪律，讲道德、有品行，讲奉献、有作为的合格党员，增强政治意识、大局意识、核心意识、看齐意识，经常主动坚决地向以习近平为总书记的党中面看齐，大力弘扬“老西藏精神”“两路精神”“那曲精神”和“三有四不怕”作风，更加主动地立足岗位作贡献，以实际行动彰显共产党人的时代风采。

“两学一做”学习教育活动

【营造学习氛围】 5月24日，县委组织召开传达学习自治区和地区“两学一做”学习教育实施方案会，全面启动比如县“两学一做”学习教育活动，全县各级党组织积极组织广大党员，及时做好党员思想发动工作，运用电视台、微比如、悬挂横幅、标语等载体，大力宣传开展学习教育的重要意义、总体要求、基本内容、主要措施以及开展情况等，教育引导广大党员干部把思想和行动统一到中央、区党委、地委和县委的各项重大决策部署上来，为开展好学习教育打下坚实思想基础。

【落实主体责任】 比如县委把从严管党治党作为最大的政治责任，将“两学一做”学习教育纳入落实从严治党主体责任内容，加强与各级党组织书记的沟通联系力度，确保传达到位，层层落实到位。各级党组织书记通过集中学习、入户走访、座谈交流等方式，深入广大党员当中，及时传达会议精神，广泛征求意见建议，切实理清工作思路，找准推动学习教育的切入点、结合点。牵头制定学习计划，主动先学一步、深学一层，带头学党章党规、准则条例、习近平总书记系列重要讲话精神等，示范带动广大党员积极投身学习教育，确保学习教育规定活动载体一个不漏、规定标准一点不降、规定要求一个不少。

【突出学用实效】 比如县在全县范围内扎实开展所有党员党组织关系集中排查，按照党组织数量10%的比例，再次对软弱涣散村（居）基层党组织进行全面排查统计，再次对辖区内无妇女党员村、无40岁以下党员村和党员人数不足10人的村（居）等“三无”问题进行全面排查统计，摸清掌握流动党员、口袋党员、失去联系的党员底数，掌握真实情况，确保将所有党员纳入学习教育。同时，针对不同领域、不同行业、不同单位特点和党员年龄结构、文化程度、身体状况、流动情况，采取集中宣讲、流动课堂讲学、典型教育引导等方式，分类施策，因人施教，积极组织各级党员干部开展全方位、全面性的学习教育，做到党员参与无死角，学习教育全覆盖。期间，按照10%倒排的比例，共排查统计软弱涣散村（居）党组织18个，要求各乡镇及时制定整改方案，并要求及时整改；排查到不存在党员不足10人的村和无妇女党员的村。

【确保群众满意】 坚持问题导向，将开展“两学一做”学习教育与巩固拓展“三严三实”专题教育成果结合起来，与比如县深化改革发展稳定、赶超跨越等各项任务结合起来，与完成部门单位中心工作、综治工作、精准扶贫以及虫草采挖等重点工作任务紧密结合起来，真正做到两手抓、两促进、两落实，有效确保比如县“两学一做”学习教育的扎实深入有序推进。县委按照县级领导包乡和成立专门宣传组、督导组分别带队深入机关单位、所包乡镇、村居和学校等，就如何破解基层党员队伍思想、组织、作风、纪律等方面的突出问题，推动各项重点工作有效落实开展进一步督导检查，帮助解决疑难问题。通过积极协调、现场办公、集思广益等方式，积极帮助解决疑点难点问题，切实让广大群众感受到党员队伍的新变化、新气象、新面貌。期间，共督导检查36次，帮助解决20余项疑难点问题。

【开展系列活动】 开展“找先进、树典型”活动 紧紧围绕“爱党、信党、护党、跟党的模范；增强政治意识、大局意识、核心意识、看齐意识的模范；遵守政治纪律和政治规矩的模范；自觉尊崇党章、遵守党章、维护党章的模范”等四个主题，积极开展“一乡镇之典型”和“一支部一典型”活动，通过开展此项活动，教育引导全体党员以身边的典型模范看齐，以身边人身边事找自身差距，进一步增强全体党员的看齐意识，进一步增强全体党员认真开展工作的积极性，进一步增强全体党员的凝聚力、战斗力，确保“第一专题”学习讨论取得实效。截至10月底，共树立先进典型22人。

开展“普通党员讲党课”活动 确定2至3名普通党员，以集中讲课的形式，为本乡镇、本支部全体党员进行讲党课。据统计，共有69名普通党员结合自身实际，认真开展讲党课，通过开展“普通党员讲党课”活动，进一步提高党员干部和农牧民党员思想政治觉悟，进一步增强广大党员为民服务意识和党性修养，为比如县“两学一做”学习教育有序推进奠定良好基础。

开展“对照党章找差距、寻问题、列清单”活动 积极组织广大党员，认真对照党章中党员要求、党员履行的义务和权利等方面开展“对照党章找差距、寻问题、列清单”活动。据不完全统计，广大党员对照党章列出个人清单共约500余条，进一步提高广大党员为民服务意识和综合素质，树立良好的学习风气和正确的人生价值观，真正为广大党员服务群众找准问题、明确方向。

开展“手抄党章书法比赛”活动 为充分调动党员积极性，按照“第一专题”学习讨论相关通知要求，积极组织全体党员以入党誓词为主要内容开展“书法比赛”，其间党员们充分发挥自身优势，分别使用毛笔和黑色碳素笔进行抄写，共收集整理出毛笔书写较好的字幅12副，碳素笔书写较好的字幅36副。

开展“观看系列红色影片”活动 先后组织全体党员观看《焦裕禄》《孔繁森》《建国大业》《建党伟业》《红星闪闪》《党的儿女》《先遣连》等红色影片，全体党员撰写观后感和个人心得体会，各乡镇党政主要领导心得体会20份，各支部书记及副书记心得体会30余份。

开展学习讨论会 各级党组织紧紧围绕“两学一做”学习教育第三专题学习讨论内容，积极组织广大党员，结合各自实际和本职工作，一一做学习讨论和发言。共收集学习资料27份、讨论发言稿67份、简报57期、相关图片100余张。

开展“我谈比如新变化”座谈会 各级党组织积极组织广大党员紧紧围绕比如县当前社会和谐稳定、经济跨越赶超发展以及比如县出台的各项政策规定等，结合自身实际，畅谈比如的变化，为比如的美好未来建言献策。

开展“结对帮扶”活动 在第三专题学习讨论中，各级党组织严格按照县“两学一做”学习教育安排，结合本乡镇、本支部和当前开展的精准扶贫工作，及时组织广大党员开展“结对帮扶”工作，广大党员按照自己所包户，主动前往所包户了解其家庭情况，帮助结对贫困户分析致贫原因、谋划脱贫思路和措施、解决贫困家庭生产生活等方面的困难，为全县精准扶贫工作的扎实深入开展奠定良好的基层基础。期间，收集整理脱贫计划36份、简报38份、相关图片98张、帮助解决困难家庭有劳力人员12人。

【扎实推进学习教育】领导干部“做表率” 党员领导干部带头，以身作则、率先垂范，认真学习党章、廉洁自律准则、纪律处分条例、习近平总书记系列重要讲话精神等，各领导干部结合自身实际，坚持利用县理论中心学习组和支部召开的专题学习讨论会为全体党员讲党课、作党课辅导，同时，认真学习贯彻区党委、地委、县委的各项部署要求，自觉增强政治意识、大局意识、核心意识、看齐意识，真正做到先学先知、先悟先行，发挥“关键少数”的示范引领作用，为其他党员开展学习教育做出表率。

统筹安排“求实效” 各级党组织把“两学一做”学习教育融入虫草采挖工作，特别是各虫草采集点临时党支部充分发挥积极作用，以带头学、做表率，调动采集点广大党员积极性，以印发党章、党规、准则、条例、“两学一做”学习资料等措施，增强广大党员党性意识，以组织集中学习、个人自学、相互辅导等方式，促进广大党员学习实效，积极组织广大党员开展“两学一做”学习教育，通过开展集中学习、个人自学、党员干部辅导、学习讨论、发放学习资料、撰写心得体会等，有效确保农牧民党员群众虫草采挖和“两学一做”学习教育两手抓、两促进、两不误。各虫草采集点临时党支部先后组织广大党员开展学习教育503场次，专题讨论226场次，发放学习资料达6000余份。

针对学习“树目标”为把学习贯彻习近平总书记系列重要讲话精神进一步引向深入，切实用讲话精神武装头脑、指导实践、推动工作，广大党员通过集中学习、个人收集等方式，认真学习党章党规和习近平总书记系列重要讲话精神，通过以“学”促“做”，以身边小事做起，以身边优秀党员干部看齐，以身边先进典型为标杆，以做好本职工作为契机，以做合格党员为目标，把学习成效转化为推动比如发展的生动实践，有效确保比如县“两学一做”学习教育的深入推进。

【加强督导检查力度】为确保全县“两学一做”学习教育同步开展，步调一致，县“两学一做”学习教育督导组及相关部门，利用6天时间，对各乡镇、各支部“两学一做”学习教育各项工作开展情况进行督导检查。督导检查期间，督导组严格督导内容和督导方式，按照严“督”实“导”的责任心，先后通过走村入户、实地查看等方式，对方案制定、学习笔记、简报信息、撰写心得以及资料归档等方面进行全面督导检查和了解。针对发现的问题能够当场整改的要求当场进行整改，对不能立即整改的，明确整改时限。其间，共督导检查7个乡镇、12个支部、20个村（居），对3个乡镇8个驻村工作队学习记录不规范进行批评，并要求立即改正，对2个资料归档不规范的村进行指导纠正。

宣传思想

【理论武装】2016年，比如县委宣传部按照年初制定的《县委中心组2016年理论学习计划》，充分发挥县委中心组学习的龙头作用和各乡镇党委在学习中的中枢作用，指导好各级党组织坚持完善制度，增强学习规范，及时总结学习经验和做法，健全学习计划、学习研讨、经验交流等制度，确保学习制度化、经常化、规范化。在全体党员中开展“两学一做”学习教育活动，以集中学习、专题研讨等形式，对党章党规和习近平总书记系列讲话精神进行专题学习。全年，县委中心组集中学习12次，撰写学习体会70余篇。

【主题教育】 比如县委宣传部紧紧围绕反对分裂、维护稳定这一硬任务和第一责任，把反分裂斗争贯彻于宣传思想文化工作始终。与“创先争优强基础惠民生”活动相结合，联合相关部门，把党的方针政策、国家法律法规和爱国主义教育送到农村、学校、寺庙，不断增进党群干群关系。通过开展纪念“我谈比如新变化”“我对党的治藏方略的认识”等各种主题活动，宣讲新旧西藏对比，展出新旧西藏对比画展，充分揭露达赖政治上的反动性、宗教上的虚伪性和手段上的欺骗性。在全县唱响热爱祖国、热爱中国共产党、热爱家乡，遵纪守法的主旋律。

【舆论宣传引导】2016年，比如县委宣传部利用纪念中国共产党建党95周年等重要时间节点，紧紧围绕2016年县委、县政府扶贫开发、保障和改善民生等重点工作，深入宣传县城建设、扶贫等重点项目，文化旅游等重点产业建设，对全县经济社会发展状况进行深度跟踪报道，增强全县干部群众投身经济社会建设的信心和决心。以正面宣传为主基调，紧扣县委、县政府中心工作和全县重大工作部署，认真做好各项工作的新闻宣传。加强宣传广电系统内部管理，完善制度、提高素质、整合资源，不断提升比如新闻质量。截至年底，制作播出比如新闻76期127件，上传地区新闻127件。围绕全县中心工作和阶段性重点工作，在微信公众号“微比如”上开辟《2016比如县两会专栏》《深入开展两学一做 推动全面从严治党》等专题栏目。及时更新《新闻聚焦》《重点关注》《乡镇动态》等栏目内容。编发信息1500余条。在全县各乡镇、街道和部分部门进行选拔，建立全县骨干网评员队伍，全面掌控网络舆情信息，积极开展重大网络舆论引导。

【文明建设】提升文明素质 深入推进市容村貌集中专项整治工作，广泛开展宣传发动，全面动员部署，加大讲文明树新风公益广告刊播制作力度，整合各类宣传资源，开展正反典型宣传，加大反面典型曝光力度，充分发挥志愿者队伍作用，调动全体农牧民参与，不断改变城市乡村面貌。扎实开展“五下乡”活动，为群众送医送药、义诊义演，开展政策、法律咨询。为群众发放宣传资料8883册，免费发放常用药品44类，总价值17645元，免费咨询934人次。为群众送去文艺演出5场次，观看群众达2400余人。积极组织策划“寻找最美乡村老师和医生”等活动，充分利用户外广告、“微比如”、LED电子显示屏等平台宣传报道。积极开展社会主义核心价值观百场讲坛活动，组织参加道德模范评选，认真做好爱国主义教育、志愿服务、诚信建设、节俭养德等宣传。围绕“培养什么人、怎样培养人，为谁培养人”这一根本问题，大力开展师德师风建设，启动未成年人行为习惯养成教育“一点一滴”工程，试点推行“父母身教”行动计划。加强未成年人思想政治、品德、纪律、法制教育，以及社会主义、爱国主义、集体主义教育，帮助未成年人树立正确的世界观、人生观、价值观，并以学校为突破口，教育一生，影响一家，和谐一县。

文化发展 按照县委“文化教育兴县”的工作思路和“文化搭台，旅游唱戏”的文化发展战略，突出文化繁荣与全域旅游双向拓展，积极发展文化旅游事业，比如传统优秀文化得到有效传承、弘扬和开发。隆重举办以“虫草之乡、梦境娜秀、和谐比如”为主题的比如县第八届娜秀民间文化旅游艺术节暨冬虫夏草交易会，开展5场乡（镇）民间文化旅游艺术节，吸引区内外游客达数千人，其中包括160多名重庆自驾游客，比如文化走出去的第一步。相继举办元旦、“三八”妇女节、西藏百万农奴解放纪念日等各类节庆文艺演出活动。建立全县72项非遗名录，并积极开展资料收集整理和保护工作，民间歌舞丁嘎热巴、达布阿谐相继被列入国家级非物质文化遗产名录，比如优秀传统文化资源得到有效保护和传承。大力实施2131工程、农村公益电影放映工程和电影进寺庙、进学校 、进军营、进工地。放映电影719场，观影人数达33659人次，其中电影进学校54场，进寺庙38场，进军营14场，进农牧区479场。为群众更换“户户通”设备4949套，升级、调试“户户通”设备370余套，切实解决广大群众收听收看广播电视难的问题。积极发挥纽带作用，大力加强周边县市间交流。还组织比如县艺术团到昌都丁青、日喀则市举行文艺演出交流活动，邀请边坝、丁青等地艺术团到县演出。为更好地把比如优秀文化传播出去，比如县委结合实际、大胆创新，推出“文化搭台、旅游唱戏”的文化发展战略，推出一系列比如文化旅游宣传片和微电影《邂逅比如》，分别在重庆电视台，腾讯网广为播放。

规范文化市场 为达到繁荣、净化、优化文化市场，比如县研究出台《比如县文化市场综合管理行政处罚规（暂行）》，强化执法检查力度和密度，对各类文化垃圾进行及时清理，坚决做到发现一起、打击一起、教育一起。同时，发动社会民众参与监督，积极举报扰乱文化市场的不文明行为，进一步扩大文化市场综合执法的深度和力度。由宣传部牵头，联合文化、公安、消防、国保、工商、广电等部门进行文化市场综合执法39次，出动执法人员237人次，共检查文化经营场所105家，收缴盗版光碟、违禁歌曲光碟32张，审核朗玛厅、KTV、酒吧等点歌系统歌曲歌词836首，删除违禁歌曲120首，处罚1起网吧接纳未成年人上网案件。

【党风廉政建设】 将党风廉政建设纳入县委宣传部重要议事日程，认真落实“一把手”抓党风廉政建设工作责任制，制定党风廉政建设年度工作计划，明确工作任务，将工作任务落实到具体人头，形成单位主要领导亲自抓、分管领导具体抓的工作局面。从教育、制度、监督各个方面加强党风廉政建设工作，从源头上预防腐败的发生，本年度没有违纪违法现象发生，继续保持清正廉洁的良好风尚。以支部集体学习为平台，明确内容，创新形式，重点加强党纪国法宣传教育，要求党员干部带头遵纪守法，廉洁奉公，始终保持清廉本色，帮助党员干部筑牢思想防线。狠抓制度建设这个关键环节，结合单位实际，按照科学、实用、高效的原则，建立健全包括集体学习制度、财务管理制度、重大事项报告制度、保密制度等在内的一批规章制度，坚持按制度办事，用制度管事、管人，从制度上杜绝违纪违法现象的发生。县委宣传部部领导带头执行民主集中制，单位重大事项集体研究决定，民主集中制原则得到贯彻落实。推进党务公开、政务公开，对单位重大事项及时予以公开，做到及时、全面、公开、透明，保障党员干部的知情权。

【综治工作】 认真履行综治成员单位职责，完善工作抓手，实行目标管理，量化考核，不断提高综治工作水平，本年度我部责任区内未发生刑事治安案件。严格按照《2015年比如县社会治安综合治理目标管理》责任书的要求，严格落实领导责任制，层层签订综治责任书，层层落实责任，建立综治工作台账，实行目标管理，狠抓综治工作落实。坚持关口前移，重心下移，加强源头治理。加强出租房屋管理，定期组织排查，及时发现苗头性、倾向性问题，加强宣传教育，引导出租房人员自觉遵纪守法，诚信经营，从源头上杜绝刑事治安案件的发生。有效履行职责，整合宣传资源，明确宣传报道重点，加强综治宣传工作，为全县社会治安综合治理工作营造良好的舆论氛围。

统一战线

【**基本情况**】1984年4月，县委设立统战部，主管民族、宗教和统战工作，2016年统战部编制10名，其中领导职数1正2副，副县级部长1名，正科级副部长1名；宗教办编制5名，其中领导职数1正1副，副科级主任1名，副科级副主任1名；工商联编制2名，其中领导职数1正1副，正科级主席1名，副科级副主席1名，实有干部人数10名。全县副科级（含中级职称）以上党外干部47人，其中副科级以上干部（含副科级）党外干部23人，教育系统中级职称以上（含中级）22人，卫生系统中级职称2人。

【**信息建设**】以反映比如县统战工作动态和工作中出现的新情况新问题为主，报送各类信息140余篇，被区党委统战部评为2016年全区统战信息工作第一名，被地委统战部评为2016年全地区信息工作第二名。向全县统战系统各单位印发《2016年统战理论研究课题计划》，确定13个重点课题。完成统战理论研究论文45余篇。同时积极开展调研、督察检查工作,在2016年的调研报告中县委统战部得到自治区级肯定的2篇，地区级肯定的5篇。

【**自身建设**】选派驻寺干部32人参加自治区培训，27人参加那曲地区培训，68人参加县级培训。统战部、宗教办、工商联共选派6批8人次参加区、地各类培训。

【**宗教工作**】各乡（镇）始终坚持属地管理原则，深入开展各类培训工作，培训共计599人，宣讲《中华人民共和国宪法》《中华人民共和国刑法》《中华人民共和国治安处罚法》《中华人民共和国交通法》《宗教事务条例》等243场次，发放宣传资料2458份。为进一步提高广大驻寺干部、寺庙财会人员的财务管理能力，县宗教办组织25座寺庙的出纳、会计，34个驻寺机构以及县委统战部、民宗局、宗教办干部87人开展涉宗财务人员培训。进一步提高广大驻寺干部、寺庙财会人员的财务管理能力，有助于规范财务行为。县宗教办及时转发西藏佛学院招生通知，讲清报名条件并要求各寺管会及时向僧尼进行传达，通过广泛宣传19名僧尼报考（1人因事弃考），9名僧尼考上佛学院。安排156名僧尼参加培训，其中自治区级培训36人、地区级培训70人、县级75人，安排7名僧尼赴内地参观考察。安排专人负责在西藏佛学院学习的9名新考上西藏佛学院僧尼的报到、放假接送工作。在新吸收僧尼和偏远寺庙僧尼培训中，安排专人进行协调管理，做到僧尼培训的接送、学习过程中的管理到位、服务到位。2月初，在县委、政府的大力支持下，县委副书记、县长顿珠群培，县委副书记、人大常委会主任江英，县委常委、统战部部长旦达，县政协副主席、民宗局局长洛桑旦增带队深入比如县25座寺庙，实地走访慰问寺庙在编僧尼中的爱国人士和特困僧尼共172人，发放“三大节日”慰问金51600元，慰问资金在2015年基础上增长16%，得到逐年增加。4月28日、11月15日，分别召开2016年上、下半年和谐模范寺庙暨爱国守法先进僧尼表彰大会，授予40座寺庙和5处日追、5处拉康县级和谐模范寺庙（拉康、日追）荣誉称号；授予1194位在编僧尼县级爱国守法先进僧尼荣誉称号；授予14个寺管会县级先进寺管会荣誉称号；授予50人驻寺干部县级优秀驻寺干部荣誉称号。推荐16座寺庙为地区级和谐模范寺庙；12个寺管会为地区级优秀寺管会；35人次驻寺干部为地区级优秀驻寺干部；654位僧尼为地区级爱国守法先进僧尼。推荐7座寺庙为自治区级和谐模范寺庙，推荐7个寺管会为自治区级先进寺管会，推进42名驻寺干部为自治区级优秀驻寺干部，推荐234名在编僧尼为自治区级爱国守法先进僧尼。同时，县宗教办及时向各寺管会兑现地、县两级和谐模范寺庙暨爱国守法先进僧尼表彰资金，投入资金153.5万元。

【法制宣传】 按照县委、县政府的统一安排部署，各寺管会根据《比如县三月法制宣传月工作方案》要求，制定详细的课程表、进度表，利用3月5日至3月25日之间的节点，采取各种方式，组织寺庙僧尼开展学习《比如县人民政府关于比如户籍搬迁户的管理处罚规定（暂行）》《比如县人民政府冬虫夏草采挖矛盾纠纷处理细则》《比如县人民政府关于规范投资市场环境的管理处罚规定（暂行）》《比如县关于全民抵制危害国家安全和影响社会稳定行为自律公约》《比如县人民政府关于对危害国家安全和影响社会稳定行为的处罚规定（暂行）》《比如县人民政府关于举报危害国家安全和影响社会稳定行为的奖励规定（暂行）》等八项规定、办法，组织民族宗教、教育、发改委、司法等单位深入比如县83处宗教活动场所发放宣传资料4569份，集中开展831场次学习，受教育僧尼（含拟吸收僧尼）14862人次。3月1日至3月30日，县委常委、统战部长旦达赴比如县25座寺庙、8座片区管委会，开展法制宣教工作。集中开展33场次宣讲教育，参加学习僧尼共计841人。僧尼受教育覆盖面达100%，广大僧尼“五个意识”明显提高。

【寺庙工作】 *办好现场交流* 2016年先后迎接阿里地区、日喀则市、山南地区涉宗部门领导到比如县就涉宗工作开展情况进行交流学习。8月底，地委统战部牵头，全地区11个县统战部长、教管办负责人到比如县就加强和创新寺庙管理现场交流会取得圆满成功，比如经验得到广泛推广。

部署保障到位 3月初在县委扩大会议上，县委书记与各乡（镇）党委书记、县级寺管会主要领导签订《维护宗教领域和谐稳定责任状》，政府县长与各乡（镇）长签订《寺庙属地管理目标责任书》，县委常委、统战部部长与各乡（镇）宗教办负责人签订《责任书》，县、乡两级政府将寺庙、寺管会工作纳入年初计划，做好年初属地工作安排部署；县财政局将宗教工作专项经费、“六个一”（交一个朋友、开展一次家访、办一件实事、畅通一套渠道、建立一套档案、形成一套机制），活动经费、党建经费、僧尼培训经费、“九有”（有领袖像、国旗、水、路、电、书屋、报纸、广播电视、通讯），经费等纳入财政预算，给予经费保障。

寺管会党建工作 按照地委统战部要求，统一购置寺管会党建工作所需的照相机34个。统一制作党建工作台账。统一制作党建工作制度。在3月28日、7月1日，组织党外爱国人士开展座谈会，发放慰问金30000余元。

行动抓细抓实 各乡（镇）始终坚持属地管理原则，在政策和资金上给予寺管会支持，同时，深入贯彻落实《寺庙属地管理目标责任书》精神，深入寺庙、寺管会实地进行督导检查，定期召开专题会、联席会等，切实掌握辖区宗教领域基本情况，分析研判各类隐患和突出问题，主动配合寺管会开展僧尼宣传教育工作，现场指导佛事活动期间安保工作，对各乡（镇）组织非法出境回流人员、三大寺清退人员、区外学经回流人员、社会流散僧尼进行培训，发放宣传资料，宣传相关法律法规，进一步增强其法律意识、政府意识。

督导常抓不懈 在县委副书记、人大常委会主任、宗教工作领导小组组长江英的带领下，县委常委、统战部部长，政协副主席、民宗局局长等领导通过专项督查、顺带检查等形式，经常性深入寺庙、寺管会进行督导检查。经过强有力的督导检查，乡（镇）主要领导更

加重视寺庙属地管理工作，寺管会符合属地管理意识进一步增强，小的错误得到及时整改。特别是10月17—24日，以县政协副主席、民宗局长洛桑旦增为组长，统战部副部长扎西达杰，民宗局副局长龚建国为成员的属地工作督导组，深入比如县10个乡镇，在各乡（镇）宗教办通过查阅资料、询问了解的方式对乡镇、寺管会属地工作开展情况、寺管会党建工作开展情况进行详细的了解，发现的问题得到及时有效的整改。11月9—12日，以地委统战部调研员洛桑扎西为组长的那曲地区寺庙属地管理验收组到比如县，经查，比如县寺庙属地管理领导小组各成员单位能够严格按照地区年初要求扎实开展各项工作。

【工商联工作】10月26日，比如县工商联正式挂牌成立，设立单独的办公室，并配备2名科级职数，有26家会员，其中13家团体会员，12家个体户，1家企业，26家企业共注册资金9070万元，解决475人的就业问题，为困难群众慰问达60万元。

【工作荣誉】 集体荣誉　县委统战部2016年度被评为全区统战信息工作先进单位一等奖；县委统战部2016年度被评为全地区统战信息工作先进单位二等奖；县委统战部荣获2016年度那曲地区统战工作调研成果优秀组织奖；县宗教办撰写的《如何做好新形势下僧尼教育工作的思考》荣获2016年度那曲地区统战工作调研成果三等奖。

个人荣誉　县委统战部副部长扎西达杰荣获自治区优秀涉宗干部；宗教办主任杨清地荣获地区级优秀信息报送员；宗教办副主任拉巴卓玛荣获自治区级优秀信息工作员。

其他荣誉　曲德寺管委会荣获西藏五一劳动奖状。

档案管理

【基本情况】 2016年，比如县档案馆隶属县人民政府，编制6人，领导职数2人；实有干部4人，馆长1人，副馆长1人，科员2人。

【法制宣传】 5月7日，在比如县委会堂二楼会议室召开保密暨信息工作会议，会议由组织部部长格桑旺姆主持，地委副秘书长旦巴扎西讲解档案工作的重要性并要求领导干部高度重视，着眼长远，突出重点，扎实推进档案事业科学发展。并对各乡镇档案工作作出进一步的要求。县委副书记李东对上年信息保密工作做了总结，要求深刻认识档案安全保密的重要性，始终把档案安全保密放在各项工作的首位。6月9日是国际档案日，为了纪念这一主题日，档案馆在全县范围内广泛开展“档案工作功在当代利在千秋”为主题的宣传活动，发放《中华人民共和国档案法》200册，档案宣传册200本，通过宣传，使广大干部对档案法律法规有进一步的了解。

【集中培训】 为进一步提高比如县各乡（镇）、县（中）直单位档案专职人员的业务水平，于9月27日档案馆组织全县档案专职人员进行集中培训，参加此次培训的共计55人，培训首先由档案馆工作人员详细讲解机关文件材料归档和不归档的范围档案保管期限的规定、归档文件整理规则，随后安排各参训人员到实地考察并进行交流发言。

【业务工作】 为进一步掌握比如县馆藏档案数量及现状，档案馆利用一个月的时间，对所有馆藏档案进行清点，经清点，馆藏资料的起止年限为1959年至2014年，共计5183卷盒，人民日报、解放日报69张，1958年出版的各类初刊共计100本、1951年至1959年各类日记13本、1963年日记1本，共计14本。5本相册（其中3册为比如县老电站建设相关图片、1册为比如县第四次人民代表大会相关图片资料、1册为比如县第四届人民代表大会相关图片资料）。水电工程资料：1996年42卷、1997年49卷。乡与村地界协议书13份、工程档案文件48卷等。对县四办交存的各类文件资料进行接收、分类、整理、编目、归档、入柜。整理归档2150份文件资料。由于县档案馆库房条件有限，我馆要求除县四办文件资料外，其他乡镇、县直各部门的档案资料分类整理后自行存放，待新馆建成使用后交存至比如县档案馆，由档案馆统一保管。为了丰富馆藏种类，县档案馆工作人员积极沟通联系县委宣传部，文化局，旅游局，发改项管等单位收集重大事件和重大项目的照片、录像、盘片以及各类实物档案。

信　访

【基本情况】 比如县信访局成立于2010年6月10日。工作人员共4人，行政编制1人，其中领导职数1人。

【自身建设】 加强学习，不断提高政治思想水平和工作业务能力，抓好理论学习，努力提高自身素质。坚持学习和实践“三个代表”重要思想和科学发展观，认真执行党的基本路线，把区、地、县重大决策贯彻到自己分管的工作中去。在学习中，采取集中学习与自习相结合的方法。努力提升业务能力。认真学习国务院《信访条例》和《西藏自治区信访条例》及区、地领导对信访工作的重要批示。通过学习业务知识，参加信访接待，调查处理信访案件等活动，处理信访问题的能力和水平有所提高。

【开展信访工作】 县委、县政府多次召开会议，研究部署信访维稳工作，制定并形成一套信访工作的机制和制度，使信访工作进一步规范化、制度化。县委常委、副乡长杨复洪为分管信访主要领导，根据工作经验提出很多解决信访问题的办法和思路，同时根据区、地信访部门工作部署，从而推动比如县信访工作的迅速开展。针对积案化解难度大，诉求复杂的特点，比如县积极拓展思路，打破常规探求化解办法。具体做到“五到位”：做到对信访人合理的诉求坚决解决到位，对过高要求引导到位，对符合条件困难群众救助到位，对违法上访依法打击到位。对于已经处理到位仍在无休止缠访、闹访的，坚决依法终结到位。同时，注重运用信访救助金化解信访积案，县政府拿出50万元救助金，用于化解信访工作。县信访领导小组组长、副组长亲自督查、督办，县信访局实行班子成员包案督查、督办，重点案件采取约谈责任单位办案人员进行重点督办。通过加大督查督办力度、落实党委挂牌督办制度，把办结未息的案件，一律纳入评查，确保案件限时办结。认真做好常委信访接待日工作，确保领导接访工作有序进行,认真做好上访群众的登记工作,对领导接待日交办信访件，均按照《信访条例》的要求，及时交办，跟踪督办，减少群众越级上访和重复上访。对上级交办的重要来信，做到件件有交待，件件有回音，办结率达100%。做好重点时期信访稳定督查工作，在中央、区、地重大会议期间，确保社会和谐稳定。结合比如县信访工作的特点和实际，做好信访接待工作。在平时接访和一些重大信访问题的处理过程中，坚持政策、原则，积极主动地与相关单位联系，积极寻找解决问题的办法，对一时难以解决的问题，耐心细致地做解释说服工作，对问题基本解决的，做好访工作。加强宣传教育，群众依法维权意识增强。充分利用“三月法制宣传月”“六月平安月”及“12·4”在全县范围内深入开展宣传工作，发放宣传资料2000余份，到社区矫正中心授课10次，扩大《信访条例》知晓率。依法办访，维持良好信访秩序。对诉求合理或部分合理的，依法按政策及时解决；对诉求无政策依据思想帮扶教育、经济救助等方法，促使上访人主动停诉息访；对无理缠访、闹访、非正常上访且有违法行为的人员，坚决严肃处理。2016年，比如县信访局共接待群众来访72批。较上年同期27批，上升率62.5%。比如县信访局共接待信访案件22批。调处71批，占信访总量的98.6%，未调处和正在调处的1批，占信访总量的0.1%。越级上访22件，其中到地区越级信访16批，占越级访总量的72.7%，越级到拉萨信访接待站信访 6批，占信访总量的22.3%。经先防具梳理排查，2015年未办结信访积案9批。已办结6批，3批建议通过司法途径维权。排查出8起矛盾纠纷，全部化解，其中土地纠纷2起、婚姻纠纷1起、劳务纠纷5起。

督促检查

【基本情况】县委常委、纪委书记李兴林任办公室主任，纪委副书记王小进任副主任，从各乡镇、县直各单位抽调7名工作成员，成立县委督查室。主要工作任务是组织协调全县各项工作任务的督促检查活动；通报有关工作的进展和落实情况；对督查事宜提出评议意见；完成县委县府主要领导交办的工作。

【加强督促检查】2016年初，县委督查室围绕地委委员、县委书记陈刚在2016年全县工作部署会上的讲话精神，立即对全县各乡镇、县直单位贯彻落实情况进行督促检查，及时将督查情况以专报的形式进行下发至各级各部门，并对阶段性工作开展情况进行跟踪督促检查，对存在的问题责令立即进行整改，开展10轮大督查，撰写督查专报96期，督查通报25期。

【督查工作实效】维护稳定　县委督查室每逢重要节点对10个乡镇、各寺管会、县（中）直单位开展维稳值班、带班、巡逻及相关维稳措施落实情况进行督促检查。检查过程中采取“四不两直”督查方式（不发通知、不打招呼、不听汇报、不用陪同和接待，直奔基层、直插现场），采取明查与暗访相结合、定期与不定期、乡镇分片督查与实地督导的方式开展，检查快查快办，快查快处的原则。充分利用广场LED显示屏、微比如、电视台、曝光栏等可利用资源，对全县部分乡镇、单位维稳工作开展不利的、工作措施落实不实的、工作存在应付敷衍了事的从多方面上进行通报、曝光，并下发督查通报在全县进行点名通报批评。

作风建设　督查室采用定期不定期、分组、分区域、下任务、定目标等方式重点检查干部职工上下班迟到早退，上班时间泡茶馆，上班时间吃早餐、玩手机、打游戏、听音乐、打瞌睡、浏览与工作无关网页等问题。开展作风检查28次，出动人员112人次，对迟到人员86人次进行了批评教育，对上班时间泡茶馆的11人进行通报批评，对上班期间玩手机、打游戏、吃早餐的7人进行批评教育，并将相关照片进行备注在曝光台进行张贴，予以警示他人。

经济考评工作　为确保经济考评取得良好的成绩，督查多次召开专题会议，集思广益、研究制定相关措施、办法。年初，县委督查室要求各乡镇和县直各单位务必参照地区上年经济社会发展目标管理责任书指标分解表，以工作时间和工作内容为轴线，结合各自实际，逐条对照，逐项梳理，认真细化本乡镇、本单位全年工作目标任务，把定性、定量工作指标理顺、理清，弄明白，掌握透，责任到人，做到心中有数，确保工作目标明确、任务明确、工作方向明确，真正建立起“人人有事干、工作有人抓”的工作格局。在地区2016年经济考评任务分解表下发至比如县后，县委副书记李东，县委常委、纪委书记、督查室主任李兴林第一时间组织涉及考评的单位负责召开专题会议，并逐一与32家单位负责人签订《2016年经济考评目标责任书》，并对各单位上报的任务分解表进行认真审核、严格把关。2016年7月，督查室先后派出4名工作人员前往地区向地委、行署督查科学习借鉴上级工作方法，通过“淘金”的方式提升自身的业务水平和能力。为确保经济考评有材料、有准备、出成绩，县委督查室积极开展“阶段性材料上报评比活动”，及时对各乡镇、县直各单位上报阶段性材料进行统计、审核，按照评比原则评出好、中、差，及时对评比结果进行公示，好的乡镇（单位）给予“季度督查先进乡镇（单位）”锦旗，并在全县范围内进行通报表扬，此活动开展以来全县各级各部门比、学、赶、帮、超氛围浓厚，收集信息14500余份、周报2700余份、月报660余份、装订成册材料1350余册。督查中紧紧围绕经济考评目标任务中八大项（42个小项）、九大项（35个小项）工作任务开展督查，重点督查工作计划的制定和工作措施的具体落实情况，工作整改落实情况及各乡镇、各单位工作开展文字材料完善归档情况。在督查过程中，逐项查阅工作开展的文字材料记录，对工作开展不实、不深入、力度不大的，当场提出整改意见，并详细记录存在的问题，在下一轮督查时再次过问、再次查阅资料和实地查看，确保各项工作不走过场、不流于形式。对各乡镇、县直各单位进行8轮实地督导检查，出动人员56人次，电话督查80余次通报批评乡镇11次、县直单位36次、涉及人员56人，下发督查交办单29份，下发相关通知文件20余份。2016年县委督查室在原有的基础上不断创新工作方式，对各乡镇、各寺管会、县直各单位文字材料的质量、数量、装订等进行严格的要求，同时出台一系列扣分、加分机制。10月30日各乡镇、各寺管会、县直单位（1—10月）经济考评材料均装订成册、分类存档，力争比如县经济考评工作再上新高度。

挖掘亮点、推广亮点、学习亮点　县委督查室安排文字功底较好、有责任心、坚持原则的人员，负责对各乡镇、县直各单位、寺庙管委会上报的信息、周报、月小结、季度总结等相关材料的审核，定期不定期实地检查工作，听取各乡镇、县直各单位工作汇报，从中挖掘工作亮点，并及时形成督查专报，下发至各单位，以便于全县各级各部门相互学习、共同进步。此举，极大的提高干部职工的工作热情，促使各乡镇、县直各单位不断创新工作方式方法，从而达到你追我赶、齐头并进、共同进步的最终目的。

城市卫生建设　县委督查室严格按照县主要领导要求，定期开展县城环境卫生大检查并督促县（中）直干部职工积极参与到卫生大扫除活动中。督查室每周五将安排人员分组、分区域对县（中）直各单位干部职工参与情况进行统计、对各街道卫生打扫情况进行全面检查。开展卫生督查50余次，出动人员180余人，通报批评县直单位13家，通报表扬县直单位4家，下发督查专报30余期。通过长期的督促检查，全县干部职工的积极参与不懈努力带动大部分县城居民、商户主动参与到大扫除活动当中其氛围浓厚，全民素质得到较大提高，环境得到进一步美化。

积极开展国旗大检查　按照县主要领导的指示，督查室对各乡镇、乡镇直单位、驻村工作队及部分村居（含自然村）的旗杆用材、国旗悬挂、国旗更新及国旗回收等情况进行5轮实地检查，主要检查各乡（镇）政府、乡（镇）直单位、街面，以及公路沿线的行政村（居）。检查乡（镇）政府30余次、乡（镇）直单位190余次、公安检查站（警务站）36余次，行政村200余次、自然村300余次，走访询问140余家商户、160户农牧民群众了解情况。对存在旗杆不达标、国旗破损、褪色和未及时更新的单位、驻村工作队，工作人员做了认真统计和实地拍照取证等工作。

扎实开展信访工作督查　信访工作是密切党和政府与广大人民群众联系的特殊桥梁和纽带，是党和政府做群众工作的重要窗口和阵地，是促进科学发展的基础性工作和有力保障。按照县主要领导指示，督查室联合县政府办、信访局先后6次，深入10个乡镇开展信访工作大检查。联合工作组在各乡镇主要检查、询问重点人员管控、是否存在矛盾纠纷、拖欠民工工资及近期是否有上访事件等情况。联合工作组对可能存在的隐患进行及时调节、处理并针对部分问题出台相关预案、方案。

做好领导批示和交办事项的专项督查　县委督察查室对县委、政府主要领导批示和交办事项，制定工作方案，采取下发督查交办单、电话督导、实地督查的方式开展督查，及时跟踪领导批示和交办事项的整改落实情况，确保领导批示、指示得到及时贯彻执行。对县中学5名支教干部未按照要求坐班、香曲乡违反会风会纪、各乡镇“三公”经费使用情况、7月艺术节及县直各单位干部职工上班时间进茶馆等情况进行督促检查。参与县大宗物资的验收。对比如县第九次党代会、人大选举会、政协第七届比如县委员会第一次会议等重大会议的投票、唱票进行监督。

【督查工作见成效】 2016年，通过严要求、动真格，真实抓、抓真实，全县上下干部职工工作作风得到持续转变、工作效率得到不断提高、作风成效得到不断提升。各乡镇、各单位目标任务更加明确，工作分工更加合理，工作职责更加明确，营造工作有方向、人人有事做、人人有责任的良好工作格局。通过高频率、大力度的督查，鞭策干部，警醒干部，提升干部的素质，营造团结一致、齐心协力干事创业的良好环境。完善资料库，收集各项工作资料，各类文字材料有根有据，图文并茂，能及时反映、体现开展的工作，进一步规范和完善资料，为以后工作提供真实数据，积累宝贵经验。干部工作作风明显转变，通过对懈怠工作、工作不力、不作为的个别干部进行处理，警示广大干部，从而使各乡镇、县直各单位工作人员的办事效率得到大力提升，上级党委、政府和县委、县政府的各项决策落地生根，得到真正落实，见到实实在在的成效，全县各项工作得到大幅推进，营造你追我赶的工作氛围，全县各项事业得到快速发展。通过督查，形成真抓实干的工作氛围，干部积极主动作为，为群众办实事，服务群众的水平得到不断提升，赢得群众的好评，党委政府的形象得到正真树立，增进党群、干群关系。

民族宗教工作

【基本情况】 1988年成立比如县民宗局，副县级单位，民宗局编制13人，现工作人员7名，副县级局长1名，副局长3名，主任科员1名，副主任科员1名，科员2名。全县共有宗教活动场所83处，其中寺庙25座、拉康50处、日追8处，25座寺庙中格鲁派13座、宁玛派3座、噶举派3座、苯教寺庙6座，共有活佛15名，其中民改前政府认可的有6位、民改后政府认定的有9位。

【宗教工作】 *“九有”工程落实情况* 为全县83处宗教活动场所广播电视“寺寺通”发放84套、“舍舍通”发放707套，均发放完毕；83处宗教活动场所书屋建设完成，各类书籍全部发放到位，发放率达100%。83处宗教活动场所中仅羊秀乡萨布拉康因未实现通水其余82处宗教活动场所均通水；83处宗教活动场所中2处未纳入通路项目申报（多吉宁宗拉康、孔玛日追）；培巴拉康未通路，其余80处宗教活动场所道路通达，通电宗教活动场所36处，其余47处宗教活动场未通电，经与有关部门协调，均发放“金太阳”太阳能设备，并将为通电宗教场所通电工作纳入下一步电网改造中。领袖像、国旗发放完，并按照指定地点进行悬挂；报纸（西藏日报藏文版）落实到位。各宗教活动场所结合实际，利用三、六、九等法制宣传月集中僧尼播放爱国教育片、新旧西藏对比影片等宣传片，并发放宣传单。

加强宗教活动场所管理 截至年底，上报两批宗教活动场所维修项目，第一批上报16个宗教活动场所维修项目，批复5个；第二批上报11个维修项目批复7个，维修内容主要包括经堂、僧舍、佛塔等项目，维修工作已完工。2015年，地区为比如县下达寺庙修建僧舍补助资金480.3539万元，比如县委、县政府在地区下达资金的基础上追加833.3850万元，主要用于修建寺庙集体僧舍，其中朗地寺新建集体僧舍22套，另平整地面、修建围墙、大门等，僧舍总面积为824.31平方米，旱厕15平方米；申扎寺新建集体僧舍27套，总面积为680.26平方米；嘎如寺新建集体僧舍10套，总面积为

362.2平方米，嘎如寺特派员业务用房面积为124.78平方米；强达寺新建集体僧舍50套，总面积为2845平方米；旱厕56.36平方米。截至年底，朗地寺22套、申扎寺27套集体僧舍竣工验收，羊秀乡嘎如寺10套集体僧舍完工，未验收。白嘎乡强达寺50套寺庙集体僧舍完工85%，预计2017年5月份完工；比如县政府垫资593万元，修建面积为2300平方米的养老院竣工。

“六个一”工作开展情况　按照“一对一”“一对多”“多对一”的方式谈心谈话，及时了解僧尼动态；按照每半月至少到僧尼僧舍家访一次，僧尼放假期间，前往僧尼家庭中实地家访；通过交朋友和家访了解僧尼自身存在的实际困难，并及时得以解决；各个寺庙按要求建立僧尼的个人档案。各寺管会对僧尼所在乡（镇）领导、驻村工作队、村（居）两委、家庭户主的联系方式进行登记；管委会与寺庙、僧尼所在乡（镇）、村（居）两委、僧尼家庭签订目标责任书。

“一覆盖”落实情况　比如县共83处宗教场所中，其中拉康、日追147名在编僧尼仅23名享受低保、医保、养老等惠僧政策，其余124名僧尼因户口未转入拉康、日追，在户籍所在村享受惠民政策。严格按照“积极宣传、自愿参保”原则，除2015年新吸收的74名僧尼未参加惠寺利僧政策外，其余在编僧尼参加低保、养老、医保人数各达649人，参保率达100%。

佛协理事　2016年以来，比如县各级佛协理事认真履职，积极参加党和政府组织的各项会议，大力支持寺管会工作，充分发挥其在寺庙僧人和广大信教群众中的威望与影响力，及时把党和政府的决策部署传达到信教群众和僧人当中，教育僧人遵规守法、以信为本、以戒为师、增进学识、修身立德、提高境界，引导广大信教群众知恩、感恩、惜恩、报恩，自觉践行公民义务和社会责任，积极引导宗教与社会主义社会相适应。

维护稳定　2016年以来，县民宗局全体干部始终严格按照区地县维稳指挥部的统一安排部署，坚持实行重要节点24小时不间断值班带班制度，尤其是“三月维稳月”期间县统战、民宗、宗教办设立24小时值班室，认真实行每2小时报平安制度，保证信息及时上传下达，维稳措施有效落实。

加强教育宣传引导　比如县委、政府将每年3月定为“法制宣传月”。其间，各级领导干部、驻村工作队在全县上下纷纷开展不同形式的法制宣传教育活动，发放宣传资料1000余份，受教育僧尼达14000余人次。部分寺庙活佛结合实际，在寺庙周边村开展宣讲活动，教育引导广大信教群众要拥护中国共产党的领导，拥护中国特色社会主义制度，一心一意谋发展、一心一意求稳定。通过3月法制宣传，进一步提高比如县僧尼、群众的法律意识、党的意识、政府意识、祖国意识、公民意识。

各项佛事活动　2016年，比如县共举行传统佛事活动142场，其中10000人以上1场，500人以上5000人以下17场，500人以下124场。参与信教群众50000余人，安保人员2200余名，车辆2600余辆，安保车辆150辆，每场佛事活动顺利有序开展。

加强寺庙文物保护　按照地区宗教办制定的文物登记表，比如县对宗教活动场所文物（包括佛像、法器、经书等所有宗教用品）进行分类、分号登记造册，并由寺管会组织干部、僧尼共同成立文物清点小组，每半年进行一次全面的清点，有文字图片记录；对寺庙固定资产进行登记造册，有新增资产的及时登记。为进一步加强寺庙文物的鉴定保护，自治区有关部门专家领导深入比如县开展寺庙文物鉴定工作，县委常委、统战部部长旦增旺加及县民宗局相关负责人全程陪同。

加强社会流动从事宗教活动人员管理工作　比如县共有社会流动从事宗教活动人员848名，比如县委、县府高度重视社会流动从事宗教活动人员管理工作，并结合比如实际制定《比如县社会流动从事宗教管理办法（暂行）》，各乡镇能够严格按照管理办法加强对社会流动从事宗教活动人员进行服务管理。同时，为进一步加强社会流动从事宗教活动人员管理工作，由县委统战、县民宗局、法院、综治组成的宣讲组，前往各乡镇对社会流动从事宗教活动人员集中进行宣讲的党的宗教政策及及比如县县委、政府出台的各项规章制度。

加强寺庙僧尼日常管理　2013—2016年，各宗教活动场所共补充吸收僧尼228名，除2016年新吸收54名僧尼外，其余174名新吸收僧尼已由各寺管会、片区管委会、特派员严格按照“比如县新吸收僧尼登记表”“新吸收僧尼考核表”，档案登记造册，建立健全僧尼档案。进一步加强在编僧尼档案管理，县各寺管会、片区管委会、特派员每半年对僧尼档案进行一次补充、完善、更新，包括对在编僧尼的教育、管理、参加活动、表现、思想变化及受奖惩情况等，僧尼档案进一步得到完善。

【民族工作】 *落实2015年少数民族发展资金项目*　达塘乡帕索牧场道路、扎拉乡刚朵村“色热”至牧场道路、羊秀乡羊秀村“康夏喇嘛”道路改水道、良曲乡萨玛村农牧民经济合作组织、茶曲乡玛库村牧场道路、香曲乡那热村挡墙等6个项目落地比如县，项目总投资370万元，全部完工。项目实施进一步改变群众出行难、就业难等诸多实际问题，农牧民群众生产生活条件进一步得到改善，农牧民群众生命财产安全进一步得到保障，增收渠道进一步得到拓宽，城乡发展差距进一步缩小，基层基础设施水平进一步得到提高。

民族团结进步创建　比如县民宗局圆满召开2016年度民族团结进步模范先进集体和先进个人表彰大会。2016年民族团结进步模范先进集体和先进个人评先工作顺利推进。根据《中共那曲地委办公室、那曲地区行署办公室关于表彰和推荐2016年度民族团结进步模范先进集体和先进个人的通知》民宗局积极开展民族团结进步模范评选工作，初步评选工作完成，各项前期准备工作全部就绪。

贡萨寺管委会

【基本情况】贡萨寺，全名宫贡曲阔强巴林，隶属于直贡嘎举派六大寺庙之一。公元1613年由荣仁多·夏加仁青将那秀境内五座分散的嘎举派寺庙合并为一座寺庙，取名贡萨寺，位于良曲乡岗达村，距县城16公里，占地面积15569.28平方米，建筑面积17513.8平方米。贡萨寺管委会属正县级建制，下设派出所、办公室、宗教事务科、治安管理科、文物资产科等职能部门。

【理论学习】2016年，贡萨寺管委会在年初制定干部、僧人学习制度，学习计划，每周星期四为僧人学习日，每周五下午为干部干警学习日。2016年，贡萨寺管委会党员干部共组织学习57场次，参与党员人数达320人次，撰写学习体会共18篇。组织寺僧人学习系列重要讲话精神、学习利寺惠民政策、学习法律法规等，到寺庙宣讲32场次，参学僧尼2964人次，撰写心得体会167篇。

【“六建”工作】建立以干部为主体、爱国僧人参加的（正县级）寺管会机构，制定管委会班子成员、僧人班子成员分工制度和各科室工作职责；寺管会成立以来，积极组建党组织，成立以寺管会党委副书记、副主任为支部书记的党支部，制定党支部各项规章制度；建领导班子。寺管会现有1名党委书记、1名主任、1名副主任，3名科长、4名副科长、1名办公室主任、1名办公室副主任、1名驻寺派出所所长、1名教导员、1名副所长，同时将11名寺庙僧人纳入寺管会班子成员；建干部队伍。寺管会干部编制是27人，现有人员14名，干警5名。开展加强和创新寺庙管理工作以来，组织人事、统战部门曾将多名工作优秀的干部选派进入贡萨寺，寺管会从最初的10名干部发展到现在的17名，干部队伍建设日趋完善稳定。共设立5个职能，分别是派出所、办公室、宗教事务科、资产科、治安科，并认真贯彻执行《寺庙管理委员会及内设机构职责》文件精神，落实各科室职责。同时，对11名僧人班子成员明确职责，充分发挥管委会干部和僧人成员的各自优势，合理搭配各组人员，建立高效的管理职能；建管理机制。管委会按照属地管理原则，建立乡党委、政府、驻寺干部、僧尼、僧尼家庭协调联动的有效管理机制。

【“六个一”工作】把年长僧人当作自己的父辈兄长，把年轻僧人当作自己的同辈兄弟，真心实意交朋友。寺管会制定干部交僧人朋友人员分配表，最少交2个以上僧人朋友，每周到寺庙、僧舍与僧人朋友交心谈心，拉家常，以了解他们生活状态和思想动态，并力所能及的给予帮助，多次解决僧人的实际困难；展开一次家访。寺管会每年对贡萨寺僧人进行家访，深入了解僧尼家庭的实际情况，每年家访不少于6次，将家访过程一一详细记录，形成文字留档，家访率达到100%；办一件实事。为切实做好每名僧人各项补贴发放，确保不漏一人，寺管会制定惠寺惠僧政策落实表，将每名僧人的各项补助详细登记造册，将地县两级下拨的慰问金及办实事经费及时落实到僧人手中，每年“三大节日”期间向特困僧人发放慰问金；以寺管会个人筹资的方式对困难僧人发放慰问金；将寺庙全体僧尼纳入医保、低保，享受国家政策。建一套档案。建立起驻寺干部同僧尼家庭联系的稳定渠道。形成一套机制。形成一套乡党委、政府、寺庙管理委员会、驻寺干部、僧尼、僧尼家庭协调联动构建和谐寺庙的有效机制，并将制度上墙，确保寺庙管理创新工作有序开展。

【“九有”工作】领袖像、国旗、报纸全部覆盖寺庙。寺庙饮水工程国家投入资金118万元，于2014年年初修建完毕并使用；公路通寺工程国家总投资267万元，前期公路图纸设计工作完成，正建设中。通过协调相关部门，为寺庙发放18套太阳能光伏供电设备，在2015年年底开始比如县实施藏中电网，贡萨寺由吉前电站供电；寺庙修建书屋，配置相关书籍；有广播电视。2012年开始，实施“寺寺通”“舍舍通”工程，为每名僧人发放“舍舍通”设备。

比如寺管委会

【基本情况】 比如寺，全名为比如寺南杰白坝林，位于比如县比如镇，地处比如县城中东部、琼热山脚下，海拔3918米，占地23653.80平方米，建筑面积约1万多平方米，是一座藏传佛教格鲁派的寺院，寺庙由祥雄·曲旺扎巴（夏仲第一世活佛）于公元1440年创建，主供佛为泥塑尊者报身佛像，主要文物有无量寿佛、药王师和十万佛像壁画等。2005年被列入县级文物保护单位。比如寺管委会于2011年12月正式成立，机构级别为副县级，编制为21人。比如寺管委会实际在编工作人员共13人，其中（正县级干部1人（高配），副县级干部2人，正科级干部1人（干警），副科级干部4人，科员1人、干警2人、聘用干部1人、驾驶员1人。比如寺管委会成立至今，先后4次被评为区、地、县三级先进寺庙管理委员会。比如寺于2004年开展寺庙核定员额工作，医疗保险参保人数15人、养老保险参保人数14人、享受养老保险待遇1人、享受国家最低生活保障待遇14人、享受五保户1人。

【自身建设】 比如寺管委会依据寺庙、单位实际及年度工作任务惯例，对比如寺管委会全年工作任务进行细化，明确责任人和监督管理者，并制定详细的任务分解表。责任人按时段要求更新完善工作任务，大家合力团结不断推进班子凝聚力。从成立党委至今，在各届班子的领导下，比如寺管委会逐步完善各类制度（党风廉政建设责任制、党务政务公开制度、机关党支部学习制度、民主集中制、党员公开承诺制度等），党建各项工作也在稳步推进（责任书签订、年初有计划、年中有措施、年终有总结及党团活动等）。此外，比如寺管委会在建设学习型党组织上，定期加强党员思想政治教育和形势教育，努力培养党员党性修养。在党员队伍建设方面，比如寺管委会严格按照标准和程序发展党员工作，完善党员基本信息和档案等工作，经常帮助解决管委会内部的老党员实际困难，及时上交全年党费，大力开展党员的创先评优工作。比如寺管委会内部还设有专门的党务政务公开栏，目的是严肃党内政治生活，及时召开专题民主生活会，认真开展批评和自我批评。同时，寺管会将一部分充足经费划入党建工作，使党组织建设更有保障，开展起来更加有力。

【维稳工作】 为确保寺庙和谐稳定、安全无故事故，2016年初比如寺管委会相继与寺庙僧人、僧人联户长、僧人家长、村两委主要负责人签订相关责任书。同时，寺管会还认真组织僧人积极开展爱国守法宣讲教育（每周四法制学习）、节前安全教育和“三月法制宣传”等教育活动，进一步提高僧人政治觉悟，提高安全意识和法律意识，为平安寺庙创建奠定良好基础。比如寺管委会、寺庙派出所在安全方面也是做足功课，在值班执勤、敏感期间，除应完备的工作外（实施方案、安保预案、应急处置预案、风险评估、走访巡逻、视频监控等），还努力加强对寺庙周边、僧舍、寺庙商铺等的安全隐患进行登记排查，时时为构建和谐稳定寺庙保驾护航。在“三大节日”“三月法制宣传”“萨嘎达瓦”等时段，为更好地做好僧人的服务工作，比如寺管委会加强对全寺僧众的教育引导。同时，将法律法规和各项政策对僧众进行着重说明，提升僧众的“五个意识”。

【贯彻利寺惠僧政策】 2016年，比如寺管委会不断推进“九有”“六建”“六个一”工作。在开展“九有”的过程中，比如寺管委会始终坚持“争取人心、强基固本”的基本工作原则，干部职工将心比心，经常深入僧舍和僧人交心谈心，把“九有”工程开展给寺庙带来的便利、给僧众带来的实惠一一举例说明，把党和政府的政策传达给僧众，让他们真正明白惠从何来。比如寺管委会认真开展僧人养老保险、医疗保险、低保等工作。15名僧人完成医疗保险和低保的全覆盖，其中1名僧人享受养老保险。同时，为确保寺庙“六个一”活动正常有序开展，“六个一”中将“办一件实事”始终放在首要位置，特别是对有困难的僧人，比如寺管委会专门从办公经费省出部分资金对其进行慰问和帮助。全年寺管会主要领导赶赴成都探望慰问因重病长期在成都就医的僧人并发放慰问金4000元；为改善僧人就餐卫生，比如寺管委会从经费中拿出6000元，为每名僧人购买木碗，定做专柜，极大地改善僧人集体生活和卫生环境；比如寺管委会在组织专人排查寺庙火灾隐患过程中，发现寺庙重点部位的线路老化，为防止火灾隐患的发生，比如寺管委会从经费中拿出2000元购买电线，并雇佣专业人员进行线路修缮，避免寺庙电线老化所导致的安全隐患；为解决寺庙、僧舍及周边群众夜间行走照明问题，比如寺管委会积极与县中直相关部门协调，为寺庙僧人及周边群众解决5盏太阳能路灯。

【专题学习】 制定《关于在比如寺管委会党员中开展“学党章党规、学系列讲话，做合格党员”学习教育实施方案》。完成2个专题的学习讨论、手抄党章、书法比赛、8次集中学习（以安排专人授课方式进行）等活动，人均撰写8篇心得体会。制作“两学一做”学习教育工作宣传展板，狠抓“精准扶贫”与“两学一做”工作相结合，对包户村民进行帮扶脱贫。

【职能作用】 比如寺管委会认真对寺庙文物、固定资产、宗教用品、寺庙财务、佛事活动和寺庙僧人进行清理、规范。累计清理、拍摄和登记11115件有图片的寺庙物资。

持续加强和跟进寺庙“四权”工作，比如寺全年传统性、规模性佛事活动共29场，其中参与信教群众500人以下佛事活动7场，500人以上3场,其余19场为寺庙内部僧人举行的规模性佛事活动。在举办佛事活动方面，寺管会佛事科严格按照相关要求，提前向比如镇、县民宗局提交活动“请示”，提前制定活动“安保方案”“风险评估”“应急预案”，充分做好各项准备工作；在佛事活动举办期间，寺庙派出所积极协调镇派出所及县公安部门，及时派出警力维持活动现场秩序。比如寺举行6场佛事活动。比如寺管委会协同寺庙方两名文物保管员认真对寺庙固定资产、宗教用品及包括文物在内的11115件物品进行重新清理核实，并制度形成长久性的工作台账。对寺庙文物保管员也进行任职期间的量化考评及任职评价、轮换。

恰如寺管委会

【基本情况】 恰如寺位于那曲地区比如县香曲乡恰日村阳面半山腰上，距县城约45公里，海拔4200米，属宁玛派，寺管会于2011年10月20日正式挂牌成立。

【理论学习】 2016年，结合全县开展“两学一做”教育活动的契机，寺管会组织干部、干警认真学习党章、党规，学习习近平书记一系列重要讲话精神，加强学习《西藏自治区寺庙管理委员会干部学习读本》《那曲地委统战部涉宗干部读本》等政策理论知识，组织干部、干警学习区、地、县三级维稳工作、宗教工作等各类会议精神，签订各类责任书，切实提高寺管会干部、干警做好寺庙维护稳定的思想认识。

【基础设施建设】 2016年，恰如寺管委会为充分落实党的利寺惠僧各项政策，进一步加强寺庙“九有”工程等基础设施建设力度，积极协调有关部门进行规划、项目可行性研究。实施新修通寺的路段、维修通寺路段挡墙等项目，改善寺庙路况差、安全隐患大等因素。

【寺庙管理】 2016年，恰如寺管理委员会持续做好“六建”工作，健全寺庙管理机构，牢牢掌握寺庙“四权”工作，抓住管人、管财、管物、管活动的一个重点，巩固好比如县深入开展寺庙清理整顿规范工作，持续推进比如县深入做好寺庙“四权”管理等工作，确保寺庙管理各项工作有人负责，保证寺庙管理各项工作正常有序开展，进一步完善相关的管理制度，其中寺庙管理制度10项，寺管会管理制度8项，并对其进行改善、上墙等，确保寺庙管理的更加规范化、制度化和科学化。

【推进“六个一”活动】 2016年，恰如寺管委会扎实推进寺庙“六个一”活动，寺管会干部与僧人交心谈心，为他们解决实际困难，建立健全档案，畅通交流渠道，干部与僧人建立朋友关系，搭建交流平台，充分开展干僧结对交朋友等活动，了解僧人家庭情况，掌握僧人的思想动态，建立联系制度，完善僧人家访制度，建立扶贫帮困制度，形成良好的工作机制。

【落实“两保一低”】 2016年，恰如寺管委会帮助僧人做好“两保一低”工作，积极参加城镇居民社会养老保险和医疗保险，参保率100%，在编僧人全部享有最低生活保障。同时协调香曲乡卫生院安排僧人免费体检，体检率达100%。

【开展综治工作】 2016年，恰如寺管会把社会管理综治和平安创建工作纳入年度重要工作，召开全年综治维稳工作的专题例会，做到综治工作年初有安排，半年有总结，年终有总结，签订社会管理综合治理维护稳定工作责任书，建立综治各类台账，做好寺庙外来朝佛人员，流动人员等登记管理、矛盾纠纷排查处理等工作。

【安全管理工作】 2016年，恰如寺管理委员会狠抓寺庙安全管理工作，成立寺庙加强安全管理工作领导小组，制定寺庙防火、防盗安全检查工作制度、寺庙僧人及信教群众出行交通安全管理制度等，做好寺庙用电、用火等消防安全隐患排查工作，加强对僧人安全生产的教育，切实提高寺庙僧人的安全意识。

【法制宣传教育】 2016年，恰如寺管委会做好僧人法制宣传教育工作，按照全县三月法制宣传教育活动的安排部署，广泛开展法制宣传教育活动，引导僧人爱国守法，做到僧人学习有笔记、学后有心得，通过开展法制宣传教育活动，规范僧人的行为，加强寺庙的管理，提高僧人的“五个意识”，引导僧人自觉做到“爱国爱教、遵纪守法”，自觉反对分裂，维护稳定。

【“双联户”管理工作】2016年，恰如寺管委会持续做好“双联户”服务管理工作，按照县委“双联户”服务管理工作的安排部署，及时成立“双联户”工作领导机构，建立4个联户体，并制作宣传栏，结合恰如寺的实际，认真制定恰如寺“双联户”服务管理工作实施方案，形成分级负责，上下联动、齐抓共管的工作格局，完善寺庙卫生管理、寺庙僧人去向管理等相关制度。

【寺庙基层党建】2016年，恰如寺管委会严格按照党建工作要求，制定党员干部学习“三会一课”、党员职责等制度，制作恰如寺管委会党建工作宣传栏。严格按照县委提出的党建工作的要求，成立党建工作的领导小组，组织寺管会全体党员干部开展学习等一系列活动，不断提高寺管会全体党员的业务能力和工作水平。

【维稳工作】2016年，恰如寺管委会制定全年维稳工作方案，细化维稳工作措施，严格按照上级对维稳工作的各项要求，结合恰如寺的实际，严格做好寺庙维稳各项工作，采取灵活多样的工作方式，实现全年寺庙持续稳定、长期稳定、全面稳定。

曲德寺管委会

【基本情况】曲德寺于1402年，由第一世大布活佛达布库西·白丹顿珠创建，位于香曲乡色雄村，距县城18公里，海拔4300米，占地面积29603平方米，建筑面积9100平方米。寺庙全年法会等传统型佛事活动共8场，主要宗教服务对象为香曲乡、夏曲镇、扎拉乡群众。曲德寺管委会于2011年10月26日挂牌成立，属副县级建制，寺管会编制19个，行政编制10个，派出所9个；领导职数2个，下设办公室、宗教科、财务科、治安科、派出所等职能部门。

【寺庙“四权”工作】2016年，曲德寺管委会通过各种形式对寺庙僧尼家庭所有人员进行教育宣传，先后在香曲乡周边乡镇、夏曲镇开展走访宣讲，使近300余人深受教育。2016年期间共深入21个僧尼家中，开展家访10余次，了解僧人及其家庭疾苦140余条，个别谈心9次，实现上门家访率100%，个别谈心率100%的工作目标。2016年，比如县“四权”清理整顿工作开展以来，寺管会积极组织，认真落实上级精神，组织相关教育，建立“财务管理制度”“僧人请销假制度”“固定资产管理办法”“佛事活管理办法”“藏传佛教寺庙管理办法”等制度；加强对堪布、经师等宗教执事人员及佛学理事的考察、选拔、任用工作；组织僧人学习各类法规制度，提高僧人爱国意识，强化僧人爱国观念。

【维稳工作】2016年，特别是在重要节点时期，寺管会成立由寺管会书记、主任为组长的维稳工作领导小组，始终把维护社会稳定作为第一责任和任务抓紧、抓好、抓实，提前周密安排部署维稳工作，制定切实可行的维稳方案和处突预案，采取和落实强有力的维稳措施，确保社会局势持续稳定。有力解决当前出现的寺庙僧人对创新寺庙管理政策有意见，不理解等问题以及部分群众不清楚、不理解、不支持寺庙管理创新政策的情况。通过召开会议，总结分析调研情况，确定维稳工作的重点、举措、职责、任务、要求、安排等等，由专人制定《曲德寺管委会敏感时期维稳工作方案》《香曲乡曲德寺管委会维稳处突预案》。同时，制定完善《香曲乡曲德寺管委会维稳工作制度》。注重依靠和围绕群众这个最根本的基础，注重发挥群防群治的作用，积极吸取原民管会班子，形成以管委会、工作队、寺庙原民管会班子为主，僧众为辅的维稳巡逻机制，坚持全天不间断的值班巡逻。

【平安建设工作】 管委会立足寺庙改革发展稳定大局，坚持围绕中心、服务大局，以改革创新精神，着眼于构建安定有序的和谐农牧区，以解决突出问题为抓手，深化平安建设工作，形成党政齐抓共管、社会共创共建、群众广泛参与，一级抓一级、层层抓落实的平安建设工作格局，平安建设稳步推进。建立健全平安建设工作机制，寺管会从推动科学发展、促进社会和谐的战略高度，来谋划平安建设工作，把平安建设工作作为社会治安综合治理工作的重要内容，加强组织领导，形成干僧齐抓共管、社会共创共建、群众广泛参与，一级抓一级、层层抓落实，良性互动的工作格局，确保寺庙平安建设工作深入推进。全社会共创共建、僧众广泛参与，“平安曲德寺”理念深入人心，寺管会将寺庙、各信教村全部纳入平安创建工作范围内，形成全社会共创共建的局面，充分尊重群众在平安建设工作中的主体地位，充分调动僧众及群众参与平安建设的积极性、主动性，群众广泛参与，在全社会形成“人人为我、我为人人”的氛围，“平安曲德寺”理念深入人心，形成人人参与、共创共建、共建共享的强大合力。着力解决影响平安建设的突出问题，把解决突出问题作为平安建设的有力抓手，下大决心、花大力气，有效解决突出问题，确保平安建设工作卓有成效。

【党建工作】 曲德寺管委会始终紧抓党建工作不放松，在党组织和党员中开展以“提升党员素质建立建强基层党组织”活动和“两学一做”为主要内容的保持纯洁性教育活动，激发基层组织建设活力，在广大党员中形成干事创业、争当模范的良好风气。对党员中表现突出的寺管会根据实际，给予一定程度上的奖励，进一步激发干部职工干事创业、争当模范的信心和决心。提升基层党员干部干事创业的热情。进一步推进党员干部队伍建设、基层党风廉政建设工作机制，基层管理实现制度化和规范化。“绩效考评”机制。按照百分制原则对干部各个工作进行考核，考核结果作为奖惩和使用及年终绩效奖励的重要依据；应急机制。成立应急分队，对发生的重大事件及时到位处置，实践证明，机关职工应急分队对护林防火、安全事故、群体性治安事件的处置上发挥出非常突出的作用。寺管会多次利用积极分子培训及党员培训的机会坚持带头给大家讲党课，增强党员队伍素质建设。2016年，曲德寺管委会以“廉洁光荣，腐败可耻”为廉政文化建设主旋律，进一步加强廉政文化建设，结合反腐倡廉工作实际，以“读书思廉、躬行践廉、家庭助廉、谈话促廉”教育为抓手，积极探索加强廉政文化建设的有效途径和方法，力求实现廉政教育经常化。积极开展反腐倡廉法规制度教育，不断提高干部的工作能力和水平，积极配合培训机构进行反腐倡廉法规制度教育，加强党员干部的党性修养和从政道德修养，增强法制观念和纪律意识。每月召开一次党支部理论学习会、每季召开一次支部学习会或读书会、每半年召开一次研讨交流会，广大党员干部先后学习《习近平总书记系列重要讲话精神》读本及《行政机关处分条例》《中国共产党党内监督条例》《中国共产党纪律处分条例》《中国共产党党员领导干部廉洁从政若干准则》等政策法规，树立党员干部正确的权力观、地位观、利益观。

【普法工作】 2016年，曲德寺管委会结合实际，以“双联户”联户联防、互帮互助的网格化管理模式为基石，扎实落实普法宣传教育工作，使寺庙上下明确开展“普法”工作的意义和目标，了解工作的基本内容和要求，把干部和僧人的行动统一到区、地、县普法工作会议精神上来，统一到“普法”工作上来，强化法律普及工作人人有责的大局意识上来，营造人人学法、懂法、用法的良好氛围。利用形式多样、通俗易懂的语言，加强法制宣传学习工作。更加注重每次来临敏感时段和重大节日时的法制宣传工作，保持寺庙上下持续和谐稳定，“零”涉稳事件的发生，达到区党委提出的“三不出”和“三无”工作目标。认真组织开展“三月综治宣传月”工作，积极学涉宗法律法规。大力倡导懂法守法意识、安全防范意识、和睦相处意识、健康文明意识及男女平等意识；加强对政治理论、党在新时期的各项路线、方针政策和业务知识的学习，不断提升干部职工思想道德水平和科学文化素质。

简略语注释

那曲精神：艰苦不怕吃苦，缺氧不缺精神，与其苦熬消耗生命，不如苦干燃烧青春。

比如精神：艰苦不怕吃苦，艰难不怕困难，用青春点亮和谐之光，用生命铸就维稳钢强铁壁。

人民团体

人民团体

工　会

【工会组织】比如县总工会在县委、县府的正确领导下，积极吸收新会员，县总工会城镇户会员有1926名，其中2016年新入会会员283名，入会达到98%。农牧民入会会员1804名，其中2016年新入会会员1774名，入会率达到82%。工会小组36个。

【活动开展】 2016年，“三大节日”期间，在县委、县府送温暖领导小组统一安排下，成立“三大节日”送温暖领导小组，慰问组深入开展一年一次重大的“三大节日”慰问全县困难职工64人，兑现慰问资金8.63万元；慰问金全部落实到位。对县三家企业职工的生产生活条件和经济状况进行摸底排查，确定14户企业困难职工。上半年对企业困难职工发放帮扶13万元，发放“生活救助、医疗救助、助学救助”等三大救助；下半年发放帮扶救助资金6.6万元；对5名困难职工家中的应届学生提供助学救助，对8名困难职工家中医疗救助。5月份自治区、地区工会联合工作组来比如县调研全县工会工作，对10户企业困难职工慰问,并发放慰问资金1万元；并向30名县市政局人员发放慰问金和慰问品（衣物）等共计资金3万元。9月,全国总工会副主席焦开河和自治区、地区联合工作组到比如县检查指导总工会工作，对比如县总工会工作给予肯定。随后，对20名企业困难职工和市政局工人进行慰问2万元。积极参加“安全生产月”和“三月法制宣传”“六月平安宣传周”活动，并进行法律知识宣传。3月18日，工青妇在县气象局路口开展维权周法律宣传活动，发放《中华人民共和国工会法》等宣传材料150份、6月5日发放安全生产材料150余份，为社会各阶层提供法律咨询。积极参与“6·5”平安建设宣传日活动，采取散发传单和讲解等手段面向当地百姓和经商人员，发放宣传材料：《中华人民共和国工会法》200余份、《中华人民共和国未成年人保护法》200余份。6月16日发放“安康杯”和“安全生产”材料，共160余份，大力开展宣传活动，进一步提高职工对“安康杯”竞赛重要性的认识，增强职工安全意识和自我保护意识。积极参与“9·16”平安建设宣传日活动，采取散发传单和讲解等手段面向当地百姓和经商人员，发放宣传材料：《中华人民共和国工会法》200余份《中华人民共和国未成年人保护法》150余份。为社会各阶层提供法律咨询。

【档案管理】 2016年，比如县工会按照《西藏自治区总工会关于进一步做好在档困难职工档案调整和完善工作的通知》（藏工发〔2016〕16号）要求，县总工会积极创新思路，把信息核查工作和精准扶贫工作紧密结合，深入开展比如县企业困难职工信息核查校对工作，对不符合困难职工条件的对象做清理，把生活确实困难的企业职工纳入救助范围，最后确定建档立卡企业困难职工14名。为全面深入开展“精准帮扶行动”打下基础的同时，有力确保困难职工档案应建尽建、应销尽销、完善档案。

【企业管理】 比如县结合实际，因情施

策，由县总工会负责组织职工代表大会制度，职工代表大会承担企业工会日常工作。职工代表大会每年至少召开一次。职工代表议题和议案在征求企业工会职工意见后与企业协商确定。同时，为开展好厂务公开职代会规范创建活动，加强职工教育引导，比如县充分利用“三月法制宣传月”、综治宣传月、平安宣传周、安全生产月等活动，广泛深入宣传《中华人民共和国工会法》，不断提高干部职工的法律意识、维权意识。

共青团

【基层组织】 为适应新时期新形势，结合青年基本情况，团县委积极开展活动，完善工作制度，将团工作紧紧围绕服务党政的中心工作开展，在充分调动广大团员青年和基层团支部书记的工作积极性，在积极抓基层组织建设，夯实团组织基础的同时，始终坚持“党建带团建”原则，认真落实团的各项工作机制，积极推进团组织建设。建立基层团组织186个、青年活动中心1个。

【团属组织建设】 开展“依法禁毒，构建和谐”为主题青少年远离毒品行动。联合县公安局法制科、县教育局、县司法局，在全县中小学开展禁毒宣传活动，开展“不让毒品进校园”主题教育活动；开展法制宣传教育，扎实推进“预防青少年违法犯罪工程”。开展青少年违法犯罪宣传3场，共1500多名青少年参加法制宣讲活动。加强少先队工作者队伍建设，按照团区委、团地委的工作要求，积极选派少先队员辅导员参加自治区、地区开展的各类业务培训，推动比如县少先队员工作。

【宣传教育】 团县委利用“六月平安宣传周”、“9·16平安西藏宣传日”、“12·4法制宣传日”，在县司法局、综治办的牵头下，在全县范围内充分宣传《中华人民共和国未成年保护法》《中国共产主义青年团章程》等，共计发放宣传册298本。

妇 联

【妇联组织】 2016年，比如县有175个行政村(居)，县妇联主席是换届工作领导小组成员，175个村的妇代会主任均是妇女，并全部进入村“两委”班子，占全村（居）“两委”的100%。全县妇女总人数36512人（含机关企事业单位妇女干部职工），其中妇女党员1202人，县级妇女干部2人，正科级22人，妇女一般干部605人，妇女专业技术人员279人，妇女县级人大代表25人，政协委员9人。村（居）妇代会主任、副主任平均年龄35岁。

【思想宣传】 比如县妇联积极配合县基层基础建设年活动，向各乡（镇）和县妇女小组下发宣传提纲和宣传材料500余份，对于反分裂斗争和妇女儿儿童维权方面有了更清醒的认识。县妇联还积极进行法律知识宣传。3月16日，县妇联在比如县宾馆门前开展维权周法律宣传活动，发放《中华人民共和国妇女权益保障法》《中华人民共和国婚姻法》《母婴保健知识》等宣传材料300余份，为80余名妇女提供法律咨询。

【维权工作】 比如县妇联利用“三八”妇女节、“六一”儿童节等节日，宣传《妇女权益保障法》《中华人民共和国婚姻法》《母婴保健知识》《中华人民共和国未成年人保护法》等法律知识，使越来越多的妇女懂法、用法，切实用法律来维护自身的权益。县妇联还经常为妇女开展法律咨询服务，为他们排忧解难，调解家庭矛盾。在与相关部门的工作中，严厉打击虐待、迫害、侮辱妇女等一切违法犯罪活动，切实维护妇女的人身安全和人格尊严。

【日常工作】 按照区、地妇联工作要求，认真落实各项工作，落实“两癌”筛查工作；开展“三八”妇女节庆祝活动，评选“三八红旗手”13名，妇联工作先进单位3家。在全县妇女干部中开展反家暴讲座。建立妇女党员、女干部信息库。评选上报全国妇女维权先进单位、先进个人。及时上报困难母亲邮包236人。救助困难女性病人，从“妇女平均一元钱”资金中支取2000元对白嘎乡董达村瘫痪病人桑旦拉姆进行救助。选派县乡妇联干部参加区、地各类培训。

军 事

军事

人民武装

【党管武装】 人武部紧紧围绕比如县改革发展与社会稳定的大局，严格贯彻党管武装的思想，强化党管武装的责任意识，加强对武装工作的领导和管理。县党委在年初组织班子成员学习有关加强党管武装工作的指示及有关规定，使班子成员认清党管武装的重要意义，进一步增强全县上下做好武装工作的政治责任感和历史使命感，营造关爱武装、情注国防的良好武装工作环境。全面制定武装工作总体规划和分期目标管理制度，完善国防教育、党委议军、民兵干部学习、民兵训练活动等规章制度，严格按制度操作，党委领导分工明确，工作目标量化到人。召开议军会分析研究武装工作。通过会议了解和研究民兵预备役工作情况，及时解决武装工作遇到的困难和问题，对武装工作做到党委指导到位、检查到位、督促到位，确保工作落到实处；县委、县政府对武装工作的经费都按照“优先解决、优先保障”的原则，保障民兵训练、民兵整组、基层建设和征兵等工作的各项经费；依托“民兵之家”这个重要的学习阵地，紧密联系武装工作实际，系统地进行科学发展观为核心的理论学习和以国防知识、民兵基本知识为重点的业务学习。

【民兵工作】 按照《年度工作计划》和《民兵军事训练大纲》要求，狠抓民兵工作落实。开展民兵整组，完成民兵的出入转队工作，调整健全基层民兵组织，选好配强民兵干部、骨干。组织夏曲镇、达塘乡、比如镇三个乡镇普通民兵进行各科目的训练，训练中人武部副部长杨兴明亲自授课示教，认真组织实施，确保参训人员、科目内容、训练课时、训练效果“四落实”。利用下乡征兵宣传和民兵训练等时机，对民兵进行思想政治教育，主要以民族宗教政策和反分裂斗争教育为主，讲清团结稳定是福，分裂扰乱是祸的道理，号召广大民兵在维护社会稳定、参与经济建设、带领农牧民致富等事务中发挥生力军、突击队作用，把家乡建设更加美好、祥和。依据文件、法规制度规范工作制度和奖罚机制。完成民兵工作管理系统、退伍军人预备役管理系统和国防潜力调查系统的数据收集录入和上报工作。规范全县民兵档案，包括有出入队审查、年度政审、基本信息情况、教育训练考核成绩等内容。

【维稳执勤】 比如县处在那曲地区维稳斗争一线，人武部党委高度重视辖区社会稳定工作，坚持早计划、早准备、早防范，根据驻地社情特点，及早进行战备方案的修订完善，做好应急处突的各项准备工作。根据民兵的任务区分，在重要节点时期，组织各乡镇民兵干部参加基层维稳工作值班，每日向维稳中心报告值班情况，人武部值班干部每日电话检查各乡镇民兵干部值班情况，及时准确掌握社会动态。加强与县委县政府工作联系，参与县维稳指挥中心的领导带班，密切关注社会动态，及时研判维稳工作形势，科学决策，合理部署，为县委、政府当好军事参谋。积极组织所属生产连官兵进行慰问执勤演练，加强维稳工作中的纪律教育，确保文明执勤，正确处置突发事件。先后5次组织人武部、生产连协同公安、武警、政法部门在比如县城进行武器装备展示、巡逻设卡围捕、守护重要目标等课目演练，确保社会稳定。

【征兵工作】 在地区征兵领导小组和征兵办的指导下，各级党委政府和广大征兵工作人员坚决贯彻执行上级指示，扎实有效地开展工作，超额完成新兵征集任务。各级党委政府高度重视，加强征兵工作的组织领导，军地领导亲自挂帅，各职能部门通力合作，把征兵工作作为一项严肃的政治任务来完成。宣传发动深入，重视农牧区征兵工作开展，把任务分解到各乡政府、各驻村工作队和民兵干部上门挨户地宣传《中华人民共和国兵役法》和优抚政策，县电视台专门制作征兵宣传片播放征兵新政策，调动农牧区青年应征的积极性。严把报名关、目测关、体验关、文化关、政审关、复查复审和确定兵员等关口，按照“谁主管、谁签字、谁负责”的要求，层层签订责任书，严格落实政策规定。坚持廉洁征兵，严肃政治纪律，严格审查把关，发挥社会各界监督作用，对征兵每个环节步骤实行公示，对淘汰青年说明淘汰原因，使得整个征兵过程公开透明。完善“征兵工作管理系统”，加强与入伍青年的共同教育管理，使入伍青年尽快适应部队生活，完成从地方青年到合格战士转变。

【大事记】

2月17日，组织生产连52人参加良曲乡查库勒村那修斯草场灭火救灾。

深入开展“两学一做”学习教育和民主生活会，官兵思想信念坚定，拥护、支持国防和军队建设的思想进一步牢固。

派出2名干部组织比如县中小学生、干部职工“纪念红军长征胜利80周年国防知识教育”专题讲座，提高人民群众国防知识和国防意识。

严格战备值班执勤制度，严密组织防恐暴击课目演练，组织营门、弹药库（室）等重要目标、重要部位“七防”科目演练，战备水平稳步提升。

安全圆满完成年度野战训练、半年军事训练考核和年终军事训练考核，完成实打实投，保证人员、装备的决定安全。

指导生产连对营区进行全面彻底整治，规范“训练区”“生活区”“娱乐区”。配合分区高质量高标准完成生产连营区轻武器射击场建设。对人武部营区进行土壤改良，种植草皮、绿化营区。加大农副业生产力度，提高夏季蔬菜自给率。

4—5月，开展10个乡（镇）民兵整组工作，完成民兵出列入伍。4月底至5月中旬，组织完成夏曲镇、达塘乡、比如镇民兵的军事训练和实弹射击。5月中旬，组织10个乡（镇）现任专武干部培训。

严密组织“八一”军事日活动，增进军政军民团结。

对民兵武器仓库进行专项清理整治，通过分区、军区检查验收，同时确保枪弹管理的绝对安全。

中国人民武装警察那曲地区支队比如县中队

【思想政治建设】 2016年，比如县中队结合“两学一做”学习教育活动，组织支委成员扎实学习党章党规和习近平主席系列讲话，进一步坚定看齐追随的政治自觉始终把举旗铸魂作为首要任务，按照习主席提出的“四个牢固立起来”“五个着力抓好”要求加强和改进思想政治建设，为实现强军目标提供坚强保证。以树立铁一般信仰、铁一般信念、铁一般纪律、铁一般担当为着眼，严密组织“争做‘四有’新一代革命军人”主题教育活动，与弘扬“老西藏”和“两不怕”精神紧密融合，与学习先进典型和“三十”（十大感动军营人物、十佳军嫂、十佳优秀士官）评选表彰有机对接，深入挖掘和培养先进典型，着力培养“有灵魂、有本事、有血性、有品德”革命军人。以强军文化为抓手，积极营造战斗文化氛围，教唱强军战歌，观看优秀影视作品。大力开展“四个起来”活动，进一步坚定官兵看齐追随的政治自觉。

【执勤战备工作】 全年紧紧围绕中心抓建设，抓好建设保中心；依据执勤是武警部队的中心工作，中队着重提高官兵体能、擒敌和处置情况的能力，较好地提高官兵的执勤能力。按照《军事训练与考核大纲》要求，着力抓好基础训练，切实提高遂行多样化任务的能力。坚持依法治训、严格按纲施训，认真抓好部队基础技能、体能课目训练，努力提高单兵执勤技能（作战能力），确保人员、内容和质量落实。抓实抓好“五小练兵”、专勤专训和勤训轮换，促进军事训练水平整体提升。抓好制度落实，规范训练秩序。党支部要把议训作为一项经常性工作提上日程，坚持每周议训制度，增强训练的针对性。科学制定周工作计划，积极抓好训练“八落实”，确保训练效果。完善考核、统计制度，中队建立考核档案，对每名官兵的每次考核成绩详细记录在案，并作为年终评选立功受奖人员的重要参考依据。抓好教练员培训，提高教学质量。深入贯彻总部教练员“千人大集训”精神，选好教练员参加5月至6月总队组织的教练员集训，干部必须担负1~2个科目的教学任务，制定学习计划，坚持随队训练，克服“士官组训、干部闲转”“练战士不练干部”的现象。士官骨干突出科学带兵，依法带兵，文明带兵能力素质的锻炼培养，采取岗位锻炼，依强带弱，争取把士官队伍培养成本职岗位的尖子，成为中队建设的中坚力量。参加预提指挥士官培训人员归建后，充分发挥作用，把传帮带作用发挥好。针对比如县面临风险特点和反分裂斗争形势，切实抓好“三员一兵一组”协同和“应急班”启动训练。突出营区防端窝、目标防袭击、执勤人员防袭击、反自焚专项斗争和抢险救灾的情况处置，利用周五加强方案演练研究，确保处置有手段。注重人装结合，发挥装备的最大功能。把人装结合训练作为军事训练的重点，发挥装备的最大效能，不断提高执勤处突的能力。

简略语注释

精准帮扶：针对不同的贫困区域环境、不同贫困农户状况，运用科学有效程序对扶贫“八看”（一看房、二看粮、三看劳动力、四看有没有读书郎、五看车、六看牲畜、七看虫草采挖人员、八看其他收入）扶贫对象实施精准识别、精确帮扶、精准考核、精确管理的致贫方式。

“321”干部结对帮扶贫困户机制：地级和正县级干部结对帮扶3户、副县级和正科级干部结对帮扶2户、副科级和一般干部结对帮扶1户。

“三大园区、八大基地”：工业产业园区、民族手工业产业园区、文化旅游产业园区和能源建设基地、奶牛养殖基地、生猪养殖基地、蔬菜种植基地、饲草料种植基地、牲畜反季节育肥基地、建材生产供应基地、商贸物流基地。

“三个必须”管行业必须管安全、管业务必须管安全、管生产经营必须管安全。

老西藏精神：特别能吃苦、特别能战斗、特别能忍耐、特别能团结、特别能奉献。

“五位一体”总体布局：经济建设、政治建设、文化建设、社会建设、生态文明建设。

“四个全面”战略布局：全面建成小康社会、全面深化改革、全面依法治理、全面从严治党。

法 治

法治

公安

【**维稳安保**】公安局民警不畏严寒，为确保辖区内无任何安全隐患，有效震慑不法分子及各类违法犯罪活动，确保“三大节日”辖区社会治安持续稳定，人民群众的安全感和满意度得到进一步提升。为确保2016年度比如县虫草采集工作顺利进行，进一步细化各项维稳措施，先后制定《比如县公安局2016年虫草采挖警力部署方案》《比如县公安局2016年虫草采挖期间安保处突工作方案》《比如县公安局虫草采挖期间风险评估》。及时召开虫草采挖期间维稳动员工作会议，5月11日前警力全部到位、到点，全力开展维稳安保工作，县委常委、政法委书记、公安局党委书记、局长觉阿次仁到扎拉乡虫草采集点指导工作；公安局党委副书记、政委格布坐镇公安局在做好日常公安维稳工作，同时做好应急处突准备；其他局党委成员分别驻点虫草采集重点区域，虫草采集有序进行，农牧民群众的合法利益得到保障。7月25日至30日，比如县公安局制定《比如县公安局第八届娜秀文化艺术节暨虫草交易会安保工作方案》及《比如县公安局第八届娜秀文化艺术节暨虫草交易会处突预案》。文化艺术节期间觉阿次仁局长深入执勤一线，指导协调安保工作，艺术节期间未发生重特大安全事故、刑事治安案件和群体性事件，实现“三无”“三不出”的目标。全力做好萨嘎达瓦、G20峰会、藏博会、国庆期间的各项安保工作，专门召开会议成立安保工作领导小组，负责安保工作的组织与协调，对所面临形势进行研判，对风险进行评估，并制定适合比如县形势需要的可行性安保工作方案，其间未发生重特大安全事故、刑事治安案件和群体性事件，实现“三无”“三不出”的目标。

【**社会治安**】为切实巩固近年来的社会专项整治行动成果，确保比如县社会局势持续稳定，创造和谐的社会治安环境，8月12日至10月13日，开展为期2个月的“社会治安排查整治专项行动”，并专门成立专项整治领导小组。此次专项整治行动，分为6个清理排查组，3个流动交通检查组，1个盘查对象调处组，1个清查数据统计组，1个督导检查组，9个乡镇派出所清查组，共21个小组，开展专项清查工作。开展“辑枪治爆”专项行动，加强辖区爆炸物品、枪支弹药、剧毒化学品、易制爆化学品、放射性物品、管制刀具等危爆物品的安全管理，有效防范和严厉打击涉爆、涉枪、涉毒、涉刀违法犯罪活动的发生。通过社会治安重点部位排查清理整治工作，比如县社会治安形势明显好转。

【**开通互联网宽带业务和移动网络维稳宣讲**】根据地区维稳指挥部办公室下发的《关于开通比如县互联网宽带业务和手机移动网络请示的复函》内容及地县主要领导批示精神，全面做好比如县网络维稳工作，制定《关于开通互联网宽带业务和手机移动网络维稳宣讲工作方案》，成立领导工作小组，逐乡镇逐村逐户开展宣讲活动，对群众讲清危害和重要性，增强群众法律意识，有效维护比如县社会局势稳定，地区公安处党委对此项工作给予充分肯定。

【开展“冬季大练兵”活动】 为大力推进公安机关“四项建设”，努力提高全局民警的综合素质、实战能力、处置突发事件能力和执法水平，促进公安队伍正规化建设，切实提升服务经济发展、维护社会和谐稳定的能力，深入开展“冬季大练兵”活动，全面提升公安民警业务工作能力、警务实战技能和体能素质。“冬季大练兵”工作得到地区公安处党委充分肯定，被地区各县公安局借鉴学习。

【量化考核】 为全面检验2016年度比如县公安局各部门、各乡镇（寺庙）派出所、各便民警务站、各公安检查站工作成效，比如县公安局党委专题研究制定《比如县公安局2016年目标管理量化考核实施办法》，完善细化《比如县公安局2016年目标管理量化考核评分细则》，于12月13日分两个考核小组对全局各部门展开考核，有效检验全年目标工作完成情况。地委委员、政法委书记、公安处党委书记扎西多吉，行署副专员、公安处党委副书记、处长张文生对以上比如县公安局开展各项工作作出重要批示，对工作经验和成效给予充分肯定，批示要求各县局要学习借鉴比如县公安局好的经验和做法，扎实推进各项工作开展。

【交通管理】 比如县公安局交警大队采取多种措施，全力确保比如县道路交通环境畅通、有序。针对道路交通环境差等实际问题，加大对各类道路交通违法行为的处罚力度，特别是酒后驾驶、疲劳驾驶、无证、超速、超载等严重违法行为。积极开展各类交通安全宣传活动，开展道路交通安全宣传9次，发放宣传资料15000余份。开展危险路段排查工作，开展排查12次，排查出危险路段175处，对国道317线、省道303线巡查20次，安装警示灯、警示牌30余个。各治安、交通检查站严格落实24小时路检路查制度，按照“四必查”的要求，严查严处机动车违法载人、超速行驶、酒后驾驶、无证驾驶等严重违法行为，注意发现可疑人员和违禁物品，严防可疑人员、违禁物品流入我地，严把进出城关口，严防交通安全隐患和重特大交通事故的发生。2016年以来，交警大队在开展交通违法专项整治行动中，共出动警力5475人次，出动警车720台次，查处各类交通违法行为264起。

【工作荣誉】 那曲地区公安处评为先进个人的有：比如镇派出所达瓦次仁、比如镇派出所索朗次仁、城东便民警务站阿旺托美、城东便民警务站洛桑扎西、城西便民警务站格桑多吉、城西便民警务站尼玛罗布、嘎尔中路便民警务站同珠、色空路便民警务站琼拥 、嘎叶村便民警务站扎西多吉、香曲乡派出所巴桑、特警大队次仁罗布、公安局特警大队贡布旺千、特警大队土旦晋美、特警大队于德福、夏曲一级公安检查站戎鑫夏曲镇派出所群旦次成、白嘎乡派出所江阿次仁。香曲乡恰如寺派出所拉巴次仁被中华人民共和国公安部表彰为二级英雄模范；香曲乡派出所尼玛平措被西藏自治区委员会西藏自治区人民政府授予2016年西藏自治区民族团结进步模范个人称号；比如县公安局政工监督室张晋生被那曲地区公安处授予优秀党务工作者荣誉称号。

消　防

【党委班子建设】 消防大队以不断加强党委班子建设，构建团结和谐党组织为目标，党委成员谋事创业劲头足、作用明显，为推进各项工作全面快速发展打下良好基础。坚持民主集中制，建设团结和谐党组织。大队党委坚持重大问题集体研究，在重大经费开支、重大工作事项上，广泛征求官兵意见，做到公正、公开、合理。党委成员心往一处想，劲往一处使，无论在工作还是生活中，都能做到顾全大局，齐心协力为部队建设和发展服务。坚持学习制度，建设“学习型”班子。大队党委始终抓好自身学习，坚决贯彻执行党的路线、方针、政策，不折不扣地落实上级党委的指示、决议，在政治上、思想上、行动上同党中央和上级党组织保持高度一致。党委成员坚持搞好自学，按照“缺什么、补什么”的原则，做到学以致用，不断增强分析、解决问题的能力。

【自身建设】 消防大队始终坚持问题导向抓重点，坚持结果导向促实效，常态化开展“庸懒散浮拖”问题整治教育，将问事、问人、问责进行到底，让真抓实干的人扬眉吐气，让滥竽充数的人待不下去，官兵执行力明显提升。文化是一支部队的灵魂，文化的感染力也是部队最重要的软实力，大队始终把文化建设纳入部队全面建设之中。以纪念中国共产党建党95周年、世界反法西斯胜利70周年系列活动为契机，引导官兵端正服役态度，以队为家，牢固树立主人翁意识。把大队的发展建设当做自己的发展，把自己的成长进步寓于大队的发展之中，自觉遵守部队的条令条例和日常规章制度，训练中有积极性，学习上有主动性，结合总队支队的相关文件要求，认真扎实地开展条令条例学习、“尊干爱兵”教育、岗位练兵、保密教育等专题学习教育活动，让官兵充分认识到部队有纪律，做事讲规矩。

【安全保卫】 消防大队根据《那曲消防支队执勤岗位练兵实施方案》的要求，结合工作实际，及时制定本单位练兵计划，并上报支队。按照计划内容，大队积极组织全体官兵对共同课目、岗位课目、专业课目开展训练，强化对应用操法的训练和重点单位的熟悉演练，重点对训练中存在的操法不熟练、特种装备技术参数不熟悉等问题，有计划、有组织地开展练兵活动，活动效果明显。结合总队、支队训练计划，大队按照自身工作实际，认真组织开展日常训练，有针对性的组织官兵强化体能训练，熟悉大队现有器材装备。针对辖区重点单位，组织开展“六熟悉”64次，灭火演练70次，修改预案32份。做到部队管理紧张有序，日常训练开展保质保量，进一步提升大队官兵的灭火救援能力，确保辖区内的安全稳定。大队全年做好战备等级落实，积极备战，确保各项消防安全保卫任务圆满完成。以高度的革命事业心和责任感，全力以赴，圆满完成“两节”、帕拉金塔佛事活动、比如县娜秀文化艺术节、地区赛马节、G20峰会、藏博会、十八届六中全会、燃灯节等重要节日期间的战备执勤与消防安全保卫任务，得到县委、县政府、县公安局的高度评价和人民群众的普遍赞誉。在重要节点维稳处突消防安全保卫中，大队严格按照县委、县政府和县维稳指挥部的一系列重要指示精神，切实将维护社会稳定工作作为当前的首要政治任务，进一步强化执勤备战，全力投入维护社会稳定工作。

【思想建设】 大队始终坚持政治建警原则，坚持不懈地用邓小平理论、“三个代表”重要思想、科学发展观、中共十八大精神武装官兵头脑，深入开展学习全军和公安现役部队政治工作会议精神、“尊干爱兵、构建和谐警营”教育、学习践行强军目标，做新一代革命军人主题教育、“三严三实”专题教育整顿、改革强警与“两学一做”主题教育和条令条例学习月等一系列活动，积极引导官兵牢固树立坚定的理想信念和正确的世界观、人生观和价值观，始终保持坚强的革命意志和旺盛的战斗精神。同时，大队还注重经常的思想工作和心理教育，培养官兵良好的心理素质，关心和解决官兵实际问题。组织开展政治教育40余课时，全体官兵开展手抄党章1次，各种心得体会22篇，组织谈心交流20余次。

【后勤保障】 大队党委严格执行党委理财制度，按照“党委管理、开源节流、保证重点、先批后支”的原则，将所有经费动态纳入党委理财“视线”，集体审定、统一管理和支配。建立完善固定资产账目，执行定人定责管理，有效防止部队资产的损失浪费，从而最大限度地发挥各项经费和固定资产的管理及使用效率。主动向当地党委、政府请示报告，争取地方党政和有关部门的支持和理解，密切与地方财政部门联系。2016年，大队争取业务经费55万元，在经费开支上大队严格遵循“量入为出、精打细算、厉行节约、讲求实效”的原则，以部队建设为重点，用好管好有限经费，确保每一笔经费用在刀刃上，确保各项工作顺利开展。同时，2016年上半年，比如县人民政府为比如县消防队站建设解决100万元经费，为消防事业发展给予大力的支持。6月份比如大队队站建设工程开工以来，大队狠抓工程质量、进度、安全，严格把关每次进场材料，大队队站建设顺利通过主体验收，并完成内部的部分装修，预计2017年工程全部完成并投入使用。

【火灾防控】 消防大队按照总队、支队的安排部署，认真开展夏季消防安全大检查和冬春火灾防控工作，力保火灾形势稳定。部门联动，齐抓共管，消除隐患保平安。为切实做好各个重要节日、时段的消防安全工作，大队积极向县主要领导汇报，县委、县政府高度重视，积极组织县有关单位、部门开展联合检查。根据总队、支队一系列文件精神，大队深入辖区范围内人员密集场所、“九小场所”、施工工地、加油和加气站、寺庙文物等各类场所开展消防安全专项排查工作，切实消除各类火灾隐患，确保比如县火灾形势平稳。比如县消防大队牵头，县民宗局及各寺管会组成联合检查小组，深入辖区25座寺庙开展消防安全专项检查指导工作，全面摸底辖区寺庙的消防安全现状，为下一步做好寺庙消防工作打下坚实的基础。今年以来，比如县消防大队共完成检查单位973家次，发现火灾隐患527处，督促整改火灾隐患或违法行为527处，下发责令改正通知书447份，下发行政处罚决定书3份，下发临时查封决定书1份，开展消防宣传培训24次，发放消防宣传资料10000余份，悬挂消防宣传横幅15条。

检　察

【法律监督】 重点打击严重刑事犯罪 全年批捕各类刑事犯罪案件6件9人，起诉11件13人。

坚持贯彻宽严相济刑事政策 坚持把化解社会矛盾、促进社会和谐贯穿到办案的全过程，宽严相济，促进社会和谐稳定转变。在办案过程中对特殊群体、特殊情节的轻微犯罪，始终坚持可捕可不捕的一律不捕，努力减少不必要的羁押。充分利用比如县社会矫治中心，对部分犯罪嫌疑人进行教育转化，同时推行轻微刑事案件的快速办理机制。针对比如县近年来未成年人犯罪易发、高发态势，检察院联合县教育局，深入开展“法制进校园”连续3年的巡讲专项工作，通过强化对未成年人的教育，完善“未检”工作机制，实现法律效果与社会效果的有机统一。

【政法委及综治】 积极开展综治工作 为推动比如县社会综合治理工作稳步开展，健全平安创建工作各项制度，完善各类内保工作预案，建立矛盾纠纷排查化解机制，严格落实防控举措，巩固治理成果。通过“文化艺术节等活动期间法制宣传”“流散僧尼培训”参与“清理老赖”、“配合信访治理”等专项工作，提升民众法制意识，调处矛盾纠纷隐患，综合治理工作成效突出。

开展维护社会稳定工作 始终把维护社会稳定摆在检察工作的首位，全力以赴开展各项维稳工作，确保比如县持续稳定。在全年各个重点时段，通过制定安保工作方案、处突预案，派出50余人次，100余车次，投入维稳经费30多万元，参与维稳安保工作，为比如县的持续全面长期稳定贡献力量。另外，督导驻村工作队，大力开展“感党恩”“中国梦”等系列教育活动，从思想和行动上巩固基层稳定。

开展强基惠民工作 始终坚持发展是第一要务的原则，严格落实七项重点任务，派出9名同志到扎拉乡美日村开展“强基惠民”工作，检察院党组成员每月至少1次深入村居调研看望驻村工作队，关心关爱驻村干部，全面支持驻村工作，建强村级党组织，为民办实事、办好事，打赢脱贫攻坚战，夯实基层发展的社会基础，同时投入3万元看望慰问区、地检察院驻村工作队。

【反腐倡廉】 开展职务犯罪查办预防 以树立理性、平和、文明、规范的执法理念为先导，以办案数量、质量、效率、效果、安全有机统一为目标，重点查办预防党委政府关注、人民群众反映强烈的职务犯罪案件。依法加大对工程、扶贫、食品药品等部门的法律监督。县检察院职务犯罪警示教育基地于9月正式投入使用，通过邀请各机关单位负责人、工作人员参观、案例分析的方式，营造反腐倡廉和预防职务犯罪的浓厚氛围，净化各机关单位政治生态。

深入推进专项工作 围绕易地搬迁、生态补偿脱贫、草场补助发放、项目实施等重点领域，县检察院联合县扶贫办，开展集中整治和预防扶贫领域职务犯罪专项工作，严肃查办发生在群众身边、损害群众利益的贪污贿赂、渎职犯罪案件。通过微信、微博、客户端等公开举报方式，集中核查在扶贫领域虚报冒领、截留挪用、贪污、失职渎职等违法犯罪情形，开展扶贫领域“四个阶段”专项工作，遏制重点领域职务犯罪易发多发的势头，保障人民群众合法权益，促进农牧区的和谐稳定。

【强化内外监督】 紧紧抓住人民群众反映强烈的执法不严、司法不公问题，优化检察资源配置,提升法律监督水平，促进社会公平正义。在诉讼监督方面，重点以防止错捕、漏捕和漏罪为重点，纠正有案不立、有罪不究、以罚代刑等问题，强化侦查、立案监督，对侦查机关在侦查活动中的违法事项提出口头纠正

13次，向相关单位发出检察建议2份。在刑事执行检察工作方面，重点开展对看守所监管执法、社区矫正以及刑罚执行工作的检察，其中对看守所各类安全防范检察5次，发现安全隐患6件，口头纠正6次，纠正率100%，在社区矫正与财产刑执行检察工作中，对县法院和司法局出现的问题，一一作口头纠正，坚决履行法律监督职责，依法保障当事人的合法权益，维护法律的统一正确实施。牢固树立自觉接受人大、政府、政协和社会各界监督的意识，确保公正司法。

【践行为民宗旨】 始终把保障民生、维护民利、服务群众作为检察工作的又一中心，坚持以民为本、司法为民，依法公正对待人民群众诉求，不断满足人民群众对检察工作的新要求。全体干警开展与贫困群众结对帮扶工作，除资金上的帮扶，重点帮助贫困群众转变思想，掌握技术，通过全体干警努力，精准帮扶，激发贫困群众内生动力。另外，认真推进涉法涉诉信访工作的开展，平均每月开展1次排查活动，坚持把排查、防范、化解社会矛盾贯穿于执法办案的全过程,对重大敏感热点案件及时进行分析研判，妥善办理涉法涉诉信访案件，减少矛盾积累和信访上行，及时解决群众合法诉求，有力推动比如的平安创建工作。在县委政法委的正确领导下，在法院、公安的大力配合下，县检察院及时有效地处置2013年的一起盗窃信访案件。

【队伍建设】 按照政治过硬、业务过硬、责任过硬、纪律过硬、作风过硬的要求，切实解决队伍和司法中存在的问题，促进严格公正司法，提升公信力。学严结合，正风肃纪，通过周五集中学习平台，扎实有序开展“两学一做”专题学习教育活动，通过“三个专题”的讨论学习，切实提升干警的党性修养。同时结合“两学一做”学习教育开展“七月党建月”系列活动，党员干部扶贫结对帮扶活动，到敬老院献爱心活动以及县党建办开展的“服务心连心、行动手拉手，照亮千万家”活动。推动检察院党组织的建设，全面提升干警“四个意识”。另外全面梳理现有制度，对多项制度进行“废、改、立”，重点出台干警评分考核制度（试行），不断完善检察机关司法为民、廉洁从检长效机制，促进干警纪律作风转变、工作绩效提升。

增强司法能力　认真落实教育培训工作规划,切实加大业务尖子和办案能手的培养力度，积极组织11人前往那曲、林芝、拉萨、北京等地参加各类培训。结合司法实践,由检察院检察委员会牵头，多形式开展有针对性实用性的岗位大练兵活动，促进干警业务能力不断提升。党组书记、检察长西饶旺杰以“全国先进工作者”的身份参加最高人民检察院举办的暑期休假工作座谈会。

推进司法体制改革，整合检察队伍资源　按照司法体制改革精神，开展检察官职务套改工作，经自治区党委组织部批准，有9名检察官初步完成套改工作，整合检察官力量，有利于充分发挥检察机关法律监督职能。对部分检察干警进行科室调整，以适应司法体制改革中关于“三类人员”的分类工作，通过及时调整，明确责任，充分做好司法体制改革前期准备工作，优化检察队伍结构。

【工作荣誉】 梁君丹获2016年西藏自治区第四届侦查监督业务竞赛十佳业务能手。

法院

【基本情况】2016年，比如县法院实有干警25人。在职领导共15人，县级干部1人，正科级干部3人，副科级干部11人。2016年度任职5人（调离1人）。其他调离2人。

【案件】2016年，受理各类案件200件，审结141件，未结59件，案件审结率为70.5%，另有诉外49件。其中受理各类民商事案件114件，刑事案件7件9人，执行案件79件。

2016年，受理各类民事案件114件，已结79件（调解结案66件，撤诉8件，判决5件，调撤率92.4%），未结35件，结案率76.99%。其中夏曲法庭共受理各类民事案件30件，已结27件（调解结案25件，撤诉2件，调撤率100%），未结3件，结案率90%。有效地减轻群众诉讼负担，保护群众合法权益。充分发挥主动司法积极性，推行司法服务下基层，加大流动法庭巡回办案力度。抽调经验丰富的民事法官3人组成流动法庭，行程遍及全县10个乡镇，共调处矛盾纠纷12件，走村入户以案释法3次，开展各类法制宣传72场次，受教育群众达4万余人次。

2016年，受理执行案件79件，结案57件，未结22件，结案率72.2%。其中夏曲法庭受理执行案件9件，已结8件，未结1件，结案率88%。与银行、财政、工商、国土及各乡镇等联动机关协助我院执行次数27次，联动办案20件。

【维稳】4名干警积极参与到虫草采挖期间的维稳工作中，并选派3名干警前往县矫正中心对违规人员进行教育培训和日常管理工作。

【化解矛盾纠纷】由县政法委牵头，比如县10个乡（镇）党委、政府及175个村（居）“两委”班子，驻村工作队，“一村一警”等力量全部纳入进来，对全县范围内的“老赖”进行集中清理整治，使“老赖”们不敢赖账、不能赖账。

【法制宣讲】通过县委政法委协调各乡（镇）党委、乡政府，各驻村工作队加强法制宣传，提升群众法律意识和风险意识，制作法律宣传单1000份，覆盖全县175个行政村，惠及全县5万余人。

【强基惠民】法院在阿秀村驻村工作队以解决群众关心的“热点、难点”问题为工作的出发点，结合阿秀村的实际情况，积极联系相关部门和单位，争取支持帮助，切实为群众办实事、办好事。为群众办实事8件，惠及群众达100余人。

【案件评查】严格规范审判权运行机制。评查案件32件，差错率6%。其中评查刑事案件2件，民事案件25件，执行案件5件。

【司法改革】大力推进“三大平台”应用，院领导以身作则，率先垂范，使干警真正认识到信息化是大势所趋，是法院发展的必然要求，切实提高工作质效，用信息化缓解“案多人少”的矛盾。建成科技法庭1个，视频会议室1间。法院内网系统全面覆盖至每一名干警，基本实现网上办案，从实际效果看，网上办案杜绝无故超期、随意积压案件等问题，使法官办案更加规范。在网上公开裁判文书8份，裁判文书的制作水平得到很大提升，使群众真正理解为什么这么判，对裁判结果看得明白，减少上诉率，提升法院公信力。

【领导班子建设】全年开展“两学一做”专题讨论会2次，组织干警集中学习8次，每人撰写心得体会8篇，人均记录学习笔记5000字以上。同时，以党支部为单位，以“三会一课”等党的组织生活为基本形式，开展党组中心组讨论学习1次，党支部书记上党课2次。以“忠诚于党，忠于人民，忠于法律”的要求建设法官队伍。

【工作亮点】及时设立导诉台，由值班干警负责引导当事人正确行使诉讼权利，为群众提供必要的法律咨询和帮助，最大限度地保护他们的合法权益。与此同时，再次完善案件“速裁”“速调”机制，由立案庭、民庭业务骨干成立“速裁组”，对案情简单、事实清楚、争议不大、权利义务关系明确的案件，进行速裁速调，在最短的时间里及时定纷止争，减轻当事人诉累,做到案结事了。

【工作荣誉】集体 荣获2016年度党风廉政建设和反腐败责任制工作第三名（县党风廉政建设和反腐败工作领导小组）。

个人 县法院夏曲法庭负责人次旺多吉荣获获2016年度地区级先进个人（那曲地区中级人民法院授）。

司法行政

【基本情况】2016年，比如县司法局在职干警6人，其中领导职数2名，为一正一副。

【人民调解】司法局积极牵头，进一步发挥好公安、民政、国土、医疗卫生、劳动保障等专业性调解组织的作用，认真配齐配强专业性、行业性人民调解委员会的建设，5月4日至5日开展司法行政工作业务培训，参加培训人数共计12人，培训内容主要涉及法制宣传教育工作、刑满释放人员安置帮教工作、人民调解工作、法律援助工作、特殊人群管理工作和社区矫正工作。排查出矛盾纠纷4起，涉及金额3.4万余元，调处成功4起，成功率达到100%，为维护社会稳定起到积极的作用。按照“属地管理”“谁主管、谁负责”的工作原则，真正把矛盾纠纷的调处责任落实到每一个部门、单位和责任人，由各部门“一把手”和单位主要领导作为第一责任人，切实做好矛盾纠纷调处工作。

【法治宣传】以“大力宣传法律法规，弘扬社会主义法治精神”为重点，以引导广大干部群众学法、守法、用法为主要内容，坚持把法制宣传教育与社会主义核心价值体系教育、社会主义法治理念教育、社会主义公民意识教育、民族团结教育、反分裂斗争教育以及反自焚教育相结合，积极组织协调各级普法组织开展形式多样，内容丰富的法制宣传教育活动，不断加强比如县法制化建设。以“法律八进”主题活动为抓手，坚持因地制宜，分类指导，结合不同地方、不同部门、不同行业、不同阶层、不同人群的特点，研究制定每一“进”的内容、途径、方法和载体，突出法制宣传教育工作的针对性。利用比如县“三月法制宣传月”和“六月平安宣传周”“9·16”平安宣传日、“12·4”全国宪法宣传日以及“五下乡”等活动为载体，组织动员普法人员深入乡村、走上街道，以群众喜闻乐见的形式，大力开展主题鲜明、形式多样的法制宣传教育活动。召开法制会议650场次，受教育群众42950余人次，法制宣传教育覆盖面92.6%；举办各类法制讲座1011场次，受教育对象36230人次；发放法制宣传资料、书籍、画总计14620份（册、张）。开展法律咨询、代写法律文书等业务工作，为群众提供优质高效的法律服务。总计为群众解答法律咨询228余人次，代写法律文书42份。

【刑满释放人员安置帮教工作】根据《比如县关于进一步加强刑满释放人员安置和帮教工作的意见》的要求，结合比如县实际，深入推进刑满释放人员安置帮教工作开展。加强与公安等部门的协调配合，抓好刑满释放人员的衔接、管理、帮教以及建立人头档案（包括刑满释放人员登记表、年度考察记录和谈话笔录）等工作，并与刑满释放人员户籍所在乡（镇）、村（居）签订《安置帮教责任书》，确保不出现脱管、漏管人员。新增刑满释放人员22人，全部纳入帮教范围，帮教率达100%，刑满释放安置帮教人员144人。认真组织、指导、协调各乡（镇）司法助理员，积极开展刑满释放人员的思想教育和法律宣传工作，积极引导他们重新融入社会，走上正途，依靠自己的勤奋发家致富，安居乐业。积极动员组织社会各方面力量参与帮教工作，努力协调各职能部门帮助刑满释放人员解决实际问题和困难，包括住房难题、办理低保、实施临时救助和落实其他社会保障等突出问题，切实让刑释人员感受到政府的关心和社会的温暖。

政法委及综治

【维护稳定】 2016年，比如县按照“属地管理、分级负责，谁主管、谁负责”的原则，县委、县政府、县维稳指挥部结合维稳工作形势，多次召开维稳专题会议，针对性进行安排部署，确保各重要时段维稳工作全面推进。对三月维稳月、虫草采集、第八届娜秀文化艺术节、“12·8”宗教活动、国庆节等重要时段，通过实时强化部署，确保全县党政军警民的思想和行动始终统一到各时段维稳工作上，善始善终地做好各项维稳工作。

坚持主动出击、主动治理，不断深化隐患排查整治 严格落实“四逢四必查”制度，加大对过往人、车、物的严密排查，坚决堵截各类“输出输入型”隐患。检查过往车辆580459辆，排查过往人员985727人，盘查物品868314件。坚决遏制赌博歪风，有效提升人民群众安全感和满意度，严厉打击赌博违法犯罪活动，净化辖区社会风气，公安局开展严厉打击整治赌博违法犯罪专项行动。发放宣传资料300余份，清查人员963余人，查处赌博案件2起，处理参赌人员6人。

强化社会面管控，严格落实管理制度 严格落实流动人口登记、办证制度。流动人口落脚点管控，是流动人口管理工作的切入点和突破口，流动人口实行登记分类管理、建档，确保做到“四知”，在各基层单位，均建立流动人口登记册，实行一人一本，真正做到“人来有登记，人走有注销”。全县登记在册的流动人口9976人，办理暂居住证9964人。强化出租房管理，做到对出租房屋底数清、情况明，完善和规范出租房屋的档案，并与房主签订治安责任书和保证书。并组织警力定期或不定期对出租房屋进行清理，对有出租房屋的单位按照签定综合治安管理目标责任的办法，杜绝房屋无证非法出租的现象。加强建筑工地的管理，加强对建筑工地的管理，县公安局成立南岸新区

临时警务室，全面摸排工人底数，逐一对比排查，并为工人办理居住证，确保工地流动人口底数清、情况明。对建筑工地检查46次，出动警力200余人次。

加强特种行业的管理 为推进特种行业正规化、制度化，根据特种行业的管理需要，制作特种行业场所备案登记表、从业人员登记表、检查记录、治安隐患整改通知书等一系列台帐，实现全县176家特种行业场所健康发展和职能部门良性管理互动双赢。

开展社会治安专项行动 县公安局开展“社会治安排查整治专项行动”，21个小组，开展专项清查工作。县公安局出动警力1614人，警车188台（辆），清查个体工商户1790户、茶馆593家、旅馆233家、出租房屋585间、网吧64家、娱乐场所135家，各类人员17691人次。检查过往车辆5684辆，10077人次。清查收缴管制刀具12把，查处酒后驾驶17起（交警部

门处理），发现其他违法行为111起、酒后妨碍公务1起、查处赌博案件1起。

加强道路交通安全管理　交警大队针对比如县道路交通环境差等实际问题，加大对各类道路交通违法行为的处罚力度。出动警力5475人次，出动警车720台次开展交通执法工作，查处各类交通违法行为264起。积极开展各类交通安全宣传活动，联合公安局法制科、“村警”等深入各乡镇、行政村等法律法制盲区积极开展法制宣传工作。开展道路交通安全宣传19次，发放宣传资料23000余份。开展危险路段排查整治工作，及时更新设立“重点危险危险路段警示牌”和路标，在排查中发现317国道有27处安全隐患路段、303省道有55处安全隐患路段，并将此情况及时反应给相关单位。发生各类交通事故52起，其中调解51起，行政事故1起，无重大交通事故。

强化散装油源头查堵管控　县安监局与各乡镇、各单位、各加油站分别签订《2016年安全生产领域目标责任书》进一步明确散装油审批管理程序，堵塞存在的问题和薄弱环节；各加油站点严格落实实名制登记加油制度和安全监管员制度，安全监管员对每天加油站点售出的油实行对账管理，确保售出的每一滴油去向明、底数清。登记加油车辆33637辆、摩托车23655辆，加油人员57292人，全县6个加油站认真履职尽责，26名安全监管员全员在岗在位。

【面上防控】 2016年，比如县坚持显性用警、显性用兵，以显为主、摆屯结合的原则，科学布控警兵力，坚持军警民联勤联动、联防联控，着力突出重要节点巡逻防控，提高街面见警率，保持强大的震慑力度。

强化社会面防控，大力开展武装巡逻　县维稳办积极协调公安局、各任务部队全员全装全时备勤，坚持平战结合，重要节点重点对待，突出三月武装拉练，确保不法分子不敢铤而走险，不敢轻易出手。

不断壮大群防群治力量，大力实施“红袖标”工程　全县双联户长、护村队、护校队、护院队、护寺队及红袖标等7720名群防群治力量，全部摆在面上、驻在点上，全面加强村庄、寺庙和学校的巡逻防控，有力维护基层安全。特别是对维稳力量比较薄弱偏远山区和两县交界区域的巡逻值守，红袖标队伍发挥重要作用。县城区域红袖标与公安武警维稳力量形成工作合力，联防执勤，筑牢军民联防维稳防控体系。

【政法工作】 县公安局　受理治安案件19起，查处19起，查处率100%，同比下降25%。共打击处理违法人员42人，同比下降38%；刑事案件12起，立案12起，破案9起（1起盗窃案未破、2起电信诈骗案件未破），破案率75%。其中盗窃案4起，故意伤害案4起，故意伤害致人死亡案1起，故意杀人案1起，电信诈骗案件2起。起诉3起。抓获各类违法犯罪嫌疑11人，刑事拘留37人，监视居住3人，取保候审5人，批准逮捕4人。网上协作办案1起，发布协作信息1条。抓获网上在逃人员1人，发布在逃人员信息1条。盗窃案4起，其中3起盗窃案均已破获，1起盗窃案正在调查中。开展禁毒宣传4次，发放禁毒宣传材料2000余份、展出展板2块、悬挂横幅1条，接收教育群众达2000余人。开展电信

诈骗宣传活动7次，发放各类宣传材料3000余份，展出展板4块，悬挂横幅2条，受教育群众达2000余人。严把数据质量和户口迁入迁出的审批手续，以服务人民群众为工作根本，通过修订制度、完善措施在去年户口清理整顿的基础上持续深入开展户口清理整顿工作，结合比如县整顿规范街（巷、路）、门牌及户籍清理核查工作大力开展户口核查，注销户口6328人，其中排查出双重户3127人，空挂户1284人，死亡未注销户口1917人，补录户口1680人，新生儿上户7945人，受理办理二代证17683人，采集指纹17683枚。继续深入开展“缉枪治爆”专项行动，加强辖区爆炸物品、枪支弹药、剧毒化学品、易制爆化学品、放射性物品、管制刀具等危爆物品的安全管理，有效防范和严厉打击涉爆、涉枪、涉毒、涉刀违法犯罪活动的发生。缉枪治爆专项行动期间、没收烟花爆竹2箱、管制刀具15把，散装柴油

213公升，散装汽油130公升。

县人民检察院　批捕各类刑事犯罪案件6件9人，起诉11件13人。为加强反贪工作，反贪局制定《2016年比如县人民检察院、比如县扶贫办集中整治和加强预防扶贫领域职务犯罪专项工作实施方案》《比如县人民检察院服务和保障换届选举专项预防工作实施方案》，加强对扶贫领域和换届选举的监督，同时加强与纪检部门的沟通协作，有效预防职务犯罪的发生。

县人民法院　受理各类案件200件，审结141件，未结59件，案件审结率为70.5%，另有诉外49件。其中受理各类民商事案件114件，刑事案件7件9人，执行案件79件。其中各类民事案件114件，诉讼标的共计979.8416元，已结79件（调解结案65件，撤诉8件，判决5件，不予受理1件，调撤率92.4%），结案标的488.791元，未结35件，结案率76.99%。其中夏曲法庭共受理各类民事案件30件，诉讼标的共计66.23元，已结27件（调解结案25件，撤诉2件，调撤率100%），结案标的55.02元，未结3件，结案率90%。有效减轻群众诉讼负担，保护群众合法权益。执行案件79件，结案57件，未结22件，结案率72.2%。其中夏曲法庭受理执行案件9件，执行申请标的19.46万元，已结8件，结案标的17,86万元，未结1件，结案率88%。与银行、财政、工商、国土及各乡镇等联动机关协助院执行次数27次，联动办案20件。为13件共计13名困难群众免诉讼费29190.5元，

县司法局　深入开展“七五”普法工作，以法律“八进”为抓手，积极开展法律进机关、法律进单位、法律进学校、法律进乡村、法律进企业、法律进社区、法律进家庭、法律进寺庙法制宣传活动。在全县范围内开展查漏补缺、自评自查活动，以普法活动有力推动全县法制化建设。利用比如县“三月法制宣传月”活动，向广大农牧民群众广泛宣讲《中华人民共和国民法通则》《中华人民共和国刑法》《中华人民共和国合同法》《中华人民共和国未成年人保护法》等相关法规法条及政府出台的各项政策规定，进一步加强群众思想认识，不断提高群众自觉遵纪守法意识。召开法制会议650场次，受教育群众42950余人次，法制宣传教育覆盖面92.6%；举办各类法制讲座1011场次，受教育对象18572人次；发放法制宣传资料、书籍、画册总计4864份（册、张）。根据《比如县关于进一步加强刑事解教人员安置和帮教工作的意见》的要求，加强与公安等部门的协调配合，抓好刑事解教人员的衔接、管理、帮教以及建立人头档案等工作，并及时与刑事解教人员户籍所在地乡镇、村居签订《安置帮教责任书》，确保不出现脱管、漏管人员。新增刑事解教人员15人，全部纳入帮教范围，帮教率达100%，年底刑事解教人员共计140人。

县国家安全局　牢固树立情报信息首责意识，努力通过各类渠道搜集情报信息，并积极加强与公安情报信息、国保信息库以及办案领域的交流合作，做到信息共享互通，强化交流共享机制。

县消防大队　全面加强消防安全工作，进一步统一规范全县尤其是商户的消防管理措施，签订消防安全责任书，促进消防工作的统一规范化。检查单位734家次，发现火灾隐患357处，督促整改火灾隐患或违法行为357处，下发责令整改通知书288份，下发行政处罚决定书2份，下发临时查封决定书1份，开展消防宣传24次，发放消防宣传资料5000余份，悬挂消防宣传横幅15条，受教育人数11000人次。除此外，10月17—20日，由消防大队牵头，县民宗局及各寺管会组成联合检查小组，深入25座寺庙开展消防安全专项检查指导工作，全面摸清辖区寺庙的消防安全现状，为下步做好寺庙消防工作打下坚实基础。

【“老赖”清理整顿】　为依法打击“老赖”，保护人民群众合法权益，维护和谐有序的社会经济秩序，构建和谐诚信的村居人际关系。县委政法委制定《2016年比如县关于集中整治县域内“老赖”人员工作方案》（比政法发〔2016〕3号），成立领导小组，全面清理整

顿县域内“老赖”问题。各乡镇在老赖清理整顿专项行动后经过重新梳理排查调解，全县欠款10万元以下债务纠纷当场还款572.9395万元，达成还款协议607.9179万元，签订还款协议156份；全县10万元以上债务纠纷当场还款1581.648万元，达成还款协议3890.485万元，签订还款协议85份（1个债务人与多个债权人签订一份延期还款协议）。全县当场还款金额共计2189.5659万元，签订还款协议241份，达成还款协议4403.4245万元。

【社会治安综合治理】 *落实各项目标责任* 县主要领导为平安创建、综合治理、“双联户”领导小组第一责任人，分管领导和综治领导小组成员各司其职，形成主要领导亲自抓，分管领导具体抓，小组成员配合抓的工作格局。综治领导小组定期分析综治工作形势，及时解决综治工作中存在的问题。根据工作实际进一步强化综合治理各项措施的落实。健全和落实社会治安综合治理目标管理责任制、领导责任制和“一票否决制”等各项制度。年初县主要领导与综治委成员各单位、各乡镇、各寺管会、各片区管委会签订综治、平安创建及“先进双联户”责任书170份。综治工作领导小组对各项目标责任做到年初有安排、季度有检查、年底有总结，使综治工作落实到实处，积极协调各单位、各乡镇开展安全隐患大排查工作，切实消除不安全因素，进一步提升群众的安全感和满意度。

开展各类宣传活动 3月1日，县维稳指挥部成立由县委书记陈刚任组长的领导小组，组成10个宣讲小组深入基层，协同乡镇开展宣传教育工作。各乡镇广泛宣传《比如县人民政府关于对出境参加“法会”活动和造谣传谣、传播有害信息、私自到区外学经等违法违规行为的处理规定（暂行）》《比如县人民政府关于比如户籍搬迁户的管理处罚规定（暂行）》“两项规定”、《比如县全民抵制危害国家安全和影响社会稳定行为自律公约》等一系列规定办法。其间发放法制宣传资料（藏汉双语）141800余册，宣讲场次2852余场次，教育群众212421人次。群众参学率达到100%，宣讲实现全覆盖。推进依法治县，建设法治比如，提高广大商户的法律意识，提升县域社会治理法制化水平，由县综治办牵头，司法、比如镇政府、比如镇派出所、县文化执法大队、工商、消防等部门积极配合，3月23日利用1天的时间组织县城区域内个体经商户在比如县礼堂一楼会议室开展集中法制宣传活动，有670余名个体经商户参加。深化巩固比如县法制宣传活动，扎实推进依法治县进程，比如县以法制宣传为引领，结合“三月综治宣传月”“六月法制宣传周”及“9·16平安宣传日”的具体要求，在县城主要街道设立集中宣传站点，掷地有声的开展综治集中宣传活动。其间，县综治各成员单位出动干部130人，重点面向广大群众宣传《比如县冬虫夏草采集管理暂行办法》《比如县先进双联户优惠政策》《精准扶贫宣传手册》及创建“平安家庭”、“平安校园”、“平安营区”、“平安校园”标准以及计划生育、消防安全、防雷避险等方面法律法规知识。发放各类藏汉文宣传材料39130余份、悬挂大型横幅83余条、接受并解答各类咨询955余人次、活动受教群众达11800余人。使综合治理的基本方针、政策、规定深入人心，进一步增强群众的法律认识，提高参与综治工作的自觉性。

不断深化平安创建工作 以“平安乡镇”“平安单位”“平安寺庙”“平安校园”“平安村居”“平安营区”和“平安家庭”为抓手，进一步加强平安创建工作宣传动员，扩大影响面。深化平安创建工作范围进一步扩展到“平安商户”。县综治委联合县统计局开展群众安全感测评工作，测评结果显示群众满意度平均达到98.9%。

认真推进一站式便民服务中心建设 比如县便民服务工作以县委扩大会议及经济工作会议精神为依托，以依法治县重要思想为指导，以“便民、规范、高效、廉洁”为原则，以提高办事效率和阳光便民服务及全心全意为人民服务为宗旨，落实各项惠民利民措施。各乡镇

派出所、卫生院、兽防站、农行等乡直单位抽调业务精、工作能力强的干部充实到便民服务中心，分别开设综治、民生、财政、扶贫等四个服务窗口和咨询台以社会救助、医疗、社会保险、安居工程、卫生、兽防、司法、国土、扶贫等各项利民惠民政策为群众提供“一站式”便民服务。全县9个一站式便民服务中心配备工作人员49人，接待群众35643人次，开具各类证明5628份。

教育矫治培训中心　比如县坚持教育为主、预防为主、管控为主的原则，防患于未然。经常性抓好社区矫正对象摸排工作，掌握其思想动向、心理变化和活动情况，有重点有针对性地开展思想道德教育、法律法规讲解、情感沟通和人生哲理讲解，从心理上感化、从行动上约束，防止其重新犯罪。建立与村（居）及家庭联动监管体系，实行与村（居）组织联动跟踪、巡防调查、回访问查和委托家属监管、信息反馈、活动告知等监管机制，进行全方位动态掌控，做到及时发现苗头，消除隐患。继续巩固和落实对刑释解教人员、社区矫正对象每周一次思想汇报、每月一次面谈交流、每季一次走访巡查活动。抓好档案存入工作，按要求完善接收衔接的台账表册、教育矫治跟踪的存档工作，加强与法院、检察院、公安等部门的协作沟通，完善矫治管控对象相关手续，做到见人见档，手续完备。2016年，比如县教育矫治培训中心接收培训人员254人，结业233人，在训21人，教育矫治培训中心工作正有条不紊的开展。

强化三个排查，扎实开展大调解工作体系　按照“横向到边，纵向到底”的矛盾纠纷排查工作要求，按照“属地管理”和“谁主管谁负责”的原则，以农牧区重大矛盾纠纷、城区重大矛盾纠纷、重大治安防范案件等方面为排查重点。健全党和政府主导的维护群众权益机制，完善人民调解、行政调解、司法调解衔接配合的大调解工作体系，依法、及时、合理解决群众反映的问题，切实把各种矛盾调处解决在基层、化解在萌芽状态。

全力做好虫草采集工作　坚持“以人为本、源头预防、突出重点、抓好关键、确保稳定”的总体原则，兼顾主产区与非主产区群众的利益，坚持抓早、抓小、抓快、抓好，致力于营造公平的采集环境，致力于维护正常的采集秩序，致力于维护社会和谐稳定，没有发生一起矛盾纠纷，实现“零纠纷”“零死亡”目标。加强调研，修订完善政策。比如县经过深入调研，广征意见，对《比如县冬虫夏草采集管理暂行办法》进行修订完善，并配套制定《比如县冬虫夏草采集纠纷处理实施细则（暂行）》，对《比如县冬虫夏草采集管理暂行办法》《比如县冬虫夏草采集纠纷处理实施细则（暂行）》进行修订完善并提交人大会审议通过,为依法依规管理提供制度保障。狠抓采集证办理发放工作，强化源头预防。坚持以证管人、持证采集，严格审核把关，在全县范围内全面推广IC卡虫草采集证，有效杜绝滥发、错发、乱发采集证和制假证、持假证上山采集虫草的情况发生，办理IC卡虫草采集证45743张，比去年增加3322张，采集点120个，组建工作组95个609人，检查站及设卡点49处，投入警力359人，成立临时党支部94个，党员1900人，创建临时联户单位523个。零距离备勤处突。坚持显性用警，科学布防，设立检查点、设卡点49处，投入警力359人，突出九山九沟、挡风拉、嘎荣沟、贡阔牧场等采集点，合理安排警力驻点，并协调驻地武警部队安排武警在情况复杂和采集人数较多的采集点驻训维稳，备勤处突，形成震慑，确保虫草采集期间全县社会局势的稳定，零距离矛盾纠纷调解。组建523个临时联户单位，把联户体建在采集点上，各虫草采集点通过成立联户体，开展政策法律、安全意识教育宣传，帮助弱势群体，组织治安巡逻，立足源头防范，坚持抓早、抓小、抓苗头，解决采集点易发生的矛盾纠纷，准确判断突发情况性质和事态趋向，及时检查排除采集点存在的各类安全隐患，团结联户成员确保采集点平安。坚持问题导向，强化法制思维，依法依规治理虫草采集领域乱象。针对违反虫草采集规定的，严格按照《比如县人民政府虫草采集管理纠纷处理实施细则（暂行）》，坚决进行惩处，如针对扎拉乡、夏曲镇、白嘎乡4名群众非法盗挖虫草一事，依法依规进行处理。

【“双联户”服务管理】 加强组织领导，确保部署到位　按照地区《关于在全地区开展“双联户”服务管理工作的实施方案》要求，比如县结合实际制定《中共比如县委员会比如县人民政府关于“双联户”创建活动的实施方案》和《比如县“先进双联户”创建评选活动实施方案》。召开“双联户”服务管理工作专题会议，就进一步推进“双联户”服务管理工作和“先进双联户”创建评选活动提出明确要求，并要求各乡镇思想认识上再提高，工作措施上再落实，工作进度上再加快，督导检查上再强化，由乡镇党委、政府负责全面落实，包片主要领导和包乡县级领导负责全面督查，村“两委”班子和驻村工作队负责具体实施，形成一级抓一级、层层抓落实的工作格局。

加强动员，确保宣传到位　通过召开会议、走村入户实地宣讲、印发宣传资料、张贴宣传标语等形式，广泛、深入地向群众宣讲“双联户”服务管理工作模式在创新社会管理、维护社会稳定中的作用，并向群众宣讲“双联户”服务管理工作的实施和开展为群众生产生活带来的益处和便利，动员广大群众支持配合、积极参与到“双联户”服务管理工作中。在宣传过程中，各乡镇开展各类宣传861次，发放宣传材料132419份，制作宣传栏148个，上门家访5319次，受教育群众148601人次。为深入开展“双联户”服务管理工作及“先进双联户”创建评选活动奠定群众基础。

加强制度规范，确保规章制度建立到位　制定联户长工作职责、联户单位工作职责、《联户长年度业绩考核办法》，及“双联户”服务管理工作的建档运用、评比表彰度、培训、服务管理议事、服务管理“六清七好”工作、服务管理联动、服务管理联系、责任签订、建立健全信息、联户长推选、联户单位的划分组建、包片包乡工作、工作例会、请示汇报、同奖同罚等15项工作制度。由各乡镇党委、政府负责建立本乡镇“双联户”服务管理工作台账，由各驻村工作队指导帮助各村（居）建立“双联户”服务管理工作台账。各乡镇结合实际完善20项“双联户”服务管理工作台账，并结合实际制定20个双联工作方案。

评选表彰及惠民政策　比如县2016年评选出村级先进双联户245个联户单位，2331户。乡级先进双联户64个联户单位，602户。县级先进双联户23个联户单位，202户。乡级先进集体（先进村居）50个。县级先进集体（先进村居）18个。县级先进集体（先进乡镇）3个。地区级先进双联户7个联户单位，58户。地区级先进集体（先进村居）3个。地区级先进集体（先进乡镇）扎拉乡。2016年度全县有8户家庭直系子女在全区公务员公开考录考试中享受加分政策，有1户家庭直系子女在2016年应届高考时享受加分政策。

【工作荣誉】 那曲地区2016年度社会治安综合治理工作先进县。

经济和社会事业

经济和社会事业

发展改革

【基本情况】 全县实现GDP9.45亿元，比上年增长28.06%；完成固定资产投资20.16亿元，增长17.6%；实现地方财政一般预算收入3702万元，增长21.86%；实现税收收入4210万元，增长55.91%；农牧民人均纯收入达10939.7万元，增长13.61%，主要经济指标均超额完成年初确定的目标任务。

【项目工作】 2016年是“十三五”规划开局之年，比如县继续把抓项目扩投资作为稳增长、促发展的首要举措，千方百计争取国家和援藏省市投资。2016年，比如县共建设项目190项，总投资55.53亿元，其中国家投资建设项目111项，总投资19.47亿元元；垫资建设项目61项，总投资34.89亿元；招商引资项目18项，总投资1.16亿元；全年完成投资35.9亿元。

创新思维谋划项目　发挥投资对经济增长的关键作用，坚定不移抓大项目、好项目，立足当前，着眼长远，围绕区地政策、民生需求、发展短板捕捉项目、拓展项目、延伸项目，围绕基础设施、产业发展、民生改善、脱贫攻坚谋划项目、争取项目、实施项目，推动项目早落地、早开工、早见效。

全力以赴争取项目　建立工作专班衔接项目，集中力量抓项目争取和衔接，争取更多项目落地见效。同时，加大资金项目整合力度，对功能和效益低下的项目进行整合，集中实施，最大限度地发挥项目资金效益，避免低水平重复建设。按照“五年规划三年完成”，实行挂图作战，对重点项目列出清单、时间表、路线图，用创新的思维、超常的手段推进项目建设，确保项目早建成，群众早受益。

深入扎实推进项目　针对往年在项目建设过程中存在的突出问题进行整顿治理，要求各类房建、公路、水利等工程，施工单位必须具备相对应的建设资质才能承建，工程技术人员也要具备相应的技术资质，建设单位不能随意配备使用无对应资质的人员担任相关技术人员。同时，要求监理单位也要按规定配备监理人员，根据项目建设类别配备具有相应资质的人员担任监理，对全县所有总投资一千万元以上的项目，每个点必须安排至少一名现场监理，专门负责工程监理工作，不允许出现代监、多监和交叉监理等现象。在确保建设质量、施工安全和工程进度等方面发挥了重要作用。规范管理，严格按照项目建设规范，深入落实各项检查管理措施，不定期深入项目施工地点，对项目建设质量、工程进度和安全生产等方面进行实地检查督促，及时发现和解决项目建设过程中的深层次问题，有效确保各类项目建设安全顺利实施。

创新项目管理机制　为进一步落实建设项目规范化监管工作，按照县委、县政府对项目在线申报、审批工作进行统一安排部署，要求相关部门密切协同配合，扎实开展项目网上申报、审批工作。申报项目共计333项。在此基础上，自2016年6月项目审批权力下放后，深入落实各项工作措施，扎实开展固定资产投资2000万元以下项目的可行性研究（立项）审批、节能审查备案、社会稳定风险评估审批备案等工作。审批固定资产投资2000万元以下项目共计204项，涉及基础设施建设、防抗灾仓库、农牧业治理、旅游开发、学校建设等各个领域。

【受援工作】 2016年，实施建设项目共计12项，总投资11207.87万元。主要涉及医疗卫生、产业培育、公共服务、小康新村和农牧民合作经济组织培育等。针对计划建设的项目，积极对上衔接沟通，指派专人负责，加强与地区受援办及对口援藏省市的协调和衔接，争取援藏资金能够及时到位，保障项目顺利开工建设。2016年，争取的援藏资金达5560万元。

【其他工作】 维护社会稳定　在做好项目建设工作的同时，积极配合县委、县政府的安排部署，深入贯彻各项维稳措施，开展政府大院值班带班工作，同时加强重要节点单位内部值班带班工作，强化对单位干部的管理要求，进一步统一单位干部思想认识。

加强综合治理，强化法制宣传　按照县委、县政府统一安排部署，深入开展好法制宣传工作，通过宣传教育切实提升广大群众的法制意识，在各类法制宣传月、宣传日、宣传周县发改委结合业务工作实际，精心汇编关于项目建设等方面的法规资料，藏汉双语打印后并装订成册并发放到群众手中，发放宣传资料1260余份。同时，认真履行综治职责，积极排查设建领域矛盾纠纷，从源头上解决建设领域拖欠工程款以及农民工工资问题。

立足实际情况，开展经济调研　按照“那曲会议”相关要求，比如县发改委深入落实经济调研工作，单位主要领导亲自参与，结合比如县实际情况，深入摸清掌握全县经济和社会发展现状，认真分析比如县在经济发展各个领域存在的问题和困难，总结梳理出下一步需要上级部门解决的优惠政策，形成专题调研报告提交自治区、地区专题调研组。

依托培训平台，强化干部队伍建设　为强化县发改委干部队伍建设，提高干部工作业务能力，更好地适应新形势下各项工作任务，紧紧把握上级单位组织的各类培训学习机会，科学安排单位干部赴浙江、辽宁等地学习培训，全年组织学习培训3场次，有效提升单位干部工作业务能力。

工商行政管理

【深化改革】 在上级领导的支持和帮助下，继续推进市场主体登记注册便利化，改革经营登记范围和简化企业注销流程，放宽市场准入门槛。大力支持当地特色产业发展，积极配合有关部门招商引资的企业提供政策支持和绿灯服务，切实做好新旧营业执照换发工作和加大“五证合一”“一照一码”及个体工商户“两证整合”改革，同时认真履行“双告知”职责，严格执行前置审批工作。年底，比如县市场主体有1728户，其中个体1571户，今年新增的有730户；农专104户，2016年新增的有11户；企业53户，2016年新增的有26户；企业、农牧民专业合作社、个体的平均增长率为30%以上。为防止出现名存实亡及“僵尸”企业、个体的存在，切实做到准确监管，上半年县工商局注销66户名存实亡的市场主体。

【宣传工作】 认真总结以往的年报公示工作做法，采取更加有力的措施，完善规范统一的年报公示制度，提高年报公示工作便利化。加强企业公示信息抽查工作，大力宣传年报的意义和重要性，不断增强市场主体年报意识。发放的年报宣传材料500余份。企业、农专、个体的年报率为100%，无纳入经营异常名录、无吊销营业执照等处罚。“先照后证”改革后，落实并加强事中事后监管，并联合其他相关部门认真讲解新出台有关法律、法规、政策等，推进市场监管社会共治。发放的法律法规、宣传手册600余份。无严重违法、失信的市场主体的同时确保2016年的年报公示信息抽查比例不低于5%。在商标广告战略中，加强广告市场监管，严厉打击虚假违法广告的同时宣传公益性广告；严厉打击傍名牌的市场主体，着力保护商标专用权。大力宣传农牧民特色产品和企业品牌，按照“培育一批、申报一批、储备一批”的发展思路，2016年注册的商标有4件。在“3·15”消费者权益日、法治宣传月、安全生产月等期间，悬挂横幅、发放宣传单、制作LED等方式进行宣传教育活动。在农贸市场、超市、餐饮、娱乐场所等重点领域加大消费维权行动，推行健康、绿色、环保消费，切实保护消费者合法权益。制作横幅12条,发放宣传单600余份。

【执法检查】 自商事制度改革以来，统一思想，以高度负责任的态度在酒店、饭馆、娱乐场所、文化市场、旅游市场、成品油市场、儿童用品、红盾护农、红盾维权市场等进行全方位的市场检查。严厉打击不合格的市场、不平等的交易和霸王条款，并与相关部门签订打击传销和反不正当竞争的目标责任书。加强监管力度，维护比如县的市场稳定。对各行业进行检查市场主体700余家，查办违法案子6件。

【自身建设】 深入开展“两学一做”学习教育活动和十八届六中全会专题教育活动，始终做到旗帜鲜明、立场坚定，勤政务实、敢于担当。加强党风廉政建设和反腐败工作，强化监督执纪、惩戒问责，确保队伍清正廉洁和各项工作落到实处。组织非公经济慰问孤寡老人，共计1.05万元。

【工作荣誉】 格桑达瓦荣获2016年那曲地区工商系统“优秀功能共产党员”称号。

统计 调查

【基本情况】比如县统计局下设社会经济调查队，增加事业编制3名，2016年，比如县统计局工作人员6名，其中局长1名，主任科员兼副局长1名，副主任科员1名，队长1名，副队长2名，单位有党员干部5人，正科2人，副科实职1人，虚职2人，扶贫包户户数6户、22人，

【数据统计】2016年农村经济效益统计情况 比如县175个行政村属下的自然村443个，农牧民总户数12799户，总人口数70190人，其中非农业人口1546人、农业人口68644人；农牧民牲畜总头数200501（头只匹），其中黄牛总头数2910头、牦牛180662头、马1514匹、山羊4050只、绵羊11365只，已生67911头只匹，成活63928头只匹，成活率94.13%，死亡数4636头只匹，死亡率2.2%，奶产量7955.95吨，肉产量11553.02吨，毛绒产量132.90吨；虫草产量1035.3公斤，贝母20869公斤；2016年，比如县生产总值（GDP）81989.09万元，增速10.5%，其中第一产增加值21209.79万元，增速2.9%；第二产增加值18083.20万元,增速12.0%（工业增加值124.32万元，增速0.1%；建筑业增加值17958.88万元，增速11.5%），第三产增加值42695.1万元,增速12.0%。

固定资产统计情况 根据全地区固定资产投资月报报送改革方案要求，认真制定每月固定资产投资月报表，在以往的报表基础上添加需要统计项目内容，到项管、发改以及相关项目单位搜集数据，同时确认项目法人单位，区分项目行业类别，在和利时投资专用统计软件中将所有5千万以下项目信息进行录入，并审核过关后导出数据，再通过VNP软件链接统计内容将导出的数据进行上报。比如县5000万元以下投资项目计划总投资344202万元，累计完成投资223506万元，年完成全社会固定资产投资201609万元，增加值30241.35万元。

全年工业完成情况 根据自治区、地区统计业务工作安排要求，国家工业季报上报门户以开网，积极协调本县供电有限公司，收集第二季度工业主营业务收入、主营业务成本、税金总额、利润总额、应付职工薪酬（贷方累计发生额）、从业人员期末人数、工业人员期末人数、工业生产电力消费等数据，通过国家统计联网直报门户平台，将所有数据信息录入工业企业样本调查表中，审核通过并进行数据上报。工业全年发电量为751.8万/千瓦，其中比如县水电厂用电量为186万/千瓦,国家电网用电量565.8万/千瓦。增加值310.02万元。

农作物播种情况 2016年比如县农作物总播种面积为22303.11亩，其中粮食作物播种面积12728.41亩(其中：青稞播种面积8531.02亩、豌豆播种面积4197.39亩)、蔬菜播种面积725.6亩、青饲料播种面积8849.1亩。

人口调查村（居）情况 根据自治区、地区统计局调查队文件要求，认真开展2016年比如县人口调查村（居）委会情况统计工作，严格按照文件要求通过电话传真等形式及时下发通知及调查表、指标解释等，工作人员随时接受各乡镇工作人员咨询，细心指导和分析在工作中遇到的困难，做好及时沟通协助工作，在自治区、地区安排的规定时间里完成好数据收集工作，将收集好的数据有统计局工作人员负责进行系统录入工作，在各乡镇的全力配合和工作人员细心工作下，较好地圆满完成比如县2016年人口调查村（居）委会情况统计工作。

开展全国第三次农业普查工作 根据《全国农业普查条例》有关规定，国务院决定于2016年开展第三次全国农业普查。按照《西藏自治区人民政府关于开展第三次全国农业普查的通知》（藏政发［2015］78号）和《那曲地区行署办公室关于开展那曲地区第三次全国农业普查工作的通知》精神，结合那曲实际开展

第三次全国农业普查，制定比如县第三次农业普查实施方案，并及时下发给各乡镇，及时成立比如县农业普查领导小组，上报普查人员名单，安排工作人员到自治区、地区参加普查培训。11月19日，召开比如县第三次农业普查动员大会，积极动员全县统计工作人员，部署第三次农业普查工作安排，督促做好普查前期准备工作。

农村基本情况调查统计工作　积极配合牵头单位，认真组织统计专干人员，下发数据系统录入通知及系统安装包，确保比如县农村基本情况统计工作按时完成。

食品药品监督管理

【安全责任】　2016年初，县政府召开专题会议，县政府与各乡镇政府、县食药监局分别签订《食品药品安全目标责任书》，将食品药品安全任务细化分解到相关部门及各乡镇、落实到具体的人，同时还将食品药品安全工作纳入县政府经济目标考核范围，及时成立由县级干部挂帅的食安委会及食品药品工作领导小组，切实形成食品药品安全长期有人抓、有人管；县食药监局与县城食品药品经营商户法人分别签订《餐饮服务食品安全目标责任书》《食品流通环节安全责任书》《药品安全责任书》289份，各乡镇也及时与辖区个体工商户签订《目标责任书》，进一步明确食品药品经营者的安全责任。

【宣传工作】　比如县普遍存在经营户及农牧民群众食品药品安全意识淡薄的问题，为进一步强化广大群众的食品药品安全意识，食品药品监管局分别开展食品药品安全知识宣传及现场咨询活动6场次，发放食品卫生安全知识手册、医疗器械安全知识手册《抗生素安全使用》等2500余份（册），在醒目位置悬挂宣传横幅10条，通过宣传有效提高食品经营者、群众的饮食用药安全意识。

【食品安全监管】1月至10月，有104家餐饮单位申请办理餐饮服务许可证，食药局始终严把审批关，坚持在每次发证之前，做到“先安排工作人员前往现场检查、发现问题当面提出整改意见、待整改到位后在给证”的基本原则，并再三强调食品安全的极端重要性；自11月起，县食药监局正式启用食品经营许可证，实现食品流动许可证和餐饮服务许可证“两证合一”，截至年底核发食品经营许可证49张；与此同时，为进一步加强全县食品安全监督管理工作，规范餐饮业经营行为，充分发挥典型示范引领作用，确保食品消费安全，结合实际，县食药监局以实现“先打造县城新新路、再逐步打造县城其他街道及各乡镇街道，争做食品安全示范县”为总体目标，在比如县城开展食品安全示范街创建工作，做到“四个统一”，即统一办理食品经营许可证、统一公示食品安全投诉举报电话、统一公示食品安全规章制度、统一上墙餐饮服务食品安全监督信息公示栏。发放餐饮服务食品安全监督信息公示栏40个，同时在县城各餐馆、商店发放“12331”举报电话牌200个。始终突出稽查工作这个重点，通过微信等平台对“12331”“0896-3622700”举报电话进行广泛宣传，在各餐饮服务单位设置举报电话公示栏，为食品监管提供案源，全年共接到食品投诉举报4件，并依法进行严厉查处。日常工作中，坚决贯彻执行“四个最严”要求，每周保持至少对县城内大小餐饮店、副食品零售店进行1次突击检查。全年没收过期食品45种、食品饮料400箱左右、变质肉23.5公斤，价值约2.5万元左右；对检查出问题的2家餐饮店分别处以停业整顿7天；依法对9家餐饮店（商店）、处以罚款，收缴罚没款达78000元（已上缴县财政）。

【监管工作】 比如县食药监局不定期对全县药品、保健品零售店及医疗机构进行突击检查，针对检查中发现的问题及时作出处理：对县城2家药店处以停业整顿15天、对夏曲镇1家药店处以停业整顿5天，对夏曲镇2家诊所处以收缴过期药品并严肃警告、对白嘎乡1家药店在收缴相关物品的同时处以停业整顿15天、对羊秀乡1家药店处以停业整顿15天、对县城1家药店发现的问题处以5000元的罚款（已上缴县财政），没收过期（违禁）药品、医疗器械4种共1箱，价值800余元。针对各药店问题较多的实际，专门组织8家药品零售店法人召开专题培训会，会上对检查发现的突出问题一一提出严肃的整改意见，并签订《药品安全目标责任书》；查缴过期日化品共230瓶，对检查中发现问题的2家经营法人进行严厉教育及相关法律知识培训。对发现过期洗发水的1家理发店处以停业整顿3天，并没收相关过期物品。结合检查，沿途还向过往群众开展药品、保健品、化妆品及医疗器械法律法规宣传。

【基层监管人员培训】 4月中旬,组织各乡镇负责食药安全监管工作的分管同志和各卫生院院长共计18人召开培训会，围绕新修订的《中华人民共和国食品安全法》、预防职务犯罪、行政处罚程序及文书规范、食品生产环节监管、食品流通环节监管、食品餐饮环节监管、药品医疗器械监管、稽查业务等内容进行一次系统培训。通过培训，基层参训人员对食药监管工作业务范畴及稽查程序有一个全新的认识和了解。

【党风廉洁建设】 作为事关民生大事的行政执法部门，监管队伍的素质、作风直接关系到监管职能的落实，始终坚持以打造勤政为民、廉洁高效的监管队伍为目标，所有工作人员均签订《党风廉洁建设责任书》，强化“一岗双责”责任制落实，把反腐倡廉教育作为日常学习的重要内容，不断强化党员干部党性锻炼和从政品德修养，认真查摆思想、作风、工作上的存在的问题，做到防微杜渐、警钟长鸣，增强拒腐防变能力。

人力资源和社会保障

【人事管理工作】 为确保干部职工的工资准确无误，县人社局邀请地区人社局工资福利科工作人员到比如县实地检查工资表，用一周的时间检查比如县1795名干部职工的工资表，查找存在问题的工资表48人份，对此问题县人社局及时进行整改。完善专业技术人员信息系统，对收集录入好的《西藏自治区专业技术人员信息采集表》（每人一套表格共21页）一一打印，下发各乡镇、各单位对自身信息缺补漏。核对完成全县专业技术人员信息采集表459份，完善全县专业技术人员信息系统。发放2014年度1558名干部职工体检费，总计1272960元。其中在职干部1369名，退休干部189名。统计2015年5月至2016年底请假备案的24名病假住院人员、26名请假结婚人员、11名请丧假人员共61人，并上报县委组织部，由县委组织部为61名干部职工发放慰问金。兑现2014、2015年度考核269名优秀公务员奖金212800元。其中2014年度优秀公务员138人，2015年度优秀公务员131人。落实好乡镇干部职工生活补贴发放。其中，三类区：行政单位干部职工（不含寺管会、派出所）每人每月标准600元，事业单位干部职工（不含学校）每人每月标准1000元；四类区：行政单位干部职工（不含寺管会、派出所）每人每月标准800元，事业单位干部职工（不含学校）每人每月标准

1200元；每月和工资一起发放。全年，完善一般干部职工人事档案994份。核查214名提拔为副科级以上干部的人事档案并移交县委组织部。完成政府系统973名公务员信息采集录入工作新增公务员179名、乡镇新增公务员71名、参公管理单位新增公务员2名。按照《西藏自治区人民政府关于机关事业单位工作人员提前退休和离岗休养有关问题的通知》，统计全县符合64号文件相关要求的干部职工7名（科级干部、医师），及时上报地区人社局。为更有效地推行比如县社会保障体系建设，建立更加公平、可持续的养老保险制度，指派专人开展离退休人员数据信息，录入电脑系统“离退休人员退休工资存折（卡）信息核对表”218份。

【五大保险收缴管理工作】 医保系统 按照地区医保办对医保工作的安排部署，对2015年10月以来的医疗报销情况汇总上报。完成2015年度到2016年初城镇居民医疗报销71人，报销金额440504.77元；完成职工医疗和生育报销82人，报销金额750915.9元；基本完成2015年度医保报销工作。针对全县部分干部职工调整及部分居民户口信息更改的实际，对全县新参加工作职工及新参加医保的居民信息录入全县医保系统，完善全县医保系统。共录入新参保职工25人；录入新参保局面呢444人，收缴居民医保个人缴费部分19320元。按照县级财政为每人配套20元的标准，由财政为2016年参加城镇居民医疗保险的2999人配套资金59980元。城镇职工基本医疗保险现参保2383人，征缴基金24919615元；城镇居民基本医疗保险实现参保2999人，征缴基金108130元。

养老保险 按标准发放2015年三、四季度和2016年第一、第二季度缴纳养老保险的60岁以上农牧民群众的养老金。为10个乡镇60岁以上农牧民群众发放8912010.98元（2015年3、4季度5542名，发放养老金4703553.98元；2016年一二季度5024名，发放了4208458元）。为全县15名工人落实工龄，共收缴其落实工龄的养老保险525890.7元。企业职工基本养老保险实现参保人数（包括在职和退休职工）410人，征缴基金6511528元；城乡居民社会养老保险实现参保人数（含僧尼）32118人，征缴基金2700000元。核定44家企事业单位参加失业保险，参保人数1月至4月1179人，征缴基金委656665.71元；5月至12月参保1182人，征缴基金1010457.77元（2016年共征缴基金1667123.41元）。2016年，工伤保险参保2503人，征缴基金646530.93元。2016年，全县94家单位2503人参加生育保险，共缴费1732863.82元。

【群众就业再就业】 2016年，完成全县基层劳动就业社会保障公共服务平台建立前期准备工作。不断提高比如县基层劳动就业社会保障公共服务平台的标准化和规范化建设水平，满足当前及今后一段时期全县人力资源社会保障事业的发展需要。基层劳动就业社会保障公共服务平台统称为“XX乡镇劳动就业社会保障服务所”，同乡镇一站式便民服务中心合署办公，主要负责基层就业服务、社保经办、劳动维权等劳动就业社会保障事务。完成10个乡镇、175个行政村（居）基层劳动就业社会保障公共服务平台的人员配备，共配备20名乡镇基层平台兼职人员、175名村（居）劳动保障协理员，根据地区统一采购的设备，完成配备10个乡镇和5个居委会的办公设备。5月开始陆续在拉萨、那曲以及比如县（自主培训）等地进行培训，全年内培训人数达799人（其中贫困户达317人），全年就业达1605（其中贫困户334人）。

【劳动执法监督】 2016年上半年，按比例共收缴2016年开工的27个项目民工工资保证金9438950.1元；按规定退还2015年至2017年年底24个项目民工工资保证金12810439元。

法制宣传 积极开展法制宣传活动，共发放城乡居民养老保险相关政策、农牧民进城就业相关政策、劳动法、劳动合同法等法律宣传单200余份，解答农牧民群众询问30人次，并利用在县矫治中心和党员培训大会上授课的机会进行大力宣传。

广泛公告 针对少数建筑企业拖欠、克扣

民工工资现象，向农民工发出《致农民工兄弟的一封信》，并用藏汉双语张贴于醒目位置，信中对农民工兄弟打工时签订劳动合同的重要性以及劳动合同的必备条款进行强调，对遇到自身合法权益受到侵害时如何通过正确合法的渠道维权进行解释，对广大农民工起到很好的宣传作用，进一步提高农民工维护合法权益的自觉性。

制作务工证　针对劳务用工市场出现的一些突出问题，为进一步规范比如县劳务用工市场秩序，经县政府主要领导同意，县人社局、司法局、信访局一起商量后制作务工证并存档。务工证的办理，为规范比如县劳务市场奠定基础。

召开项目单位会议　按照县委、县政府对全县项目安全工作的安排部署，县委、县政府牵头召开全县项目工作会，参加此次会议的有103名建筑队负责人和监理。会上，县人社局要求各项目单位在施工前腰办理用工许可证、农民工务工证、缴纳农民工工资保证金和工伤保险，与农民工签订《劳务合同》《项目法人单位于监督做好支付民工工资承诺书》，并发放维权公告牌的样板，要求开工后必须悬挂在醒目位置。通过此次大会的召开，让各个施工队负责人深刻认识到各自责任与义务，为建设“和谐比如”打下良好的基础。

深入工地检查，做好督促整改　比如县人社局、安监局、住建局工作人员深入南岸新区建设工地，对在建的县法院、县第二小学、县幼儿园、南安新区公务员小区、县卫生服务中心4个施工现场进行检查。针对存在的问题，提出整改要求。

积极调处劳资纠纷　成功调处劳资纠纷32起，有效维护全县社会稳定。

【综治维稳】　开展综治平安和法治宣传工作　根据县综治办和法治办的部署，利用多种形式宣传社会治安综合治理工作，增强干部职工参与社会综合治理工作和创建平安比如、创建平安单位的意识，营造浓厚氛围。

建立治安防范长效机制　加强“双联户”等治安防控体系建设，购置和更新防火消防设备，有效地预防各类事故的案件的发生。

做好“老赖”教育工作　按照县委、县政府对“老赖”问题的处理要求，根据县政法委的安排，人社局工作人员到矫正中心对“老赖”进行宣讲教育，主要以宪法、民法等关于债务纠纷的法律法规。

安全隐患　业务工作和驻村工作中存在的安全隐患进行一一的排查，排查出针对单位工作存在的安全隐患3处、驻村工作中存在安全隐患3处，共同商讨出解决对策。

【党建工作】　积极参与开展“两学一做”活动，全局党员共参与集中学习10次，撰写心得体会14篇，每人学习笔记字数达4000字以上。针对窗口服务单位存在的门难进、脸难看、事难办，工作时间玩手机、打游戏、逛淘宝、吃零食，工作出工不出力等问题进行自查整顿，引导人社局干部职工齐心协力抓作风、改作风、转作风。严控公务接待费用，进一步加强对公车使用情况的管理工作，对公务用车的使用安全、维修、加油、保险及经费预算、费用核定等加强监管。通过廉政政策宣传、反腐案例通报等多种方式和载体，学习党章、廉政准则等一批重要党纪、政纪、法规和规定，不断扩大廉政教育的覆盖面。

【脱贫攻坚】　全体干部前往香曲乡培巴村、日新村、色雄村联系包户对象萨吉、罗措、西嘎次珍、日桑、杂隆、明久次吉、加觉、加布、卓玛曲措、波琼、次央、晋美等家中开展脱贫攻坚走访调研。了解贫困户基本情况，分析致贫原因，进行政策宣传及思想教育。

民 政

【保障民生】 城乡低保工作　根据规范整顿城乡低保工作的要求，进一步加大与扶贫工作的有效衔接，做到精准低保、精准扶贫，加大对各乡（镇）和单位低保户的排查力度，认真统计家庭收入和财产状况，特别是做好对低保依赖性强，等、靠、要思想严重的人员的排查和教育工作，使低保工作真正做到动态管理下的“有进有出、应保尽保”。将超出低保标准的人员及时予以取消，同时将生活困难且符合低保条件的人员及时纳入保障范围。2016年，比如县有城镇低保户328户681人，落实城镇低保资金439.1493万元。农村低保对象2783户8462人，落实农村低保资金10145.593万元。

城乡医疗工作　为减轻低保户、贫困户、困难群众在医疗费及生活上的困难，为153名城乡低保对象、贫困户实施城乡医疗救助，落实救助资金196.1689万元。

临时救助工作　对89户因重病、突发事件等原因的困难家庭实施临时救助，发放临时救济款275800元，有效地解决这部分困难群众的生产、生活问题。按照“自愿求助，无偿救助”的原则，做好流浪乞讨人员的接待、救助服务、宣传教育等工作。接待和劝导救助流浪乞讨人员32人，落实救助资金5050元。

防灾救灾工作　为切实解决困难群众的口粮和基本生活问题，积极开展今冬明春困难群众走访工作。下拨今冬明春救助资金227.3万元。对11.21地震受灾较重的香曲乡恰如寺紧急调拨救灾帐篷13顶，妥善安置受灾群众。新建村级救灾仓库2个，投资140万元，并年底两个仓库代储那曲地区救灾物资。

【“双集中”工作】 项目建设　双集中项目总投资3039万元（国家投资2431万元，地县援藏投资608万元）、建筑面积8016平方米，床位数246个，于2016年2月投入使用。

五保供养　对部分制度进行修订完善，制定“五保供养中心来访人员登记表”、“五保供养中心人员外出登记表”，并定期组织干部职工学习，规范自身行为。对院内资产进行登记，将管理责任落实到每位工作人员，增强工作人员管理的主动性和责任心，实现规范化管理，现收住老人113人，中心管理人员4人，护理、工勤人员6人。落实五保资金1137600元。

孤儿收养　2016年是全区开展孤儿集中收养工作的第一年，按照“不漏一个、不少一个”的工作要求，积极维护孤儿的合法权益，保障孤儿的健康成长，2016年，孤儿共计112人，其中：送往自治区儿童福利院16人，山南地区儿童福利院11人，那曲地区儿童福利院集中收养的28人，散居孤儿59人。

【双拥优抚安置工作】 双拥工作稳步推进　根据地区，县委、县政府的安排，由县委、县政府主要领导带队，相关部门组成“三大节日”送温暖领导小组，为驻县五家部队送去慰问金73300元。其中：慰问驻军部队22000元；各乡（镇）退伍军人35800元，并为现役军人家属发放群众优待金15500元。为退伍军人举行欢送仪式，发放纪念品。一方面暖了部队的心，极大地促进他们戍守边疆、建设祖国的积极性，另一方面暖了退伍军人的心，使他们更加积极地投身于当地的社会主义建设事业当中。2016年，比如县荣获“全国双拥模范县”荣誉称号。

优抚政策全面落实　2016年60周岁以上农村籍退役士兵13人，发放生活补助3.927万元。对3名士兵发放义务兵家庭优待金24.2万元。

烈士纪念设施管理保护　比如县烈士陵园维修建设自启动以来进展顺利，2016年陵园修缮工作基本完成，展览馆建设完成基础部分。9月30日，比如县在县烈士纪念碑前举行烈士公祭仪式，县四大班子领导、干部职工、群众代表、僧尼代表共200多人参加公祭活动。

【基层政权建设】 根据区、地创建要求，2016年申报县级农村示范社区有9个村（居）。加大社区办公用房建设，完善社区服务工作职责，提升社区服务功能出发，结合居家养老服务，指导创建村做好硬件设施配套建设，做好实地检查验收。按照地区民政局的统一部署，分别与边巴县、巴青县、嘉黎县民政局联合开展界线界桩检查工作，做好毗邻县市之间相互沟通协调，共同维护边界的平安稳定。

【社会事务管理工作】 婚姻登记规范化建设　婚姻登记处充分发挥自身优势和团队精神，共办理结婚登记892对，离婚登记50对，登记合格率100%。完成2013—2015年历史婚姻档案信息录入工作。

地名管理工作　比如县于2016年9月第二次全国地名普查工作顺利通过自治区验收，通过此次工作加强对城乡街、路等标志牌的管理和维护，完成标准地名道路命名工作。

财政·税收

财政·税收

财 政

【财政业务工作】 抓好财政创收 充分利用好项目投资，加快项目实施进度，完善税源控管体系，强化对重点行业、重点建设项目的税收征管，积极争取上级财政支持，充分利用好各项财政政策，切实为全县工作提供财力保障。

优化收支结构 在收入方面，联合县国税局清理地方性税收优惠政策，确保税收收入足额及时入库；在支出方面，严格控制三公经费支出，确保“三公”经费只减不增。进一步加强对公用经费支出的监督，加强票据管理和审核，严格支出标准和报销程序，降低行政运行成本。2016年，公务用车运行维护费年初预算为638.87万元。2016年，实际发生823.94万元，比年初增长185.07万元，与上年同期相比，减少267.53元，下降24.51%。

加强预算约束 比如县财政预算实行部门预算，采取“零基预算、以收定支、经费包干、超支不补、结余留用、内外统管、综合预算”的管理办法，加大部门预算编制工作和决算公开。

惠农资金再创新高 整合资金发放渠道，简化发放程序，通过“一卡通”发放给农户的财政涉农补贴项目。财政局按照全县农牧民一户一册的标准,给各乡镇财务所发放明白卡。

【监督检查工作】 开展干部离任财务交接检查工作 配合相关单位，认真对干部离任进行财务检查，并完成交接。对比如镇将环卫队移交给县市政局财务情况进行检查，并对加强财务管理提出建议。对教育系统的债务再次进行清理、核实，并对资金的管理提出意见和建议。同时，对夏曲镇公安一级检查站领导离任交接进行财务检查。

开展盘活、整合资金工作 按照全国扶贫攻坚视频会议精神，大力开展涉农资金整合工作；对历年各项财政存量资金进行梳理、清查，尤其对拨付到乡镇长期滞留的资金进行检查，查明资金长期结余结转原因，及时上缴县财政。

开展涉农惠民资金专项检查工作 按照地委、行署的安排部署，对2015年涉农惠民资金管理落实情况进行自查活动，并配合地区检查组对10个乡镇涉农惠民资金使用管理情况进行检查，形成专项自查报告；选派专人对乡镇的财务管理情况和涉农惠民资金落实情况再次进行检查，在具备条件的乡镇推行“一卡（折）通”，实现惠民资金的“直达”。

【接受监督】 通过设置预算周转金、预算稳定调节基金，调剂和弥补预算年度内季节性收支差额和年度预算资金的不足，注重跨年度的预算平衡。按照地区财政局的总体安排，首次实现全县37家预算单位面向社会全面公开部门预算，接受社会监督。

【培训工作】 为提高乡镇会计电算化应用能力，尽快适应电算化办公要求，推进全县乡镇会计电算化操作，2016年4月,县财政局采取“跟班学习”方式选派8名财务人员跟班学习财政核算相关岗位业务流程、熟悉电算化操作、电子票据开具等。7月，比如县、乡（镇）全部完成电算软件的安装并对乡镇会计人员展开培训。9月，县财政局邀请专家老师对县直各单位的电子票据打印系统进行安装,对开票人员进行2天的培训。

国家税务

【税收收入】 2016年，比如县县税收收入4210万元。“三级”税收收入情况如下：中央级收入1790万元省级收入116万元，地市级收入4万元，县级收入2451万元。第四季度比如县国税局对该县房地产项目征收第一笔税款，其中土地增值税203526.88元，预缴增值税及附加651286.02元，实现房地产业税收零突破。

【税收风险管理】 积极与工商部门沟通联系，推进“三证合一、一照一码”商事登记制度改革，每月征期结束后，从金税三期国税生产环境中提取新增户数，信息补录户数、申报数、用票数、零申报数、税额等情况进行对比分析，找出存在问题，及时进行整改。办理设立登记12户，办理变更登记134户，办理注销登记18户。认真开展打击发票违法犯罪活动和税收专项检查。制定《税收风险管理工作计划》，重点对营改增税收业务、招商引资企业、增值税发票进行风险管理，同时对建安业和虫草销售环节税收征管进行风险应对。

【“营改增”政策】 营改增”全面推开以来，比如县税务局采取有效措施举比如国税之力攻坚克难抓早、抓细、抓实，充分做好“营改增”试点全面推开的各项工作。深化“营改增”试点效应分析和评估，及时解决试点过程中出现的新情况、新问题。做到全员参与，强化示范带动，密切关注纳税人动态，实现税企良性互动，税制平稳顺利转换。“四大行业”营改增试点纳税人374户，占纳税人登记户数的34%；全地区推行增值税发票管理系统升级版108户，其中，一般纳税人7户，小规模纳税人101户；“四大行业”营改增后入库税款33056703.47元，顺利完成“开好票、报好税、分析好”各阶段工作任务。县税务局进行“每天一小时”学习活动，通过个人自学、讨论相结合的方式学习营改增试点政策，并加强系统操作学习，确保各项业务办理顺畅。

【党建工作】 6月2日，成立比如县国家税务局党组。签订党风廉政建设责任书，设立局内党建活动室，发挥专职纪检员的党风廉政和反腐败工作的监督责任，在党建工作和反腐败中积极发挥第一责任人责任职责，严格落实学习制度，搞好“三会一课”、谈心谈话、民主评议党员等制度；不定期向县委组织部和县委纪检委汇报党建工作和反腐工作。

【维稳工作】 比如县维稳任务繁重，县税务局在双节、3月份、采挖虫草期等维稳任务繁重期间，严格执行24小时值班制度，严明纪律规矩，强化责任担当时刻保持高度警惕性，做好了维稳安保工作。

【纳税服务】 比如县税务局始终坚持“始于纳税人需求，基于纳税人满意，终于纳税人遵从”的服务理念，严格落实“一次性告知”和“首问责任制”，用优质的服务，便民办税。深入开展“便民办税春风行动”和“问需求、优服务、促改革”专项活动，认真落实纳税服务举措。加强对局内干部《纳税服务规范》升级内容进行内部培训。

【绩效考核力度】 比如县税务局进一步完善岗责体系和工作规程，通过制定和落实科学的岗责体系，明确每项工作的具体步骤、顺序、时限、标准、衔接等，减少工作漏洞，提高干部的管理水平。召开绩效管理工作会议，分析有关情况，部署下一步工作。

【数字人事工作】 12月22日，全区国税系统全面推行“数字人事”工作启动会召开后，比如县税务局立即组织人员参与数字人事业务培训会，并按上级统一部署推进数字人事工作。并结合实际制定县局全面推行数字人事工作实施方案，成立数字人事工作领导小组，明确工作职责划分，形成一把手任组长亲自抓、具体抓，全局干部协同配合的工作机制。全面落实学习贯彻区局、地区局推行数字人事相关文件，编发数字人事工作动态、简报在内网宣传，通过学习、交流、培训等增强全局干部对数字人事工作的认同。

【工作荣誉】 集体 比如县国税局被比如县委、县政府授予“比如县2016年度经济社会发展工作突出贡献奖”和“平安单位”荣誉称号。比如县国税局营改增表现突出被那曲地区国税局表彰为“先进单位”。

个人 康嘎拉吉获西藏自治区国家税务局评为“2016年度营改增先进个人”。施峰平被那曲地区国家税务局评为“2016年度先进工作者”。

安全生产监管

【“五级五覆盖”】 今年以来，在上级有关部门的指导下，在县委、县政府的领导下，比如县未发生一起安全生产事故。比如县积极发挥安委会职能作用，全面落实各级领导干部安全生产“党政同责、一岗双责、齐抓共管、失职追责”责任制，全面落实“五极五覆盖”工作要求，进一步提高安全生产责任意识，落实安全生产责任，强化安全生产综合治理措施、形成各司其职、各负其责、齐抓共管的安全生产监管格局。2月份召开全县安全生产工作会议。并于各乡镇及县安委会成员单位签订《2016年安全生产目标管理责任书》《2016年预防道路交通事故目标管理责任书》。同时要求各乡镇、县安委会成员单位与各村、企业、学校、各行业领域签订《2016年安全生产目标管理责任书》。其中组织签订与烟花爆竹经营店责任书2份，危险化学品企业责任书8份（加油站、加气站）等。进一步完善层层抓安全、层层联动和横向到边、纵向到底的安全生产责任体系。

【安全生产】 安委会组织开展安监执法行动145次，检查各类企业、各类经营场所200余家，监管覆盖率99%；排查各类隐患98处，隐患整改率达90%以上；开展各类宣传教育活动9场（次），受益群众达2万余人；投入经费2万余元，制作播出安全生产各类新闻3条，报送安全生产各类信息简报上167期。

【安全生产专项大检查】 根据季节及敏感时段的特点，制定印发安全生产大检查督导实施方案4次，对工作进行安排部署，遵循“普遍与重点”相结合原则，检查的范围涵盖全县各生产行业、领域，并突出道路交通、危险化学品、建筑施工、工矿商贸、人员密集场所、特种设备等各行业和领域；遵循“自查与督查”相结合的原则，进行大检查。

狠抓危险化学品检查 县安监局结合比如实际制定《2016年比如县危险化学品领域综合治理方案》，对全县危险化学品生产经营企业进行深入检查。截至年底，共检查危化品领域51场次，其间共填写现场检查记录32份，发现隐患问题43条，下发责令整改指令书43份，责令停工1处，取缔关闭1处。

狠抓道路交通安全 比如县严格履行安全监管责任，切实加强道路交通领域安全监管。上半年道路交通安全共出动警力8125人次，警车1080台次，设置流动检查点24个，检查各类车辆3万余辆次，共查处交通违法行为264起。虫草采挖期间道路安全整治工作设立临时执勤点49个，检查7座以上车辆65辆次，开展电视宣传整治行动3次，发放宣传材料1223份，共出动警力120人次，出动警车23台次，查处交通违法行为260次。联合各乡镇派出所深入到客运企业、中小学校、乡村、社区开展集中交通安全宣传6次，发放交通宣传手册共20000余份。查处摩托车类（三轮摩托车、电动车）未戴安全头盔147起。并联合县交运局对客运公司进行检查。严格执行“两限一警”“两证一员”等政策措施，强化安全监管执法，提高道路通行能力、保证道路畅通。主要与公安交警部门联动，加强路面防控以及严查交通违法违规行为进行处理。

狠抓消防安全　联合消防、公安、工商、民政、文广，在全县范围内的人员密集场所、娱乐场所（学校、网吧）、社会福利救助机构、集中供养等进行大检查25次，发现火灾隐患或违法行为331处，督促整改火灾隐患或违法行为331处，下发整改通知书262张，下发处罚决定书一份。

狠抓食品药品安全检查　个体经营户、餐馆、宾馆及学校周边商铺等领域，进行安全检查，对检查中发现的安全隐患的，要求在规定时间内得到全面整改，共检查4次，出动人数48人次，查获伪劣产品价值共3680元，由检查执法人员统一销毁。

狠抓路段路面安全　县交通局联合公路养护段对全县范围内的公路路段、农村路段进行全面的排查隐患工作，对存在的路段进行整治积极做好道路抢通保通工作。交警大队排查隐患路面29处，安监、交通部门协调上级有关对口部分完成路面隐患整改23处，剩余隐患路面由县交通部门协同所辖区域乡（镇）人民政府进行整改。

狠抓夏季汛期安全工作　今年以来恶劣极端天气频发，防汛工作形势严峻。结合比如县实际，立足防大汛、抗大灾的思想大力宣传。全县防汛工作贯彻执行“安全第一、常备不懈、以防为主、全力抢险”的方针，推行“谁主管，谁负责”的原则。完善各项防汛预案,落实各项措施,采取预先处置和协调相关部门整改的颁发,顺利完成今年的防汛工作。

狠抓企业“三查三改”　按照那曲地区安委会办公室关于印发《全地区危险化学品、易燃易爆企业安全隐患“三查三改”行动方案》的通知文件精神，比如县安委办于7月1日召开由县7家相关行业主管部门（6家加油站及1家液化气站企业负责人）参加的“三查三改”动员部署会议，要求安监、公安、交通、消防、商务、住建、气象等部门按照各自领域加强对比如县7家危化品企业进行隐患排查治理，同时要求企业在7月5日前对各自企业按照文件要求进行全方位的自查。

狠抓“安全生产月”活动及安全生产知识培训工作，进一步营造全民安全氛围　县安委会积极组织相关成员单位在县城集中进行两次宣传活动，6月5日、6月20日采挖虫草期间利用群众下山的机会在县城进行集中宣传2次，深入虫草采集点宣传5次。发放各类安全生产法律法规知识250余份。按照自治区、地区相关文件要求，各乡镇、各部门、各生产经营单位以“安全生产月”活动为契机，加强基础工作，加大安全检查力度，纠正现场“三违”，严格依法治安，重拳整治隐患，有效的防止安全生产事故的发生。协调县住建局、交运局、水利局召开全县施工队安全生产会议3次，县安委会举办为期2天的“企业五落实、五到位”及安全生产知识培训班，督促企业落实安全生产主体责任。

【基层安全监管队伍建设】　为落实“三个必须”的要求，2016年以来县安委会先后对10个乡（镇）安全生产委员会成立情况及负有安全生产监管职责的部门安全生产领导小组成立情况以及机构履职情况进行3次督查，各乡（镇）领导小组健全、责任分工明确、措施落实到位。

【安全检查工作】　在县住建、发改委、消防等部门的协同下组织安全生产大检查105场次，检查隐患54次，督办36处。对全县所有房屋城建工程项目共检查120个。

供电公司

【概况】 比如县供电有限公司由比如县人民政府出资，于2015年9月组建，并签订代管协议移交国网西藏电力有限公司代管。负责比如约11440平方公里的供电任务，为比如县工农业生产、人民生活、市政建设等6500多户电力客户提供优质、可靠、经济的电力能源服务。员工55名，其中，企业身份40人，劳务派遣14人，临时工1人。经营情况：比如县供电有限公司注册为有限责任公司，比如县人民政府行使出资人职责，公司实行独立核算，自负盈亏。公司拥有固定资产1912万元，办公场所387.86平方米，电费价格是农牧民群众每度电为0.8元，干部职工每度电1.0元，商业用电为1.2元。公司实现电量销售收入80万元，电量90万千瓦小时。

【业务开展】 加快线路改造升级，供电能力不断增强 上半年比如县供电公司基本完成县城用电近3258户旧电更换成磁卡电表，打破公司原有的旧管理方式，基本形成科学化销管理及服务模式。

完善优化电网运行 截至年底（藏中电网）110千伏线路通至110千伏比如变电站，建成35千伏线路变电站6个，完成国网对地方输电的预期目标，比如县7个乡镇正常通电。变电站监控系统技术改造与线路加装开关工程完成80%。加强线路通道清理、防外力破坏，确保低压电网在负荷高峰期间正常供电。科学合理编制检修、停电计划，把状态检修和预防性试验相结合，推行“联合检修”“零点检修”“带电作业”，减少重复停电。

应急管理进一步加强 修订完善各类保电预案和有序用电方案，提前对线路、设备进行巡视检查，及时消缺，排除隐患。按照公司事故（事件）调查规程，进一步完善生产管理制度。应用地理接线信息系统，加强电网设备及生产基础资料管理，彻底摸清线路设备底子，为生产管理和电网规划打好基础。合理调整运行方式，进一步提高应急能力。

金 融

金　融

中国农业银行比如县支行

【业务指标】 主体业务稳中有增　各项存款余额124754万元。贷款投放进度加快，各项贷款余额为85094万元，较年初增加14025万元，增长16.5%。通过采取行之有效的营销手段和全员营销等措施，截至12月底储蓄存款从年初的32170万元增长到47322万元，增长率为47.1%。

实现对“三农”的有效服务　比如县农牧户小额信用贷款都实行特殊优惠利率，以促进农牧业增产增效和农牧民增收致富。各营业机构打破“春贷秋收”的传统做法，实行“常贷常收”的贷款发放方式，业务全年均衡平稳增长；在用足农牧户小额信用贷款授信额度的同时，抓住《农牧户小额信用贷款授信额度适度提高》的机遇，提高授信额度，满足农牧户日常的生产生活需求。认真开展新农保和惠民补贴资金项目金融服务工作。同社保、财政等部门的沟通与协调，强化服务意识，认真做好、做细新农保缴费和资金代理发放及惠民补贴资金按时发放等各项工作。2016年围绕服务“三农”的中心任务，以农行横贯城乡的网络和网点布局为支撑，进一步拓宽各项补贴资金的发放渠道，解决发放环节中程序烦琐的问题，确保中央的各项强农惠农补贴资金快速安全直达农牧户手中。积极介入“比如·娜秀岭”农村新民居开发项目，累计发放农村新民居贷款2127.6万元，加强银政合作，共同推进比如县经济社会发展和长治久安。

中间业务有效增长　实现中间业务收入123万元，较上年同期增加25万元。

【内部管理】 进一步完善综合绩效考核体系，实现绩效工资与业绩挂钩、与团队挂靠、与个人挂名；出台客户维护方案及营销策划方案,建立完善科学量化的考核办法，实行任务目标奖惩责任制，增强比如县支行所有营业所领导干部的履职能力。梳理《农行比如县支行岗位职责及管理方案》《营业所员工考勤管理方案》等。推进运营业务管理，在全辖范围内开展内外账务核对工作，并强化落实情况的监督力度，有效防范风险；严格执行四项制度，强制完成营业所主任任期到期的领导岗位交流制度；全面开展“三化三铁”创建工作，针对营业机构服务规范化管理的薄弱环节，以督导、督办为手段，剖析原因，整改问题，狠抓落实，狠抓风险管理的针对性、有效性，信贷准入管理、贷后管理、信用风险管理有所加强，全行到期贷款现金回收率达100%；深入开展案件防范大检查、员工行为排查、“两违”检查等活动，加大从严执纪力度，初步建立起内控管理及案件防范的长效机制；县支行2015年修建12套职工周转房，今年元月份投入使用。面堂营业所、茶曲营业所、白嘎营业所、羊秀营业所网点转型工程年底主体完工。

【党建工作】 进一步加强反腐倡廉建设，扎实推进惩治和预防腐败体系建设，严格落实区地两级分行党风廉政建设责任制考核办法、领导人员廉洁从业若干规定等；解决各层面员工的实际困难，进一步激发广大员工的凝聚力和向心力；进行条线培训，培训人数达50余人次，切实提高全行干部员工队伍综合素质。

【加强宣传】 组织开展“金钥匙春天行动”“激情仲夏金彩生活”“e市场，赢头彩”等一系列营销宣传活动。同时抓好网点转型和视觉形象优化工作，进一步提高农行的认可度。增进县支行与客户之间的沟通与交流,进一步提升比如县支行的社会知名度和认知度。

【维护稳定】 比如县是反对分裂、维护稳定的前沿阵地。农业银行比如县支行坚决贯彻落实比如县党委政府维稳工作安排，把维稳工作作为首要任务来抓，强化工作措施，加强监督检查力度，严格责任追究。成立由行领导为组长、安全保卫部门及营业所主任为成员的比如县维稳领导小组及比如县支行护行队，负责县支行及城区营业网点的巡逻和安全隐患排查，确保比如县支行营运资金和重要设施的安全。实行领导带班与值班制度、24小时坐班制度、外来人员登记检查制度，并建立值班日志，严格工作交接登记制度，做到岗上随时有人、岗后随时待命、责任落实到人头。定期或不定期在本单位范围内对不稳定因素进行集中排查，加强思想政治教育工作，全面掌握员工思想动态，坚决杜绝失控人员和失控事件等不稳定因素，确保维稳及安保工作做到万无一失。充分利用服务“三农”工作职能，大力开展维稳工作，通过业务宣传、法制贯彻、经营指导，引导广大农牧民学会生活、学会理财、学会经营、避免乱花钱、搞赌博等毁家庭、害社会的不良现象发生。先后邀请比如县公安局、消防支队对所辖网点开展防暴、防袭、防火、防灾培训演练。

农 牧 林 水

农牧林水

农牧业

【农牧业生产】 2016年，比如县耕地总面积为25382.3亩。2016年，农作物总播种面积为：25298.05亩，其中粮食作物播种面积为19401.6亩，单产达190公斤、总产3686304公斤；蔬菜作物播种面积为1359.7亩，单产达223.5公斤、总产303707.5公斤；豆类作物播种面积3049.85亩，单产为221.75公斤、总产达676326.5公斤；其他作物播种面积1487亩，单产62.5公斤、总产达93250公斤。各类牲畜已生67911头/只，成活63928头/只，成活率94.13%。其中：牦牛已生63280头，成活59423头，成活率93.90%；黄牛已生623头，成活612头，成活率98.23%；绵羊已生3166只，成活3119只，成活率98.52%；山羊已生780只，成活713只，成活率91.41%；马已生62匹，成活61，成活率98.39%。大畜死亡4636头（只/匹），死亡率2.2%。其中：牦牛死亡3341头，死亡率1.85%；黄牛死亡359头，死亡率11.41%；绵羊死亡337只，死亡率1.96%；山羊死亡504只，死亡率6.85%；马死亡95匹，死亡率4.40%。

【疫苗接种】 比如县农牧局严格按照“乡不漏村、村不漏户、户不漏畜、畜不漏针、针不漏量”的疫苗接种方针，2016年春、秋季牲畜疫苗接种工作分别于4月初和9月初全面完成,保证100%的动物疫苗接种率。

【虫草采挖管理】 2016年，比如县虫草采集点分布在10个乡镇，采集点120个。虫草采集期间比如县办理虫草采集证45743本，累计采集人数达43972人，各采集点共组建工作组95个，工作组人员609人，警力359人，共设立检查站及设卡点49人，共设立临时党支部94个，党员人数达1904人，联户长共524人。

【草原生态保护补助奖励机制工作】 2016年，比如县兑现2015年草补资金据县汇总核实26444377.81元，其中限高保底后享受补助奖励资金18220777.79元，牧草良种补贴95000元，牧民生产资料综合补贴5144户共2572000元，村级天然草原监督员补贴1029人共5556600元。汇总各乡镇可享受草原生态保护补助奖励资金32473131.08元，其中限高保底后享受补助奖励资金27401931.08元，村级天然草原监督员补贴1029人共555.66元。兑现2016年草补资金（除草监员奖励资金外）的60%16700623元；通过地区级验收。

【高效牧草种植基地建设项目】 2016年，比如县在茶曲乡安排1187.74亩、良曲乡安排2479.26亩、比如镇安排1302.91亩、香曲乡安排1669.5亩、羊秀乡安排1159.08亩、白噶乡安排2189.71亩、农牧局实验地安排11.8亩，共计1万亩的高效牧草种植任务。截至2016年7月底，各乡镇实际完成种植面积如下：茶曲乡1248.018亩、良曲乡2482.81亩、比如镇1142.559亩（缺少160.351亩）、香曲乡1692.455亩、羊秀乡820.417亩（缺少338.663亩）、白噶乡1524.742亩（缺少664.968亩）、农牧局试验地11.8亩。全县共计完成8922.801亩，缺少1163.982亩。9月底比如县万亩牧草种植基地项目完成牧草收割工作，项目共计产草量达5619797公斤（干草）。为加强防抗灾饲草料储备，结合西部各县需求出售牧草1246959公斤，县域内群众自行购销4372838公。按照地区行署协议价格每斤2.5元计算，实现2809.8985万元的经济增长。

【农牧项目】 2016年，比如县农牧项目13个，总投资12083.8万元，其中国家投资10671.2万元。13个项目中12个新建项目1个续建项目。新建项目有：2015年退牧还草项目、2016年人工种草项目、2016年高寒牲畜棚圈建设、2016年农技推广服务体系建设、牧道桥涵工程、草原防火基础设施建设、牧区专用防疫设施建设、扎拉乡农牧业防抗灾物资储备库建设、比如县鼠害治理项目、万亩高效牧草种植基地建设项目、比如县良曲乡萨玛村奶牛养殖基地建设项目、比如县比如镇章达村奶牛养殖基地建设项目；续建项目有：比如镇乡镇农技推广服务体系建设。完成建设的有：2015年退牧还草项目、2016年人工种草项目、2016年高寒牲畜棚圈建设、2016年农技推广服务体系建设、牧道桥涵工程、万亩高效牧草种植基地建设项目、比如县良曲乡萨玛村奶牛养殖基地建设项目、比如县比如镇章达村奶牛养殖基地建设项目、比如镇乡镇农技推广服务体系建设。因资金未到位或资金到位时间较晚未开工实施的项目有：草原防火基础设施建设、牧区专用防疫设施建设、扎拉乡农牧业防抗灾物资储备库建设、比如县鼠害治理项目。

【基本草原划定】 2016年，完成1:10万比例县级基本草原划定图一张，1:5万比例乡（镇）级基本草原划定图10张，1:5万比例村级基本草原划定图175张。共计划分重要牧场233块、7668809.3亩；人工草地5块、4733.76亩；禁牧草地114块、779279.77亩。11月4日通过地区验收。

【合作组织】 为加快羌塘高原农牧业特色产业发展，做好比如县农牧区深化改革，调整有效调动比如县农牧民积极性，促进经济合作组织协调、有序、规范、健康发展，4月下旬针对无营业执照、厂房、设备、经济实体及参与农牧民户数不达标的农牧民合作经济组织，全面开展合作组织清理整顿工作，清理整顿工作7月初全面完成，经整顿后比如县原有的208家合作组织有77家符合要求。在清理整顿后，根据农牧业资源优势、特色产业优势及农牧民技能优势，重点在农畜产品深加工、民族服装加工等不同类型的专业合作经济组织中，选择几个规模较大、带动农户较多、运作规范、成员增收水平较高、发展前景较好的合作经济组织予以重点指导，在资金、政策方面予以大力支持，逐步培育比如县农牧民专业合作经济组织的代表和示范。邀请有经验的专业技术人员在比如县开展培训，加强比如县农牧民合作经济组织科学化运营管理水平和QS、IOS认证进程，提高各农畜产品的竞争力，提升上市率。比如县有90家农牧民经济合作组织，根据比如县2016年年报数据统计，2016年农牧民经济合作组织带动群众增收达11496.95元。

【防抗灾工作】 2016年，比如县进一步建立健全三级防抗灾领导机构，成立以书记为总指挥长，县长为副总指挥长，副县长及相关部门主要负责人为成员的防抗灾指挥领导小组，办公室设在县农牧局。各乡（镇）、村也及时充实防抗灾领导小组；各村补充以党（团）员、草管会、妇代会、民兵、各级人大代表、政协委员、青年志愿者及社会各方面力量组成突击队的人员。全县成立县级防抗灾领导小组1个，88人；乡镇级防抗灾领导小组10个，797人，村级防抗灾领导小组219个，3602人，抗灾突击队410个，5200人。全县上下形成"一级抓一级、层层抓落实"和"千斤重担众人挑、人人肩上有指标"的工作格局。

【工作亮点】 虫草采集管理 比如县采取全地区首例IC虫草卡登记管理。IC虫草采集证使用高聚合PVC材质，芯片采用微细加工手段制造半导体技术，具备"六大优势"。往年上山采挖虫草需携带户口本、身份证、双份虫草采集证（册、卡），除身份证外，其余均为纸质证件，IC虫草采集证办理后，上山采挖虫草只需携带IC证及身份证；IC虫草采集证采用高科技芯片，不易被复制和伪造，另外制证后需手持机写证、数据库导入方可有效，从根本上杜绝假证的流入。IC虫草采集证信息采用外显和内储存两种模式，外显个人基本信息，内储存采集证持有人全部信息，即使丢失，也不存在冒用的可能性；IC虫草采集证采用高聚合PVC材质，防水、防潮、防虫，同时同身份证一般大小，可以钱夹或卡包与身份证同时携带。往年虫草采集证工本费需11元，有效期为1年，IC虫草采集证只需35元。20岁以上人员有效期可达10年，因20岁以下人员随着年龄增长体貌特征会有很大改变，所以决定20岁以下人员IC虫草采集证有效期为5年。IC虫草采集证办理只需办证人提供一寸蓝底照片及基本信息，一天可制证800余人，加快制证速度，极大的缩减制证时间。据统计2016年比如县共办理IC虫草采集证45743张。IC虫草采集证在比如县的成功推广实行，是比如县虫草采集管理工作改革的历史性转折，改变传统的登记管理方式，使比如县虫草采集管理工作紧跟科学发展的脚步，迈入科学化、信息化、简约化的时代。

奶牛养殖基地建设 2016年，比如县良曲乡萨玛村奶牛养殖基地、比如镇章达村奶牛养殖基地全面落成，11月首批奶牛入驻共计30头。其中良曲乡萨玛村奶牛养殖基地投资678.8万元，比如镇章达村奶牛养殖基地投资644.2万元。两座基地分别占地6500平方米，建有牛舍2786.89平方米、储草房69.26平方米、挤奶厅162平方米、牛奶酸奶加工房300平方米、管理用房106.79平方米、更衣室、消毒室30.37平方米以及水电等相关设施的配套。

农牧业科技服务中心

【防治工作】 *重大动物疫病防治* 比如县严格按照“加强领导、密切配合、依靠科学、依法防治、群防群控、果断处置”24字方针要求，认真贯彻落实《中华人民共和国动物防疫法》和自治区藏农厅有关文件精神，实现重大动物疫病“零”发生的目标，结合实际，并充实调整县防治重大动物疫病领导小组，制定2016年重大动物疫病免疫实施方案。同时县人民政府与各乡（镇）人民政府签订《2016年重大动物疫病防治责任书》，各乡（镇）人民政府与各村签订《2016年重大动物疫病防治责任书》，有效防止重大动物疫病的发生，维护畜牧业健康发展和公共卫生安全。

疫病控制 比如县兽防站根据比如县牲畜疾病的区域性发病的特点，对各乡（镇）兽医人员进行牲畜疾病防治方面的宣传和严格的责任安排，以使其在预防、治疗驱虫上做到一步到位的诊治工作。对疫病高发区的兽医人员进行预防定点安排，使其在疫病突发是可及时就地扑灭，控工作取得明显成效，确保比如县畜牧业持续健康快速发展的势头。

【防、治、诊三个重要环节】 全年领取“口蹄疫”三价苗398箱，二价苗14箱及其他各种常用疫苗1069箱，驱虫药物352箱，其中储备65箱免疫药品外全部分发到各乡（镇）按春秋季注苗文件通知进行免疫注射。分析畜牧业的发展状况和各种疑难病症，传染病的流行情况及防治措施，定期给各乡（镇）的各类传染病疫苗，驱虫药品等；对一些流行面广、传播速度快，致死率高的疾病，如布病、肉毒梭菌、出败、大肠杆菌、炭疽、口蹄疫等，采取每年两次注射疫苗的方式，防治疾病工作。全年疫苗注射和驱虫数：口蹄疫牦牛466289头、羊38822只；牛出败牦牛932578头；炭疽牦牛656852头；肉毒梭菌牦牛823650头；三联疫苗羊18500只。驱虫数如下:肺丝虫226580头牦牛（只）、体外寄生虫217670头牦牛（只）、脑胞虫196550头牦牛（只）、蛔虫53561头牦牛

（只）。做到“乡不漏村、村不漏组、组不漏户、户不漏畜、畜不漏针、针不漏量”。

【免疫档案建立】 2016年，完成各项免疫接种任务同时建立免疫档案对免疫情况作详细的记录，登记乡（镇）到村，村到户，装订成册。兽医人员结合当地大畜放养习惯和免疫档案，对超过免疫保护期、抗体水平低及新补栏牲畜集中进行免疫补针。

【防疫员培训】 为加强动物防疫工作，防止动物疫病发生，确保全县畜牧业健康发展，认真落实防疫责任制，加强乡（村）级动物防疫员队伍建设，本年春秋季比如县兽防站专派骨干技术人员到乡（村），实地开展常见疫病诊断和流行病调查理论培训及实践操作培训。

【半脱产待遇落实情况】 2016年，比如县农牧业科技服务中心解决43名半脱产人员的待遇并追加半脱产去世人员丧葬金和抚恤金，同时，历史遗留下的比如县农牧半脱产待遇全部解决。

【检疫工作】 为加强比如县牲畜重大疫病防治工作，比如县成立以农牧局牵头，县工商、防疫、兽防相互配合的联合工作组，全面实施《兽医卫生检疫法》，并每季度对比如县牲畜市场、肉制品零售商店、屠宰场等进行检查，对有问题不符合要求的及时采取销毁等措施。

扶贫

【基本情况】 比如县共有建档立卡贫困人口1550户6123人，2016年全县共有446户、1691名贫困群众实现脱贫出列，47个贫困村退出，返贫率控制在3%以内，脱贫群众人均可支配收入为4150元，增长207.5%，全县贫困发生率从2015年底的8.9%下降至6.3%。

【脱贫攻坚工作】 组织领导到位 比如县委、县政府把脱贫攻坚工作作为一件大事和第一民生工程来抓，抽调29名精干力量成立县脱贫攻坚指挥部，组建工作专班，设立10个职能组，明确工作分工和工作职责，制定脱贫攻坚指挥图，县、乡、村层层签订责任书，健全完善脱贫攻坚工作体系、责任体系。结合县情，研究制定《比如县关于打赢“十三五”脱贫攻坚战的实施意见》，出台《比如县贫困户管理暂行办法》《比如县项目资金管理暂行办法》等，修改完善《比如县“十三五”期间脱贫攻坚规划》和“九个一批”精准扶贫专项计划。建立联席会议制度，比如县先后召开指挥部会议专题会议7次，指挥部办公室会议30余次，定期研究部署脱贫攻坚工作。建立健全督查通报制度，开展专项督查6次，下发督查通报4次。

宣传报道到位 把贫攻坚工作的宣传报道与业务工作同谋划、同安排、同部署、同推进，成立宣传报道组，在微比如、电视台、户外LED显示屏等宣传媒介上发布最近的扶贫动态和扶贫政策89条次。结合“三月法制宣传月”、干部结对帮扶、“10·17”扶贫日，等活动将政策宣传贯穿始终，通过张贴宣传标语、发放扶贫资料、召开党员大会、群众代表大会等方式，向群众大力宣传精准扶贫精准脱贫最新政策，形成人人关心扶贫、人人重视扶贫、人人支持扶贫、人人参与扶贫的良好氛围。针对群众等靠要、攀比浪费、赌博、贷款消费、好吃懒做、“老赖”等突出问题，深化群众思想教育，坚决遏制不正之风；以转移就业为基础，开展以好逸恶劳可耻、勤劳致富光荣为主题的宣传教育，进一步转变群众的思想，树立自力更生理念。

精准识别到位 县委县政府高度重视，因地制宜，在实际工作中总结出“八看”识别法，组织全县干部逐户对数据进行核查、比对、衔接，并采取走访村民代表、召开群众大会等方式现场核查，设立投诉举报电话，确保贫困人口建档立卡数据真实准确。

规划引领到位　坚持因人因地因情施策，进一步完善精准扶贫建档立卡数据，建立精准扶贫大数据平台；坚持因人因地因情施策，按照“一人一法、一户一策、一村一案、一乡一规划”要求，制定脱贫攻坚“十三五”总体规划、“九个一批”专项规划、实施方案和年度工作计划，为脱贫攻坚工作顺利开展提供遵循。

结对帮扶到位　制定《比如县干部结对帮扶实施方案》，实行“321”干部结对帮扶贫困户机制，实现贫困群众结对帮扶全覆盖。集中开展干部入户帮扶3批次，宣传各项扶贫政策，帮助贫困户理清脱贫致富思路300余条，解决实际困难117起，发放慰问金和慰问物品约210万元。

积极推进产业扶贫　积极申报产业扶持项目，共申报“十三五”期间产业扶贫项目共53个，计划总投资481276.97万元，茶曲乡温泉度假村、乡镇农贸市场、乡镇汽修厂、民俗商业街、比如县虫草交易市场、怒江大酒店、乡镇养殖基地等项目开工建设。确定产业发展方向，坚持城镇化与产业发展相互融合、同步推进，重点建设“三大园区、八大基地”。加大农牧民合作经济组织培育力度。提高农牧民专业化、组织化程度，与贫困群众建立订单帮扶、合作共赢、入股分红等多种产业扶持模式，全县99家农牧民经济合作组织带动贫困群众3200余人，人均年增收800余元。万亩高效牧草种植总产值近3000万元，促进贫困群众增收。

加快推进易地扶贫搬迁　始终坚持坚持“四个结合”，稳步推进易地搬迁。坚持政府引导、扶持与群众自愿相结合。充分征求群众意愿，确定在县城集中安置易地扶贫搬迁群众，为群众提供更好的生活、就业、创业条件。共有129户、532名贫困群众乔迁新居，同时加强易地搬迁安置点配套设施建设，县财政出资128.7万元配备家具、热水器等，保障易地扶贫搬迁群众的基本生活需求。易地扶贫搬迁群众有121人纳入产业扶持。共安置就业109人，生态补偿转移就业157人，自主创业5人。

转移就业扶持　有组织有计划开展贫困群众种植、养殖、摩托车维修、服务业等实用技能培训6次、494人次。依托本地企业，加强与公务员小区、建筑施工单位、商场、超市、酒店、合作组织等协调联动，通过机关后勤服务人员、环卫工人、五保集中供养等开辟就业岗位，多措并举提供就业机会，安置就业贫困群众348人，年人均增收约2万元。

积极促进教育脱贫　为促进适度集中办学，在县城建设第二小学、第二幼儿园，落实幼儿园至高中阶段15年免费教育政策，兑现“三包”和营养改善计划政策。对贫困在校大学生实施资助政策，兑现71名贫困在校大学生资助资金57万元，进一步解决贫困学生上学难问题。

推进生态补偿扶持　落实禁牧补助、草畜平衡奖励、牧民生产资料综合补贴、牧草良种补贴等政策，安置八大生态岗位6039名，落实生态岗位资金1811.7万元。

社会保障兜底　深入开展两项制度衔接工作，将5929名贫困群众纳入低保，全县兑现低保资金760.89万元、医疗救助资金196.17万元，困难家庭临时救助资金27.58万元，五保金113.76万元，将4812名贫困群众纳入定向补助范畴。县财政出资63.2万元为全县农牧民群众缴纳农牧民大病医疗补充险，最高赔付额度由7万元增加至17万元；出资105.57万元为群众缴纳小额意外伤害保险，赔付额为每人5万元。

林业

【**植树造林**】广泛动员县直各支部、各乡镇干部职工、护林员大力开展植树造林，完成1071.6亩的植树造林。从外地调运新疆杨、藏青杨、北京杨等苗木。苗木规格重点区域造林工程，高山柳5年生，地径2厘米以上，苗高100~150厘米；北京杨为3年生，地径2厘米以上，苗高250厘米以上；旱柳为3年生，地径3厘米以上，苗高150厘米以上。防护林体系建设苗木要求高山柳5年生，地径2厘米以上，苗高150厘米以上。苗木全部为裸根苗；县林业局派技术人员到各乡镇进行指导。4月，完成西藏生态安全屏障保护与建设之防护林体系建设工程989.6亩69000余株，主要分布在比如镇、香曲乡、达塘乡、良曲乡、茶曲乡。5月初，县林业局牵头，县中直17个支部、比如镇政府、比如镇五个居委会、曲林管委会干部、僧人，驻地官兵、县城附近护林员654人在中学后山及苗圃周围义务植树85亩6000余株。

【**森林生态效益补偿基金**】公益林管护　比如县共有公益林130519公顷，管护人员765名。国家级公益林45170公顷，范围为怒江干流两岸第一层山脊以内的有林地、疏林地和灌木林地，分布在除夏曲镇、达塘乡之外的8个乡镇。地方公益林85349公顷，实施范围为姐曲两岸和高寒生态脆弱地区，具体分布在除夏曲镇、恰则乡之外的8个乡镇。年初与各乡镇签订管护A合同，明确管护范围，落实管护责任。4月份兑现2015年提标森林生态效益补偿资金3975600元，11月兑现2016年森林生态效益补偿资金9557100元。

公益林成效监测　为建立健全公益林生态服务功能监测体系，更好地促进区域生态系统安全与生态环境的建设保护，10月，国家林业局中南院2名专家深入比如县开展2016年度公益林成效监测，工作组一行先后到良曲乡嘎荣沟、达塘乡玛擦村等地实地进行调查、样地检测、生态功能效益监测，了解比如县公益林的数量、质量、生态状况、生物多样性和动态变化情况，专家们客观分析存在的问题，科学评价比如县公益林生态功能、生态效益状况，客观反映比如县公益林培育、保护成效。通过调查，数据的更新，将为上级林业部门制定公益林提质改造、充分发挥公益林多功能效益等决策提供科学依据。

公益林专业管护队伍　组建公益林专业管护队伍，第一批在白嘎乡、羊秀乡、比如镇、良曲乡等4个乡镇实施，按照《那曲地区第一批公益林专业管护队伍组建工作方案》的要求，每个乡镇招聘5名管护人员，正副站长各1名，工作人员3名，共计招聘20名专业管护人员。完成上述4个乡镇建设专业管护站房建设，位置选择在公路沿线，建筑面积100平方米，围墙60米，管护人员上岗到位。11月，兑现管护站工作人员2016年工资466400元。

【**森林保护**】森林防火　以森林公安局为中心，以基层护林员为依托，按照《比如县森林（草原）防火目标管理责任书》和《比如县森林火险隐患排查工作目标管理责任书》的要求认真开展春季森林防火工作。制作防火宣传牌，在重要路段、林区入口处设立；在各林区开展巡山，清理野外火源，清理林下枯枝落叶等可燃物，严禁在林区抽烟，制止群众倾倒未熄灭的灰烬；成立森林防火突击队；在森林防火戒严期内实行24小时值班制度。在整个森林防火期内，森林公安干警不间断深入各乡镇、各林区督促检查防火工作开展情况，查漏补缺，落实责任，有效地保护比如县森林资源安全。

林政管理　打击乱砍滥伐毁坏林木行为，县林业局组级织人员定期与不定期深入303省道、比扎公路沿线巡逻排查，对毁坏林木的数量、树龄、所处位置认真登记，大力宣传《中华人民共和国森林法》《野生动物保护法》等法律法规。

森林病虫害防治　2015年，良曲乡贡萨寺附近琼热（地名）发现大果圆柏变黄枯萎现象。为巩固治疗效果，4月，县林业局组织技术人员对受害林木再次喷洒噻虫林药物，进一步观察治疗。为切实加强良曲乡贡萨寺下（地名：琼热）部分大果圆柏变黄枯萎的防治工作。为做到对症下药、准确防治，县林业局9月邀请自治区林业厅森防站专家、地区林业局技术人员到比如县对变枯苗木病情进行诊断，研究防治对策，确定以药物防治为主，积极推行生物防治。10月，县林业局从林业厅森防总站下发的四霉素、盐碱·苦参碱等药物，并到良曲乡开展林木喷洒药物工作。

【野生动物保护】 野生动物肇事补偿　依据《野生动物造成人身伤害或者财产损失补偿办法》（95号主席令），开展2015年度野生动物肇事造成财产损失补偿登记工作。经过县林业局初审及地区林业再审，完成比如县2015年野生动物肇事造成财产共计173.72万元审核，11月完成兑现，涉及全县9个乡镇121个村1014户。

野生动物疫源疫病监测　与野生动物疫源疫病专门监测人员签订《比如县林业局野生动物保护员协议管护承包合同书》，明确管护范围、任务，落实管护责任，认真开展巡逻登记工作。

【湿地保护】 比如县娜如国家湿地公园建设项目位于白嘎乡娜如沟和羊秀乡萨普沟，行政范围隶属于白嘎乡的贡定村、扎西隆村和羊秀乡的朗切村、帕荣村，规划总面积6186.9公顷。县林业局从2015年逐级上报地区林业局、自治区林业厅、国家林业局，由国家林业局中南林业调查规划设计院设计制作《西藏比如县娜如国家湿地公园总体规划（2016—2023年）》，通过国家林业局初审。为加强湿地保护与开发，争取娜若国家湿地公园相关投资尽快到位，10月积极与自治区林业厅规划院对接，前往比如县白嘎乡娜若湿地公园进行调研，重点对湿地保护与恢复项目建设情况进行调研。

【精准扶贫】 按照中央财政森林生态效益补偿基金精准扶贫护林员计划，根据上级林业部门安排，结合实际，认真开展林业精准扶贫工作，积极与县扶贫办沟通协调，完成林业管护员拟增兼职管护人员3272人，其中，上报湿地管护员、野保员共756人。为充分发挥兼职管护人员作用，加强对兼职管护人员进行专业培训，针对护林员兼职多岗位人员进行清理。

【森林资源复查工作】 5月，国家林业局中南院2名技术人员在县林业局的配合下先后到白嘎乡、羊秀乡、比如镇、良曲乡、茶曲乡、恰则乡6个乡镇的11个点野外作业，完成外业操作。

【宣传法律法规】 利用“三月法制宣传月”、“6·5”世界环境日、“9·16”平安宣传日等大力宣传认真宣传《中华人民共和国森林法》《中华人民共和国野生动物保护法》《森林防火条例》《林地管理办法》及《西藏自治区陆生野生动物造成公民人身伤害或者财产损失补偿办法》（95号主席令）等法律法规，前三季度以来，共发放宣传材料1000余份。

水利

【水利开复工工作】2016年，比如县开复工水利项目9处，主要涉及防洪、灌溉、供水三大项，规划总投资为13223.91万元，完成投资12814.2万元，占全部投资的97%。开工建设白嘎灌区续建配套与节水改造项目，涉及投资997.7万元，完成全部建设任务；建设2014年小型水利建设专项县项目，项目规划总投资1057.18万元，完成全部建设任务；完成南岸新区防洪堤建设项目，项目批复投资为2204.67万元；开工建设2015年小型牧区水利建设专项县项目，项目批复投资为1024.36万元，完成全部施工任务；根据藏水字〔2015〕141号文件精神，实施比如县北岸城区防洪堤建设项目，该项目规划投资为4755万元，完成总工程量的95%；开工建设2016年小农维修养护项目，项目涉及投资210万元，完成夏曲镇瓦塘村擦刚自然村、夏曲镇边塘村、茶曲乡日普村、比如镇珠德寺等4个项目点建设任务，完成投资58.04万元；落实水利工程公益性维修养护资金45万元，完成投资25万元；完成乡村防洪补助资金建设项目，涉及恰则乡那村、查曲乡优普村，完成全部建设任务，完成投资70万元；续建项目1个，为布曲河景观带建设项目，项目批复投资为2860万元，项目建设任务全部完成。

【项目建设管理】为切实加强工程建设管理，比如县水利局狠抓工程建设质量，严格落实项目法人制、合同管理制、工程监理制、招投标制，从源头上确保工程建设质量。强化施工过程中的督导检查，针对2016年建管任务重的实际，委派驻工地甲方代表，督促指导施工单位严格落实水利工程建设领域相关技术规范以及安全生产责任，积极探索建立水利工程建后管理新机制，逐步实现水利工程建后管理的科学化、规范化、制度化，提高工程投资效益。

【精准扶贫】比如县水利局多次组织干部职工到帮扶贫困户家中，与贫困户深入交流，广泛征求意见，共讨帮扶发展之计，针对精准扶贫贫困户实际情况，认真填写《精准扶贫明白卡》，制定脱贫增收规划，为实现三年脱贫奠定基础。同时，结合单位工作实际，切实做好农村饮水安全工程巩固提升与贫困户的对接，牧区水利建设与万亩高效草场项目的对接，合理编制项目实施方案，提升水利项目服务精准扶贫工作的水平。

【完善规划编制】比如县水利“十三五”规划总投资56824万元。主要涉及农村饮水安全工程提质增效、乡镇供水等14项。其中农村饮水安全工程提质增效项目规划投资5185万元、乡镇供水项目规划投资3382万元、县城饮用水水源地建设项目规划投资930万元、小型牧区水利专项县规划投资2000万元、水塘工程规划投资550万元、饲草料地灌溉工程规划投资3728万元、抗旱应急机井工程规划投资9081万元、乡村防洪规划投资9480万元、山洪灾害治理工程3625万元、水土保持生态修复工程规划投资500万元、污水处理厂和管网配套工程规划投资5000万元、比如县城水源地保护区划分规划投资150万元、比如县流域机构或灌区合并站规划投资188万元、比如县农牧水综合站规划投资25万元、比如县水生态补偿项目规划投资13000万元。

【防汛抗旱】2016年，比如县水利局结合比如县近年来防汛抗旱工作实际，修改完善《比如县2016年防汛应急预案》，进一步细化工作措施，层层分解落实目标责任，提高预案的针对性和可行性。全面开展汛前安全生产检查工作，重点做好在建水利项目、水电站和农村饮水安全工程安全隐患排查工作，消除安全生产隐患，确保工程正常运行。加强防汛抢险物资储备工作，2016年，县财政落实防汛抗旱经费8万元，储备常用防汛抢险物资10类，其中铁锹1500把，十字镐1500把，雨衣125件，雨鞋115双，手套1000副，风镜90副，编织袋

40000条，铅丝笼10000平方米，救生衣250件，救生圈250个，用于突发灾情的处置。严格落实汛期24小时值班制度，密切关注汛期、雨情、水情变化及发展趋势，全面搜集各类灾害信息，为指挥部和上级部门决策提供依据。2016年入汛以来，受强降水天气影响，全县10个乡（镇）都不同程度地受到洪灾影响。强降雨致使2间房屋成为危房、1头牲畜因灾死亡、11处饮水工程遭受不同程度水毁、0.1千米城市及乡村防洪堤受损。夏比油路、香荣公路、比扎公路等主要交通通道的多处路段出现塌方和泥石流，公路中断10次，通讯中断1次，农牧民群众的出行受到严重影响。经初步统计，经济损失达1526.7万元。

气象工作

【公共气象服务】 比如县气象局结合比如县实际，制定比如县2016年气象服务周年方案，开展适合比如县气象服务产品，共发布气象服务短信，未来一周天气预测、重要气象信息、天气实况信息40000余条，制作纸制气象服务产品50期，虫草采挖提供专题预报5期。完成三次县级活动的气象保障工作。在比如县茶曲和白嘎乡虫草采挖驻点工作人员自发制定《天气气象预报播报栏》体现比如县工作在广大农牧民心中的重视度，以及对县气象工作的肯定。做好虫草采挖期间的专题气象服务，同时把每天的天气预报用传真，或其他方式发送给每个虫草采挖驻点上，使气象服务和防雷宣传知识受惠于广大农牧民。通过微信平台发布每日天气预报。5月中旬，将每日制作的电视天气预报提供给网信办，达到气象局天气预报服务正式通过互联网这一新的形式进行发布。

【社会管理职能】 推进气象防灾减灾工作　严格落实那发改〔2013〕309号、藏财综字〔2013〕71号文件的精神。对全县4家易燃易爆场所进行检测，下达整改通知2份，常规检测单位4家。新建建筑防雷图纸审核17份，完成县2013—2016年公租房项目、县第二小学扩容工程、县卫生服务中心等防雷接地的制作和施工指导工作。

做好防雷减灾宣传工作　为确保人民群众生命财产安全，虫草采挖期间，县气象局提早谋划加大气象防灾减灾的宣传力度，到8个乡镇，25个采挖点进行防雷宣传，共发放宣传资料4000册、雨衣800件、杯子400个。覆盖面达到70%，受益群众在30000人/次左右。

【“三农”工作】 比如县气象局通过“三农”专项资金完成四个乡（镇）气象信息服务站的建设，并配套相关的硬件设备，根据2015年“三农”专项实施方案，积极与县委县府沟通协调，得到县委县政府的高度重视，分别在资金、政策上给予大力支持，完成建设任务。

【安全生产】 按照《比如县2016年“安全生产月”和“安全生产西藏行”活动实施方案》的要求，结合单位实际，积极开展易燃易爆、人口密集场所的防雷装置安全检测工作，做好新建建筑物防雷工程验收工作，督促受检单位按照防雷规范及要求对存在安全隐患的防雷设施及装置进行限期整改。严格落实“防火灾、防盗窃、防爆炸、防泄密、防事故、防纠纷”六防措施，定期或不定期地开展安全隐患排查和整改治理。加强对所属出租房屋开展安全生产和住户排查，做到“查人知房、查房知人”，确保住户清、人员清、身份清、情况明。严格落实领导在岗带班制度，严格执行敏感时段和节点的24小时值班带班制度和人员车辆出入盘查登记制度。健全突发事件处置和应急协调机制，畅通信息报送渠道。

简略语注释

一个中心、两件大事、三个确保：一个中心，就是要以经济建设为中心；两件大事，就是要抓好发展和稳定两件大事；三个确保，就是要明确经济社会由加快发展向跨越式发展，确保社会局势由基本稳定向长治久安发展，确保人民群众的生活水平不断提高。

八破八立：破除畏难等靠的情绪，树立锐意进取的意识；破除精力分散的倾向，树立聚焦发展的意识；破除资源依赖的定势，树立转型发展的意识；破除无所作为的状态，树立勇于担当的意识；破除大而化之的习惯，树立精准法力的意识；破除封闭保守的思想，树立开放的创新意识；破除计划经济的思维，树立市场经济的意识；破除急功近利的心态，树立久久为功的意识。

六动措施：强化民生先动、市场推动、项目带动、金融撬动、创新驱动、环境促动。

三条底线：和谐稳定、生态保护、安全生产。

精准帮扶：针对不同的贫困区域环境、不同贫困农户状况，运用科学有效程序对扶贫“八看”即一看房、二看粮、三看劳动力、四看有没有读书郎、五看车、六看牲畜、七看虫草采挖人员、八看其他收入扶贫对象实施精准识别、精确帮扶、精准考核、精确管理的致贫方式。

“321”干部结对帮扶贫困户机制地级和正县级干部结对帮扶3户、副县级和正科级干部结对帮扶2户、副科级和一般干部结对帮扶1户。

“三大园区、八大基地”：工业产业园区、民族手工业产业园区、文化旅游产业园区和能源建设基地、奶牛养殖基地、生猪养殖基地、蔬菜种植基地、饲草料种植基地、牲畜反季节育肥基地、建材生产供应基地、商贸物流基地。

城建 · 环保

城建·环保

环境保护

【环境监测工作】 为全面掌握比如县的环境质量状况，2016年年初制定《2016年比如县环境质量监测方案》上报自治区环保厅，得到批准后，比如县于第三方天晟源环保责任有限公司签订《比如县环境质量监测合同》，组织开展一年四次的环境质量监测工作，定期将环境质量数据报送上级环保主管部门，监测报告显示，比如县县城建成区环境空气质量达到《环境控制质量标准》（GB3095—2012）二级以上且不低于上年。地表水环境质量达到《地表水环境质量标准》（GB3838—2002）Ⅲ类以上且不低于上年。

【污染防治工作】 *倡导群众使用清洁能源* 县环保局在开展宣传活动中，大力宣传煤炭、汽油、柴油、煤气等能源在使用中对空气的污染和破坏，积极教育引导群众使用太阳能、沼气等清洁能源取暖、用电和生活。

控制污染物排放 县环保局以环境保护专项检查为契机，对比如县商砼站、协和砖厂等排污较大的企业，排污种类进行摸底，完善一厂一档信息录入工作，要求每季度做一次监测，存在污染超标现象，立即停业整顿。开展县城建筑工地扬尘污染防治检查工作，共检查10个单位，无杨尘防护措施的2个单位。

加强白色污染治理 开展禁止“白色污染”工作为改善人居环境，比如县环保局每年均下发了禁止“白色污染”的通知，在全县大力开展“禁白”活动，要求各商户严禁使用一次性塑料袋销售商品，一律使用环保袋。

加强医疗废物监督管理 严格落实《医疗废物管理条例》，卫生服务中心医疗废物将进行分类在专门的储藏室进行临时堆积消毒，并派专人进行管理。并根据《关于加强我区危险废物（含医疗废物）规范化管理工作通知》和那曲地区环境保护局、那曲地区卫生局（计生委）《关于开展医疗废物集中收集转运处置工作的通知》文件要求，督促卫生服务中心依据《医疗废物集中处置技术规范（试行）》规定建设符合环境保护和卫生要求的医疗废物暂时贮存设施，配备低温贮存或防腐设备，并设置明显的警示标识，配合第三方做好医废转移联单工作。

【环境综合整治工作】 年初，与各乡镇签订《建设美丽比如目标责任书》，分解落实环保任务到各乡镇，确保环保任务落实到位。结合实际制定《2016年环境综合整治实施方案》，深入开展环境综合整治工作，各乡镇、村庄环境得到明显改善，农牧民群众的幸福指数得到进一步提高，为实现建设美丽比如奠定良好的生态环境基础。

【建设项目环境工作】 严把环境准入关，严格落实建设项目环境影响评价及“三同时”制度，对所有建设项目认真办理环评登记和备案手续，环评委托权限不在县上的项目，要求项目单位及时将上级审批的环评文件进行备案，建设项目环评执行率达到100%。截至年底，共办理环境影响评价登记表101个、备案表15个、验收9个项目；每个项目实施前，由县环保局与业主签订《建设项目环境保护目标责任书》，定期或不定期地开展监察，2016年，共深入各工地检查30余次。

【申报生态村创建工作】 比如县环保局结合比如实际，编制工作方案，成立领导小组，并按照方案和创建指标开展宣传、摸排等工作，本着“成熟一个上报一个”的要求，县环保局认真细致的审核，符合条件的比如镇珠德村等15个村上报地区环保局和西藏自治区环保厅。

【环境监察执法】 抓好建设项目的环境监察执法 积极开展环保专项行动，强化监管，依法严肃查处环境违法问题，严厉打击环境违法行为。在项目建设特别是农村公路建设中，县环保局经常深入工地，认真检查施工过程中扬尘控制情况、噪音影响情况、废物排放情况等，一旦发现问题立即责令施工队限期整改。成立项目协调领导小组，以最小的破坏、最大恢复的原则，将所有的施工料场，严格按照环评要求，从选址到勘察、批复能够做到合法合规。2016年，县环保局共深入大小工地30余次，检查出环境问题2个，共下发整改通知单2个，在规定时限内整改完成2个。

开展环境隐患排查工作 县环保局结合实际，制定《2016年比如县环境安全隐患排查工作方案》，成立领导小组，由环保局牵头，联合各相关单位，对县城及乡镇饮用水源地、建设项目、医疗废物、重点企业等单位的环境安全开展隐患排查工作，建立台账，隐患排查中发现问题及时整改。

依法足额征收排污费 严格执行《那曲地区排污费征收标准管理办法》，对全县建筑领域、个体工商户、商砼站、协和砖厂足额征收排污费，全额上缴财政。建立环境突发环境事件应急机制，确保处突处级有序。按照“早预防、早发现、早报告、早处置”的原则，县政府出台《比如县突发环境事件应急预案》，成立比如县突发环境事件应急指挥部，建立健全突发环境事件应急机制，提高政府应对涉及公共危机的突发环境事件的能力。

加强执法能力建设 为提高比如县环保监察执法能力，县环保局着力加强环境监察执法人员培训，使执法人员在执法过程中做到文明执法、依法执法、严格执法。派专人前往地区跟班学习60天，主要学习建设项目环评办理和现场监察执法。

【环境保护宣传】 利用法制宣传节点及重要节点为契机 在“三月综治宣传月”、“6·5”环境保护日、“比如县第八届娜秀民间文化旅游艺术节及冬虫夏草交易会”、“9月19日平安宣传日”、“12·4”法制宣传日等各法制宣传日和节点，县环保局组成宣传队伍、印发宣传材料，加大对国家、自治区、地区关于环境保护的各项方针政策、措施对策等方面的宣传讲解，教育引导群众在日常生产生活中自觉保护生态环境，积极参与到保护环境当中来。

进学校、进村庄、进牧区 积极开展环境保护方面法律法规的宣讲活动，包括《中华人民共和国环境保护法》《中华人民共和国森林法》《中华人民共和国野生动物保护法》《森林防火条例》等，边发放、边讲解，不仅使群众认识到破坏环境、砍伐林木、捕猎野生动物要受到法律制裁和处罚，而且更让群众进一步树立环境保护的意识，认识到创建和保持良好的生活生态环境对社会发展的重要意义。

开展主题明确的宣传活动 在今年的4月和6月，分别开展以“生态创建、建设美好家园”和“学法、守法、执法、山绿、水清、天蓝”为主题宣传活动，共悬挂横幅26个，教育引导群众5000多人，发放宣传手册2000余本，宣传画册900余份、咨询人数达到500余人。

【饮用水资源保护工作】 为确保比如县县城饮用水源水质安全，县环保局加强饮用水源地环境保护工作，申报和实施饮用水源地环境保护建设项目，对全县10乡镇和县城集中供水点环境隐患排查。

【排污费征收工作】 根据比如县2008年出台《比如县排污费征收实施方案》、制定收费标准并在县物价局申请领取收费许可证。

2016年9月底，办理排污许可证463本，征收排污费共304153.2元，并全部上缴财政。

【项目情况】 2016年,根据《关于开展2015年地区农村饮用水源地保护工程的通知》和《关于开展2016年地区农村饮用水源地保护工程的通知》的文件要求，比如县组织实施2015年和2016年的农村饮用水水源地保护建设项目，共有40个点位，总投资388万元，均建设完毕。

【环境保护考核自评工作】 高度重视，积极支持，全力保障环境保护考核工作扎实推进。根据《西藏自治区环境保护考核办法（2016年版）实施细则》的文件精神，成立由副县长任组长，环保局局长任副组长，其他单位负责人为成员的环境保护考核工作领导小组，全面负责考核各县工作。比如县环境保护考核小组根据实际情况，将18项考核内容层层分解到县直各相关单位及各乡镇，任务明确、加强沟通，提高资料质量，严格审核，确保环境保护考核工作的真实性、准确性。

比如娜秀城市建设投资有限公司

【公司基本情况】 比如县娜秀城市建设投资有限公司于2014年9月1日正式成立，系由那曲地区比如县人民政府发起设立的国有独资企业，房地产开发三级资质，注册资金2亿元，公司实行执行董事管理下的总经理负责制。公司共有7名工作人员，其中：执行董事兼总经理1名；财务工作人员2名；项目管理人员2名；相关业务工作人员2名，均为国家公职人员。为提高娜秀岭小区销售业绩，专门聘用两名本地待业青年进行楼盘销售工作。

【背景】 抓住财政部《政府和社会资本合作模式操作指南》及国家发改委《关于开展政府和社会资本合作的指导意见》这一有利时机，为解决比如县城市化建设进程缓慢的问题，借鉴兄弟地市的工作经验，在全县社会局势趋于平稳的前提下，发挥金融杠杆的作用；为引导群众正确的消费观念，改变比如县群众攀比消费、盲目消费的陈旧观念；同时，由于比如县经济模式属于投资拉动型，自身造血功能不足，加之，比如群众的收入来源单一，传统的牧业观念严重，牧业闲暇时间较长，群众走出去参加副业增收的情况很少，剩余劳动力多，为增加社会就业渠道，解决就业岗位，因此成立比如县娜秀城市建设投资有限公司。

【工作开展情况】 成立比如娜秀城市建设投资有限公司之后，正在投资、开发建设的项目主要有：比如娜秀岭项目，是由比如县娜秀城市建设投资有限公司投资打造的集居住、商业、休闲为一体的城市综合体，项目临近学校、医院、银行，地处比如县的核心区域，区位优势非常明显。娜秀岭小区作为全区首个规模最大、功能最全、与群众最为密切的小区，从建设之初就得到了县委、县政府极大的支持和关注，相继出台一系列政策加以推进本项目的顺利实施。通过合理整治和规划现有土地，杜绝以往土地价格随意炒高、产权不明、非法交易，甚至成为少数人员敛财的筹码的恶性循环的态势，使很多群众实现在县城内购房的夙愿，获得存在感。通过开发高规格的娜秀岭小区，改善群众的住房条件，完善商业配套设施，方便群众的就医、就学，极大地提升群众的生活品质，使群众充分感受到比如县社会发展的成果，享受现代化城市生活的同等待遇。通过与金融等相关机构的对接，对购房群众实施房屋总价50%的新民居建设低利息贷款，解决群众房款支付困难的实际问题。娜秀岭项目建设用地面积6万平米左右，总建筑面积18万平方米左右，地面建筑面积12.5万平方米左右，项目的容积率为1.9，每栋楼的距离严格按照规划要求布置，宽大的楼间距保证每栋楼房都有充足的采光和良好的通风要求；小区的绿化面积达到31.5%，大面积的景观绿化彰显小区的优良品质。小区的商业建筑约4.3万平方米，项目将着力打造具有浓郁民族特色的商业步行街，整个商业内将集中超市、百货、服装、品牌专卖店、家具、家电、工艺品、餐饮及休闲娱乐为一体的城市综合体，项目建成后将是比如县未来的商业中心，有效地服务于比如县7万多城乡居民、过往旅客及在比如县的经商人士，并带动辐射比如县周边区域，提升整个城市的商业服务及配套功能。小区的住宅面积8.2万平方米，共有住宅631套，项目建成后可入住3000余人左右，项目建筑外立面采用的传统的藏式建筑风格，具有浓郁的民族建筑特色，建筑物内配套有品牌电梯、生活给水二次加压供水系统，柴油发电机组双电源系统，断桥中空保温隔热隔音的铝合金门窗等一系列的高标准建筑设备设施，极大地提高了项目的品质。小区设置面积达4.7万平方米的大型地下停车场，可停放千余车辆，有效的解决比如县的停车难题。项目还配套建设功能齐全的幼儿园，保证为这里居住的每一个孩子提供舒适的教育环境，使其能够健康快乐地成长。

比如县内班线客运站：建设面积3224平方米，总投资859万元，比如县内班线客运站的设立，即可顺应市场需求迅速开通县内多条客运专线，届时将大大缓解比如县内交通压力、消除交通安全隐患，更可为农牧民群众的生产生活创造安全便捷的乘车环境，将进一步促进比如县经济发展、客运市场的正常规范和管理。

比如县防洪堤：建设总长度510米，预计投资1000万元，截至年底项目基础全部完工。防洪堤的建成，将减免人口伤亡、减免洪水淹没损失、提高防洪标准，增加土地利用价值；减轻防洪救灾的人力、财力、物力负担。

县内农村客运、出租车、驾校及汽车检测中心等项目申报地区有关部门，地区运管局同意比如县农村客运及出租车公司的成立，驾校及汽车检测中心正与地区交警大队协调中。客运和出租车公司作为城市名片，将成为提升城市形象的重要手段，在维稳工作中也能起到一定的宣传作用。

【社会经济效益】 增加就业岗位　随着娜秀岭小区建设的逐步推进，县城投公司成立物业、保安公司；出租车公司投入使用，客运公司将明年投入使用，为比如县适龄待业人员提供大批的就业岗位。使剩余劳动力投入到第二、三产业，增加农牧民群众经济收入。大力宣传和鼓励全县82家村办经济实体和经济合作组织、69个虫草主产村以及全县各寺庙在娜秀岭商业部分进行投资经营。进行精准脱贫产业贷款，贷款利率为1.08%，加快群众脱贫致富的步伐。客运、出租车公司投入使用后，既能改变以往落后的交通面貌，为广大群众提供快捷、便利的交通服务；同时利用出租车顶灯循环播放宣传标语、车身喷绘广告，在维稳宣传工作中起到流动宣传员的作用。以大拉小，推动全县经济全面发展。鼓励、发动全县经济实体在比如县的商业核心区域来发展，为他们提供一个更为广阔的平台，使之有更多的机会接触商机，加快其发展速度。对有发展潜力的项目，城投公司将直接介入对项目进行扶持，脱贫更多的百姓。通过项目的建成，不仅美化县城的整体环境，使商业区实现高度的统一和集中，还能极大的刺激消费，吸引更多的经销商和旅游人士前来投资经营，从而带动整个比如县的经济发展。

国土资源管理

【土地使用情况】 根据“十三五”城市总体规划，加大推动比如县储备地的储备量，按照相关要求，完成对县城周边玉贡村、章达村、莫瓦村、丁嘎村、央然村、夏乃村、粮食储备库对面农用地的征地工作，通过宣传、教育、测量、签订征地协议等相关程序完成农用地征收1299.74亩，共需征地补偿费19496100元，确保比如县房地产开发、莫瓦村工业园区建设和其他各类用地的持续、健康、稳定发展。

积极协助乡镇全面展开征地工作 共征收农用地827.11亩；茶曲乡幼儿园建设用地3.11亩、白嘎乡乡镇规划建设用地604亩、莫瓦村武警支队建设用地220亩。大力推进项目选址，确定建设拟建位置。根据比如县总体规划及建设要求，加大对新增建设项目选址工作，通过实地勘查，结合新建项目类型，完成茶曲乡、恰则乡农行营业所建设选址；香曲乡丁嘎村、比如镇莫瓦村、良曲乡瓦达自然村3处料场选址；县城公共卫生间、污水处理厂、垃圾转运站选址，初步拟定县城垃圾填埋厂、558国道料场、省道比那县公路建设的沙石料场开采和取料范围选址，确定建设拟建位置和范围。

加大土地出租力度，确保发挥最大效益 为使各类储备用地发挥最大效益，比如县加强招商引资力度，共引进11家企业，并根据企业建设需求及实际地形地貌，以土地出租方式划出18宗地、面积112587.23平方米，其中：17宗地位于比如县莫瓦塘村工业园区，面积110587.22平方米亩、另1宗地位于比如镇玉贡村，占地面积3亩。

加大拆迁整改力度，确保项目及时落地 为使比如县“十三五”规划项目能及时落地，根据建设需要，对影响建设需进行拆除、搬迁的建筑物加大拆除力度，通过以房换房、现金折算等方式进行补偿，共征用拆除影响558国道建设的民房14户、围墙9处，影响比如县总体规划（2011~2030）建设的县中学对面民房3户、修理厂1间，章达培训中心，温室大棚1座，新建客运站4座。被征用拆迁的房屋大部分补偿到位。群众权益保障到位，加大办证发证力度。

有序开展农村宅基地确权登记办证发证工作 比如县农村集体土地所有权确权登记共8580宗，面积13.9338平方公里，于2014年年底顺利通过自治区国土资源厅验收，除去部分公共用地外，群众宅基地集体土地使用证发证完毕，发证率达到100%。

有序开展国有土地登记发证工作 今年来，国有土地使用权登记发证27宗，在办理过程中严格做到权属来源、界址清楚无争议，面积准确，登记规范，在登记时手续齐全的当天受理、实地测量、办理证书、发放证书，提高办证、发证效率。

全面统计历年来国有土地使用证办理情况 按照字号（年份、办证号数）、土地使用权人、图号、坐落、地号、地类（用途）、使用权类型、使用权面积等一一录入电脑系统；并根据年份，详细分出使用权类型（划拨、出让、转让）和地类用途（住宅、行政、交通、宗教、教育等及其他）用地数量。经分类和统计，比如县共办理国有土地使用证512宗。使用权类型为出让用地30宗、转让用地3宗、划拨用地479宗；地类用途为住宅222宗，住宅、行政、交通、宗教、教育等及其他用地290宗，面积为3825833.916平方米。

【土地利用总体规划】 *加强耕地保护目标* 全面落实比如县经济考评目标和乡镇耕地保护情况。层层签订耕地保护责任书，逐级分解落实保护责任，对新增的建设用地加大审核力度。今年来，共审核新建、改扩建项目330个，耕地所占用地总面积的比例不到10%。

不断调整基本农田面积 比如县在二调时，全县耕地面积为2071.47公顷，耕地占基本农田的99%。经统计，不在册或图地不一致的

达3825亩，退耕还林还草的979亩，调整后的基本农田占耕地总面积的83.54%，同时，调整后的数据上报地区国土资源局。

多筹并举，初步拟定永久基本农田划定实施方案 根据西藏自治区国土资源厅、西藏自治区农牧厅关于全面划定久基本农田实行特殊保护的通知（藏国土资〔2016〕76号）、关于转发《西藏自治区国土资源厅、西藏自治区农牧厅关于全面划定永久基本农田实行特殊保护的通知》的通知（那国土资〔2016〕239号）文件要求，县国土资源局通过多次与永久基本农田划定专业队伍衔接，签订永久基本农田划定合同书，并初步制定永久基本农田划定实施方案、成立领导小组，并结合比如县实际，多次与专业队伍沟通衔接比如县的实际困难及想法，并初步拟定划进和划出区域，确保在下步工作中永久基本农田划定工作能顺利展开。

严格规范，及时调整土地利用总体规划 为切实加强“十三五”项目实施，合理运用每一寸土地，避免项目落地时占用更多基本农田，国土资源管理局于2015年初步完成全县土地利用总体规划编制工作，但许多单独选址项目未纳入到土地利用总体规划中，通过全盘考虑，并结合比如县城乡总体规划，以及比如县今后一段时间经济发展、城乡建设为统筹，对土地利用编制中存在的问题及时与专业队伍进行沟通、协调、修改，将良曲乡贡萨寺到县城、县城至香曲乡丁嘎村、县城至南岸新区、茶曲乡旅游景区、白嘎乡城镇化建设统统纳进土地利用总体规划中。

【地质灾害防控】 比如县处于地质灾害频发区域，在详细分析总2015年度地质灾害存在问题的基础上，积极探索新的思路、新的做法；积极配合专业队伍深入全县地质灾害分布点进行实地调研、核实，共有隐患点109处，主要以滑坡、塌方、泥石流为主；结合全县实际，做好充足准备，下发《比如县地质灾害防治实施方案》、《比如县地质灾害应急预案》、《比如县国土资源局关于进一步加强和提升地质灾害防治工作的通知》（比国土资发〔2016〕117号）、《比如县各乡(镇)地质灾害隐患点野外调查汇总表》，成立“比如县2016年度地质灾害领导小组”，与各乡镇主要领导签订《比如县国土资源局2016年度地质灾害工作目标责任书》；借助“三月法制宣传月”“六月平安宣传周”“九月平安宣传日”“章达培训课”之际，加大地质灾害防治宣传力度，发放地质灾害宣传图册200余张。加大节假日、汛期、国庆假日期间及易发生地质灾害区域的排查、巡查、值班力度。协同专业队伍及相关部门多次到香曲乡恰如寺、旺乃村、良曲乡贡萨寺等进行调研。2016年，比如县未因地质灾害发生一起人员伤亡事故。

【执法监察】 *加大力度做宣传，全面统计沙石料开采情况* 根据《中华人民共和国城市规划法》《中华人民共和国土地管理法》《中华人民共和国土地管理实施条例》《中华人民共和国矿产资源管理法》《比如县2011—2030总体规划》，利用“三月法制宣传月”“六月平安宣传周”“九月平安宣传日”及借助“章达培训中心”授课之际，进一步加强“合理利用土地资源”“节约集约利用土地资源”的宣传教育，正面引导农牧民群众自觉、合理、合法利用土地资源、合法合规开采沙石料资源，使群众与企业能按合法例规程序办理。截至年底，登记办理的沙石料场取料点共22家，资源管理费60264方、301320元。

加大排查巡逻力度，确保及时发现制止 为防止县、乡周边群众私自乱圈、乱占、乱围土地、私自修建房屋，私自开采沙石料，县国土局定期对县、乡周边新、改、扩建项目，317国道和558国道沿线等区域进行地检查，全面掌握县乡周边、317国道、558国道沿线土地使用、沙石料取用、手续办理等详细情况。

严厉打击违法用地、违法违规取料、有序调处土地（矿产）资源纠纷、破坏草场行为 为遏制乱占乱建、非法买卖土地、私自开采沙石料、浪费资源等违法违规行为、依法依规维护企业及群众合法权益。今年来，共查处4起违法违规操作行为，对违规开采的，要求停工整

改，验收合格后方可继续开采。成功调处土地（矿产）资源纠纷2起，处罚草皮破坏1起。

【不动产登记工作】 为深入贯彻落实中央、自治区、地区一系列关于不动产统一登记工作的安排部署，确保比如县不动产统一登记工作顺利开展，2016年1月向县编制办提交《关于申请案，为下步地质灾害治理打下了坚实基础；将地质灾害防治工作纳入到今年经成立不动产登记局的请示》，明确比如县不动产登记机构设置及其主要职责，在征得县编制办同意后，于4月5日正式挂牌成立比如县不动产登记局。办公地点设在国土资源局，人员也于4月5日入驻办公，不动产登记中心职能机构整合工作完成，同时，多次派出不动产登记局工作人员前往地区国土局参加不动产登记业务培训。

【精准扶贫】 根据县扶贫攻坚指挥部相关要求，比如县国土资源局干部利用周六、周日或其他节假日时间，多次到帮扶对象家中进行走访调研，通过了解掌握帮扶对象家庭的基本情况、致贫原因，根据不同的家庭情况、贫困原因，经过深刻分析、研究，初步拟定脱贫基本方案和对策。

【工作荣誉】 比如县国土资源局自治区国土资源厅评选的自治区先进集体称号。

住房城乡建设

【城建重点工程】 保障性住房方面 比如县2016年保障性住房项目共计9项，项目总投资56034.989万元，其中新建5项，总投资23465.24万元，续建4项，总投资32569.749万元。

新建项目5项 2016年比如县县直干部职工周转房项目50套，项目总投资1149.89万元。2015—2016年棚户区改造建设，项目总投资5184.5万元，该项目已开工建设。一号院周转房工程项目总投资为8232.88万元，建筑面积为20395.25平方米，共三栋楼均为11层建筑、198套周转房，全面完工,并投入使用。第一公务员小区二期周转房工程项目开工建设共计3栋楼，总投资5539.08万元，总建筑面积为14446平方米，共180套，进度达80%。2013—2016公租房项目于2016年4月开工建设，进度达90%，项目总投资为2678.89万元，面积为7199.17平方米；2015年公租房项目68套、投资680万元。

续建项目4项 2014—2016年乡镇周转房项目共计11项482套，项目总投资6769.83万元，除达塘乡外，其余九个乡镇、10个标段全部投入使用。比如县二号院建设项目220套，项目总投资5736.98万元，完成160套。比如县2013年公租房项目共120套，项目总投资1104万元。南岸新区第二公务员小区，总投资为18958.939万元，地上建筑面积为34976.04平方米，地下及基础面积为13464.44平方米及附属工程。

县城绿化建设方面 2016年全县开工建设园林绿化项目3项，项目总投资3814.199万元，总面积19150平方米，分别为比如县怒江岛公园建设，项目总投资3243万元，总面积18300平方米，累计完成投资972.9万元；县城迎宾大道人行道绿化，总投资151.1990万元、总规模850米；白嘎乡中心公园，项目总投资为420万元，该项目完成初验。

县城市政道路建设方面 开工3项，总投资17558.7526万元。比如县5条支路今年年初开工建设，项目总投资为234.8526万元，总长0.537公里，南岸新区市政工程建设，总投资8120.71万元，规划1~6路分别为771米、158米、226米、229米、191米以及截洪沟、双波梁钢护栏、排水明沟等附属开工，工程进度达10%。白嘎乡老城区市政道路824米、总投资为2000万元，完工并验收；白嘎乡新城区市政道路，总投资为7203.19万元。

县城供水、排水建设方面　县城供水项目，该项目建设规模为：新建综合楼建筑面积332.64平方米，配电房74.93平方米，以及制水车间、送水泵房、辐射井取水泵房、深井泵取水泵房、围墙、正厂区工程、市政管网工程等，项目投资3298.50万元。县城排水项目，该项目建设规模为：土房工程78980立方米，雨水工程18783米，污水工程12660米，拆除恢复工程8620米；项目投资3210.34万元，其中建筑安装工程费2764万元，基本预备费152.87万元，其他费用293.47万元，2016年8月开始实施全县供水。

【基础设施建设】　县城生活垃圾填埋场项目，10000平方米，总投资2199万元，前置手续完成，待招标。

【行业管理水平】　扎实开展工程质量治理两年行动。落实好工程质量终身负责制：即“两书一牌”、施工资料等，县住建局及时出台《关于完善施工现场相关资料的紧急通知》，专门建立项目信息档案库，要求工程竣工验收合格后，必须设置永久性责任标牌，“责任标牌”必须载明工程名称、开竣工日期、建设、勘察、设计、施工、监理、图审、检测机构全称和项目负责人姓名；标牌年限应为建筑物的使用年限。截至年底，共签订160余法定代表人授权书和工程质量终身责任承诺书，设置7个项目的永久性责任标牌。加大质量安全巡查力度，每周不少于两次项目质量监督检查、每月不少于三次施工违法整治行动。专派工作人员分片管理重点项目建设。在比如县南岸新区建设、香曲乡工业园区建设、老城区建设、乡镇周转房建设、北岸防洪堤建设、棚户区改造建设、异地搬迁安居楼建设等重点项目施工现场以现场蹲点形式专派工作人员分片管理项目安全、质量、进度等方面问题，做到项目建设过程中存在的问题第一时间整改，确保项目保质保量如期完成。截至年底，组织安全生产大检查 50场次，整改通知单55份，停工通知单23份，限期整改45处，当场整改68处。

【主要工作】　开展比如县“十三五”重点项目前置手续办理工作。积极联合相关部门办理比如县“十三五”期间重点项目“三证一书”办理工作，截至年底，共办理527份“三证一书”。排查比如县冬季停工期间工地安保落实情况。2月，县住建局联合相关涉项单位，对比如县所有国投项目在冬季停工期间工地值班人员安排情况、现场防火防灾情况、突发事件应急预案制定情况等方面进行检查。共检查25个大项目，16个小项目。县住建局将综治宣传工作作为首要任务，召集单位全体员工召开“三月综治宣传月”“六月综治宣传周”“九月平安宣传日的活动”工作进行安排部署会，制定活动实施方案、三月维稳工作处突预案、三月维稳工作风险评估等相关材料。开展老旧房屋拆迁工作。为比如县县城总体规划顺利实施，3月中旬，比如县老旧房屋拆迁工作的总体要求，县住建局主要领导组织单位内部工作人员，联合县国土局执法大队工作人员，对比如县布曲路沿线、水电公司沿线老旧商品房、老文化局办公楼和商品房等进行拆迁，为比如县县城规划顺利实施，奠定良好的基础。

交通·运输

交通·运输

公路养护

【区域交通现状】 比如县交通运输局组织实施2015年6个续建项目，加快2016年度3个新建项目的建设进度。10月19日随着茶曲乡肥塘村水泥桥桥面铺装工作顺利结束，比如县全面实现建制村通达率100%的“十二五”规划目标。以“第二次全国公路普查”工作为契机，从完善区域公路通行能力出发，对全县农村线路布局进行调整，形成“以G317线、G558线为一纵一横的骨干线，以S205线为西南方向的走廊通道，以羊嘎线、比那线为补助通道”的比如区域交通网，得到自治区交通运输厅的认可。

【项目建设】 项目前期工作 比如县交通局对全县范围内的G558、G317沿线14公里内的85个行政村、寺庙、日追公路进行勘察设计工作，将其纳入路面硬化项目，总里程263.51公里，概算总投资96474.44万元。

通寺公路项目 比如县83处宗教活动场所，71处通达问题得到解决。根据农村公路项目后期程序，71个项目收尾工作进行顺利，顺利通过自治区财政厅、地区财政局评审中心的评审。

续建项目 比如县交通局2016年通村项目共6个续建，分别为比如县夏曲镇勒加库公路、比如县白嘎乡童囊村公路、比如县白嘎乡那如沟道路桥梁工程、比如镇香曲乡仲耐村热青钢架桥、比如县那曲河桥工程、恰则乡曲荣夺村桥梁工程。年底，除白嘎乡那如沟道路桥梁工程以外其余项目均交工。

新建项目 2016年新建项目共8个，其中第一批项目共3个，分别为达塘乡拉嘎村公路工程、达塘乡宗朋村牧场道路工程、恰日寺至隆牧自然村公路工程，总投资696.2334万元；第二批项目共5个，其中2个通达项目，3个通畅项目，分别为G317线至仲拉村公路工程、G317线至茶迁村公路工程、G558至吉日村公路工程、夏曲镇玛库村至热萨村通村公路工程、格康至格尼自然村公路工程，总资金达3827.4735万元。

【公路普查工作】 按照自治区交通厅统一部署，以建制村、宗教场所，以及5户，55人以上的自然村作为主要控制点，以打通断头路为重点，7月23日至9月14日，开展公路普查外业数据采集工作，外业采集工作全面结束，其总行车里程16973.56公里，涉及10个乡镇、175个建制村、81处宗教场所、203个自然村。为顺利完成那曲地区公路路线分布图的拼接，10月17日，根据地区交通运输局的统一安排，派专人前往地区集中整理内业资料。11月15日通过“数据”“地图”两项审核，并完成线路数据串号工作。

【养护工作】 养护路线情况 比如县建制村通车数达175个，农村公路路线总数为60条，总里程为1104.709千米，通车里程达637.654千米，其中县253.374千米，乡道112.014千米，村道272.266千米。其中34条线路被列入自治区农村公路管理局农村公路养护小修保养情况月报范畴之内，其总里程为589.024公里。

养护与保通工作开展情况 为保障比如县群众安全出行，县交通局对全县范内重点农村公路地段进行了安全排查及隐患消除。年初，制定《农村公路修复工作方案》，统筹安排农村公路养护资金30.53万元到各乡（镇）人民政府，以各乡（镇）人民政府为主体，对全县农村公路进行了全面修复。5月，为保证2016年虫草采集期间农村公路通达；统筹安排农村公路养护资金25万元到各乡（镇）人民政府，以各乡（镇）人民政府为主体，对全县受损农村公路进行修复。10月，为全面修复比如县农村公路水毁路段及其他病害，统筹安排农村公路养护资金97.03万元到各乡（镇）人民政府，以各乡（镇）人民政府为主体，对全县受损农村公路进行修复。

养　护

【养护工作现状】 比如公路段于2015年12月由原来的省道S303线提升为国道G558线。在公路养护方面按照国道要求采取机械化作业，运用新型的施工工艺处理病害，在路面病害处理方面，使用加热再生补胶（新型沥青）对路面病害采用集中处理的方式，既减少环境污染，又提高质量标准和工作效率，还有效的节约养护成本及养护操作人员。过去的养护模式逐渐被现代化工艺取代，对上路作业人员的人身安全也得到有效保障，减少作业人员人身不安全因素的发生率，同时也降低养护一线员工的劳动强度。为过往通行人员创造良好的出行条件，突出抓好公路养护标准化、规范化、人本化，坚持上路巡查常态化，层层抓落实排除各类安全隐患，经常开展《中华人民共和国道路安全法》法律法规的宣传教育。

【养护开展情况】 比如县公路段认真贯彻全区养管工作会议精神，始终遵循“建设是发展，养护管理也是发展，坚持畅通主导、安全至上、服务为本”的养护管理方针，克服各种自然灾害、水雪毁等影响公路使用寿命的不利因素，全体职工团结协作，踏踏实实完成各项养护任务。布龙工区管辖范围42公里大、中修工程有序的施工中。其余路段因气候原因，雨水多造成泥石流、塌方，桥、涵损坏现象时有发生，累计投入养护大、小机械54余台次（包括加班、超时工作班次），投入养护一线的抢修人员70余人次，路面挖补5600平方米，整修灌缝60公路，维修清理修4350平方米，清理涵洞146次，清理公路管辖范围周边环境垃圾38次，做到有问题及时处理，有隐患及时排除，全力保障管辖范围道路的畅通，打造“人阳光、路和谐”的公路品牌形象，逐步实现国道G558线公路养护的“机械化、规范化和优美化”。

【维护稳定工作】 县养护段始终按照上级主管部门的要求及比如县委县府的要求，把维护稳定工作放在首位，始终坚持24小时带班、值班制度，认真完成好维护稳定工作。

【工作荣誉】 比如公路段党支部获得地区交通运输局的高度评价和肯定，并代表六个养护段支部做发言交流。

简略语注释

党的“四条路线”：政治路线、思想路线、组织路线、群众路线。

“四个自我”：自我净化、自我完善、自我革新、自我提高。

党的“六大纪律”政治纪律、组织纪律、廉洁纪律、群众纪律、工作纪律、生活纪律。

“四个考验”：执政考验、改革开放考验、市场经济考验、外部环境考验。

好干部“五条标准”：信念坚定、为民服务、勤政务实、敢于担当、清正廉洁。

心中“四有”：心中有党、心中有民、心中有责、心中有戒。

“六有”政治局面是：又有集中又有民主、又有纪律又有自由、又有统一意志又有个人心情舒畅生动活泼的政治局面。

“三会一课中的制度”：“三会”是定期召开支部党员大会、支部委员会、党小组会；“一课”是按时上好党课。

邮政·通讯

邮政·通讯

中国电信比如分公司

【业务工作】 2016年，电信分公司全面推进划小承包和倒三角支撑体系建设的一年。1—10月累计完成主营业务收入577.7万元，完成年度目标673万的85.8%,达到分公司时序进度。

业务销售情况 1—10月销售业务3369户，完成年度目标3430户的98.2%,达到公司时序进度0.68%。

宽带业务销售情况 1—10月销售宽带业务717户，完成年度目标380户的188.7%,超过公司时序进度。1—10月宽带业务净增513户，完成年度目标190户的270%,超过公司时序进度。1—10月移动业务净增621户，完成年度目标800户的77%

移动过往市场份额情况 移动过网市场份额增长缓慢，截至10月，比如电信局移动过网市场份额仅为27.73%，较上一年仅增长0.68%。

维系保有指标完成情况 10月宽带出账用户月均离网率为1.66%，超过1.30%控制目标0.36个百分点；移动出账用户月均离网率4.38%，超出控制目标0.98个百分点；中高端拍照用户保有率为72.21%，低于考核指标11.79个百分点。

【工作经验和亮点】 双规模发展较好，特别是宽带已经在当地树立起电信业务品牌，为宽带业务在比如县的全面占领奠定基础；翼+卡推广较为成功，5元+50元畅聊包形式的翼+卡逐步打开农村市场;以3G网络优势带动移动业务发展。

比如县移动公司

【基站建设】　比如县分公司成立于2006年3月，截至年底，分公司用户数达到3万余户，基站数达到接近200余座，其中县城、乡镇移动覆盖率达到100%，移动光缆长度达到1000余公里，杆路长度1100.89公里。分公司网络建设的迅速发展，为地区重大节日和会议、虫草采挖、政治稳定等提供有效的通信支持和保障。

【基础管理】夯实工作责任，加大检查、考核、奖罚力度，完善各项激励措施；全面完善《财务管理制度》《车辆管理制度》《绩效管理制度》以及《生产经营管理制度》。以创新管理作为提高企业经营效益的重要保障。按照现代企业的管理要求，实行民主管理，加大员工交流轮岗力度，形成人员动态管理机制，通过宣传、培训及制度建设，强化项目管理，注重企业文化建设党风廉政建设，鼓舞员工士气，营造良好的企业氛围。

【队伍建设】重视员工队伍建设，合理地进行岗位分配。对内部员工提出知识化、专业化的要求。通过进一步完善稳定和优化员工队伍。对社会营销渠道加强管制加强各项业务的专业化，积极扶持其代理商开设移动卖场，在公平一致和风险可控的前提下，通过优惠政策和人情投入调动其销售的积极性。在乡镇代理建设的基础上积极投入并优化村级信息服务工作，利用配备信息机制强化销售和服务职能。公司的整体队伍建设得到进一步的延伸。

【文化建设】　不断开展爱国守法、明礼诚信、团结友善、勤俭自强、敬业奉献的公民道德教育和以企业精神、经营宗旨、服务理念为主要内容的企业文化教育。公司大力支持员工积极参与社会各项活动。

【公益活动】　积极参与社会各项公益活动，敢于承担社会责任。在比如县教体局的指导和组织下2016年9月打响比如县首届足球联赛。借此机会移动分公司为“比如县首届足球联赛”提供赞助。在县委、县政府积极投入一对一帮扶工作当中，为达塘乡牧民其美旺增发放慰问品。

邮 政

【业务收入完成情况】 2016年比如分公司邮政业务总收入完成151.4万元，完成年预算进度98.2%，同比增长2.82%。

【工作开展情况】 结合比如邮政全年业务发展情况，通过各种会议、培训、学习做好员工观念转变工作，将观念教育和引导相结合，在日常经营管理工作中，使员工理解、支持企业的改革，增强凝聚力，激发潜力，树立“邮政靠我生存，我靠邮政发展”的理念，从而调动职工发展业务的积极性。认真开展全面提升邮政服务质量专项活动，以资金安全、规范服务，基础管理，两岗履职为重点开展视检工作，经常深入生产部门、各乡邮政所现场检查指导，不断强化为邮政企业经营工作保驾护航的作用。同时按时对监控岗位履职情况进行监督检查并对各部门、各单位的兼职检查人员的履职情况进行监督检查。按进度对县分公司各生产部门、各乡邮政局（所）现场进行各项业务检查，有效地提高通信服务质量。严格按照二频次邮件处理作业监督检查，提高邮件及时率。

【业务管理工作】 不断加强乡邮管理工作 针对空白乡镇邮政支局所建设工作中存在的问题，加强与当地政府、发改委、邮政管理局等相关部门的协调、沟通，加快推进补白网点的建设工作。本着实事求是、因地制宜的原则，采取各种有效措施，同时结合当地实际与乡镇政府、个体工商户、电信、移动运营商和乡邮员开展合作，10个网点全部运营，实现全覆盖的目标。

网运管理水平进一步提升 关于邮运环节，重点对总包发运计划、邮路准班准点、卸车及时、运输安全等管理规定执行情况加强管控。

代理金融网点自助服务能力稳步提升 继续大力推进邮储银行电子渠道建设和发展，顺利完成2016年比如县CRS机的安装工作，有效丰富服务产品，极大方便用户，更多的用户选择使用网上银行等自助服务，节约邮政资源投入，增强企业竞争力。

【企业和谐建设】 党建工作进一步加强 深入开展“两学做”学习教育。比如县分公司全面按照中国邮政集团公司党组和自治区邮政分公司党组的统一部署，贯彻落实《那曲地区分公司关于开展“两学一做”学习教育实施方案》及《那曲地区党员挂牌亮身份 争做优秀党员争创先进党支部活动方案》，通过上党课，党群办安排各县党员干部撰写个人心得体会，做到学习教育与日常工作有机融合、相互促进，两手抓、两不误。通过开展各项纪检监察工作，加强对领导干部的监督管理，促进领导干部廉洁从政，提高廉洁自律意识，从思想源头上杜绝违规违纪事件的发生，切实增强干部员工守法、廉洁、反腐的能力奠定坚实的工作基础。

工会充分发挥职能作用 工会组织作为密切联系党和群众的桥梁和纽带，始终围绕企业中心工作服务为出发点，教育、引导职工将企业与职工切身利益形成共同体，积极参政议政，参与企业民主管理，团结带动职工为企业的发展献计献策，开展多种形式的劳动竞赛、岗位练兵等活动，激发职工的生产积极性，为促进比如邮政事业的发展发挥积极作用。今年，围绕企业发展，积极开展劳动竞赛活动，有效推动业务的稳步发展。

商 贸

商贸

商务

【落实惠民政策】 为切实做好家电、家具补贴政策工作，比如县商务局、财政局及时向主管县长汇报家电、家具下乡工作相关开展情况，并根据比如县的实际,认真制定《比如县2016年度家电家具补贴政策工作实施方案》。按照相关要求对各销售网点进行备案，并要求家电家具各销售网点统一制作横幅，对所售家电家具产品进行公示，以方便群众购买自己满意的家电家具补贴产品。县商务局联合县财政局及时给各乡镇下发《关于认真做好享受家电、家具补贴政策人员统计工作的通知》，要求各乡（镇）人民政府安排专人负责此项工作，认真核实调研符合补贴对象条件，对家中确实急需购买家电、家具且欲购买的农牧民和城镇低保对象进行统计登记，并发放家电、家具购物簿1500本。以比如县“三月法制宣传月”宣讲教育为契机，要求各乡（镇）人民政府要会同各驻村工作队、村（居）委会、双联户切实将家电、家具补贴政策宣传到各村（居）、户，做到家喻户晓，充分调动农牧民的积极性，确保家电、家具下乡补贴政策工作的顺利开展。并结合比如县7月25日至30日，举办比如县第八届娜秀民间文化旅游艺术节暨冬虫夏草交易会的契机，积极组织各销售网点开展家电、家具补贴政策的宣传和补贴产品的销售工作。为方便购买家电、家具补贴产品的群众及时兑现补贴，持购物簿的群众在购买所需家电、家具补贴产品时，根据购物簿上规定的补贴比率现场要求各销售网点予以兑现相应的补贴金额。

切实把好补贴资金的兑现审核关 由县财政局制定《家电、家具优惠政策资金管理办法》，明确管理、拨付、发放补贴的具体职责和操作程序。比如县商务局联合县财政局认真审核购买者补贴申报材料，及时支付补贴资金，定期检查和掌握补贴资金发放动态情况，加强补贴资金的财务管理，确保补贴资金专款专用和及时足额兑付；并要求各乡（镇）人民政府要把好源头关，要会同各驻村工作队、村（居）、双联户认真审核购买者的相关资料和购买家电、家具产品的真实性，才能在购买者家电、家具购物簿上签字盖章，防止骗补行为发生。

切实加强监督管理 比如县商务局联合县财政、工商、税务等相关部门在认真调研的基础上，根据比如县农牧民群众消费特点，向各销售网点提出销售建议，保障家电家具产品适销对路，并就产品促销活动提供指导和协调服务；要加强对各销售网点的监督管理，认真组织开展产品售后抽查，加大对备案销售网点的检查力度，抽查已售家电、家具产品的真实性和销售中的政策执行情况，防止骗补行为发生。并联合县工商、物价等部门要积极发挥其职能作用，针对家电家具优惠政策工作中可能出现的质量、价格等方面的问题，认真做好家电家具产品在流通环节的质量、价格、销售等监督工作。

建立举报投诉制度 设立“3623913”举报投诉服务电话，受理社会各界的举报和投诉。对社会的举报投诉要通过调查核实，按照有关规定，及时做出处理，维护市场秩序和农牧民群众权益。据统计，2015年结余资金是2165037.1万元，2016年补贴到位资金是2154000万元，2016年总资金是4319037.1万元。

【加碘盐推广工作】 按照地区商务局对2016年农牧民食用碘盐配送工作部署计划，为了有效推广加碘盐，实现消除碘缺乏病目标，4月13日，比如县人民政府与各乡（镇）人民政府签订《比如县2016年碘盐推广目标责任书》，确保2016年比如县农牧区碘盐覆盖率达到100%。

【招商引资工作】 2016年，招商引资项目：比如县川英商砼站、比如县鑫田建材市场、比如县奶牛养殖场、比如县川英沙场、比如县川英建材市场、比如县川英预制厂、比如县钢材水泥销售部、比如县天平检测中心、比如县中空玻璃加工厂、比如县机制砖厂、比如县鑫田沙场、比如县新型轻质隔墙材料厂、比如县废旧物品收购站、比如县藏式装修线条加工厂、比如县娜秀大酒店等投资项目共有18个，总投资达到11630万元，完成投资9960万元。

有效推进商贸经济发展，社会消费品零售总额稳步增长 落实国家关于拉动内需、促进消费的一系列政策，发挥好资金的杠杆撬动作用。2016年，目标任务需完成17054.58万元，地区要求比上年增长14%，比如县实际完成185497.71万元。

【维稳综治工作】 根据地区商务局的相关要求，比如县商务局结合工作实际，主动会同县安监、消防、公安、住建等相关部门联合开展市场安全大检查工作，切实严格要求加油站、液化气站等相关企业、商家要按照“谁主管、谁负责”的原则，严格落实领导责任制，做到职责明晰，任务明确，责任到位，工作到位，万无一失，严防重大火灾和安全事故发生，确保比如县安全生产形势持续稳定好转。比如县商务局按照县综治办的统一安排专人参加“三月综治宣传月”和“9·16”平安宣传活动。此次宣传活动中共发放以“创建平安比如”为主题的综治宣传材料250余份。3月，比如县商务局积极参加由县工商局组织开展的突击性食品安全大检查。切实严厉打击销售过期、变质、假冒伪劣食品的行为，进一步规范校园周边食品市场秩序，保护广大师生的合法权益。

【万村千乡工作】 积极做好“万村千乡”市场工程，加快新农村建设步伐，满足农牧民对日用消费品的需求。确保农家店商品质量合格，着力改善农牧民消费环境。2015年，农家店建设指标，比如县共有46个农家店指标，2个乡镇商贸中心，比如县商务局认真开展调研，并结合比如县实际完成46个农家店和2个乡镇商贸中心布点工作。确定的“万村千乡市场工程”各乡镇的布点为：比如镇6家、夏曲镇5家、恰则乡4家、达塘乡5家、茶曲乡5家、良曲乡5家、羊秀乡4家、白嘎乡1家、扎拉乡4家、香曲乡3家，乡镇商贸中心2家是：达塘乡1家、白嘎乡1家。商贸中心2家为：达塘乡商贸中心和白嘎乡商贸中心。

【电子商务进农村综合示范县项目】 5月26日，成功争取到全区电子商务进农村综合示范县项目。针对比如县虫草资源的优势，为走出一条符合比如县实际的电子商务发展路子，经过调研和反复论证，比如县电子商务进农村综合示范县项目将由比如县电子商务有限公司即比如县娜秀城投有限公司具体实施，同时，将由比如县援藏干部牵头，与浙江省宁波市电子商务创业园进行合作。比如县电子商务有限公司主要负责，组织农牧民专业经济合作社和个体工商户积极参与，对其相关土特产品进行收集，安排相关专业人士进行包装、拍照，并联系相关物流公司进行仓储、运输；同时负责比如县电子商务展示大厅的建设和维护等方面。浙江省宁波市电子商务创业园给予比如县提供关于电子商务网上销售平台、技术、人才培训、资金等方面的帮助和支持。

粮食公司

【业务开展】 储备粮成品粮轮换工作，按自治区人民政府要求部署，比如县粮食公司承储储备粮700吨，其中自治区储备粮大米200吨、面粉100吨，在12月30日之前完成轮换工作。保证储备粮储得进、管得好、调得动、用得上。完善粮食储备体系，防抗灾及三保学生粮食储存保管供应，能有效为应急体系服务。开展多种经营情况、从国家放开粮食市场以来，结合自身利用自身有利的地理位置，在比如县政府及自治区粮食局领导部门的支持下，发展商品房租赁和发展服务行业及努力探索开始向农产品特色加工行业发展，今年单位多种经营收入413万元，管理费用214万元、销售费用168万元、上缴国库18万元、利润13万元。

【供应“三包”粮食】 比如县粮食局按照比如县政府对比如县“三包”大宗物资采购进行公开招标，比如县粮食局参与招标并中两个标段，中标量有一年两个学期“三包”粮食供应，作为国有粮食企业，承担起捍卫“放心粮油”质量安全的责任，发动党员干部，并发挥党员先锋模范作用，以高度负责的精神严把质量关，杜绝以次充好、杜绝短斤少两，保证能够做到质优价廉，发挥自身行业的优势并参与比如县“三包”大宗物资（粮油），供应粮食170吨大米。

【粮食监督检查及流通统计工作】 随着粮食购销市场化改革的深入，粮食完全进入市场自由流通，非国有粮食企业成为经营粮食的主流，贯彻落实好粮食流通统计制度，掌握好非国有粮食企业的经营情况，建立健全粮食应急体系，监管全县粮食流通统计工作，全面掌握全社会粮食流通动态，为粮食宏观调控提供依据。

【社会管理综合治理工作】 比如县粮食公司把社会管理、综治维稳工作作为一项重要工作，不定期开展“反对分裂、维护稳定、促进发展”教育活动，加强职工政治思想知识的学习，营造学习型局班子的良好氛围。牢固树立社会主义荣辱观，坚持“四观”“两论”和“三个离不开”的思想和作风问题，热爱祖国，热爱西藏，热爱家乡。旗帜鲜明地维护祖国统一、维护民族团结、维护社会稳定、敢于同一切分裂破坏活动作斗争，所有职工思想上与党中央保持高度一致。

教 育

教　育

教育

【基本情况】2016—2017学年比如县共有各级各类学校22所，初级中学1所，小学11所，小学教学点1个，幼儿园9所。另有小学附设幼儿班4个。全县共有专任教师535人，其中县中学专任教师134人，小学专任教师371人，幼儿园专任教师30人。全县共有在校生15481人（含在外就读2619人），其中县中学在校生2347人，初中毛入学率93.92%；全县小学在校生8617人，小学入学率99.84%；幼儿园在园人数1898人，学前三年毛入学32.60%。

【各项业务】适度集中、联合办学，“大手笔”谋划教育基础设施建设 比如是那曲地区第二人口大县，也是教育大县，近年来，随着经济社会的发展，人口的增长以及群众对优质教育资源的需求日益旺盛，现有的办学规模难以满足需要。对此，比如县委、县政府以战略眼光对全县学校布局进行调整，从全力推进县域学前教育办学水平、提高小学办学条件、初中办学水平上新台阶等方面对全县教育重新定位和思考，以真正将比如打造成文化教育的新高地为目标，着眼促进公平，提升质量，整合资源，促进适度集中、联合办学，采取垫资、贷款和项目整合等多种形式修建第二小学、比如县第一、第二幼儿园、比如县第二初中。

依法规范全县教育系统财务管理制度 从源头上遏制住腐败的发生，规范教育系统“三包”大宗物资政府采购、公用事业经费支出等财务制度，根据《比如县人民政府关于印发比如县大宗物资采购管理办法》和《比如县人民政府印发关于进一步加强比如县教育系统科学管理的实施意见的通知》要求，对全县教育系统财务管理出台实施意见，明确教育系统财务科学管理的具体措施，推动比如县教育系统管理工作的规范化、科学化和制度化，受到全社会的好评。

在全地区开创财务管理新模式 充分发挥属地管理的模式，乡（镇）学校财务统一由乡（镇）政府财务所进行管理，县教体局、县完小、县中学财务由县财政局进行统一管理，校一级财务报销必须有乡镇主要领导签字方可报销，局一级财务报销必须要有局主要领导签字和财政局领导签字审核后方可报销。

规范全县学校“三包”大宗物资采购程序 在规范财务报销的同时，将教育系统三包大宗物资（包括学生冬夏装、学生床上用品、学习用品、粮油、肉类、蔬菜等）采购招标坚持质量优先最低价中标法，县教体局聘请县人大代表、政协委员和家长教师代表组成招标监督委员会，对学校三包大宗物资采购进行全过程监督和验收。同时，比如县对教育系统大宗物资采购经验进行全县推广，成立县采购中心，出台《比如县人民政府关于进一步规范执行比如县大宗物资采购管理办法》，进一步将招标采购工作程序化、科学化。

注重招标采购的同时，更加注重后期的验收和监督 通过政府公开招标，大幅降低成本，又有效防范廉政风险，取得良好的经济和社会效益。将省下来的钱继续用于为学生购买校服，以前只能买一套，现在可以买两套，增加学生校服的发放套数，学生冬夏装各发放两套。

加强对财务人员管理培训，提高财务从业人员技能和素质 2016年县委督查室对各学校财务管理进行为期一周的专项检查，县教体局对各乡镇财务所和学校兼职会计出纳进行专题培训，并进行一一考核，直到所有人员全部过关合格。

【教师队伍建设】 校长队伍建设上，探索实行学校党支部书记领导下的校长负责制、乡党委政府主要领导担任名誉校长的校委会议事制度。细化《书记校长考核制度》《比如县中层干部任免制度》等一系列制度，从制度层面规范教育系统的科学管理。根据《比如县学校中层干部任免制度》，对学校民主测评、教师推荐和乡镇考察，调整任命夏曲镇小学、恰则乡小学、达塘乡小学、白嘎乡小学校长、教学副校长、教务处主任等学校中层以上人员的职务，配齐配强学校力量。教师队伍建设上,修订出台《比如县教师请销假管理办法》和《比如县教师奖惩补充规定》《比如县教育系统财务资金管理办法》等，为规范管理、提升教学质量提供有力支撑。

提升教师整体形象 在全县范围内推行教师考勤管理，县教体局机关干部职工、县中学教职工与全县干部一道使用“钉钉”软件进行考勤管理，全县其他学校一律使用人脸识别和指纹考勤机严打考勤。在严格教师调动的同时实行人性化管理模式。全县教师调动统一由县常委会进行研究上报，在教师调动上以职称评定级别设置调动门槛，激发教师工作积极性。

加强教师培训，提高教师教学水平 除上级安排的培训外，组织全县中小学中层以上领导前往聂荣县、索县、巴青进行交流学习；在2016年虫草假期间，组织教师前往与拉萨市实验小学、拉萨八中进行集中培训，通过“请进来、走出去”的培训方式，从教育法律法规、学校常规管理、师德师风、教学基本功、学科教学技能等方面加大教师培训力度。县教研室加强教学研究工作，全县11所中小学开展为期一个月的学校教学常规管理考核，对学生的藏、汉、英阅读能力和数学计算能力进行测试；组织全县10所小学49名骨干教师，在县完小开展小学教师教学技能大赛活动，评选出十名县级教学能手。

改革教师教学质量奖惩办法 改变之前分区管理模式，实行全县学校以统考为统一标准进行奖惩，改变之前只奖不罚的制度，实行奖罚并重，同时关注学生成绩进步与优秀率。出台《比如县教师奖惩补充规定》，提高对全县中小学教学质量表彰奖励力度，对教学管理先进单位、全县统考成绩优秀教师、优秀班主任和优秀后勤工作者发放表彰奖励金92.5万元。

从县级层面解决师资紧缺问题 从各乡镇行政事业人员中选拔60余名干部到各学校进行支教；在2016年新入职的基层事业人员中一次性分配39名干部职工到中小学进行支教，缓解全县学校师资紧张问题。2016年比如县中学在全区普通高中（中职）升学考试中以429.7分获得全那曲地区第一名的好成绩，录取率100%，其中重点高中录取289人，录取率58%；普通高中录取率40%，中等职业录取率2%；全县小学考取内地西藏班18名，在那曲地区各县中排名第二。确立“三个门槛”，强化控辍保学工作。2016年，从秋季小学新生招生、六年级毕业班整班移交县中学和在校生控辍保学三个方面设立门槛，确保学生“进得来、留得住、学得好”。

【甬绍教育基金】 2016年由浙江省宁波市、绍兴市两地共同出资480万元设立的那曲地区首个教育基金——比如县甬绍教育基金。该基金成立后能够最大限度帮助比如的贫困学子安心学习，激励教职员工更好地爱岗敬业，并在一定程度上改善教学设施，为提高教学质量创造良好的条件。

【共享资源创全区新模式】 充分利用现代信息技术，建立比如教育城域网，搭建比如教育网络电视平台和视频会议系统，为学生提供丰富的学习资源和校园生活，为教师提供优质的教学资源和展示才华、相互交流的平台。建立学校局域网，各校分配网段，各校局域网全部联到城域网中，使各学校的信息不在孤立存在，而是完全融入比如教育城域网信息网络体系中，最终形成全县中小学互联、互动、信息交换、资源共享和远程教育的基础构架。建立比如县教体局视频远程培训系统，建立以教体局为中心随时进行视频会议以及视频远程培训的平台，将教育的优质资源、培训活动通过视频架设和重要会议直播到各中小学，在节约资源的同时将各项工作更高效、便捷的完成。架设比如县教体局电教室现代化农村中小学远程资源网，县教体局电教室通过卫星接收的中央电教馆现代农村中小学远程资源以网站形式共享给全县中小学，全县各中小学电教员不用架设现代农村中小学远程资源卫星接收设备，解决现代农村中小学远程资源接收设备调试难、风大卫星天线不易固定、容易损坏、且设备市场上难买、缺电无法接收资源等困难，同时也可共享小学红领巾电子图书和中学书香电子图书。

比如县中学

【基本情况】比如县中学于1978年由国家拨款成立，校址位于藏达村（现生产连），负责人是高怀玉，成立之初共开办4个班级，有学生53人。经过38年的发展，2016年，县中学位于宁波路19号。学校占地面积49300平方米，总建筑面积2540平方米，有教学班43个，学生2347余人。近年，学校扩修教学楼并建立校园网，完善计算机网络系统，各教室电子白板安装等。优雅的校园环境，先进的教学设施，浓郁的学习气氛，给学生个性发展提供更广阔的空间。教学成果一直名列前茅，2016年度获得那曲地区中考第一名。

【师资队伍建设】行政班子团结齐心、管理能力强，创新意识浓厚，办学思路明确，熟悉教育教学工作，作风民主威信高。编制内的工作人员141人，专任教师136人，工人4人，行政编制1人，支教8人，一级教师35名，研究生学历1名，本科学历112名，多名教师曾获自治区级优秀教师，那曲地区优秀教师，比如县教学能手，教师骨干，优秀班主任的光荣称号。

【办学理念】本着制度理校、特色兴校、质量强校的办学方针，以培养可持续发展的教师和学生为办学理念，着力打造藏北精品学校。校训：言忠信、行笃敬；校风：讲文明、知荣辱、懂感恩；教风：育德为先、循循善诱；学风：阅而知、学而思。

【管理模式】以“制度理校”为基础，根据学校实际情况，在广泛调查研究的基础上，深化管理体制改革，对原有管理体制进行改革、完善，先后出台“教师量化考核方案”“教师考勤管理制度”“中层管理人员量化考核制度”“班级量化考核办法”“后勤量化考核办法”等一系列符合中学实际情况的管理制度，形成以“量化考核”为核心、以“教师量化考核”为重点的量化管理体系，并狠抓制度落实。以量化考核为核心的新管理制度体系实行后，学校教学常规、请销假、考勤管理等各方面事务更加规范，教师、班主任、中层、后勤各方面人员工作积极性明显提高。2016年11月，学校首次根据量化考核情况，对教师职称晋升进行考核推荐。

完善校委会和会议制度　2016年下半年开始，在校班子成员的基础上，将各科室主任、年级组长纳入校委会成员。学校重要事务一律提交校委会讨论研究，原则上每周召开一次，必要时可随时召开。

实行教代会议事制度　在原有7名教代会成员的基础上，进行扩大选举，使教代会成员扩大到18名，每个年级6名教师代表，涵盖班主任、新老教师等各个层面，保证最基层教师的权益。教代会由书记或校长发起，需要时随时召开，涉及教师切身利益和学校发展的重要事项一律提交教代会征求意见，表决通过后方可实施。

推行行政监督机制　根据学校原来行政办职能，将行政办改设为“行政督查办”，在原来职能的基础上，增加中层督查职能。充分发挥行政督查办和教代会职能作用，以中层量化考核为基准，对中层科室和人员工作进行监督。同时，通过教代会对中层科室和人员工作进行满意度调查打分，确保学校中层在监督下开展工作。以“学生自主管理”为目标，深化德育工作，成立校学生会，让学生会成员参与到对学生管理工作中，逐步朝着“学生自主管理”的目标迈进。

团委学生会　由校团委领导，在每个班级的团员学生中选取团员代表加入到团员学生会中。团员学生会主要辅助团委开展每周升旗仪式和国旗下讲话，做好每日“两操”监督检查工作，帮助团委在学生当中发展新团员。

政教学生　由校政教处领导，吸收自律、自强的学生加入政教学生会。在学校日常工作中，辅助政教处对校园卫生、班级卫生、学生个人卫生和饮食卫生等进行监督检查。

后勤学生会　全校有1295名住校生，宿管老师管理压力大，组建后勤学生会后，由学生会完成点名、查寝、卫生和纪律监督等工作，在学校住校生管理中发挥巨大的作用，基本实现“学生自主管理”，学生会成员的个人组织和管理能力也得到充分的锻炼。以“学生社团”为拓展，探索学生个性发展本着创设生动活泼的育人环境，激发学生兴趣，发展个性特长，促进学生全面发展为目标，县中学不断探索学生社团建设发展工作。2010年3月，学校成立“琼日文艺队”。在团委艺术组教师的指导下，“琼日文艺队”编排很多令人陶醉的舞蹈，成为每年学校举办各项活动的演出核心。同时积极参加县里举办的各项活动中。学校还成立校园“心雨聆声”校园广播站，成立“播音主持”社团，利用课余时间为学生播放新闻快递、知心话题、新风赞、文学欣赏等，丰富学生的课余生活。以“特色兴校”为抓手，寻求学校发展依据“特色兴校”的办学理念和“打造藏北精品书香校园”的发展目标，学校制定并启动2017年校园文化建设总体规划，对校园核心文化建设、校园中坚文化建设和校园显现文化建设进行规划部署，推进以“量化考核”为核心的制度文化建设、以“阅读课程”为核心的课程文化建设、以“综合素质”为核心的活动文化建设三大校园中坚文化建设板块，使丰富的阅读资源与教学相结合，校园文体活动和社团活动与培养学生综合素质目标相结合，开展多彩的阅读活动、文体活动和社团活动，形成丰富多彩、气氛浓郁的校园文化氛围，推动书香校园的形成。

比如县完小

【教育教学常规工作】根据学校教务处安排，开展常规教学工作。其中在常规教学活动中，增加几个教学活动：学生“红领巾相约、中国梦”演讲比赛；教师听评课比赛；“点燃读书激情营造书香校园”主题诗歌朗诵比赛；学校认真开展藏语文、数学教学研讨会；五年级组开展“藏文书法比赛”。学校每周召开一次例会及一次中层会议。

【德教工作】狠抓学生思想教育，努力提高学生素质修养。开展常规的德育教育工作；“与平安携手与和谐同行”，排查校园安全隐患；学习“预防青少年犯罪法”为期一年。成立道德教育强化班，并开展4次道德教育活动，针对这活动学校出版道德教育读本。在援藏局长领头下，开展“少年儿童书信手拉手”活动。

【大型活动举办】2016年3月28日“西藏百万农奴解放纪念日文艺汇演”；2016年10月1日国庆会演暨“六一”文艺会演。

【党建工作】根据县委县府规定，严肃党内纪律，认真做好党内建设工作。学校3月正式成立党建办公室，规范党织建设。开展“两学一做”学习教育；开展“年级组党员学习”活动；7月，开展“感党恩，知党心”党员演讲比赛；开展党员教师“献爱心、送温暖”结队帮扶活动；组织党员教师前往敬老院进行慰问。

比如县幼儿园

【工作概况】县幼儿园在县委、县政府以及教育局在各级领导的支持和帮助下，11月30日第一幼儿园举行开园庆典仪式。

【园务管理落实制度】为使幼儿园管理工作逐步向规范化方向迈进，严格按照管理制度汇编，做到分工明确，责任到人。通过落实制度，明确职责，提高了教职工的工作责任感，促进县幼儿园各项工作有序、有效地开展。

【教师培养学习】为提高教师的素质，通过多种形式对教师进行培训。对于新教师，进行师徒结对，传帮带教，让新教师在观摩中进步，在反思中成长。

【教育教学】在制定周、半日活动时合理安排各方面的教育内容，根据孩子的年龄特点把领域活动与主题活动有机结合，相互渗透，有效地防止教学工作的主观性和随意性。定期检查教师备课、幼儿成长册、教养笔记等。落实一日教学常规，加大对一日生活各个环节的监督和调控。以抽查听课为载体，在听完每节课后与教师及时交流，并进行点评纠正。各班都创设有利于引发幼儿互动的环境。在走廊、楼梯、班级主题墙、家长园地等环境的创设，做到美观新颖，突出主题。根据孩子年龄特点，力求做到生活化，情趣化，艺术化和儿童化，让孩子主动参与到环境中来，从中受到教育。充分发挥区域优势，挖掘自然教育资源，把本土资源的内容渗透到幼儿的一日生活之中，贯穿于游戏、教育活动之中，并以多种形式进行整合，结合实际情况，灵活开展。在组织好幼儿一日活动，上好主题教学活动的同时，结合世界水日、世界无烟日、护绿活动、环保创意种植等开展系列活动，增强幼儿的环保意识。

【教育科研】本年度在总园的引领下，县幼儿园开展培训，在培训过程中，老师都积极的参与，这种研训一体的模式满足教师的成长需求，促进教师的专业化成长。

【安全管理工作】 2016年是建园年，幼儿园所有工作中安全是重中之重。认真遵守上级的各项指示，从园舍设备的使用与维修到日常生活的各个环节，消除不安全隐患，落实安全措施。通过安全工作会议，签订安全协议，健全安全常规检查制度，牢固树立“安全第一”的思想意识，掌握一定的安全自救知识；及时修缮设施设备。重点抓好幼儿食品安全，幼儿伙食所需用品也一直在定点超市购买，并且有购物索证，三证齐全。幼儿的饭菜都有留样，幼儿的餐具每日消毒一次。保证幼儿伙食安全。同时，各班把安全工作纳入班级日常管理日程，在日常活动及教育教学活动中，让老师们上好每一节安全课，提高幼儿自我保护能力。

包虫病筛查 本学期，浙江援藏医生到比如县开展包虫病筛查工作，向幼儿及家长宣传预防包虫病的有关知识，加强卫生消毒工作和检查，认真做好晨检和幼儿一日生活观察记录，有效预防包虫病的传染。结合实际制定幼儿食谱，合理调配幼儿伙食，既保证科学营养又让幼儿吃饱吃好，家长非常满意。

【细化保育】县幼儿园制定《药品管理制度》《班级安全管理制度》《幼儿接送制度》等安全卫生保健制度，促使安全卫生保健工作有序、科学地开展，为幼儿提供健康成长的环境。每年度与每位教职工依据自身的工作签订安全目标责任书，做到人人有责。规划保育工作程序在已有制度的基础上进一步细化幼儿在园一日生活各环节的管理细则，包括对教师的具体工作、对保育员的具体要求、对食堂工作人员的要求，让每位工作人员明确工作程序，规范地开展幼儿一日生活各环节的保育工作。

【家长工作】家庭是幼儿园重要的合作伙伴。把做好家长工作作为县幼儿园的工作重点之一。每学期开始要求老师们制定好家长工作计划，有目的有计划地开展各项家长活动。12月，县幼儿园开展首届亲子运动会，让孩子们开阔眼界的同时，增进亲子、家园间的情感。在孩子们体验快乐的同时，也拉近家长与老师之间的距离。

文化·旅游

文化·旅游

文化

【文化队伍】加强乡镇文化站建设。为使乡镇文化站发挥乡、村文化事业带头人的作用，全面提高各乡镇文化事业的发展，充分利用文化事业干部资源为乡镇文化事业服务。3月，县文化局召开全县文化领域工作会议，召集各乡镇文化站负责人，认真部署、分析问题。针对比如县文化领域存在的问题提出针对性的整改措施，并就文化工作开展对全县文化工作人员进行培训，进一步开拓文化工作开展思路。

配齐乡镇文化站工作人员 为充分调动乡镇文化站文化事业干部的工作积极性，提高乡镇文化工作效率，比如县文化局全面开展乡镇文化工作调研，选配文化事业人员中业务强、责任心强的文化工作人员专职从事文化工作，具体包括文化站站长一名、文化站负责人一名、秘书一名、工作人员一名。

组建乡、村级文艺队 为充分响应政府号召，使比如县文艺事业向前发展，挖掘培养基层文艺新生力量，传承保护传统文艺项目。乡镇文艺队、村级文艺队每年编排4个新节目，并参加比如县举办的各类文艺演出活动，

【文物保护工作】比如县文化局与全县重点文物保护单位签订《文物安全责任书》，不定期对文物保护单位进行大检查、大排查。4月，县文化局初协同自治区文物工作调研组对比如县6家自治区级文物保护单位及7家县级文物保护单位开展文物普查及古建筑险情检查。9月，县文化局协同自治区文物普查办文物鉴定专家对比如县25座寺庙及5个拉康日追（比如镇玉贡拉康、良曲乡帕拉拉康、恰则乡朵雍塘拉康、夏曲镇江日日追、夏曲镇那果日追），本次普查文物件数1546件，其中一级文物13件，二级文物54件，三级文物539件，一般文物906件，34件。古建筑普查、古籍普查、文物普待定查工作的开展填补比如县文物领域的一大空白，为比如县文物保护工作的开展奠定坚实的基础。年初同各乡镇签订文物保护工作目标责任书，层层落实文物保护工作目标任务，进一步完善寺庙文物管理制度，确保寺藏文物安全。年中组织各乡镇、各文物保护单位，对全县所有文保单位进行全面安全隐患大检查，对存在问题及时整改。县文广局利用干部职工下乡开展工作之机，到各寺庙宣传《中华人民共和国文物保护法》；借三月综治宣传月活动之机，组织局干部职工向群众讲解文物保护知识，发放藏汉两种文字的《非物质文化遗产保护工作条例》《中华人民共和国文物保护法》《文化市场管理条例》等法律法规宣传材料，全年在各种综治宣传活动中共发放各种宣传材料1000余份。

【非物质文化遗产保护】比如县是一个非物质文化遗产大县，现有自治区级3项、县级非遗项目75个，为使非遗项目得到充分的保护和传承，县文化局根据非遗项目分布情况对各乡镇进行任务分解，并建立非遗项目库，各乡镇文化站非遗负责人不定期将所收集资料进行录入建档。比如县文化局于2016年9月开展比如县

第二批非遗项目县级传承人的申报工作，积极鼓励非遗项目责任单位及拟传承人进行申报。县文化局收到丁嘎热巴两名传承人、桑达寺狮子舞传承人、良曲乡热如藏纸传承人申报材料，比如县文化局对申报材料及申报人进行审核，力求确定对项目有保护传承作用的人当选。比如县现有丁嘎热巴、达布阿谐被列为国家级非物质文化遗产；那拉藏巴神山信仰习俗被列为自治区级非物质文化遗产。

【文化市场监管】认真贯彻落实《中共中央、国务院关于进一步加强和改进未成年人思想道德建设的若干意见》。加强文化市场管理，保证文化市场繁荣有序发展。加强稽查队伍建设。由县文化执法大队牵头文化，广电、公安、民宗、工商、电信、移动、消防等相关部门，积极抽调人员组成相对固定的文化市场稽查综合执法队，专门负责文化市场日常稽查管理，并深入开展“扫黄打非”行动，是否存在打开登陆非法网页、是否容纳未成年人上网、是否传唱反动歌曲，是否经销不健康、不文明音像制品等情况进行重点检查，及时发现问题和解决问题。加大网吧经常性整治力度，落实网吧管理的各项措施。上半年的检查中，对音像制品店、通讯店进行全面检查，共检查10余次、出动人员50人次，音像制品店36家、网吧6家、打字复印店3家、朗玛厅3家、书刊销售店2家。

【精神文明建设】比如县娜秀旅游文化艺术节暨冬虫夏草交易会 为提升比如县群众文化生活，全面开展比如县对外宣传展示工作，7月25日至30日举办第八届娜秀旅游文化艺术节。不仅丰富比如县群众的文化生活，提升了经济交流、物资展销的空间，更为外界提供一个认识比如的优秀平台。

各乡镇艺术节 比如县为提升乡镇艺术发展、经济发展，提高群众精神文化生活的水平，确定每年5个乡镇依次举办乡镇特色艺术节。乡镇艺术节的举办是比如县乡镇文化事业发展的标志，更是比如县各乡镇经济发展的一项重大标志。

“五下乡” 经县委、县政府研究，决定充分利用今冬明春时期，由县文化局牵头联合司法、卫生、农牧等相关单位在全县组织开展送政策、送法律、送文化、送卫生、送科技“五下乡”活动，受益群众达10000余人次，覆盖面达100%。

各节点庆祝、纪念文艺演出 为庆祝各节庆日，宣传比如县发展成果，宣传党恩、党的政策，丰富比如县群众及干部文化生活，1月1日，在娜秀文化广场举办庆“元旦”文艺演出活动；3月8日，举办庆祝“三八”妇女节文艺演出活动；3月27日至28日，举办“西藏百万农奴解放纪念日”干部职工文艺演出及群众文艺演出活动；10月1日，举办比如县首届“娜秀风情”原生态舞蹈、牧歌比赛；10月中旬，开展那曲地区11个县“看、学、比、争”经验交流会比如县文化事业汇报演出；11月9日，开展寻迹唐蕃古道考察团汇报演出。

【文化产业建设】比如县委、县府发展多元化的原则，抓住机遇发展文化产业，充分发挥文化产业在调整结构、扩大内需、增加就业、推动发展中的重要作用，并适时打造一批示范性文化产业项目。项目名称：怒江源文化传媒有限公司文化产业示范基地；项目基本情况：怒江源文化传媒有限公司成立于2016年4月27日，注册资金300万元，属企业经营模式，传媒公司为比如县政府借款开办（创办），由县广电中心（电视台）负责经营，每年需向县政府缴纳40%的利润。传媒公司开办以来盈利20万元。工作人员共有18人，其中4名为从内地聘请来的设计师，其余工作人员为电视台成员。设内职务：董事长1名、执行董事1名、总经理1名、市场总监1名。传媒公司主要经营项目：广告策划、打字复印、喷绘、写真、视频拍摄剪辑、藏汉配音、音乐编曲、企业策划、形象宣传、演艺活动策划、摄影等为一条龙服务的专业广告影视服务机构。项目名称：苏毗文化产业项目示范基地；项目基本情况：旨在挖掘、研究、保护比如县县域内苏毗文化遗存，整合资源，开创我县苏毗文化长廊，拓展比如县文化资源，全力实践比如县“文化、教育兴县”的口号。项目名称：比如县白嘎寺唐卡文化产业研修中心；项目基本情况：申请西藏自治区文化产业发展专项资金（220万元）、自筹（130万元）。项目建设以白嘎寺唐卡文化传承研修为核心，向大众提供文化、艺术、学习等技能。重点支持具有白嘎寺唐卡文化艺术的延续和传承。完成文化旅游开发、特色文化资源向现代文化产品的推广。

编译

【概况】 比如县藏语文工作委员会（编译局）完成《党的十八大宣讲提纲》《十八届六中全会应知应会的题目、划出的70条红线》《十八届六中全会条例》“两学一做”学习材料、扩大会议、经济会议、两会、比如县第九次代表大会、比如县第八届娜秀民间文化旅游艺术节暨冬虫夏草交易会、《比如县虫草采集管理暂行办法》《比如县虫草采集纠纷处理实施细则》“三月法制宣传”材料、庆祝“三大节日”和“3·28”百万农奴解放纪念日文艺活动的所有主持词、讲话稿；综治、党建、统战、民宗、扶贫等重要领域下发的一系列文件材料的翻译工作。

【业务开展】 翻译字数约达260万字（其中不包括横幅、座签、宣传标语、会标、公章、证书、奖状等翻译字数）。8月份藏语委工作委员会再次召开藏语文社会用字检查整改工作会议，制定出台《关于进一步做好社会用字检查整改工作的紧急通知》（比政办发〔2016〕96号）比如县人民政府办公室《关于全县范围内的打字复印店不得乱接收乱翻译文件及宣传标语、横幅等内容的通知》（比政办发〔2016〕97号）比如县人民政府办公室关于印发《比如县藏汉语文社会用字管理暂行规定（试行）》通知（比政办发〔2016〕98号）比如县人民政府办公室《关于进一步做好学习使用和发展藏语言文字及藏语文社会用字检查整改工作的方案》（比政办发〔2016〕100号）等文件精神，联合藏语委工作领导小组各成员单位，在全县范围内开展规范藏语文社会用字检查整改工作，共检查1086家个体工商户门牌，其中整改97户（下发整改通知书整改89家、口头整改8家）；打字复印店8家（其中2家打字复印店因文字使用和翻译不规范，给予严重口头警告）；县直各部门是否以藏汉双语形式制作本单位的会议座签、标语、横幅、文件红头、工作流程图、单位制度等内容进行检查。根据区、地、县关于逐级下发的《深入开展全区干部“双语”学习培训实施方案》要求，11月开展为期五天的“双语”学习培训，参训人员有各县直单位干部职工代表（汉族）、村（居）“两委”班子代表等共计29人。主要学习《藏汉语文基础》《藏汉语口语》，并针对性出考题，对学习效果进行检测。为让全县各单位、打字复印店进一步知晓文件翻译的重要性、严格性和严肃性，藏语委办特制作《翻译守则》，下发至全县范围内。共下发60余份。

【自身建设】 参加上级业务部门组织举办的各项业务技能培训2次。同时结合自身工作实际，出台并完善《比如县编译局收集区内新词术语汇编及常用词句（汉藏对照）》实用手册，不断进行自我提升。

比如县广电局

【安全播出工作】 在春节、藏历年和三月法制宣传月等时段，广电局及时成立安全播出工作领导小组，制定和完善播出环节的应急预案，做好思想政治工作和队伍排查工作，保证要害部门，关键岗位的工作人员不出问题，同时，实行24小时双人双岗值班制度，广播电视机房值班人员吃住都在办公室，门卫值班晚上也都有人留守。另外为确保设备安全有效的正常运行，比如县广电局不定期组织人员对有线电视机房等重点部位进行排查，加强对自办节目内容的审核工作，做到安全播出。

电影放映工作 在乡镇电影放映员紧缺的情况下，县广电局领导班子积极下乡、下村督导农牧区电影放映工作，同时继续大力实施2131工程、农村公益电影放映工程和电影进寺庙、进学校、进军营、进工地工程。共放映1728场，观影人数达55180人次，其中电影进学校54场次，进寺庙38场次，进军营14场次，进农牧区479场次，极大地丰富农牧区农牧民群众的业余文化生活，同时，5月各乡镇放映爱国主义教育影片21场，观影人数达1015人次。

“户户通”设备发放、调试工作 县广电局认真登记农牧民户数，分组逐乡核对农牧民户数，对比较模糊的村（居），督促驻村工作队再次进行登记统计，力求做到不重登、漏登和错登，最后统计结果经各乡镇审核无误后由主要领导鉴字确认后上报广电局。建立较为完整的涉及户主、户名的全县的统计资料，为下一步实施好“户户通”工作打下坚实的基础。截至年底，给10个乡镇更换户户通设备4949余套，农牧民群众升级、调试“户户通”设备370余套。

文化市场整治工作 加强文化市场监管，净化文化市场。今年上半年由县宣传部牵头，联合县文化执法大队、工商局、文化局等相关部门积极抽调人员组成相对固定的文化市场稽查综合执法队，对娱乐场所、打字、复印经营单位、图书市场进行检查。同时，在全县范围内开展非法地面卫星接收设施的专项整治工作，共收缴非法地面卫星接收器13余套，排查出群众自行购买的地面卫星接收设施60余套，进一步净化比如县社会文化环境。

【营造良好氛围】 紧紧围绕县委、县政府中心工作，全面、准确、深入地宣传报道当前推进的产业结构调整工作、重大工程建设、三农、医疗卫生、文化教育以及主题实践活动，用客观实际报道比如经济发展、社会持续稳定、人民安居乐业方面的新思想、新举措、新成果、新经验，对重要活动内容和先进事迹分别制作专题和专栏进行宣传报道，对全县经济工作会议和县“两会”进行全方位，多角度的展开动态报道，引导全县广大党员干部群众进一步统一到县委、县政府的工作部署上来，统一到实现比如县经济社会更好更快发展上来。加强与自治区、地区电视台的连线报道，充分反映比如县对外开放政策和招商引资等工作环境的良好局面，为全面推进比如政治经济文化建设工作提供强有力的舆论支持。同时制作以主题实践活动、安全生产、法制宣传和社会主义核心价值观等为主要内容的宣传标语30余条，截至年底，制作播出比如新闻76期127条，上传地区新闻127条，地区采纳25条，自治区采纳4条，播出各种法律法规和通告12条。

【有线电视线路维护】 由于供电和线路老化等问题，许多地段放大器和线路一直存在烧毁、修复、修好后又烧毁的现象，为丰富县城干部职工及周边群众的业余文化生活，共出动维护人员80余人次，维护有线电视用户300余户。

旅 游

【工作概况】 2015年5月，县旅游局邀请内地专家对比如旅游总体规划进行编制，并初步完成。骷髅墙景区的详细规划2016年7月初步完成，帕拉晶塔景区详细规划审核3次。同时结合比如县交通区位情况，规划设计出特色旅游线路3条、自驾旅游线路3条。利用外出学习交流的机会，大力宣传比如县旅游品牌。县城内大中型餐饮店6家，小型27家，宾馆4家，旅游招待所16余家。2016年，实现游客接待达5.54万人次，旅游收入594.9万元。2016年3个项目，项目总投资19062.47万元，贷款投资13343.72万元，国家投资4765.6175万元，地、县配套和援藏投资953.1235万元，带动贫困160户、497人，其中开工的由2个项目，具体为：温泉度假村项目、四星级宾馆项目。比如县旅游局为进一步扩大客源市场，提升“藏北江南——秘境娜秀”的旅游知名度，秉着多种载体、多种渠道的旅游宣传思路，加强对特色文化艺术节的包装策划，参加各种旅游推介会；精心拍摄旅游纪录片、旅游航拍片、旅游微电影；加强区域合作，加大旅游环线精品旅游线路的打造力度；紧随时代步伐，创新“互联网+”旅游的营销新模式，力争比如县旅游营销再上一个台阶。

【旅游景区规划】 旅游项目建设进一步推进 比如县旅游局上报三个重点项目，分别是骷髅墙景区建设项目、帕拉晶塔景区建设项目、三圣湖景区建设项目，完成骷髅墙景区的旅游修建性详细规划，帕拉晶塔景区的详细规划也进入最后的修正、落定阶段，这两个景区建设预计总投资28878.8万元。截至年底，骷髅墙景区动工（旅游停产场、旅游标识标牌、旅游厕所、垃圾处理设施、游步道、温泉酒店等项目正在抓紧建设中）。

旅游文化挖掘进一步加深 比如县旅游局积极投入到挖掘、创新、收集、整理比如县旅游文化的工作中，赋予比如县旅游文化内涵，提升旅游品味。举办“娜秀民间文化艺术旅游节暨冬虫夏草交易会”，2016年7月25日至30日，比如县隆重举行比如县第八届娜秀民间文化旅游艺术节暨冬虫夏草交易会，主动去创造比如县的旅游文化。收集文成公主入藏经过比如的历史和传说，在比如县政协副主席扎西索朗的带领下，比如县旅游局与方志办通过7天的时间，下乡走访群众和僧人，收集、整理公元639年文成公主离开长安途径宝鸡、天水、松潘、玉树进入娜秀的历史信息，探寻文成公主留下的历史遗迹（栓马石和文成公主脚印）。筹建游客藏纸制做体验中心和锅庄舞学习中心，经过三次对帕拉晶塔景区详细规划的修编，确定修建游客藏纸制作体验中心和热如锅庄舞学习中心，继承和弘扬比如优秀的文化。

旅游宣传力度进一步加强 比如县旅游局坚持多种载体、多种方式进行旅游宣传，吸引市场眼光、游客眼球，提升旅游市场知名度，打造好比如县旅游品牌。拍摄微电影《邂逅比如》，6月10日下午重庆大生活传媒有限公司拍摄组到达比如县，11日至14日，比如县旅游局工作人员带领拍摄组到茶曲乡达姆寺骷髅墙进行拍摄。这部影片巧妙的将比如县优美的自然景观、民俗文化、风土人情融入剧情。通过在腾讯、优酷、中国西藏旅游网、中国报道网、华龙新闻网、大渝网、微信公共号微比如等平台上传旅游信息。

举办旅游自驾游 7月艺术节期间县旅游局与重庆大生活传媒有限公司合作进行自驾活动。60辆车前后风挡玻璃及车门喷绘比如艺术节字样车贴，自驾线路为：318国道进藏，青藏路返回（重庆—成都—康定—巴塘—芒康—左贡—邦达—然乌—波密—鲁朗—林芝—泽当—拉萨—那曲—比如）。通过自驾游车队，对比如进行有效宣传，让更多的人了解比如的文化艺术和旅游景点。

第八届娜秀民间文化艺术旅游节暨冬虫夏

草交易会 7月25日至30日，比如县隆重举行比如县第八届娜秀民间文化旅游艺术节暨冬虫夏草交易会，为提高比如旅游知名度，使广大游客朋友对比如有一个全新的认识，在艺术节期间，旅游推介组通过线上推广、落地活动、展示特色旅游帐篷等做了大量工作。

通过拍摄旅游纪录片、旅游宣传片 3月，邀请重庆大生活传媒公司，对2015年航拍片和宣传片进一步细化，刻制成精美碟片，旅游记录片、旅游宣传片的拍摄，强化比如县旅游整体品牌形象，有力加强旅游创意。

积极参加羌塘恰青格萨尔赛马节 8月10日至15日比如县旅游局参加《那曲羌塘恰青格桑尔赛马文化商贸旅游节游牧民俗文化旅游帐篷村》活动。活动由比如县夏曲镇21村村民搭建黑色旅游帐篷参加，比如县旅游局对具有旅游特色帐篷里摆放旧的生产生活工具、旅游景点展板、宣传册、画册、旅游特色产品、特色服饰等。

参加中国电子商务发展峰会 10月13日，比如县旅游局参加在绵阳开幕的“中国电子商务发展峰会”。比如县旅游局为此准备宣传画册300份、风光画册50份、旅游投资指南300份、旅游航拍片10份、旅游纪录片10份、旅游微电影10份，并在会展区设立单独展点，来推介比如县的旅游景点及旅游特产。

参加第十八届杭州西湖博览会 10月14日，比如县旅游局参加第十八届杭州西湖博览会。会展期间发放旅游宣传册1000份，旅游投资指南手册500份，充分发挥博览会在促进比如县旅游经济，展现旅游形象的引擎作用，促进比如县与内地旅游强省学习交流，进一步为比如县旅游发展注入新活力。

参加中国国际旅游交易会 11月11日，比如县旅游局参加了在上海举办的“中国国际旅游交易会”（旅交会）。旅交会期间，县旅游局发放600余份宣传画册和50本风光画册，充分展现比如县旅游形象，取得很好的旅游推介效果。

寻迹唐蕃古道穿越之旅 11月16日CCTV发现之旅《精彩视界》寻迹唐蕃古道穿越之旅（那曲站）自驾游拍摄活动，在比如县举行比如站活动启动仪式，那曲比如站由16辆自驾游车组成，通过央视权威媒体纪录+官方线路推介+三大主流网站支持+七大自驾网站参与+新浪微博话题主推+走吧网全程直播+自驾游深度体验，线上线下全方位、多角度、立体式推广。县旅游局向活动提供各景区旅游相关资料，并向每位嘉宾发放宣传册、风光画册、旅游纪录片、旅游微电影各一份，对比如县旅游资源进行有效的宣传。

建立比如旅游官网 建立比如旅游官网（www.biruly.com），将比如县的旅游景点信息、旅游纪录片、旅游宣传片以及微电影等视频上传比如县旅游网站，为方便游客查询旅游信息，将比如县宾馆、餐饮等信息也上传网站。

【旅游合作】 坚持突出“藏北江南——秘境娜秀”主题，打造好骷髅墙旅游品牌，以骷髅墙生命参悟体验为依托，加强与昌都旅游局合作交流，积极推进旅游自驾游项目，充分发挥区位优势，联手昌都市旅游局大力宣传推介川藏317成都—甘孜—昌都—骷髅墙—纳木措—羊八井—拉萨自驾游线路，与嘉黎县旅游局合作，打造2017年麦迪卡湿地、骷髅墙景区、独俊大峡谷旅游精品线路。邀请重庆大生活传媒有限公司合作进行自驾活动，吸引更多内地游客前来观光旅游。

【精准扶贫】 4月初，县委、县政府召开脱贫攻坚干部包户动员大会，比如县旅游局严格按照会议精神，4月29日、8月13日两次利用两天深入茶曲乡日普村、乃秀村四户干部包户贫困群众家中进行摸底调研工作，切实做好基本信息掌握工作，认真仔细填写比如县精准扶贫工作手册，包括致贫原因、家庭劳力、技能需求、脱贫计划、收益情况、受教育情况、劳力情况等，及时反馈给脱贫攻坚指挥部，形成脱贫符合实效的一户一档。同时结合旅游局工作实际，与旅游产业脱贫为先导切实做好贫困群众的脱贫计划。

【工作荣誉】 2016年羌塘恰青格萨尔赛马艺术节旅游民俗帐篷村评比中荣获第三名。

怒江源文化传媒有限公司

【公司简介】 怒江源文化传媒有限公司成立于2016年4月27日，注册资金300万元，属企业经营模式，传媒公司为比如县政府借款开办（创办），由县广电中心（电视台）负责经营，每年需向县政府缴纳40%的利润。传媒公司截至2016年2月盈利约为35万元。工作人员共有1人，其中4名为从内地聘请来的设计师，其余工作人员均为电视台成员。公司设董事长1名、执行董事1名、总经理1名、市场总监1名。公司主要经营项目有：广告设计、拍摄及投放推广，一条龙服务的专业广告影视服务机构，集电脑打字复印、广告、喷绘、写真、视频拍摄剪辑、作词、作曲、音乐编曲、藏汉配音、企业策划、品牌营销、形象宣传、舞台设计、演艺活动策划、婚庆策划、婚纱摄影、专辑唱片制作、发行、销售为一体的多功能的综合性传媒公司。

【业务工作】经营模式：秉承“创业、创新、以市场为导向、为客户创造价值”原则，以客户需求为目标，专注于为比如县县委、县政府、各单位、各乡镇以及私人团体等客户提供咨询设计、整体规划到实施完成的全方位服务。经营理念：以诚信为本，创新为先，至善至美，和谐奉献。工作人员将会以认真的工作态度、务实的工作作风、快捷的工作效率、精良的制作水准为信条，用努力、认真、细致、自律、诚信、超越的服务态度，为每一位顾客提供最优质的服务。怒江源文化传媒公司机构设置与职能划分传媒公司有宣传组、雕刻组、喷绘印刷组、拍摄组、编辑剪辑组、广告设计组、客户组，公司还专门设有财务室配有财务专干人员管理公司的所有账目。这是对公司财务金融实施全面的管理，监督公司各项预算的执行。

宣传组 主要在县城内以及到各乡镇宣传本公司承载的各项业务工作（并与各单位、乡镇签订定点相关协议书）。

技术组 主要负责客户所需的名牌、胸牌、桌签、商标、广告牌子等的雕刻工作。

喷绘写真组 负责将设计师所设计出的作品以喷绘、写真的方式打印出来，切割好等待客户上门领取。

设计组 根据客户要求，为客户设计最理想、最完美的作品。

拍摄组 摄像人员根据客户需求，制定相关计划，再完成拍摄内容。

编辑剪辑组 将摄像人员拍摄的视频素材，按要求完成制作。

客户组 直接与客户接触的专职部门，负责接洽客户，根据客户意愿制定详细计划，再交由设计部处理。期间客户组还要带客户负责对广告设计、制作、雕刻等的实施过程进行监督。

比如县第八届娜秀民间文化旅游艺术节暨冬虫夏草交易会总结报告

比如县第八届娜秀民间文化旅游艺术节暨冬虫夏草交易会于7月25日至7月30日（共6天）隆重举行，在比如县委县政府的精心组织、社会各界的大力支持和广大干部群众的热情参与下，本届艺术节紧紧围绕“虫草之乡、梦境娜秀、和谐比如”活动主题，精心组织，周密部署，突出文化、旅游、经济，真正办出特色，办出水平，办成一届真正意义上的文化旅游艺术节。现将工作开展情况总结如下：

一、总体情况

第八届娜秀民间文化旅游艺术节暨冬虫夏草交易会，是继2015年第七届娜秀民间文化艺术节之后，比如县再次举办的传统盛会,是全县各族干部群众政治、经济、文化生活中的一件大喜事。第八届娜秀民间文化旅游艺术节暨冬虫夏草交易会，是比如县为热烈庆祝中国共产党成立95周年，西藏和平解放65周年，在比如专项治理成果不断巩固，社会局势持续稳定，经济建设实现超常发展，民生得到显著改善，基层基础不断夯实，各项事业蓬勃发展的背景下举办的，具有十分重要的意义。

艺术节期间，分别举行文艺演出、虫草交易和特色产品展销、“牧人风采·比如形象”选拔、“比如原生态牧歌”和“通俗歌曲”评选赛、招商引资、“虫草王”评选、非物质文化遗产文艺演出、拔河、抱石头、赛马（走马）、民间趣味体育活动等文体经贸活动。6天的活动，安排紧凑，内容丰富，好戏连台，精彩纷呈，安全有序，取得圆满成功，受到社会各界的好评，产生强烈反响。

二、主要做法及特点

比如县第八届娜秀民间文化旅游艺术节暨冬虫夏草交易会规模之大、效果之好、影响之深，均超过往届，根据县委、县政府确定的“虫草之乡、梦境娜秀、和谐比如”的主题和办成一届真正意义上的文化旅游艺术节暨冬虫夏草交易会和宣传推介好、充分展示好比如的要求，首次组织自驾游客参加艺术节，首次在区外和拉萨举行艺术节新闻发布会，首次邀请老干部参加艺术节，首次邀请虫草收购商参加虫草交易会，首次增设民间趣味体育活动等，整个艺术节有特色、有亮点、有创新，效果超过预期。

（一）组织领导到位。一是组织体系健全。制定第八届娜秀民间文化旅游艺术节暨冬虫夏草交易会总体活动方案，成立由县四大班子主要领导任组长、副组长的比如县第八届娜秀民间文化旅游艺术节暨冬虫夏草交易会领导小组，并成立专门的办公室，负责艺术节的协调联络和日常各项工作。同时，领导小组下设文化艺术活动组、体育活动组、宣传报道组、文秘组、安全保卫组、后勤医疗保障组、商务组、旅游推介组、食品安全组、环境卫生组等10个职能小组。各职能组根据总体方案要求，均制定具体工作方案，明确任务分工。**二是认真研究部署**。为办好第八届娜秀民间文化旅游艺术节暨冬虫夏草交易会，县委、县府高度重视、精心组织，周密安排。由县政协主席具体负责，县委、县政府多次召开会议，对各职能组方案进行审核，就安全保卫、后勤服务等作出具体安排。及时向地委、行署上报活动请示和需要协调解决的问题。县委、县政府主要领导定期听取活动筹备情况汇报，多次前往活动现场，了解工作进度，对各项活动给予有力指导。**三是活动准备充分**。2016年的艺术节紧紧围绕“虫草之乡、梦境娜秀、和谐比如”活动主题，坚持文化搭台、经贸唱戏，突出文化、旅游、虫草，与往年相比有很多创新，除开幕式举行由420人同时表演的锅庄歌舞、比如县民间传统丁嘎热巴舞蹈、比如县大型民族劳动达布阿谐歌舞、大型集体舞等大型文艺演出外，还安排专场文艺演出、虫草交易和特色产品展销、“牧人风采·比如形象”选拔、“比如原生态牧歌”和“通俗歌曲”评选赛、招商引资、“虫草王”评选、非物质文化遗产文艺演出、拔河、抱石头、赛马（走马）、民间趣味体育活动等文体经贸活动。

（二）**安保工作到位**。坚持寓管理于服务之中，把安保方案做得细而又细，把安保措施抓得实而又实。一是**科学部署警力**。成立艺术节安保领导小组，下设现场指挥部、督导组、情报信息组、交通管控组、场内执勤组、场外执勤组、工商户区域临时警务室、虫草交易区域临时警务室、手工艺品区域临时警务室、各乡镇区域临时警务室、驻地警卫组、城区巡控组、后勤保障组、通讯组、消防安全组、处置突发事件组等16个工作小组。同时，多次召开会议研究部署，从各科室、各乡镇派出所、便民警务站抽调警力124名及10名消防官兵负责活动现场安全保卫工作。二是**及时制定安保方案**。现场踩点、实地勘察，根据现场情况制定《比如县“第八届娜秀民间文化艺术旅游节暨冬虫夏草交易会”安全保卫工作方案》《比如县“第八届文化艺术旅游节暨冬虫夏草交易会”活动处突预案》《比如县娜秀艺术节驻地警卫方案》，绘制《第八届娜秀文化艺术节平面布置图》。三是**加强巡逻管控**。负责安保工作的部分警力7月21日提前进点，全部警力于7月22日全部进点完毕，提前对赛马场内进行安全排查。同时，为确保赛马节观礼秩序，及时发现各类可疑情况，有效处置突发事件，成立以特警大队为主的徒步武装巡逻组，在演出期间不间断进行武装徒步巡逻，严密排查可疑人员、物品，确保及时发现、果断处置。**四是交通疏导有力**。交警大队下设场地内沿途交通疏导组、停车场交通疏导组、开道组、县城至茶曲道路沿线交通组、自驾游车辆引导组等6个交通小组，负责对艺术节期间各路段的交通疏导工作，加强对进出赛马场交通引导，仅艺术节开幕式当日就疏导车辆上万台次，有效确保道路交通秩序畅通。

（三）**服务保障到位**。在活动筹备组的有力统筹下，各职能组分工负责、各司其职、密切配合，坚持热情、细致、周到的原则，为艺术节顺利进行、圆满成功提供有力保障和优质服务。**一是认真做好来宾接待服务工作**。制作接待方案，将接待组分为活动现场接待组和县城接待组，从县直各单位、各乡镇抽调工作人员进行后勤服务，分别安排1名县级干部具体负责，将工作责任落实到人，落实到迎送、食宿、出行等每一个环节，对每名来宾实行一对一服务，安排每名正科级干部进行对接，真正做到宾至如归，体贴入微。二是**强化应急保障工作**。新建小型变电站，对艺术节现场提供电力供应。电信、移动部门安排应急通信车，随时提供应急通信服务。三是**成立党员志愿者服务队**。成立环境卫生组织，由茶曲乡32名党员组成的党员志愿者服务队和达塘乡30人组成的青年志愿者服务队配合环卫工人，对艺术节现场垃圾进行不间断清理。同时，制定发放2000余份垃圾收集清运宣传单，对所有帐篷进行发放，并对不文明行为进行劝导，志愿服务者服务队成艺术节活动现场一道亮丽的风景线。

（四）**宣传造势到位**。第八届娜秀民间文化旅游艺术节暨冬虫夏草交易会宣传工作分为前期宣传、期间宣传、后期宣传三个阶段。艺术节前期，借助电视、报纸、网络、手机、报纸、召开新闻发布会、LED电子显示屏等媒体，大力宣传推介、吸引社会关注。制作40张藏汉宣传街道海报，在县城各警务站、移动、联通、电信、客运站、加油站、宾馆等人员密集场所进行张贴。同时，订做31辆客车头套在比如—那曲、那曲—拉萨的班车上张贴，制作500张小车车贴、3辆接送车车贴、15条艺术节宣传横幅。在微比如、那曲电视台等新闻媒体播放比如县艺术节宣传片，在那曲新闻网、西藏新闻网、中国西藏旅游网等网站刊发《比如县将举办第八届娜秀民间文化旅游艺术节》的报道和《走近比如，虫草之乡》的专题报道；

公众号进行宣传，在雪域早茶、网信羌塘、羌塘先锋、西藏旅游、西藏发布、网信西藏等微信公众平台发布《大美比如邀请您参加艺术节暨冬虫夏草交易会》；在西藏商报、西藏日报发表《比如县将举办第八届娜秀民间文化旅游艺术节》的报道，并于6月20日在重庆召开自驾游新闻发布会、7月21日在拉萨召开比如县第八届娜秀民间文化旅游艺术节暨冬虫夏草交易会新闻发布会。将艺术节宣传片上传百度视频、腾讯视频、优酷视频、土豆视频等热门PC视频端，同时在美拍等热门手机APP端进行上传。艺术节期间，微比如、比如电视台进行全程跟踪报道，同时邀请西藏电视台、那曲电视台等新闻媒体对开幕式盛况进行了宣传报道。7月28日，西藏电视台新闻频道播放比如县第八届娜秀民间文化旅游艺术节暨冬虫夏草交易会开幕式盛况。在艺术节现场树立24块大型展板，展示近年来比如县取得的辉煌成就。艺术节后期，微比如编辑发布《聚焦一场艺术的盛会落下帷幕，亲，你知道明年是怎么安排的吗？》稿件。与此同时，那曲新闻网、西藏新闻网、中国西藏旅游网发布了《比如县第八届艺术节暨冬虫夏草交易会于7月30日胜利闭幕》的文章。西藏日报、西藏商报正在对比如县整个艺术节作专题报道。

第八届娜秀民间文化旅游艺术节暨冬虫夏草交易会的主要特点：

一是活动规模大。第八届娜秀民间文化旅游艺术节暨冬虫夏草交易会得到自治区党委、政府和地委、行署的高度重视，在比如县委县政府的精心组织、社会各界的大力支持和广大干部群众的热情参与下，于7月25日胜利开幕。十届全国人大常委会副委员长热地发来贺电。艺术节前夕，为充分体现县委、县政府对退休老干部的关心关怀，使退休干部更加直观的了解比如经济社会的发展现状，提出宝贵意见建议。县委、县政府首次邀请老干部参加艺术节，专门邀请34名曾经在比如工作过长居拉萨的老领导、老干部，和14名县域内的老干部实地参观城市规划、社会治理、基础设施建设等方面工作开展情况，并在艺术节现场召开老干部座谈会。同时，邀请兄弟县出席活动，邀请昌都市边坝县、丁青县、那曲地区班戈县民间艺术团进行专场文艺演出。艺术节开幕式当日参与群众达2万余人次，6天活动中，参与群众累计达10余万人次。

二是活动主题彰显。2016年的艺术节紧紧围绕“虫草之乡、梦境娜秀、和谐比如”活动主题，坚持文化搭台、经贸唱戏，突出文化、旅游、虫草，艺术节期间举行文艺演出、虫草交易和特色产品展销、“牧人风采·比如形象”选拔、“比如原生态牧歌”和“通俗歌曲”评选赛、招商引资、“虫草王”评选、非物质文化遗产文艺演出、拔河、抱石头、赛马（走马）等文体经贸活动，2016年艺术节首次增设了民间趣味体育活动，与往年相比有很多创新，真正办出特色，办出水平，办成一届真正意义上的文化旅游艺术节暨冬虫夏草交易会。

三是文体活动精彩纷呈。开幕式大型文艺演出阵容庞大，420人共同表演的4个具有浓郁比如特色的大型舞蹈节目，配以比如县歌《娜秀比如》和艺术节主题歌《虫草之乡比如》演唱，以表演形式在演唱中穿插，将艺术节主题表现得淋漓尽致。“牧人风采·比如形象”和比如原生态牧歌选拔赛令人耳目一新，参加选拔赛的演员均为比如当地的农牧民群众，通过艺术节这一舞台，他们充分展示比如农牧民群众的风采和形象，展示比如原生态牧歌的魅力。通俗歌曲选拔赛来自各乡镇和县直机关干部职工，借助艺术节这一平台，一展歌喉，大胆展示自我，树立干部职工的良好形象。来自边坝县、丁青县、班戈县民间艺术团的为比如干部群众带来具有地域特色的文艺节目，为本届艺术节增色不少。

四是民族文化彰显个性。艺术节期间，由达布阿谐艺术队、丁嘎热巴艺术队，热如锅庄、比如镇老年艺术队、达布卡尔队，邀请的格萨尔说唱等为群众献上一场非物质文化遗产演出，让人眼前一亮，引起巨大反响，让人们领略到非物质文化遗产的独特魅力，对保护和弘扬非物质文化遗产将起到积极的促进和推动作用。

五是宣传方式创新。与以往的电视、网络、手机、LED电子显示屏等宣传方式相比，今年的艺术节将宣传片上传百度视频、腾讯视频、优酷视频、土豆视频等热门PC视频端，同时在美拍等热门手机APP端进行上传。建立比如旅游官网，将比如县旅游资源上传中国西藏旅游网、博雅地名网等网站。首次召开新闻发布会，于6月20日和7月21日，分别在重庆和拉萨召开比如县第八届娜秀民间文化旅游艺术节暨冬虫夏草交易会新闻发布会。在中国报道网、华龙新闻网、大渝网等网站和重庆晚报手机版、重庆购物狂生活资讯等微信公众平台推介比如县第八届娜秀民间文化旅游艺术节暨冬虫夏草交易会重庆新闻发布会情况。6月22日至23日，比如县第八届娜秀民间文化旅游艺术节暨冬虫夏草交易会重庆新闻发布会情况在重庆电视台影视频道《渝乐派》栏目和重庆电视台新闻频道《重庆发现》进行播出，比如县第八届娜秀民间文化旅游艺术节暨冬虫夏草交易会知名度得到提高。

三、取得的主要成效

（一）社会秩序和谐稳定。艺术节期间，广大农牧民群众热情参与，积极配合，6天的活动参与群众累计达到10多万人次，日均达到2万人，期间没有发生一起矛盾纠纷，没有发生一起刑事治安案件，没有发生一起道路交通和公共安全事故，没有发生一起影响社会稳定的事件，广大农牧民群众自觉服从管理，活动现场秩序井然。广大农牧民群众身着节日的盛装，载歌载舞，纵情抒发对党、对伟大祖国、对社会主义新西藏、对幸福生活的赞美和感恩之情。

（二）展示比如团结、稳定、和谐的大好局面。第八届娜秀民间文化旅游艺术节暨冬虫夏草交易会期间，制作24块大型展板，展板全面展示了比如蒸蒸日上的新气象和日新月异的新面貌，展示比如团结、稳定、和谐的大好局面，展示2013年严打整治专项行动以来取得的成果和比如干部群众昂扬向上的精神面貌，为率先实现脱贫攻坚，如期全面建成小康加油鼓劲、凝心聚力，进一步提升比如县在区内外的知名度和影响力，让区内外对比如有了更加深入的认识和了解，对比如扩大开放、加快发展必将起到积极的推动作用。

（三）虫草交易会圆满成功。艺术期间，成功举办冬虫夏草交易会和农畜产品展销，7月25日，隆重举行虫草交易会剪裁仪式，并首次邀请虫草收购商参加虫草交易会。本次虫草交易会共搭建帐篷32顶，参展商家达32家，邀请区内外的虫草收购商34家，实现虫草交易37.5公斤，交易额达598万元。6天的虫草交易会，实现虫草交易共68公斤，交易数额达1073万余元。本届艺术节共有43家农牧民经济合作组织参展，搭建帐篷68顶，参展商品42种，实现交易额136万元。开展“虫草王”评选，评委组严格按照重量、数量、干湿度、颜色、虫角长短、清理程度等进行综合评分，评选出“单王”和“斤王”，达塘乡群众以1.2克／根获得虫草单王称号，恰则乡群众以708根0.5公斤获得虫草斤王称号。进一步打响比如虫草品牌，提升比如“虫草之乡”的美誉。

（四）比如旅游得到宣传推介。建立比如旅游官网，同时将比如县旅游资源上传中国西藏旅游网、博雅地名网，在腾讯视频、优酷视频上传比如县旅游纪录片、航拍片。6月20日，与重庆寰行天下发展有限公司共同举办比如县第八届娜秀民间文化旅游艺术节暨冬虫夏草交易会自驾游新闻发布会，邀请重庆知名旅行社代表、多家自驾游俱乐部、十余家新闻媒体出席；7月21日，在拉萨召开比如县第八届娜秀民间文化旅游艺术节暨冬虫夏草交易会，比如旅游知名度在区内外得到提高。艺术节现场搭建县旅游帐篷6顶、乡镇旅游“黑帐篷”10顶。制作印刷骷髅墙、热钦寺、帕拉晶塔等旅游点门票各5000张。在艺术节期间，微比如推出每日一景旅游板块。通过旅游推介宣传，越来越多的人走近比如、了解比如，7月24日，共55台车、164人的自驾游车队抵达比如县，参加艺术节开幕式，体验牧区帐篷、特色藏餐，带来旅游收入10多万元。自驾游客对盛大的节会内容、帐篷体验、特色藏餐和旅游景点赞不绝口，纷纷表示明年将会邀请朋友再来参加艺术节。

第八届娜秀民间文化旅游艺术节暨冬虫夏草交易会的圆满成功，离不开自治区党委政府和地委行署的坚强领导、关心支持，得益于社会各界的鼎力支持、热心参与，得益于广大干部群众的热情参与、积极配合，得益于各乡镇各部门的通力协作、密切配合。第八届娜秀民间文化旅游艺术节暨冬虫夏草交易会为广大干部群众献上一台丰盛的文化盛宴的同时，全面展示比如蒸蒸日上的新气象和日新月异的新面貌，展示比如团结、稳定、和谐的大好局面，展示2013年严打整治专项行动以来取得的成果和比如干部群众昂扬向上的精神面貌，为率先实现脱贫攻坚，如期全面建成小康加油鼓劲、凝心聚力，进一步提升比如县在区内外的知名度和影响力。

简略语注释

党的四项基本原则是：坚持社会主义道路、坚持人民民主专政、坚持中国共产党的领导、坚持马克思列宁主义毛泽东思想。

十八届六中全会的一个主题、两个板块：一个主题是全面从严治党；两个板块是：严肃党内政治生活、加强党内监督。

“三公”经费：指政府部门人员因公出国（境）经费、公车购置及运行经费、公务接待经费。

三不出：大事不出、中事不出、小事也不出。

一薄弱：基层组织薄弱。

两问题：政治立场问题、工作作风问题。

八项规定：改进调查研究，轻车简从，精简会议活动、切实改进会风，精简文件简报、切实改进文风，规范出访活动，改进警卫工作，严格文稿发表，厉行勤俭节约。

五下乡：文化、科技、卫生、法律、爱国爱教下乡。

医疗 · 卫生

医疗·卫生

卫生

【基本情况】 比如县共有14个县乡公立医疗机构，其中包括县人民医院（含县妇保站）、县藏医院、县疾控中心、9个乡镇卫生院（比如镇卫生院未建立），共有医护人员148人，其中正式人员94人，公益性人员48人。正式西医共68人，藏医共26人。全县中级医生1名，初级医生共12名，初级护理共3名。

【新型农村合作医疗报销】 调整新农合基金比例 2016年年初，比如县卫生局经过认真研究，报请县政府研究同意将大病统筹基金调回至70%，家庭账户基金调至30%，从而增加群众家庭账户基金数额。并继续实行群众住院费用半年一报销的举措。上半年，县卫生局完成2015年下半年新农合报销工作，报销金额达到1311.9万元，家庭账户核销1379798元，现金收699417.51元。下半年10月份，县卫生局完成2016年上半年新农合报销，报销金额达1363.25万元，家庭账户核销137.6202万元。全年共报销2675.15万元。

推行实施即时报结制度 2016年，按照地区卫生局目标责任书要求，县卫生局认真研究制定《比如县农牧民群众在县乡公立医疗机构住院即时报销制度》，6月经比如县政府批准，7月1日正式执行。这意味着比如县医改工作又向前迈进一步，农牧民群众看病结算更加方便。县人民医院即时结报群众住院费用414092元。10月，比如县卫生局按照地区卫生局关于开展即时结报工作要求，局长巴桑卓玛前往地区与地区人民医院、藏医院、妇保院签订即时结报协议，10月15日开始正式开始实行，比如县农牧民群众凭借家庭账户本、身份证、县医院转院证明、县卫生局绿卡等手续在地区级公立医院住院可以即时结报。截至年底，县卫生局已为50名群众开通绿卡。

积极做好跨县核销工作 10月开始，比如县卫生局为做好比如县搬迁至那曲县群众家庭账户核销工作，积极与那曲县卫生局联系协调，经两局协商，比如县搬迁至那曲县群众家庭账户核销需具备以下条件：比如县卫生局在搬迁户家庭账户本上盖章之后拿到那曲县卫生局盖章之后，即可在那曲县人民医院核销。

不断提高群众筹资率 2016年全县农牧民总人口共67138人，参加新农合人员共66369人，其中五保户251人，群众筹资率达到99%，筹资总额共计1327380元。

积极审核递交保险材料 比如县卫生局医管办及时审核、收集、邮递农牧民大额补充商业保险补偿工作，让群众获得医疗费用补偿。截至年底，审核递交37份大额补充医疗报销材料。

村医配备率不断提高 各乡镇卫生院年初开始积极为能看病、能发药的村医配备常用药品，方便群众治病就医，一定程度上缓解群众看病难的问题。全县配药村数达到125个，均配药种类35种，配药率达到74%。

先心病筛查 10月25日，北京武警医院专家组对比如县县城中小学、幼儿园新生1500人进行先心病筛查，确诊5人，有2名孩子的家长同意在北京治疗。

【公共卫生服务】 4月，县卫生局制定印发《比如县2016年基本公共卫生服务工作实施方案》和《2016年基本公共卫生工作考核方案》，对基本公共卫生工作进行全面部署。明确1~2名专兼职人员，负责各项工作。县人民医院、藏医院、疾控中心负责指导工作。

考核乡镇卫生院基本公共卫生，提出整改要求 5月7日至9日，县卫生局组织计生办、疾控中心工作人员共4人组成考核组到9个乡镇卫生院进行2014年、2015年公共卫生工作考核，对考核中发现的问题和不足，提出整改要求。

制定发放各类登记本和随访本，不断统一和规范 6月，为统一全县基本公共卫生服务工作，进行规范统一的登记和随访工作。比如县卫生局印制6种登记本，7种随访本，1种健康教育登记本，孕产妇保健手册。7月初，各种登记本和随访表全部发放到10个乡镇卫生院。

及时兑现补助奖励资金，提高工作积极性 8月16日，比如县卫生局组织召开2016年上半年卫生工作总结下半年工作部署暨基本公共卫生工作表彰会议，会上对公共卫生考核取得前三名的乡镇卫生院进行奖励，同时每个乡镇卫生院给予基础奖励，下发《关于兑现2014年和2015年基本公共卫生工作考核补助资金的通知》《比如县卫生局关于对各乡镇卫生院基本公共卫生服务工作予以奖励的通知》。共兑现2014年、2015年基本公共卫生工作补助经费428005元，给予奖励67万元。

【藏医藏药事业】 县藏医院以门诊治疗为主，门诊内设综合科、妇产科、放射室、B超室、藏医外科、放血室、火灸室、油脂疗室、脉泻室、腹泻室、火罐室、药浴室、针灸室基本能够满足常见病和多发病的诊治需要。全年门诊人数达到12816人次，妇科检查1067人，针灸289人，火炙1285人，放血151人，催泻18人，药浴68人，拔罐356人，油脂疗法78人。妇产科基本能够满足妇女常见妇科病的诊治，并满足孕产妇检查、妇女病检查、计生技术操作等工作，受到广大农牧民群众的好评。县藏医院制剂室在藏药制剂自配、自制上下功夫、深研究，2016年配制各种常用藏药123种，年产7000斤，一定程度上解决农牧民群众缺药、药费贵的问题。县藏医院藏药制剂室为各乡镇卫生院提供常用藏药。8月初开始，利用2个月时间，县藏医院副院长带领乡镇公益性岗位人员10名深入大山之中认药采药，共采药123种，1350公斤。10月开始，县藏医院制剂室带领乡镇公益性岗位进行制药培训，认真讲解如何配药制药，截至11月10日，完成制药77种，达817.25公斤，价值227129元。11月16日，县卫生局组织召开藏药发放会议，将该批藏药发放到7个乡镇卫生院，每个乡镇卫生院发放藏药77种、共233.5斤，价值32447元。各乡镇卫生院均设立藏医科，根据自身能力做好藏医药服务工作，积极开展藏医传统诊疗。

发展藏医药事业 积极推行医改工作，进一步加强藏医药服务管理工作，不断挖掘、发挥、创新传统藏医药的诊病治病方法，提升藏药利用水平。乡（镇）卫生院合理配置藏医药资源，建立和开展藏医传统诊疗技术，实现每个乡（镇）卫生院配备80种以上藏药，村卫生室配备20种藏药的目标。

培训乡镇卫生院藏医 8月至9月，由藏医院对各乡镇藏医医生进行培训，主要培训藏医诊病、认药、制药和传统诊疗方法。

提高县医院医疗能力 在“组团式”援藏医生的帮扶下，加强医护人员培训、引进先进医疗设备，不断提高县人民医院的医疗能力。

【疾病防控】 *扎实做好常规免疫疫苗接种* 2016年，比如县9种免疫疫苗总接种率为95.3%，其中，卡介苗应接种1534人，实接种1437人，接种率93.6%，乙肝应种6006人次，实种5691人次，接种率94.7%，糖丸应种3641人，实种3524人，接种率96.8%，白百破应种6363人次，实种6029人次，接种率94.7%；麻风疫苗应种3121人，实种2968人，接种率95.1%，A群流脑应种4726人次，实种4531人次，接种率95.9%，麻腮风疫苗应种2154人，实种2073人，接种率96.2%，甲肝应种2341人，实种2289人，接种率97.8%，A+C流脑疫苗接种2017人，实种1854人，接种率92%。

脊灰免疫强化工作有效开展 县疾控中心制定《比如县脊髓灰质炎疫苗强化工作实施方案》，着力安排部署脊灰强化免疫工作。在工作开展中，各乡镇卫生院采取集中接种和入户接种的方式，有效开展接种工作，脊灰第一轮强化免疫应服儿童数4568人，实服人数4513人，其中流动儿童16人，接种率98.7%；第二轮应服人数4564人，实服人数4511人，其中流动儿童15人，接种率98.8%。

及时开展入学入托查验补证 3月，疾控中心在县幼儿园、县完小一年级开展查验接种证工作，共排查1101人，其中补证91人，补种597人次。9月份入托入学儿童共查验1160人，其中补正37人，补种疫苗3000多人次。

地方病防治工作 5月开始，全县启动鼠疫防治“零报告、日报告”制度，安排部署鼠疫疫情动态监测工作，与各乡镇、各施工队签订《鼠疫疫情防控监测目标责任书》，层层落实工作责任。在夏曲镇和恰则乡内检测86只藏系绵羊和45条野狗血样，实时掌握疫情动态。

配合内地专家组做好包虫病调查 8月26日至9月7日，比如县卫生局、县人民医院、县疾控中心和各乡镇卫生院密切配合浙江包虫病调查专家组做好比如县包虫病调查工作，在此期间对比如县8个乡镇，1600人，进行B超检查，其中发现阳性患者50人，疑似人员27名，采集疑似病人血清进行抗体检测。同时，深入牧户采集犬粪160份，以了解当地犬包虫病感染情况。对县完小四年级至六年级150名学生和村民160人进行包虫病问卷调查。

结核病和艾滋病防治工作 新收治结核病患者34名，初诊病人22人，随访病人100人次，痰涂片检查21人次，免费发放药物373盒。将结核病人基本信息录入结核病网络系统。按照艾滋病防控策略和梅毒中期方案要求，对高危人群提供健康咨询服务和宣传资料。

健康教育宣传工作 疾控中心在“3·24”“4·25”宣传日以及重要时段，开展传染病防控知识宣传8次，各乡镇卫生院在三月份、各宣传日、虫草采挖期间纷纷开展宣传活动。共发放宣传资料4659份（册），安全套3007盒。共办理健康证1086本。

【应急监督】 加强卫生监督执法 为创建良好的公共卫生环境，保障食品药品安全，比如县卫生局监督办积极开展公共场所、医疗场所等卫生监督工作。除每月定期开展2次检查之外，节日前、学生开学前均进行食品药品大检查。各乡镇卫生监督协管员定期开展对本乡镇公共场所、学校食堂卫生进行监督检查，及时提出整改意见。同时，积极参与县工商局、安监局组织的大检查活动。在检查中，对于发现的卫生方面的问题，现场指出，限期整改，对于发现的过期商品一律没收销毁，对于问题严重的责令关门整顿，整顿检查合格后方可营业。2016年，监督办对比如县78处公共场所进行经常性卫生监督检查。对县城完小、中学分别开展2次卫生监督检查。经常性巡回监督200余次，监督覆盖率为100%，平均监督达3户次。

严厉打击非法行医 比如县卫生局积极开展严厉打击非法行医专项整治行动，不断改善医疗环境。各乡镇由乡镇政府卫生监督协管员负责监督查看，县城由局卫生监督办负责监督检查，一旦发现非法行医情况立即进行处理。县卫生局前后两次到夏曲镇、扎拉乡、良曲乡、达塘乡、羊秀乡、白嘎乡进行非法行医执法检查，对发现的过期药品、违规药品予以没收，未发现非法行医行为。

做好应急物资储备 为预防传染性疾病的发生和传播、预防缺乏药品的情况出现，比如县卫生局要求县乡医疗机构做好应急药品和设备的储备。全县药品储备达到580种，价值达497801.4万元。截至年底，比如县共有12家个体诊所，其资质均经过地区医政科审核合格后，经县卫生局同意开办的，12家诊所均证件齐全。

【妇幼保健“两降一升”工作】 强化宣传教育，提高群众自我保健意识 为提高群众优生优育意识和妇幼保健意识，比如县卫生局计生办着力抓好宣传教育工作。3月、6月、9月，各乡镇人民政府、各乡镇卫生院和驻村工作队广泛深入群众中，讲解优生优育、儿童保健、孕产妇住院分娩补助政策等政策知识，发放宣传资料，提高群众对优生优育的认识。

提高住院分娩率，降低死亡率 各乡镇卫生院认真做好本乡镇孕产妇、0~6岁儿童信息登记工作，掌握本乡镇妇幼基本情况，并定期开展随访服务和健康检查，为儿童和孕产妇建立保健手册，有效保障和促进妇幼健康水平。全年，比如县累计发放叶酸245人，共735盒，孕产妇共1393人，其中住院分娩人数1187人，住院分娩率达到85%，无孕产妇死亡。婴儿总数共1635人，死亡6人，死亡率3.7%。

落实补助资金，提升孕产妇住院分娩率 比如县卫生局计生办积极兑现孕产妇住院分娩补助，认真落实修改后的孕产妇住院分娩补助提高到1000元的新政策，要求乡镇大力宣传新政策。全年，共向685名孕产妇家庭发放补助70万元，其中2016年住院分娩孕产妇发放526000元补助，为2015年住院分娩的孕产妇发放174000元补助。

“三项扶助”政策资金落实到位 3月，计生办完成“一孩双女”困难家庭摸底核查和网络直报，2015年共584人，2016年新增38人，退出36人，共586人。并开始下拨2015年“一孩双女”扶助资金，共566400元，截至5月18日，各乡镇领取完毕，足额兑现到位。2015年99人“特殊扶助”补助金额由县财政局兑现到位。

【自身建设】 *加强乡镇卫生工作培训* 4月18日至19日，比如县卫生局举办乡镇卫生主管、乡镇新农合工作经办人员、乡镇卫生院院长进行农牧区医疗制度、卫生监督协管、食品药品监督协管、疾控工作、妇幼保健方面的培训，发放相关方面的宣传资料。

加强乡镇公益性岗位人员培训 3月至6月，比如县卫生局责由县人民医院对各乡镇卫生院2015年分配的公益性岗位人员进行了带教实习培训，共36名，分3批，每批培训1个月，通过培训这批公益性岗位人员的医技水平得到了进一步提高。

加强村医培训 4月，比如县卫生局印发《比如县2016年村医培训总体实施方案》，对村医培训工作进行总体安排部署。各乡镇卫生院根据要求，积极开展村医培训工作，制定详实可行的培训方案和日程安排。截至年底，各乡镇卫生院共培训村医326人，村医共350人，培训率达到93%。

加强藏医药培训 8月初至9月底，县藏医院开展为期2个月的乡镇公益性岗位10名藏医认药采药培训，通过培训，比如生长的藏药品种得以让更多藏医认知，藏药知识得到传承。10月至11月15日，藏医院开展制药配药培训，培训公益性岗位藏医7名。

【孕前检查】 4月，在比如县卫生局召开2016卫生计生工作会议，印发《比如县2016年免费孕前优生健康检查实施方案》，对2016年孕前检查工作进行全面部署，明确工作职责和工作措施。并与各乡镇人民政府签订《目标责任书》。4月下旬开始，在计生办的安排协调下，县人民医院妇科、检验科积极开展孕前优生健康检查工作。截至11月25日，县人民医院共检查391对夫妇。

【流动人口管理服务】 3月开始，比如县计生办积极同县公安局、县综治办做好流动人口管理服务工作，着重安排各乡镇计生协管员、卫生院做好流动人口管理服务工作，签订责任书。经统计，比如县流动人口主要以四川和甘肃籍为主，占2/3，流动人口以男性为主，流动人口总数为9628人，跨省流入人口为8473人，省内流入人口为1155人，流动人口育龄妇女人数为3257人。计生办对流动人口育龄妇女建立了登记建档制度，利用全国流动人口计划生育信息网络交换平台，不断建立和完善流动人口计划生育信息数据库，在西藏自治区人口信息网络平台上共录入2389人信息。4月17日召开卫生工作会议，印发《比如县2016年城乡居民暨在编僧尼免费健康体检工作方案》，对体检工作的目标任务、工作要求、工作措施、时间步骤、工作职责都进行详细安排。5月，各乡镇卫生院、县藏医院对全县贫困户开展免费体检工作，体检人数达5562人（搬迁户除外），体检率达到100%。7月初，县卫生局进一步安排部署免费体检工作，要求各乡镇结合实际，开展农牧民群众免费体检工作，体检人数达到68180人，其中贫困户5562人，体检率为100%，僧尼体检847人，体检率100%。

【卫生项目建设情况】 比如县8个乡镇卫生院标准化建设自4月开始全面开工建设，各乡镇卫生院标准化建设基本完成，县人民医院、县藏医院、县疾控中心新建工程基本完成。预计明年7月份左右能够搬入。

【扶贫工作】 根据自治区、地区关于健康扶贫的要求，3月部署各项工作，全力做好健康扶贫各项工作。5月，完成贫困体检工作，8月完成乡村医生与贫困户签约保健服务协议。根据区、地关于县级公立医院改革的要求，大力推进比如县公立医院改革，力争建设成一所人民满意的县级医院。

【卫生应急与监督】 卫生应急工作 不断配齐应急药物设备储备，充实应急处突力量。建立实时预防机制，各乡镇联络员负责实时监控疫情、处置和报告疫情，县疾控中心建立防控报警机制，分等级及时处置。

卫生监督工作 比如县卫生监督办、各乡镇卫生监督协管员，每季度对全县公共场所、医疗场所、个体医疗机构、学校、药店等检查1~2次，严厉打击非法行医，保障医疗卫生环境良好。8月、11月分别下乡督导各乡镇卫生工作开展情况，12月对乡镇卫生计生工作进行考核。

【妇幼保健应急监督】 县卫生服务中心、各乡（镇）卫生院做好孕产妇管理工作，检查建立《孕产妇保健手册》，发放叶酸，做好产前检查、产后访视工作，建立《儿童保健手册》，加强健康管理，切实保障孕产妇和新生儿健康，严格控制和减少孕产妇和婴儿死亡情况，使孕产妇死亡率控制在95/10万以内，婴儿死亡控制率在14.5‰以内。鼓励和引导群众积极住院分娩，兑现住院分娩补助奖励资金，使住院分娩率达到95%以上。10月，完成比如县全员人口和流动人口信息录入工作

人民医院

【工作业务】 4月至11月，县人民医院总住院人数共达2000余人，就诊门诊人数共达12500余人次，开展气胸引流、简单骨科治疗、正常胎位接生以及各项常规检查工作。8月中旬，医院引进部分科室的信息管理系统，解决部分科室靠手工操作，工作效率极低下，浪费大量人力、物力资源的问题。比如县人民医院在全县范围内开展免费孕检、士兵及驻村干部体检、全县僧尼体检工作，截至年底，体检人数共达2000余人次。5月，进行医院医疗垃圾分类工作，并在卫生局及上级环保部门的重视下将医疗垃圾分类统一管理运往地区。7月18日起，比如县根据《自治区农牧民医疗机构管理办法》《那曲地区农牧民医疗机构管理办法》《比如县农牧民医疗机构管理办法》实行住院及时结报制度，缓解群众“小病大医”的问题。第八批援藏医生的到来，进一步改善我院医疗条件、提高医护人员医疗技术水平；通过每周开展学习讲课等方式进行专业辅导技术知识，并开展小型气胸引流简单骨科治疗等。配合援藏全县内开展肝包虫病的诊治工作，配合卫生局及疾控中心等积极宣传各类疾病的防范控制工作。

藏医院

【工业务作】 藏医药以《四部医典》理论为指导，将人体的病机分“隆、赤巴、培根”三大因素，针对各种疑难杂病形成自己独特的方剂。藏药的药材多采用生长在海拔3500米以上没有污染的青藏高原上。高海拔、大温差、强光照、四季明显等特殊的自然环境和生态环境下，分布着丰富的动植物，矿物等纯天然药物资源。比如县藏医院2016年对各乡镇卫生院的工作人员一名进行三个月以上的培训。主要内容为通过师带徒的方式去山上采药，现场辨认各种药材以及实际用药操作。藏药原材采集加工要做到适地采集、适时采集、加工方法独特，讲究制作程序严谨，复杂采集后的药物药通过干燥拣选、分清陈旧、炮制去龙、调伏增效等工作。县藏医院共计制作120多种藏药成品共2365公斤。研制1种妇科病药品以及藏药特色（卡擦）药16种。比如县藏医院全年门诊量达13800多人次，妇科1067人、针灸289人、火灸1285人、放血151人、催泻18人、药浴68人、拔罐365人、油脂疗法78人、健康体检4290人。

疾控中心

【免疫工作】 计划免疫疫苗接种情况 比如县9种免疫疫苗平均接种率为95.3%；其分别为：卡介苗应种1534人，实种1437人，接种率93.6%；乙肝第一针应种1762人，实种1672人，接种率94.8%；乙肝第二针应种2130人，实种2017人，接种率94.7%；乙肝第三针应种2114人，实种2002人，接种率94.7%;糖丸第一针应种1125人，实种1090人，接种率96.9%；糖丸第二针应种1270人，实种1237人，接种率97.4%；糖丸第三针应种1246人，实种1197人，接种率96.1%;百白破第一针应种2199人，实种2092人，接种率95.1%；百白破第二针应种2118人，实种1996人，接种率94.2%；百白破第三针应种2046人，实种1941人，接种率94.8%;麻风疫苗应种3121人，实种2968人，接种率95.1;A群流脑第一针应种2644人，实种2538人，接种率96.0%；A群流脑第二针应种2082人，实种1993人，接种率95.7 %；麻腮风疫苗应种2154人，实种2073人，接种率96.2%；甲肝应种2341人，实种2289人，接种率97.8%；A+C流脑疫苗应种2017人，实种1854人，接种率92.0%。同时安排专人负责“免疫规划信息系统”的录入，录入率达到100%，全县建卡建证率达100%。

糖丸疫苗强化工作 比如县按照自治区下发的工作方案要求，1月27日开始在全县范围内0~3岁儿童实施两轮脊灰疫苗强化工作，活动开展前，比如县以多种形式向广大人民群众宣传强化免疫活动实施的意义，同时做好儿童的摸底登记工作。本次脊灰第一轮强化免疫应服儿童4568人，实服人数4513人，其中流动儿童16人，接种率98.7%；第二轮应服人数4564人，实服人数4511人，其中流动儿童数15人，接种率98.8%。

入托、入学查验补证工作 4月份，县疾控中心对2015年秋季新入学儿童1101人进行疫苗接种查验，其中补证91人，疫苗补种597人次。9月份新入托入学儿童共查验1160人，其中补证人数37人，补种疫苗3000余人次。

【地方病防治工作】 鼠疫防控工作 5月份开始，全县启动鼠疫防治“零报告”制度。及时与各乡镇、各施工队之间签订鼠疫疫情防控监测目标责任书，层层落实工作责任。同时在夏曲镇和恰则乡检测86只藏系绵羊和45条野狗血样，实时掌握疫情的动态。7月15日开始，县疾控中心工作人员和10人民工利用4天的时间在夏曲镇玛库村蹲点，在面积20余公里内，堵洞数126个，用毒药1260粒，进一步降低旱獭密度，从而减少鼠疫疫情的发生及流行程度。

碘盐检测工作 积极开展食用盐的含碘检测。县疾控中心从10个乡镇收集300户的盐样。经检测，18份为土盐，282份盐样的碘定量检测合格。

包虫病调查工作 根据《西藏自治区包虫病流行情况调查对口援助方案》《查组织与应急保障方案》《西藏自治区包虫病流行情况调查技术方案》《西藏自治区包虫病流行情况调查实施细则》要求，8月26日至9月7日期间，对比如镇其达村、恰则乡查龙朵村、良曲乡热如村、羊秀乡旦德村、夏曲镇多那木步村、白嘎乡达钦村、香曲乡丁嘎村、达塘乡玛擦村每村200多人进行腹部B超检查，共筛检村民1611人；采集牧户家犬粪共160份，了解当地犬包虫病感染情况；对县完小四年级到六年级的150名学生和村民160人进行包虫病问卷调查。

【结核病、艾滋病管理】 结核病防治工作 病人发现是结防工作的首要环节，为尽可能的发现病人，认真落实病人家属及密切接触者的筛查；加大对病人的追踪力度。对发现并登记的病人全面落实国家免费检查治疗政策，做到发现一例，登记一例，管理一例，治疗一例。2015年10月至2016年9月底，比如县新收治结核病人34人，其中涂阳肺结核病人3例，涂阴肺结核病人12例，结核性胸膜炎16例，其他肺外结核3例。涂阳患者密切接触者登记14人，其中出现症状的2人进行痰检。初诊查痰共22人次，随访患者查痰数100人次，免费药品发放373盒（瓶），同时将结核病人的基本信息录入到网络专报系统，定期在网上病人转归工作。

艾滋病、性病防治工作　按艾滋病防控策略，比如县对暗娼人员、外来务工人员，孕产妇及其他人群内提供HIV初筛检测，共检测507人，并提供健康知识宣传单和安全套，共发放宣传单1400余张，安全套1300只。

梅毒知晓率调查　在比如县群众、城镇居民、流动人群中开展梅毒预防知识知晓率问卷调查125份，其中城镇居民35份，农村居民30份，流动人口40份。帮助大家了解性病有关知识、梅毒传染途径、传染特点，性病对人类身心健康所造成的危害性等，同时提供健康问题的咨询。

【饮用水水质监测工作】　比如县对各水源点枯水期、丰水期水质进行检测。共完成58份水样的采集，其中县城学校4份，送地区进行检验室检测，并将检验结果及时录入到网络专报系统。

【培训及人群健康教育宣传】　县疾控中心于2月、7月对比如镇的村医进行一对一的培训，重点讲解计划免疫疫苗接种的重要性、接种对象、剂量、部位、不良反应的处理、卡证的填写等，并以实际操作的形式熟练接种技能。9月，对乡镇卫生院疾控专职人员进行集中式综合培训，特别强调各类报表的正确填写。比如县疾控中心内每季度更换宣传内容，新制作展板2个，为各种传染病防病知识得到普及，比如县疾控中心在娜秀文化艺术节和“3·24”世界结核防治日、“12·1”世界艾滋病日及其他宣传日积极开展艾滋病、结核病、鼠疫、碘缺乏病、部分传染病知识进行宣传11次，全年共发放宣传材料（包括各乡镇）4356余份。

【健康素养调查工作】　县疾控中心在全县10个乡（镇）中抽取夏曲镇、恰则乡、比如镇3个乡（镇），每乡镇2个村，每村40人。12月28日开始在各乡（镇）政府和乡卫生院、村委和驻村工作队的配合下，走村入户开展大力开展整治个人卫生、家庭卫生、村居卫生活动，积极引导农牧民移风易俗，摒弃陈规陋习、创建健康文明的生活方式的健康教育活动并赠送小礼品，价值约4000元，完成比如县240个人员健康素养问卷调查工作。

【严格实施各项卫生法律法规】　2016年共对个体工商户办理健康证1086本，积极协助相关单位完成卫生安全检查。

【工作荣誉】集体　2016年度那曲地区疾控工作综合考评第三名；被那曲地区疾病预防控制中心评为2016年度规划免疫工作先进集体。

个人　央金卓玛被那曲地区疾病预防控制中心评为2016年度疾控工作先进个人。

3月25日，夏曲镇开展草原勘界纠纷问题调解

3月2日，夏曲镇党委书记扎西尼玛组织召开精准扶贫和低保工作会议及“三月法制宣传月”工作部署会议

4月14日，夏曲镇党委副书记索朗层措组织干部职工学习习近平总书记系列重要讲话精神

恰则乡

◉ 2月13日，恰则乡财务所工作人员到村里为农村低保、城镇低保、村医、防疫员发放第一季度保障金

◉ 4月13日，恰则乡党委书记阿布次仁到贫困户包户家中开展帮扶走访慰问

◉ 草补工作人员在村中宣传草补惠民政策

◉ 8月10日，恰则乡组织各驻村工作队、村“两委”班子成员召开践行“两学一做”及规范最低生活保障政策落实工作动员部署会

◉ 在虫草采集点向群众讲解相关法律法规知识

◉ 扎拉乡举办第二期村干部素质能力大提升培训班

达塘乡

◉ 2月5日，自治区党委组织部副部长、自治区强基办副主任李小里，地委委员、组织部部长、地区强基办主任白玛罗布到达塘乡玛擦村慰问驻村工作队

◉ 10月27日，自治区工商联一行在达塘乡达孜村开展“百企帮百村”调研工作

◉ 4月11日，达塘乡召开2016年经济工作会议

◉ 4月4日，自治区教育厅党组成员、教育厅副厅长娄源冰，地委委员、地委组织部部长白玛罗布，县委书记陈刚莅临达塘乡朗钦村检查指导党建工作

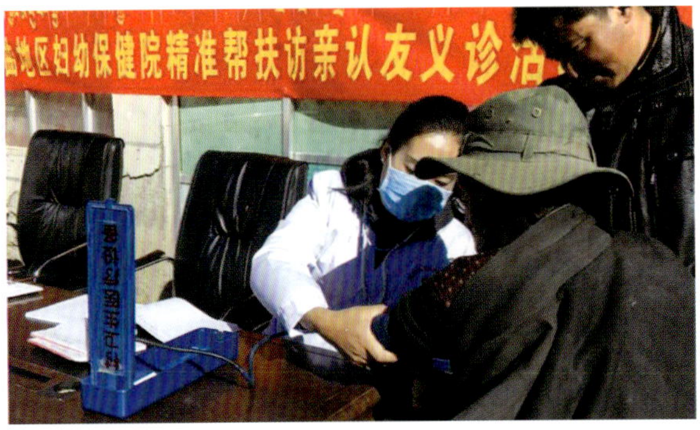

◉ 11月13日，那曲地区妇幼保健院医护人员到达塘乡开展精准帮扶访亲认友义诊活动

◉ 6月4日，达塘乡党委副书记、乡长扎西平措在虫草采集点向群众宣传知识

茶曲乡

茶曲乡开展党务工作者培训

9月，茶曲乡召开国旗悬挂安排部署会

茶曲乡党委组织村两委赴拉萨周边县学习参观

◉ 为困难党员募捐

◉ 茶曲乡举行首届“梦境杯”篮球联赛

良曲乡

4月18日，良曲乡召开精准扶贫工作专题会议

4月19日，良曲乡召开债务纠纷调解工作会议并签订协议书

6月11日，自治区换届工作督导组主任王利民、那曲地区人大工委副秘书长王芳到良曲乡检查换届相关工作

2016年4月25日，良曲乡召开“高效牧草种植”专题会议

开展慰问困难群众、孤寡老人活动

比如镇

◎ 比如镇进行各驻村工作队队长强基础惠民业务知识测试

◎ 4月19日，良曲乡召开债务纠纷调解工作会议并签订协议书

◎ 6月5日，自治区总工会副巡视员、法律保障部部长扎西罗布（左四），那曲地区工会办事处党组副书记、主任次仁塔青（左一）率调研组前往比如镇指导检查工作

◎ 6月28日，比如镇副书记、镇长扎西次仁组织群众对出入采集点困难的群众及车辆帮助

◎ 7月20日，驻村工作队组织党员群众清理路边垃圾

羊秀乡

4月20日浙江省宁波市中西医院、奉化医院专家组一行在羊秀乡检查包虫病

自治区住建厅驻村工作队慰问久隆村群众

◉ 开展精准扶贫摸底调研工作

◉ 乡干部与群众共同清理结冰路面

◉ 县委副书记、县长顿珠群培到香曲乡艺术节与僧尼群众热情交谈

◉ 自治区移动文物普查组对我乡各寺文物鉴定

◉ 香曲乡召开选区补选会议

白嘎乡

3月11日，自治区民宗委副主任拉巴次仁在白嘎寺、申扎寺开展调研

4月13日，白嘎乡召开村级业务整改部署会议

全面开展白嘎乡县级人大代表选举工作

2016年正式成立的白嘎乡多瓦热巴民间艺术团

新建白嘎乡人民政府办公楼

乡 镇

乡镇

夏曲镇

【基本镇情】夏曲镇位于比如县西北部的G317线上，距那曲地区103公里，距比如县城160公里。东经92.49°，北纬31.47°，平均海拔4350米，总面积2810平方公里，属纯牧业镇。东邻索县的本塔乡和杂色镇，南邻比如县恰则乡和扎拉乡，西邻那曲县达前乡，北邻聂荣县尼玛乡和下曲乡，G317、G558（原S303）在镇域内分别东西向和南北向穿越全镇，全镇有22个行政村，2850户，14478人，984名党员，296名联户长。牲畜总头数60532头，大畜总头数58886头。农村低保户427户1514人，城镇低保户29户62人。2016年新增干部8名，其中事业7名（5名借调到县里）行政1名。

【经济发展】农村经济总收入182099370.4元，第一、第二、第三产业分别实现130654584.4元、357886元、51086900元，农牧民人均纯收入10313.68元。夏曲镇2016年共有16家经济合作组织，受益人群351户，劳动人群增收117万元。

【强基惠民】*基层组织* 夏曲镇驻村工作队通过一年的驻村工作向镇党委推荐各村村(居)后备干部，共128人，发展积极分子73名，正式党员25名。各驻村工作队和村（居）两委班子定期坚持开展学习教育，驻村工作队每周进行“两学一做”学习教育，制定课程表共22份，每月召开村民大会，每月专题讨论共22份，召开3次专题讨论会，心得体会共66份；完善村规民约24条、党务村务财务公开制度25条。组织村民学习党课132场次。召开“三会一课”78次。扎勒村工作队推选组织协调能力强、热心公益事业的2名党员当村务监督员、“双联户”户长。勒加库村工作队帮助村（居）党支部理清发展思路，制定2015—2017年党建工作总体规划以及2016年村党建工作方案。布龙村永葆共产党员先进性，有效组织党员干部、党员群众志愿服务工作，向生活及医疗方面有困难的本村村民玛久、阿杰、朗达、次珍等群众为他们前后捐款5920元。镇强基办组织镇机关党员干部学习教育24次，召开专题讨论会7次，心得体会共2份，座谈会3次。

维护稳定 把驻村工作队队长和村“两委”班子主要负责人纳入维稳工作第一责任人。在三月份重点时期，五六月虫草采挖期，2016年换届、G20峰会、第三届藏博会、雪顿节等重要时段，制定维稳方案88份，制定值班巡逻表88份，加强值班巡逻，召开三月法制宣传、宣讲大会22场次，参会群众9510人，协助村居“两委”做好重点领域、人员管控;积极化解和妥善处理各类社会矛盾8件，帮助建立健全农牧区维稳工作机制4条，充分发挥“双联户”、护村队、民兵、治保组等“红袖标”队伍的作用，协助基层扎实做好全国“两会”、三月重点时期、虫草采挖期、赛马节等重点时段维稳工作，实现“三不出”确保基层和谐稳定；召开维稳宣讲大会89场次，参会群众26532人次，受教育面达98%；召开村情民意群众会议178场次，走访所驻村居2093户；工作队与群众共度元旦、春节、藏历新年4271人次，举办文体活

动67场次。

安全生产　召开4次安全生产警示教育会议，针对村民每到放学、开学时间，村民私家车严重超载接送学生，存在严重安全隐患，驻村工作队及时召集责任人员，做好警示教育，及时解除安全隐患。

法制宣讲　驻村工作队深入开展法制宣讲活动，制定详细的法制宣传方案，深入开展“三月法制宣传月”“六月平安宣传周”及“9·16”平安西藏日等活动。宣讲法制56场次，发放藏汉法制宣传资料8760余份，累计参与群众11411余人次。

增收致富　托纳莫布村驻村工作队随同“村两委”为本村合作社出谋划策，在本村比较有利的地方生产出售泥砖、在夏曲镇开设真空包装奶制品销售点、在牧场增加奶牛数量和改进品种。本村42户220人得到较高的现金收入；扎勒村驻村工作队加大农畜产品商品化力度，该村地处偏僻山区，牧民思想观念陈旧，市场意识淡薄，存在惜宰惜售现象，资源优势不能转化为经济优势，为此，驻村工作队耐心做好群众思想工作，在牦牛集中屠宰季节，组织群众到拉萨销售优质牦牛肉，实现现金收入近10万元；2016年在扎勒村牛棚圈项目建设过程中，组织村民积极参与牛圈建设，每户村民实现劳务收入达到7000元左右；扎勒村奶制品加工合作社将奶制品加工厂的部分空置房屋对外出租，年租金收入可达7万元。勒加库村工作队一年以来，帮助发展经济实体1个，解决勒加库村联营奶制品加工销售点建设项目资金30万元；解决劳务输出11人、帮助群众增加现金收入11万余元；充分利用那曲地区举办各类旅游文化艺术节的平台，组织村级经济合作社展示牧区特色优势产品，采取走出去的发展方式，壮大村级集体经济。

感党恩教育　各驻村工作队充分利用特殊日子进行“感党恩”活动，3月28日西藏农奴解放纪念日，要求驻村工作队组织群众参加升旗仪式和“算富账、感党恩、要稳定、求发展”文体活动，进一步加深人民群众对于新旧西藏的对比认识；让群众明白惠从何来、惠在何处，感党恩、跟党走，增强建设社会主义新西藏的信心和决心。

实事好事　各驻村工作队发挥各自优势，促进群众增收致富。擦曲松果村驻村工作队走访慰问困难群众37人次，发放慰问金17620元；托纳幕布村驻村工作队合理解决了与娘热村（22村）之间草场分界不清的历史遗留问题。改善村委会条件。在驻村工作的积极协调下，从派出单位（西藏自治区疾病预防控制中心）为村委会争取到一顶藏式大帐篷和一台发电机，支出经费共计25000元。扎勒村工作队建设21套高标准牛棚圈，财政投资68.48万；对低保户、残障人员、大病住院人员开展大力帮扶活动。为生活极其困难的曲炯家全年捐款捐物累计3000余元；联系派出单位爱心人士为其捐款2500元；3户家庭因子女多，缺少过冬衣物，为此工作队成员轮休期间在拉萨募捐衣物100余件。2户家庭农村合作医疗个人缴费困难，驻村工作队捐款代缴360元。筹集资金对患有严重慢性病或住院治疗6人每人发放医疗救助资金1000元，共计6000元。“两大节日”期间争取区财政厅妇联组织帮扶资金2500元、机关党委帮扶资金4600元，对28户贫困户发放慰问品。勒加库村驻村工作队入户调查了解一户贫困家庭和四名困难家庭优秀学生实际情况，从派驻第一书记办实事经费中安排就医就学资金5000元。鉴于勒加库各自然村道路出行条件差，从办事经费中安排资金2863元，采购不同型号的波纹管涵，组织群众修建四个简易便民桥，改善了村交通条件；积极协调厅机关干部职工和厅妇委会，通过募捐资金4800元，向村24名贫困户、贫困家庭妇女儿童开展慰问。一年来，在充分征求村“两委”、村民意见的基础上，积极争取项目资金，协调自治区及那曲地区电力行业管理部门，完成对输电线路进村入户项目进行前期论证设计工作，并落实农村电力项目建设资金560万元。热萨村驻村工作队发挥专业特长，为全村村民进行免费义诊两次，免费发放药品价值10000元，给孕妇和患者日常B超体检48人次。地区发改委申请到总投资20万的人畜工程项目资金。边塘村驻村工作队为民办实事4件，投入资金1.5万元，开展慰问活动2次，对全村70岁以上老人和五保户、低保户、贫困户进行慰问，慰问100余人，发放慰问金及慰问品价值1.5万多元。仲拉村驻村工作队发挥专业特长，为全村村民进行免费义诊两次，免费发放药品价值10000元。另外，从地区交通局申请总投资20万的久龙自然村建桥工程项目资金。区发改委驻娘热村工作队一是村村通钢架桥项目，投资70万元，打通了娘热村与周边村庄之间新通道，改善娘热村与邻村之间交通环境；太阳能路灯项目，投资55万元，建成太阳能路灯80盏，基本覆盖娘热村常住户一户一盏，解决牧民夜间不便问题，减少棕熊等大型动物的危害；人居环境建设项目，投资70万元，进一步优化村级人居环境、改善出行条件；新建温室大棚项目，投资35万元，并采用整体承包或村两委+牧户+合同技能的合作模式推开经营，逐步实现群众参与、规模经营、提高收入的生产目标；安全饮用水项目，投资19.5万元，在村民集中居住地打井15口，解决牧民吃水难的问题；新建11座垃圾焚烧钢筋栅栏框，分配给11个联户组使用，改善牧民居住卫生条件；向国家发展改革委综合运输研究所争取价值20万元电脑（25台），全部捐赠给夏曲镇小学，改善镇小学的教学环境，提高教学质量；新建村文化室和卫生室项目,落实以工代赈资金80万元，新建村文化室、厨房、路面硬化、围墙等附属工程，极大丰富村民的文化娱乐生活和就医条件。

【党建工作】 队伍建设　以班子建设“五个好”为目标，紧密结合创先争优强基础惠民生活动及“服务心连心、行动手拉手、温暖千万家”比如县深化“提升党员队伍建设、规范基层组织建设”主题实践活动，以“点亮心愿、圆梦万家”、“群众事马上办”乡镇一站通、“微型党校”、乡镇夜校等活动为牵引，通过驻村工作队传帮带，组织村居干部学习培训和组派精干力量到村居任职等工作，不断加强班子队伍建设，进一步建好配强基层组织工作力量，提高村（居）工作水平。

强化制度落实　严格落实各项村级组织制度，以制度建设抓好组织建设，严格落实“两学一做”学习教育、“四议两公开”、学习培训制度、党建工作制度等各类制度机制，不断形成工作长效机制。

强化分类定级　按照“先进村居抓巩固、一般村居抓提升、后进村居抓转化”的要求，对全镇各单位、各村居党组织进行分类定级。抓好边塘村、玉纳村、擦曲松果村、勒根村、伯托居委会、托纳幕布村等6个基层党组织的整顿转化工作。

加强自身建设　针对夏曲镇农牧民党员能力素质普遍较低，在教育群众和推动发展稳定工作中发挥作用不明显的问题，夏曲紧紧结合主题实践活动，严格按照乡镇干部每月28日下村服务日制度工作内容，充分利用好各种有利条件，大力开展各种帮扶教育引导工作，各级党组织积极组织开设文化补习课、政策理论宣讲课、正面典型引导课等培训课程，结合党课等制度，不断提升农牧民党员的素质和能力。全镇共发展入党积极分子39名，预备党员140名；各级党组织共组织开设各类培训课程42节，学习培训达370课时，受教育农牧民党员累计达1500余人次。针对夏曲镇个别党组织在发展党员工作中把关不严、审核不力，党员发展的纪律不严肃、程序不规范等问题，夏曲严格按照主题实践活动相关要求和党员发展“三个培养”原则，进一步统一思想认识，严肃党员发展的政治纪律和程序要求，在发展党员工作中严把政治关，严格做到“培养一个、成熟一个、发展一个”，不断提升党员队伍整体素质。针对夏曲镇部分村居党支部软弱涣散的问题，镇党委、政府牵头，组派督查组，加大督查力度，对工作上不作为、乱作为的进行核实，由镇党委召开专题会议，制定出切实可行的整改方案，并上报上一级党组织进行审批后，对出现问题的村居进行深化整改。另外，为深入做好“服务心连心、行动手拉手、温暖千万家”比如县深化“提升党员队伍建设、规范基层组织建设”主题实践活动各项工作，夏曲镇于3月24日组织召开动员部署会议，组织全镇干部积极参与到志愿服务队中来，其间开展志愿服务97次，切实解决困难328件。开展“七月党建月”各项工作系列庆祝活动，观看庆祝共产党成立95周年大会、电视直播节目、积极完成“两学一做”学习教育阶段测试等各项活动认真落实。

党内关怀帮扶　在“三大节日”和“3·28”百万农奴解放纪念日期间，由包乡县级领导和镇党委、政府主要领导牵头，通过召开座谈会、上门家访等形式，组织开展老党员、困难党员帮扶慰问工作，组织慰问96人次，发放慰问品和慰问金价值50000余元。为进一步完善我镇困难党员帮扶救助机制，夏曲镇于2015年初成立“困难党员帮扶救助基金”，初始资金为10万元，经过一年的筹措完善，深入宣传，积极组织对基金进行募捐，动员全镇党员干部参与到救助活动中来，不断形成困难帮扶救助长效机制，有效解决苦难党员帮扶救助问题。资金管理制度逐步完善，基金帮扶机制也走上正轨。

【换届工作】 夏曲镇换届工作按县换届办安排部署，于3月中旬开始启动，及时召开换届专题部署会、动员部署会，设立换届工作机构，划分辖区内选区单位，对名额进行分配，审议通过县级党代表候选人、党委委员、候补委员、纪委委员名单，成立资格审查机构，开展代表资格审查并形成报告，此次换届选举中共计发放选票 76张，收回选票76张，并以高票选举出镇党委委员、候补委员、纪委委员、县级党代表人选。至会议截止前共计开展换届宣传教育共计500余课时，受教群众共计15000余人次，发放“换届宣传明白卡”共计100份，开展谈心谈话共计260余人次，从思想上严格此次换届风气及换届纪律的正规性、公开性，正确把握了换届舆论导向。制定出与之相配套的方案、预案，召开一次专题会议研究部署、开展一次专题学习教育活动、开展一次严肃换届纪律专题民主生活会、开展一次专题谈心谈话活动、开展一次警示教育活动、建立一套监督举报机制、签订一份严肃换届纪律承诺书推荐票同步下发和收回的形式，严格换届风气。成立换届舆论小组，负责编发宣传提纲，组织检查各项宣传计划和内容的落实，及时处理和解决舆论宣传工作中出现的各种问题，协调好各新闻单位之间的关系，及时向党委汇报舆论宣传工作的安排部署和落实情况；建立换届工作舆情突发事件应急处置机制，加强舆情实时监控，对群众中反映强烈的违反换届纪律的问题，迅速采取应对措施，适时公布处理结果，此次换届工作中未有一起群众反映相关违反规定的上访与举报。在换届工作期间，加强换届工作的统一领导，使党员干部自觉做到“忠诚、干净、担当”，带头遵纪守法、保守党的秘密。此次共计签订“换届我承诺”责任书1050份。

【民生和社会事业】 社会保障　夏曲镇于1月5日开始进行城乡低保排查工作，杜绝出现“人情保”“错保”问题，推行“阳光低保”保证选举低保户公平公正。且按照民政局下发的审批要求表认真填写426户户，1514人的农村低保人员的基本情况表，对于原有的农村低保641户，减少215户，并4月1日开始向22个行政村居的低保户发放2016年农村低保第一季度资金426967.89元，A类176户，86681.76元，B类105人，39113.55元，C类1233人，301172.58元。2016年农村低保四季度及提标金额共计533658.78元,2016年城镇低保四季度及提标金额共计134232元发放完成。2016年第一二季度养老保险农村人数951人金额共计802620元，城镇人数10人金额共计8400元及2016年三四季度养老保险农村人数885人金额共计852002元，成镇人数8人金额共计7680元，去世人员提标资金4800元全部发放完毕。

文化事业　在春节和藏历新年期间，各村（居）积极筹备各自欢庆活动，开展文艺演出22场次；由镇党委政府组织，全镇范围共同参与，举办迎春节、藏历新年文艺会演活动2场次，群众参与达5000余人次；3.28欢庆期间全镇共计开展20余场次的文艺演出。

互帮互助 “两节”来临，那曲质监局党组书记、局长吉祥佐同志带队到夏曲镇，为15户贫困户送去糌粑、面粉、清油、大米和砖茶等价值12000元慰问品；镇党委、镇政府组织全镇各村（居）联户体内的“三老人员”召开座谈会，进行慰问，送去慰问品；地委宣传部第五批驻村工作队心系群众，带着党的恩惠、感情深入户里、家里，看望困难群体并进行春节、藏历新年前的慰问，切实让他们过上一个安定、祥和、幸福的节日。共发放棉被1000床、毛毯1000条，慰问金3000元。同时本季度镇村（居）联户体内开展帮扶2次，累计帮扶家庭4户，帮扶资金700元。镇全体干部职工为13村被棕熊袭击的小孩扎西旺扎进行捐款，共捐款10500元；村（居）联户体内对留守在村内的儿童和老人进行走访慰问，并对散装油、煤气等做进一步安全隐患的排查工作。

落实惠民政策 4月5日上午，夏曲镇开展为期5天的2015年度纯牧民生产资料综合补助工作，工作开展期间未发生一起矛盾纠纷事件。同时2016年县农牧局结合比如县实际，对有畜户和无畜户进行不同形式的兑现分配，有畜户采取发放饲料、无畜户采取发放煤炭的形式进行分别兑现。县农牧局对夏曲镇纯牧民户数分配饲草料4386袋、煤炭15009袋，夏曲镇组织有畜户1475户，无畜户1245户共领取饲草料4386袋和煤炭15009袋，所有物资都发放到农牧民手中。

致富项目联建联营 按照县脱贫攻坚指挥部关于《开展电商扶贫调研工作的通知》的要求，扶贫办工作人员按镇党委、镇政府要求召开会议，向驻村工作队和村“两委”班子讲解开展电商的作用及好处，再由驻村工作队和村“两委”班子传达给村里的贫困群众。5月11日镇扶贫办就电商扶贫工作再次进行调研，在调研中夏曲镇有3名贫困户意愿去开展电子商务，3名均有小学以上的文化水平。

草场奖励机制 为贯彻落实相关文件精神逐步建立夏曲镇草原生态保护补助奖励机制，实现草原保护利用可持续发展目标，有效遏制夏曲镇草原退化，实现草原永续利用和畜牧业可持续发展，促进牧民增收，切实把国家的强农、惠农政策落到实处，促进夏曲镇社会经济科学发展、和谐发展、跨越式发展。对22个行政村3216户、14915人兑现11278627.29元。

牲畜疫苗接种 为保障全县人民群众的生命安全和畜牧业持续健康发展，防止重大动物疫情的发生。组织开展2次动物防疫工作，对全镇22个行政村的7690头牦牛、5950只羊接种2次口蹄疫疫苗，共用药量97箱、50只注射器，做到“镇不漏村、村不漏户、户不漏畜（禽）、畜不漏针、针不漏量”，牲畜口蹄疫、羊痘的免疫密度达到100%。

【社会管理】 *安全生产* 按照县安监局下发文件精神，夏曲镇2016年制定《夏曲镇2016年安全生产工作方案》及《安全生产工作目标责任书》《安全生产工作隐患排查登记表》等目标责任书，并召开经济会议，与22个行政村居进行签订。另外，镇政府和卫生院、派出所工作人员排查超市、餐馆、诊所、零售店、两所学校等各体商户并一一填写《比如县食品药品监督管理局食品经营户基本情况统计表》共239份。夏曲镇政府联合派出所对辖区商店、茶馆、歌舞厅等场所进行全面清查排查，看其有无存放、出售带有政治性出版物和光盘、磁带等。对辖区内的所有商店进行3次是否出售、存放过期、变质、“三无”食品及药品进行全面清查，共清查商店85家，确保群众的生命财产安全。

信访 按照县上下发的《比如县项目建设企业信访责任书》工作要求，夏曲镇政务办、综治办工作人员专门到各工地实地勘察施工情况并签订《比如县项目建设企业信访责任书》。

环境保护 夏曲镇于6月15日签订发展环境大整治工作目标责任书，全力开展环境整治工作。于9月7日，开展燃煤锅炉调查摸底工作，彻底查清燃煤锅炉的数量、规模、用煤量、污染物排放等情况，同时开展宣传教育工作。另

外，以生态文明建设理念为引领，以改善人居环境、提高生活品质为目标，努力建设整洁、清秀、富裕的乡村。结合夏曲镇实际，制定环境综合整治工作方案。

宗教管理　1月份成立寺庙属地管理领导小组，1月10日与各寺管会、片区管委会、各村（居）共签订25份寺庙属地管理责任书，与社会管理综合治理考评及“双联户”评选表彰挂钩，寺庙属地管理目标任务做到层层分解、责任到人，同时，各村（居）宗教工作有一名的村干部负责。建立健全《寺庙管理联席会议制度》每月组织寺管会、片区管委会召开一次会议，及时研究解决寺庙管理工作中存在的问题；加强寺庙僧尼思想教育，全镇僧尼学习场次共达到1800多场，写心得体会2000多篇，其中包括流散僧尼的学习宣传教育200多场。坚持每三个月对社会流动从事宗教活动人员（家庭僧尼）数据库进行更新，做到底数清、情况明；加强对社会流动从事宗教人员（家庭僧尼）的服务管理，做到安置到位、扶持到位、教育引导到位、依法处理到位、积极服务到位的“五个到位”，确保夏曲镇宗教领域和谐稳定。

财务管理　夏曲镇财政所全年参加业务知识培训共计4次（自治区财校1次，县学校“三包”经费管理及使用培训2次，乡镇会计到县里电算化培训1次）；同时，镇财政所在每季度还对村（居）财会人员进行培训3次。财务所共组织干部学习教育14场次。由镇财务所领导带头，经常性地组织开展廉政教育，要求全所干部相互监督，严格落实中央“八项规定”和自治区“约法十章”“九项要求”等规章制度，切实做到为民务实、不贪不腐。2016年，夏曲镇财务所共兑现城镇低保资金1—4季度及提标资金425324元；农村低保1—4季度及提标资金1814562.45元；“三老人员”1—12月补助及提标资金248100元；“村医”1—12月工资及提标资金564000元；“村防疫员”1—12月工资及提标资金264000元；残疾人员补助资金156640元；2016年脱贫人口生态岗位补助资金279000元；2016年特别扶助资金21240元；2016年科技特派员补助资金264000元；2016年经济困难高领失能补贴资金36000元；2015—2016年草原生态补助奖励资金13221140.4元；2015—2016年“一孩双女”补助资金272640元；2014—2015年野生动物肇事补助资金42645.67元；2016年1—4季度城镇60岁养老保障金16080元；2016年1—4季度农村60岁养老保障金1654622元；寿星老人补助资金47600元；2016年全年村干部务工补贴资金1328043元；强基惠民为民办实事资金2750000元；勒加库村人工种草项目资金162000元。勒加库村公益事业项目资金800000元，扎勒村牛棚项目资金684800元，2016年高寒牧区牛棚圈项目到账资金13336533元，镇道路及路灯下水道维修款500000元，乡镇路灯维修资金100000元，冬春救灾补助资金360000元，2016年“双联户”补助资金、搬迁户联络员补助662000元，2015年下半年至2016年上半年医疗报销资金3961705元，2016年兑现村级道路维修资金243000元，2016年用于贫困人员救助资金135300元。

维护稳定　夏曲镇于1月15日召开综治维稳工作会议，总结2015年的综治维稳工作经验，并就2016年综治维稳工作各项任务进行安排部署，制定《夏曲镇2016年维稳工作方案》等一系列方案、预案，明确分工、细化责任。先后2次对镇维稳、综治等各项工作的领导小组进行及时调整，与各村（居）、镇直各单位逐一签订《夏曲镇2016年度维稳工作目标管理责任书》，维稳责任具体到各单位“一把手”，具体到各村（居）“两委”班子责任人，明确相关维稳工作任务、内容，确保镇“三无、三不出”。充分利用“三月法制宣传月”“三月综治宣传月”、“六月平安宣传周”“9·16”平安西藏宣传日等宣传教育活动，积有效开展各类宣传教育工作，形成由镇政府牵头组织到镇直各单位、各村（居），由镇直各单位、各村（居）开展到联户体，再由联户体开展至每家每户的层层宣传教育体系，确保各项维稳工作抓到实处。

综合治理　夏曲镇加强社会面的管控，镇机关及镇直各单位在“三大节日”、“三月重点月”“六月平安宣传周”及“9·16”平安月份和其他重点期严格落实24小时值班巡逻制度和领导带班制度。实行24小时不间断巡逻管控，切实加强对政权机关、317国道桥（涵）、电厂、加油站和移动、电信信号塔等部位和重要民生设施的守护。交通检查站对过往车辆和人员进行严格的排查，加强对流动人口的摸底排查，同时，加强对过往车辆的交通安全教育，严厉查处违章车辆，交通检查站出动执勤警力36人次，排查过往车辆2271台次，排查过往人员8523人次，查处违章车辆15辆。加强对管制刀具以及枪支弹药、易燃易爆物品的整治管理工作。深入进行法治宣传，在辖区内共发放《关于收缴非法枪支弹药爆炸物品严厉打击涉枪涉爆违法犯罪活动通告》宣传材料500余份。

矛盾纠纷　夏曲镇地处317国道沿线，303省道的交界处，是比如县的西大门，通往东三县的必经之路，过往车辆多、流动人口多、交通违法行为多。镇派出所加大检查力度，在夏曲检查站认真仔细检查有无客货混装、超载、无证驾驶等交通违法行为，违法者严厉处罚并做思想教育，宣传《中华人民共和国道路交通安全法》的相关知识，提高广大司机的安全意识，减少和预防交通违法行为和交通事故的发生。全镇登记流动人口有759人，办理暂住证759张，办理安全合格证35份，办理特种行业许可证14份。同时与各流动人口签订《2015—2017年社会管理综合治理目标责任书》及各出租房屋的出租人、承租人签订了相关责任书，以及登记出租房屋基本情况，做到情况明，底数清。全面开展“抓赌、禁毒”宣传活动及“抓赌、禁赌”行动。主要对6村、13村、18村、19村及夏曲镇内部所有茶馆和娱乐场所抓赌，同时，强调全镇各餐饮场所禁止提供赌博场所，得到广大农牧民群众的大力支持和好评。

宣传教育　夏曲镇联合各驻村队，深入农牧民群众中广泛开展宣传教育。对22个行政村、2个寺庙、7个拉康、日追共发放6000余份的宣传单，并要求他们对广大农牧民群众详细讲解宣传内容。宣传内容主要为道路交通安全、税收优惠政策、“平安家庭”创建标准、土地登记管理、防火防盗、打击假币、妇女儿童保护、虫草采挖管理、打击非法传销、草原保护、环境保护等内容。在三月综治宣传月在镇上对过往群众、过往的车辆人员、各商铺的营业主详细讲解宣传内容，悬挂横幅，发放宣传单2000余份。

双联户服务管理　根据2016年1月16日比如县下发《比如县“双联户”联户长培训方案》的通知要求，夏曲镇结合实际情况制定《夏曲镇‘双联户’联户长培训方案》，并根据方案要求，分两批对镇村（居）的309名联户长和联络员进行培训工作，将培训工作表现写入联户长档案，并纳入联户长年度考核。于2月底制定《2016年“先进双联户”创建评选活动目标责任书》（汉文），后由镇精通藏汉双语的干部职工进行翻译工作，制定藏汉双语的责任书，并在政府经济工作会议上组织全镇22个行政村（居）进行学习并签订。根据《夏曲镇“双联户”服务管理工作督导检查方案》文件安排部署要求，夏曲镇对辖区22个行政村（居）的综治（维稳）、“双联户”工作开展为期3天的督导检查。另外，制定2015年“双联户”服务管理工作补助资金兑现表。制定2015年夏曲镇县、镇、村级先进“双联户”及先进集体表彰资金发放表，明确各村（居）受表彰具体人员信息，让各村（居）联户长和受表彰的先进“双联户”及先进集体一一核对并签字、手印。做好相关兑现表的整理工作，做好备份。此次累计表彰村级“先进双联户”540户、镇级“先进双联户”107户、县级“先进双联户”43户，累计发放奖励资金150500元。县、镇级先进集体发放资金12000元，2014年度村（居）“联户长”271人和各商户联户长9人，兑现补助资金291200元，共兑现453700元。

虫草采挖服务管理　夏曲镇2016年主要就

联户长在虫草采挖中的职责以及对违背县委县政府相关虫草采挖规定的处罚进行大力宣传，在采挖工作开展期间，夏曲镇采集点双联户充分发挥联户长作用，协助驻点工作组扎实开展好采挖群众的服务管理工作；留守村（居）联户长积极协助驻村工作队，加强对村内（居）留守老人、小孩等弱势群体的慰问帮助。在第一季度夏曲镇认真开展联户工作，有效组织联户体开展各类安全隐患排查工作，各级联户单位共计排查230次，开展整顿工作18次，登记新增流动人口739人，销毁商户过期食品30余种。在“两节”期间组织联户成员1297人次参与治安巡逻共计180余次；在三月重点时段协同村（居）“两委”班子、驻村工作队以及群众共同开展值班巡逻工作，共计参与值班巡逻2511余人次。组织4个宣讲组对镇22个行政村（居）开展宣传教育工作，共计开展宣讲161场次，受教育群众达13101人次。为做好疫苗注射和重大动物疾病防治工作，6月12日至13日，夏曲镇兽防站工作技术人员对村居牲畜疫情进行全面排查，并注射牲畜疫苗。排查中，在勒根村内发现一头患上牛挫败疾病的牦牛，工作人员立即对该牲畜采取隔离措施，控制疫情的蔓延。

【精准扶贫】 建档立卡　夏曲镇成立以党委书记扎西尼玛为组长，镇长（副书记）王炜、副书记索朗层措、人大主席扎西顿珠为副组长，扶贫工作人员为成员的“夏曲镇精准扶贫建档立卡工作领导小组”。领导小组在镇脱贫攻坚指挥部下设办公室及十个扶贫小组。镇党委镇政府召开会议讨论研究，制定《夏曲镇精准扶贫开发攻坚战精准扶贫工作实施方案（夏委办〔2015〕35号）》。明确“六个精准”、“五看”（一看房、二看粮、三看劳动力强不强、四看家中有无读书、五看家中有无病人卧床），等精准贫困户的工作重点和完成任务时间期限，同时制定具体措施、责任体系、工作要求，举全镇之力对精准扶贫开发工作定职责、定标准、定制度，为贫困识别工作打下扎实的基础和良好的开局。从2015年12月开始夏曲镇开展走村入户精准识别贫困户的工作，首先，向村“两委”班子主要领导、驻村（居）工作队特别强调精准扶贫开发工作的重要性。随后，镇干部走村入户开展精准扶贫对象识别工作10余次。同时以政策宣传为抓手，在2016年3月镇党委、镇政府主要领导，分赴辖区内22个行政村（居）开展政策宣传工作，向村“两委”班子、驻村（居）工作队、广大牧民群众讲解精准扶贫工作“精准在哪里，精准在何处”进一步构建党政齐抓共管，共同推进，各负其责、各司其职的工作机制。镇领导、扶贫办工作人员在驻村工作队和村“两委”班子成员的陪同下深入贫困村（居）督查指导共50余次，对贫困户名单及相关档案进行抽样检查，对检查中发现的问题做出整改意见，及时纠正个别驻村（居）工作队对精准扶贫开发工作重视不够，政策把握不准，政策执行有偏差等问题；纠正个别村“两委”班子成员责任意识淡薄，政策执行不公等问题，解决部分村（居）文化室文字、数字基础信息不齐全、材料不规范、格式不严谨等问题，将“精准扶贫没有局外人”的要求贯彻到方方面面，做到公开、公平、公正。按照“六个精准”等相关精准识别建档立卡贫困户具体工作要求最终找准345户贫困户、1280名贫困群众，并建立健全镇精准扶贫精准脱贫信息平台和数据库，把返贫和新增贫困人口纳入精准扶贫对象，脱贫销号、返贫挂号，实现扶贫对象动态管理，切实做到户有卡、村有册、镇有簿、县有电子档案。聚焦建档立卡的贫困户，逐户调查摸底，贫困户实现一户、一证、一卡、一公示“四个一”管理(一户贫困家庭、一本明白卡、一牌建档卡、一个公示栏)，坚决防止“富人戴帽、穷人落榜”现象，为实施夏曲镇精准扶贫奠定基础、提供重要依据。在夏曲镇建档立卡贫困户中共6个“两后生”，符合专项招生条件的共有1人。2016年，易地搬迁20户易地搬迁。

实现最低生活保障　夏曲镇“十三五”期间建档立卡贫困户345户、1280名贫困人口，124位农牧民群众，共计1304人均实现最低生活保障，应保尽保率为达100%；建档立卡贫困人口参加新型农村社会养老保险覆盖率达100%；镇实行农牧区医疗制度、五保供养等社会制度覆盖率均为100%。

“九个一批”脱贫　按照比如县脱贫攻坚指挥部的要求，夏曲镇制定精准扶贫“九个一批”脱贫工作方案、规划、计划，并加强积极与各驻村（居）工作队的衔接，共同为贫困村、贫困户制定“一人一法、一户一策、一村一方案”的脱贫措施，确定帮扶具体目标、任务，做好建档立卡各项工作、明确职责。同时在比如县干部职工包户帮扶的基础上，镇党委、镇政府在全镇干部职工中选出22名优秀的干部为夏曲镇22个行政村（居）的扶贫包村（居）干部。夏曲镇建档立卡生态脱贫转移就业岗位分别有草原监督员、野生动物疫源疫病检测员、湿地管护监督员、水土保持监督员、山洪灾害、农村公路、村级环境监督员、地质灾害群防群测、机动，2016年生态岗位93人，均具备劳动能力，每年每人有3000元收入。9月18日，镇勒根村和玉纳村、瓦塘村的建档立卡贫困户内的三名在校大学生各发放国家补助5000元、8000元、9000元。

致富增收　夏曲镇共有17个农牧民经济合作组织，其中，参加农牧民合作组织的建档立卡贫困户有57户170名贫困人口，占人口比例的16.5%。6月13日、14日镇精准扶贫攻坚指挥部工作人员赴各村合作组织进行农产品筛选工作。针对镇特色农产品筛选工作，脱贫攻坚指挥部工作人员通过实地解各村农产品的质量、卫生、加工流程等，从中选定具有本地特色和符合市场销售的电商产品共13种。

转移就业　2016年夏曲镇转移就业培训项目分别有中式烹调师、油漆工、维修电工、推土机、挖掘机、钢筋工、装载机等，共有15名群众，8月30日分别在那曲和拉萨参加培训（培训时间48天），结业后各学员拿到毕业证书。在建档立卡贫困户中22人参加县城里蔬菜种植、客房服务员、餐厅服务员培训项目（为期3天至7天）。

扎实推进干部帮扶精准工作　镇干部职工结对帮扶对象共计64户。建立驻村工作队和村“两委”班子结对帮扶贫困户制度。组织开展农村党员干部结对帮扶贫困户活动，每名驻村干部和村“两委”联系帮扶1户贫困户，充分发挥农村党员干部的优势，帮助结对贫困户传信息、帮解困、促增收。8月3日至8月10日，镇全体干部职工（包括各直单位）共入户128户，将128户贫困户家庭基本信息、致贫原因、生活资料及脱贫措施登记在册，同时镇每名干部职工的基本信息、联系方式发放到各对应的帮扶对象家中，确保能够及时联系镇干部职工，努力引导贫困群众的思想转变。2016年，实现脱贫的有52个贫困户和204个贫困群众。

比如镇

【镇情概况】比如镇地处比如县城所在地，全镇总面积403.03平方公里，海拔3900米，辖23个行政村（含其达、吉扎、色康、图嘎、嘎叶5个居委会），4座寺庙，7座拉康。2016年，双联户从综治办公室分离出来，成立单独办公室。全镇共计1180户5834人。比如镇重性疾病人员共7名，0~18岁先天性心脏病患者及残疾人19名（已确诊6名）；唇裂儿童2名；中专文凭以上大学生在校生共有163名。享受"一孩双女"扶助对象共有58名，孤儿7名，其中集中供养4名（两名在拉萨、两名在那曲），3名在上大学。寿星老人56名。分散五保老人长期卧床和残疾人员共7人。享受"独生子女伤残死亡"扶助对象共6名。享受残疾人基本生活补助人员共79人（有证残疾人）。享受最低生活保障人员共211户729人及2016年享受城镇最低生活保障人员共35户75人。两项补贴享受人员共83人（60~69岁经济困难失能老人共7人、70岁以上经济困难高龄老人共76人）。0~3岁儿童共445人。

【经济发展】耕地面积2888.5亩、牲畜11399头，农村经济总收入18636983.52元，其中第一产业11917023.5元，第二产业30000元，第三产业6689960元，平均农村居民收入2518.09元，农村居民人均现金收入3218.92元，虫草收入8587200元，贝母110580元。

高效牧草　为遏制"弃耕弃牧"现象的发生，营造农牧业生产科学合理的发展环境，按照1亩田地10斤豌豆种子和25斤牧草种子的混播要求，分别在尼朗村、培巴村、玉贡村、陆定自然村、瓦乃村、吉琼村、吉前村、通定村、孟庆村、查龙村、珠德村11个村进行种植，共计发放牧草种子16407.5公斤，豌豆种子6563公斤，种植面积为1180亩。比如镇村（居）完成种植亩数的指标，高效牧草产量为447731斤，其中双湖县购买490444公斤、申扎县购买2685公斤、尼玛县购买13255公斤，并收入1119327.5元，高效牧草的种植，拓宽群众致富渠道，提高农牧民群众的收入。

合作组织　比如镇辖区内经济合作组织有8家、特色产业有5家，比如镇其达居委会农牧民专业经济合作社糌粑加工厂，入社成员共69户242人，其中贫困户7户27人，每月增收2100元；比如镇查龙村"色芭"纯菜籽油农牧民特色经济合作组织，入社成员共48户360人，其中贫困户5户20人，每月增收2500元；比如镇图嘎居委会热吾扎西拉则农牧民经济合作组织，入社成员44户153人，其中贫困户4户11人，每月增收1600元；尼朗村农牧民专业合作组织社，入社成员76户391人，其中贫困户3户14人，每户年增收1300元；莫瓦塘村农牧民专业经济合作组织（民族服装加工厂），入社成员43户251人，其中贫困户4户24人，每户年增收4000元。

草场奖励机制　比如镇的生产属半农半牧，2015年，比如镇的草补对象涉及22个村（居）和县农场的1220户，5279人草场承包面积达482100亩，禁牧面积2万亩，共计发放草补资金425674.92元，已兑现完。2016年4月中旬，比如镇从23个村（居）中挑选1人、驻村1人进行GPS草原划分工作，草原划分完成。2016年，草补资金共计744240.65元。

牲畜疫苗接种　制定春秋牲畜疫苗接种实施方案，设立领导小组，春季发放疫苗309瓶，接种9871头，疫苗接种率达到100%；秋季发放疫苗375瓶，接种9758头，疫苗接种率达到100%。

种植紫花苜蓿　其达居委会种植紫花苜蓿20余亩。

【民生和社会事业】社会保障工程　严格

按照“申请、评议、审核、审批”程序和公示要求开展了低保户对象年度复核工作。通过排查，享受农村低保729人（其中A类84人、B类107人、C类538人）；城镇低保32户70人，农村低保第一季度共发放21.264129万元；城镇低保第一季度共发放10.3785万元；农村五保25人（其集中供养5名、分散供养14人、过世人员6名）；为有需求的残疾人家庭实施无障碍改造2户；新型农村养老保险达1493人。

惠民资金　按照惠民资金兑现相关程序，比如镇惠民资金在便民服务中心进行兑现各项民生资金。兑现农村低保资金共864693.69元。发放2016年第一季度至第四季度分散五保老人长期卧床及残疾人员补助共7人33180元。发放2016年经济困难高龄老人补贴共76人45600元。发放2016年经济困难失能老人补贴共7人4200元。发放农村籍退伍士兵60岁以上老年生活补助共7人20910元。给两名村民（玉贡村、莫瓦村）发放临时救助5000~10000元的救助金。发放2016年寿星老人健康补贴17800元。保证惠民资金及时足额兑现，同时，对村居两委兑现惠民资金进行监督。

教育事业　对23个行政村居开展招生劝学工作，通过教育引导，返校小学上学9人、中学2人。

医疗卫生　2016年参加合作医疗的共有1048户5393人，参保率达到95%以上，个人集资达10.786万元。95%以上的农村孕产妇享受免费孕前健康体检，保证妇女身心健康。开展2016年全镇居民及僧人健康体检工作，体检率达到100%。合作医疗个人集资共107860元。

文化体育　比如镇组建25支文化艺术队，其中23支村级艺术队，1支老年艺术队，1支镇艺术队，同时建立达布阿谐艺术排练馆，由文化站站长、“达布阿谐”传承人负责“达布阿谐”打墙舞、“达布阿谐”第三篇章的编排指导和节目创新编排。

养老保险　兑现2015年下半年养老保险资金401640元。2016年新增60岁以上人员492人。2016年比如镇总人口5834人，其中16岁至59岁的有2630人，养老保险缴费人员有2153人，其中旧参保人员2080人，新参保73人，共缴费219900元，旧参保资金211600元，新参保资金8300元。其中，缴纳500元1人、1200元1人、100元104人；低保缴费的有224人，未交费506人，残疾人缴费的有5人。

精准扶贫　全面贯彻中央、自治区、地区、县关于精准扶贫工作会议精神指示要求，召开全镇精准扶贫动员部署会议，制定《比如镇精准扶贫实施方案》，安排专人多次对全镇精准扶贫对象进行认真摸排，准确掌握其家庭经济状况，对119户459名扶贫对象进行建档立卡。按照“九个一批”帮扶措施，计划发展生产110户366人，转移就业26户36人，易地搬迁73户258人，生态补偿79户324人，发展教育54户106人，医疗救助55户74人，社会保障67户93人，信贷扶持110户366人、微型基建119户459人。制定脱贫年限任务分解表，2016年全镇脱贫户数有69户237人，其中产业扶持182人、转移就业23人、异地搬迁37人、生态补偿156人、教育扶持68人、医疗救助39人、社会兜底51人、信贷扶持186人、微型基建237人。比如镇农村低保729人，全镇贫困户都纳入低保户（除死亡外）。比如镇城镇户口居民收入2800元以下建档立卡的共计24户79人。精准扶贫贫困户生态拟吸收岗位有523人，纳入188名有劳力贫困户、90名低保户及245名生活困难的家庭，年增收3000元。贫困户实现就业的共计59名，其中村级组织人员36名，安排就业和自主就业的共计23名。截至2016年9月镇贫困户异地搬迁中有7户21人实现搬迁入住。2016年8月底实现第一批农牧民技能培训，参加培训人口34人，主要培训项目包括装载机、挖掘机、推土机驾驶员、中式烹调师、民族舞蹈、客房服务等多个项目。上报2016年贫困大学生资助申请表，受资大学生共计5名，发放救助资金41000元。每名包户干部通过走村入户调研分析帮扶对象致困原因，制定切实可行的帮扶脱贫举措，确保到2018年底全面完成全镇119户459人的脱贫任务，实现贫困户“三不愁”“三有”“三保障”。

强基惠民　2016年对3个村（玉贡村、瓦乃村查当自然村）牧场道路进行修建，有效整改村居牧场道路。瓦乃村修建一座3米长的水泥桥并进行道路维修，共计投资3万元。查当自然村修建吊桥，主要工程内容包括更换木桩、维修桥面等，共计投资17万元。比如镇组织专门人员对全镇进行摸排，明确危房改造对象，为2户贫困户实施危房改造。4月底，比如镇巴翁村的小康示范村开始建设，总投资2083.95万元，总建筑面积7940平方米，村内共有25户103人，均通水通电，室内均有水厕和太阳能洗澡设备，每户均实现人畜分离。同时，在居民住房建设中实行群众出资50%、政府出资50%的方式筹资建设，避免出现被动脱贫现象的发生，消除群众“等靠要”思想。

【社会管理】　维护稳定　积极认真开展矛盾纠纷排查调处工作,加强基层基础工作，建立健全镇级矛盾纠纷排查调处中心一个、镇级综治维稳中心1个，全镇共有23个村级调解委员会、117名调解员。2016年，按照属地管理原则，镇司法办采取定期或不定期的方式，23次深入到各村（居），对矛盾纠纷进行排查调处，共排查受理各类纠纷12件。2016年，共组织群众召开宣传大会900场，参会群众达到7890人次，发放宣传材料450余份。

宗教领域　比如镇共有4座寺庙，7座拉康，按照各级党委、政府关于做好维稳工作总体要求，比如镇制定维稳应急预案，与各寺管会、片区管委会签订维稳责任书，严格落实24小时值班带班制度，加大对寺庙、拉康周围值班巡逻力度，坚持报平安制度。按照属地管理“六个一”原则的工作要求，认真统计全镇社会流动从事宗教活动人员详细信息，制定流散僧尼档案及花名册，真正做到底数清、情况明。每月15日召开寺庙属地管理联席会议听取4座寺庙管委会、片区管委会、派出所工作汇报，研究解决问题、分析研判当前宗教形势，针对性的对下步工作进行安排部署。同时，对联席会议上提出的资金问题，共计解决资金7万元。镇宗教办与各寺管会、片区管委会工作人员对全镇4个寺庙、7个拉康、7个转经筒、8个佛塔、36个玛尼堆、8个檫康、4个仓康等建筑物以及僧尼、教职人员再次排查、建档立卡。同时，落实“九有、六个一”工程，除培巴拉康外，比如镇所有寺庙、拉康均完成“九有”建设。

法制宣传　在“三月法制宣传月”期间比如镇召开动员部署会议，制订实施方案，明确目标任务，由包村包片领导牵头，驻村工作队和村“三委”共同负责，结合各村（居）自身实际开展各项工作，镇成立巡逻督导组和“三月”法制宣讲小组主要对法律法规等内容进行学习，对“三月法制宣传月”期间工作开展督导检查，发放宣传单153余份、宣讲503场次、受教育群众达3268人、僧人达113人。

安监工作　“两节”期间、三月维稳期间、“五一”、安全生产月、“十一”、党代会、藏博会、综治宣传日等重要节日期间排查各村（居）、寺管会、片区安全隐患，加大宣讲并发放安全生产宣传小册。

虫草采集管理　为认真贯彻落实区、地、县关于做好虫草采集工作的一系列决策部署，3月中旬比如镇开始为农牧民群众办理IC卡虫草采集证工作，据统计，共办理IC卡虫草采集证4181张，其中城镇户口430张，农村户口3181张，补办采集证570张（学生349张、生病住院221张）。5月3日，召开虫草动员部署会议，安排部署并强调虫草采挖相关工作，组建11个工作组，下派干部65人，设卡9处，同时在采集点成立2个临时党支部9个临时党小组党员84人、创建临时联户体52个，帐篷累计搭建287顶，2171人中党员103人，充分发挥党员、联户长与群众联系密切的优势，引导农牧民党员、联户长积极参与，虫草采集管理服务各项工作，文化站站长次央带队前往布龙沟采集点对防雷、道路安全知识、食品、药品知识进行宣讲，发放宣传手册100份，受教群众100人。

【党建工作】　完善党员档案　为第一时间掌握党员基本信息，比如镇相关科室工作人员对党员基本信息等相关材料进行完善，各村

（居）对党员基本信息进行再统计、再核实并上报镇相关科室。镇相关科室对各村（居）党员档案信息、材料进行查漏补缺。

基层组织　镇党委统一制作“党员之家”门牌，并悬挂至每个党员家中，每当村内举办活动，党员之家均积极带动群众参与，全村群众对党员作用发挥情况进行监督评议。建立公开透明公示制度。将村党组织、村委会标牌制作、悬挂规范齐全，设立规范的党建专栏及村务公开栏。镇党委负责采取单建、联建、挂靠等方式，在2016年年中将派出所、农牧民合作组织纳入本镇组织体系中。坚持党建带群团工作，健全共青团、妇女小组、民兵等各类基层组织，明确工作职责，切实发挥作用。各类群团组织要依法依章正常开展活动，做好“三个一”工作，即每季度向本级班子汇报一次工作，每月组织开展一次公益、学习或文体活动，每半个月开展一次思想交流。发挥“双联户”作用。把联户长纳入各类基层组织中来，自觉参加组织活动，自我接受教育，自我提高素质。从而以联户体为单位增强基层组织的号召力、凝聚力、战斗力。

两学一做　自“两学一做”学习教育活动开展以来，严格按照中央、区、地、县要求和部署，5月25日召开乡镇、驻村工作队“两学一做”动员部署会议，制定方案，成立领导小组明确下一步工作目标，并形成镇干部每周二、周五6:30“两学一做”学习制度时间，要求所有党员要认真做好学习笔记，写好心得体会，各驻村工作队、设卡采集点将“两学一做”学习教育和临时党支部相结合，认真组织开展学习，做到“两手抓、两不误”。

设立党员先锋岗　为更好的服务群众，提高为群众办事效益，比如镇以便民服务中心为平台，专设党员先锋岗窗口，并制作党员信息栏，便于群众联系干部，24小时为群众提供服务。

打造党员会客室　为及时了解广大群众、党员所思、所想、所盼，镇党委、政府结合实际，打造了党员会客室，会客室每天由镇重要领导值班，为群众解答相关问题，会客室的成立让群众有处诉苦、有处说怨，有处提意见。

制作群众心愿箱　心愿箱的制作，让群众的心愿及时得到解决，心愿箱由镇相关科室人员负责定时检查汇总公示，领导干部结合实际认领帮助落实群众心愿。

“九支”志愿服务队　由镇干部、村级组织人员、党员等组成扶贫帮困、政策宣讲、医疗救助等9支服务队，共计200余人为群众办实事、解难事为主。

【党风廉政建设和反腐败】镇纪委为及时了解干部职工有无违反中央“八项规定”和存在“四风”问题相关信息，起到和群众共同监督的作用，镇纪委制作中共比如镇纪律检查委员会联系卡200张，联系卡上用藏汉双语标注镇纪委工作人员姓名、职务及联系电话，通过便民服务中心发放至群众手里，通过和群众共同监督，2016年尚未发现有违反中央“八项规定”和存在“四风”问题的党员干部。

【换届工作】为做好2016年乡镇党委换届工作，比如镇党委高度重视，超前谋划，统筹安排部署，立足于抓早、抓紧、抓实，做到筹划在前，安排在前。4月，比如镇党委组建由镇党委副书记、镇长担任组长，由思想政治素质好、熟悉组织人事工作的同志担任成员的党委换届办公室。召开镇党委会议，专题研究乡镇党委换届选举工作。成立以镇党委副书记、镇长孔祥飞为组长的换届工作领导组，在镇基层办设立县乡换届领导组办公室，制定工作方案。县委下发《关于做好2016年乡镇党委换届工作的通知》，提出明确的工作目标和要求，镇党委制定具体工作方案，细化整个换届选举的时间、方法、步骤和流程。召开乡镇党委换届工作动员会，安排部署乡镇党委换届工作。县委组织部专门组织各乡镇负责抓换届工作的相关人员进行集中培训，镇党委也相应层层组织学习上级的换届指导精神和有关领导讲话，学习《中国共产党章程》和《中国共产党基层组织选举工作条例》，学习换届工作的业务知识，把握好政策界限，熟悉掌握换届工作的各个环节。整个换届选举工作做到组织领导有力、法定程序落实、步骤环节不减、标准质量不降，保证乡镇党委换届工作顺利进行。抓好宣传造氛围，镇主要领导和镇换届办工作人员深入村居倾听基层的意见、建议，沟通思想，改进不足。通过开展行之有效的宣传，提高换届工作的透明度、公信度和群众满意度，使广大党员干部群众能够树立全局意识，积极参与，为乡镇党委换届工作的顺利开展营造良好的氛围。严明换届纪律，坚决抵制跑官要官、买官卖官，4月23日，镇党委副书记、镇长、县乡换届领导组组长孔祥飞向全镇23个村居支部书记、主任、部分群众代表作出承诺。从启动换届工作起，全镇党员代表、人大代表均签订换届风气承诺书。坚决抵制一切不正之风，营造风清气正的换届环境。4月29日，比如镇党委换届全部圆满结束，实现换届工作无违规违纪和零信访举报。

【工作荣誉】 5月，比如镇荣获比如县第二届“奋进杯”篮球比赛女子组第二名；5月，比如镇荣获比如县第二届“奋进杯”篮球比赛男子组优秀组织奖；10月，比如镇获得比如县首届“娜秀风情”原生态舞蹈比赛第三名、优秀奖；10月，比如镇获得比如县首届“娜秀风情”原生态歌曲第二名、第三名。

恰则乡

【乡情概况】 恰则乡地处比如县西北部，距县城90公里，558国道贯穿全乡，平均海拔4300米。东与达塘乡接壤，西与夏曲镇为邻，北与茶曲乡相邻。土地总面积463平方公里。是比如县虫草主产区之一。乡政府设立了党建办、政务办、纪委办、脱贫攻坚指挥部、经济发展与社会事务办公室、综治办、宗教办、双联户办公室、强基办、安全生产办公室、财务所、便民服务大厅，全乡下辖6个行政村，28个自然村，2016年底全乡总人口共612户、3047人，较去年增加24户、229人。现有村两委班子成员28名（其中村妇女主任6名）党员273名，其中妇女党员36名。团员35名，民兵31名，村医13名，兽医7名，护林员124名，三老人员15名。强基惠民驻村工作队6个，其中由区疾控中心驻派2个，区国土资源厅驻派2个，恰则乡政府驻派2个。

【经济发展】 全乡完成生产总值3993.8万元，较2015年增收788.83万元，同比增长20%，人均纯收入11141.23元。第一产业：恰则乡是纯牧业区，2016年，采挖虫草1020斤，收入2142万元；人参果588斤，经济收入为5.88万元；贝母1888斤，收入11.328万元。2016年底全乡牲畜存栏数为5577头（只、匹），较之去年减少1045头（只、匹），其中死亡大畜60头（只、匹），死亡率为0.9%，新生幼畜1815头（只、匹），成活1725头（只、匹），成活率为95.04%，冬宰3522头（只、匹），冬宰率为53.75%；全年畜产品产量为：酥油1613.5公斤、牛毛1701公斤、绵羊毛378.75公斤、山羊毛812.5公斤、牛绒1701公斤、羊绒13.4公斤、牛肉4177.5万公斤、绵羊肉6810公斤、山羊肉812.5公斤、奶渣16113.83公斤，其中牛羊毛和牛羊绒全部出售，畜产品上市率达50%，出售牛肉17127.5公斤，绵羊肉2792.1公斤，山羊肉333.125公斤。第三产业：农牧民劳务输出484人次，收入74.89万元。运输业收入共计173.84万元，商业、饮食业收入286.65万元，其他收入286.5223万元。

非公经济组织　恰则乡有帕玛夺村奶制品合作社、曲荣夺村水磨糌粑合作社，在现有的基础上，为了进一步提高群众收入，察隆夺村建立了藏式羊毛垫加工厂，主要以加工、制作、出售制作藏式羊毛垫为主。2016年3个农牧民经济合作社总收入69万元，其中帕玛夺村经济合作社收入30万元，曲荣夺村经济合作社收入35万元，察隆夺村经济合作社4万元。

【项目建设】 2016年，恰则乡共有项目建设11个，其中建成的是乡干部职工周转房（共计24套，现已入住）。正在施工的分别为乡农业银行建设项目、乡卫生院建设项目、乡幼儿园建设项目、农贸市场建设项目、曲荣夺村、帕玛夺村村级组织活动场所标准化建设工程等6个建设项目。未建项目分别是恰则乡村级钢架桥3座，总造价100万元，扶贫项目中的乡镇汽车修理厂和乡镇洗澡堂等3个项目；道路维修项目：那村维修公里12公里；帕玛夺村维修公路5公里；底吾达村维修公路2公里等共计19公里。

【民生和社会事业】 民政工作　恰则乡共有残疾人52人，五保户11人，贫困户85户共计343人，农村低保171户441人，城镇低保6户13人。三老人员17人，80~89岁寿星老人15人，90~99岁寿星老人2人。2016年乡救助困难群众15户，发放困难救助金25600元。积极发放各类政策性补贴，兑现完2016年农村低保前三季度资金，城镇低保、五保户、“三老人员”补助、“联户长”补助等，各类惠民资金兑现率达100%。

社会保障　恰则乡发放财政补贴惠农资

金：兑现三老人员上半年补助及三大节日慰问金，总金额5.36万元。兑现草补资金，总金额248.83万元。兑现各类项目保修金11.75万元。兑现涉农保险理赔金1.04万元。兑现城乡农牧民养老保险金13.51万元。兑现为民办实事经费20万元。兑现困难群众慰问金14.11万元。兑现税费改革分配资金及村干部体检费（全年）的共30.02万元。兑现城镇低保（第一季度）1.56万元。兑现各村科技特派员补助资金3万元。兑现防疫员及村医工资共22.8万元。兑现农村低保款（第一季度）12.43万元。兑现双联户补助9.16万元。兑现退伍及现役军人慰问金0.18万元。兑现综治、维稳、群防群治奖金0.44万元。兑现一孩双女补助1.15万元。兑现护林员补助3.13万元。兑现农牧民合作医疗款57.64万元。兑现残疾人补助4.75万元。惠农资金共兑现460.71万元。

教育发展　恰则乡教育事业稳步发展，全面落实小学教师生活补贴、教师伙食补助等政策，全面落实学生营养改善计划，扎实推进义务教育均衡发展工作，脱盲巩固率为98.5%。乡中心小学一年级入学有106名，学前入学生有77名，全乡适龄儿童入学率达到100%。毕业学生46名，初中入学率达到100%。8月25日下午，在恰则乡党委、政府的组织安排下，对2016年恰则乡应届高中考上大学的学生及家长表示慰问，恰则乡应届高中考上大学的共15名学生，其中考上大专3名，本科12名，分别被区内及区外不同的大学所录取。为每位学生发放1000元慰问金以资鼓励，此次共发放15000元整。控辍保学中，在乡党委的教育下，7名辍学学生，全部返校开始上课，控辍保学率为100%，2016年乡荣获比如县控辍保学先进单位，按照县委相关要求，恰则乡从2015年开始，从乡党委干部职工中抽派支教3名，前往县二小和乡完小进行支教。

医疗卫生　恰则乡卫生院共计收售药品15万余元，三项节育措施总计完成27人，合作医疗核销报销人数达6100余人次、17万余元，农牧民合作医疗兑现57.64万元。恰则乡高度重视群众的医疗工作，在群众医疗个人筹资上，符合缴纳医疗筹资条件共2580人，实际筹资人数2580人，共筹资51600元，个人筹资率达到100%，极大的提高乡群众的医疗保障。

农牧科技服务　恰则乡农牧业科技服务中心，按照“村不漏户、户不漏畜、畜不漏针”的工作要求。及时深入各村、各户，对牲畜进行疫苗注射工作，2016年全乡牲畜共注射各类疫苗31520支，免疫率达100%，有效预防“口蹄疫、W疫情”等疫病在牲畜中出现。

农牧工作　全乡实施草畜平衡面积为35.31万亩，可利用草原、人工草地的草畜平衡载畜量为2.27万个绵羊单位（可利用草原2.01万个绵羊单位、人工种草地及农副产品0.26万个单位），牲畜存栏有2.42万个折合绵羊单位，超出0.15万个绵羊单位。全乡棚圈建设共110户。2016年7月，在乡党委的组织下，6个行政村各出资6000元，集中购买灭鼠药，对乡草场进行灭鼠工作。恰则乡为纯牧区，乡党委对牲畜存栏多的牧户进行表彰，并每户奖励500元；教育群众，凡是今年没有牲畜存栏而明年开始有牲畜存栏的群众，将进行表彰并发放资金进行鼓励。

精准扶贫　恰则乡首先成立以乡党委书记为组长，乡党委副书记、乡长和分管副乡长任副组长，以乡副科级以上领导干部和乡直各单位负责人、驻村工作队队长、村党支部书记为成员的脱贫攻坚工作领导小组，全乡一半的干部职工投入到精准扶贫工作中。下设脱贫攻坚指挥部办公室，实行主要领导包片区、领导干部包村、一般干部包村任扶贫专干、驻村扶贫专干包户，形成党政“一把手”负总责，分管领导专门抓，扶贫专干具体抓的工作机制，明确工作职责和任务分工，为顺利开展精准扶贫工作提供坚强的组织保障。其次先后制定《恰则乡关于成立“十三五”脱贫攻坚指挥部实施意见》《恰则乡关于调整充实主要领导包片区、领导干部包村及确定各村扶贫专干的通知》等10个专项规划文件，制定完善恰则乡脱贫攻坚作战图，制定脱贫攻坚各项规章制度。

及时成立6个调研摸底组，先后多次对贫困对象进行调查摸底核实。深入每家每户，对群众家庭详细信息、劳动力、车辆、虫草收入、首饰、牲畜、债务、人均收入、存款等基本信息一一登记造册，并结合每户实际情况，通过多次征求驻村工作队和村两委意见、乡党委政府联席会议研究、公示接受群众监督等措施，确定我乡扶贫对象。在完成贫困对象确定、基本信息核实的同时，组织各包村干部、包村扶贫专干将扶贫对象信息录入电脑系统，建立电子档案，做到户有表、村有册、乡有电子档案。并按照县脱贫攻坚指挥部下发的《关于干部结对帮扶贫困户工作》相关文件精神，对干部包户工作进行专门安排部署，恰则乡全体干部完成干部包户帮扶任务，并开展2次干部包户帮扶工作，帮扶任务完成率达到100%。同时按照扶贫工作的要求，以及脱贫标准，按照年初制定的脱贫目标，2016年有26户106人（包括孔玛夺村6户25人、帕玛夺村4户30人、曲荣夺村13户38人、察隆夺村3户10人）脱贫。

产业扶持　2016年4月中旬开始，为了促进我乡特色产业的发展，做大做强特色农牧民经济合作组织，为了使农牧民群众学到一技之长，拓宽增收渠道，促进增收致富，带动贫困户通过产业发展来实现脱贫，乡党委、政府多次深入调研，研究决定在孔玛夺村和帕玛夺村建设扶贫温室蔬菜大棚，成立温室蔬菜种植专业合作社。孔玛夺温室蔬菜大棚总共有8个，总面积达到1200多平方米，总投资80万元，群众自筹80万元。项目参与户数达89户，参与人数达471人，该项目受益群众达89户，471人，其中带动贫困户12户53人，2016年收益8万元，增加了贫困户收入，促进贫困户脱贫致富。帕玛夺村温室蔬菜大棚共有4个，总面积500多平方米，项目总投资15万元，群众自筹15万元，项目参与户数达72户，参与人数达415人，该项目的收益72户415人，其中带动贫困户12户58人。建设圆根种植基地，切实增加群众收入。在乡党委、政府的教育引导下，在察隆夺村建立5亩地的圆根种植基地，乡各行政村积极参与，主动作为，打破恰则乡无耕地、无种植、无牧业的格局。2016年圆根种植基地取得圆满成功，各行政村圆根收获颇丰，为群众创收了6.8万余元，切实减轻贫困户的负担。通过区疾控中心驻察隆夺村工作队的努力，恰则乡圆根喜获丰收相关材料和图片，被西藏日报采用（西藏日报10月3日发布）。

抗灾救灾　按照县委、县政府对防抗灾工作的决策部署，及时成立恰则乡防抗灾工作领导小组，并结合本乡工作实际，制定《2016年恰则乡防抗灾工作应急预案》。在5月至8月份我乡先后组织群众防汛抗旱6次，均为雨量过大造成的山体滑坡、泥石流等灾害。出动各类挖掘机7台次，耗时40小时，花费2.1万元。进入寒冷天气，在6个行政村共成立防抗灾工作领导小组6个，共计65人，村级救灾突击队24个，147人，建立各级防抗灾小分队8个共206人。同时积极应对可能到来的灾害，各村自发组织购买粮食、燃料、饲料等。乡党委政府也在第一时间购买粮食540袋（包括大米330袋、面粉150袋、糌粑60袋）。为60户困难群众已下发120袋大米、60袋面粉及60袋糌粑。其余均放在乡政府保存，已备抗灾之用。各村储备饲草料12.65万公斤，各类粮食36.35万公斤，牛羊粪42485袋，煤炭10吨，牛棚262顶，羔宫7个，牛羊圈241个。孔玛夺村财务经费里支出28.2万元发放储备抗灾物资每户面粉5袋、大米15袋、菜籽油4桶，每户均达到3000元。帕玛夺村从村财务经费里支出15.39万元发放储备抗灾物资（面粉、大米、菜籽油、糌粑）。帕玛夺村贫困户发放2402元的粮食，对搬迁户（16户）发放了现金（每户1700元），共27200元，并购置5000元的燃料储备在村文化室。曲荣夺村财务经费里取出4.2万元，用于储备抗灾物资面粉100袋、大米300袋。察隆夺村从村财务经费里支出8.1万元，用于储备抗灾物资面粉、大米、糌粑等共450袋，3吨煤炭，牛粪1车。底吾达村从村财务经费里支出7.82万元发放储备抗灾物资面粉135袋、大米324袋。那村从村财务经费里支出5000元，用于储备抗灾物资面粉30袋、大米30袋。

文化事业 为进一步丰富恰则乡农牧民群众文化生活，恰则乡组建文化艺术队，共20名群众参加，在“3·28”纪念日、“五一”劳动节、“七一”建党节、中秋节、“十一”国庆节、春节、藏历年分别为群众开展文艺演出。同时各村成立村文艺队，有效提升乡群众业余文化生活。乡文化电影放映队，深入各村，组织群众观看爱国主义题材、抗战题材、军旅题材、农村题材等教育影片，共放映250部电影，放映率达到89%，其中深入6个村共放映了96场次、192部电影，学校共放映了6场次、12部电影，干部职工中共放映了17场次、34部电影，覆盖率达到100%，观影人数达到5371人次，使各种爱国爱党理念在不知不觉中影响到群众的生活和行为。积极参加2016年比如县娜秀文化艺术节，荣获女子组抱石头比赛第一名；牧歌比赛第二名；走马比赛第五名；虫草王（斤万）第一名；比如原生态牧歌比赛第三名；那曲牧歌比赛优秀奖。

便民服务大厅工作 便民服务大厅实行乡党委书记、乡长、人大主席每周轮流坐班制度，切实加强组织领导；配备一站式便民服务大厅主任1名，由副科级干部担任，专职负责一站式便民服务大厅的日常运行、管理、协调等工作。抽调各科室相关业务人员7人，组建成一站式便民服务大厅窗口服务队伍；设立警民联系窗口、司法综治援助窗口、党政信息窗口、社会民生窗口、科教文卫窗口、接待引导窗口等6个服务窗口。完善服务设施。按照“一站式服务”总体要求，乡党委、政府购置办公桌椅4套、文件柜4个、电脑5台、打印机4台、传真机1台，接待群众920人，其中办理各种证明461人，为群众切实解决实际困难65件，赢得了群众的好评。

【社会管理】 安全生产 乡党委、政府定期不定期联合乡派出所、乡卫生院等部门对辖区食品药品安全、消防安全、道路交通安全、建筑施工安全等进行了督导检查，对过期、变质的食品进行没收并及时销毁，检查中发现的不足之处提出整改要要求并对商户进行教育警告，要求立即整改，全年乡开展安全生产工作大检查15次，各类安全检查共出动57人次，召开各类安全生产工作会议12次。

综治维稳工作 年初召开维稳工作大会，重新调整维稳工作领导小组，充实人员，加强力量，严格分工，明确责任。设置综治工作小组、普法小组、治保小组、调解小组等18个职能小组，选派出责任心强、工作能力强、业务精的人担任小组长，有计划地开展维稳工作。制定治安防范方案、各类工作规范，建立健全各项综治规章制度。并与驻村工作队、6个行政村村两委、各户签订重要节点期间的维稳工作责任书，确保任务落实到人，责任明确到人。

综治、双联户管理 建立健全各项规章制度和长效机制，并严格按照区、地、县相关文件指示精神开展“双联户”工作，定期开展一次“扫黄打非”、安全生产大检查，各类法制宣传、预防青少年违法犯罪等活动；每个季度召开综治例会，认真开展综治和平安建设督导工作，同时向县级包乡领导汇报情况；定期排查全乡各类安全隐患；党政一把手定期下村听取村委综治、平安创建工作情况汇报，并召开治安形势分析会议。定期组织商户清理街道、河道、学校周边垃圾51次，出动人数867人次，共清理垃圾17余吨。村“两委”、驻村工作队每月组织群众对村内进行村容村貌整治，共出动1950人次，清理垃圾10余吨。“双联户”办公室为那曲搬迁户、比如搬迁户16名联络员每人解决1000元通讯补助，共发放16000元，有效提高搬迁户联络员的工作积极性。

宗教管理 恰则乡无寺庙，有日追、拉康各1座，按照工作要求设立1个正科级片区管委会，共开展3次佛事活动，佛事活动期间安排专人负责安保工作。

【党建工作】 队伍建设 2016年恰则乡发展了正式党员9名、预备党员69名、积极分子27名。截至2016年11月，共有205名正式党员，预备党员69名、积极分子27名。

党组织建设 由于察隆夺村和那村地处偏

远，居住分散等实际情况，在乡党委的领导下，乡政府整合村级卫生资金，建设察隆夺村、那村两个村的卫生服务点，为该村的卫生事业做好前期铺垫。加大村“两委”、农牧民党员培训力度，提升村“两委”班子履职尽责能力。恰则乡村“两委”、农牧民党员前往区、地、县培训总共9批次，培训人数达154人次。

落实“三会一课”制度 乡召开党员大会7次，各村召开党员大会6次；“七一”老党员、老干部座谈会6次；“3·28”座谈会1次；民主生活会1次；组织生活会6次；党支部书记讲党课12次。有效的开展党内政治生活，提高我乡党员干部、党员群众的履职尽责能力。

“两学一做”学习教育 按照区、地、县相关文件要求，乡党委第一时间召开会议进行动员部署，并学习传达相关文件精神。乡各党支部共组织党章学习58次，党员学习人数2891人次；学习习近平总书记的系列讲话精神32次，党员学习人数1596人次；召开四个专题学习讨论，分别是如何做到爱党、信党、护党；我谈比如新变化；党的治藏方略政策；学习讨论如何做合格党员。

廉政建设 分别制定《恰则乡干部行为规范》《恰则乡党风监督工作制度》《恰则乡干部考勤制度》，加强对乡干部的监督管理。制作“恰则乡诚信墙”公示栏，在荣誉栏张贴乡至今为止获得的荣誉，在警示栏张贴所有检讨书。制定“三公”经费管理规定，及时制作公示栏，严肃纪律要求和责任追究，进一步加强对干部勤政廉政行为的规范。在全乡6个行政村推行财务公开制度的基础上，发挥村监督委员会的作用，凡是村内需要流动资金，村监督委员会必须参加监督实行民主理财，使各项监督政策透明、公开；节省费用开支，减轻群众负担，堵塞漏洞，提高群众的知情权、参与权，密切干群关系，遏制腐败行为的产生。

【换届工作】 根据县委下发的《关于做好乡镇党委换届工作的通知》等有关文件要求，恰则乡高度重视，精心筹备，严肃纪律，规范程序。恰则乡人大换届工作共划分16个选区，通过选举产了39名人大代表，其中县级人大代表4名。4月10日，恰则乡人大第十二届五次会议顺利召开，大会通过无记名投票方式、等额选举，审议通过《恰则乡政府工作报告决议（草案）》《恰则乡人大工作报告决议（草案）》。2016年4月28日召开换届选举大会，应出席会议党员195名，因病、因事请假不能出席会议党员29名，实出席党员166名，到会率达85.13%。大会选举产生了中共恰则乡委员会委员4名，纪律检查委员会委员3名和出席县党代会代表6名，圆满完成各项议程，县委提名候选人全部高票当选，组织意图得到充分体现。通过这次换届，乡党委、纪委班子结构进一步优化，干部素质进一步提高，班子平均年龄有所下降。

【虫草工作】 恰则乡共设立虫草采集点7个，分别是孔玛夺、帕玛夺、察隆夺、底吾达、那村、多雍塘、郭普；设立检查点3个，分别是曲荣夺、当乃拉山、曲荣拉山，全乡共成立临时党支部7个，临时党小组2个，并结合各点上的37名乡镇联户长，成立37个联户体。根据我乡虫草采集工作安排，各虫草采集点将于5月20日对群众开放。各虫草采集点采集人员3162左右，其中本乡采集群众1617人，兄弟乡镇采集群众1545余人，总共搭建大小帐篷548顶。加强党支部建设。为了更好地服务、教育、管理群众，我乡党委、政府将在各虫草采集点成立临时党支部，制定临时党支部工作职责，建立党小组包片、党员联系帐篷制度，实行层层负责、层层报告制度。为每一名党员发放党徽，要求党员随时佩戴，自觉接受群众监督，让群众处处看到党组织，时时可找党组织，切实感受到党的关心和温暖。同时充分发挥双联户作用，以双联户为单位，以联户长为联系人，进一步细化群众管理单位，协助临时党支部开展各项工作，确保群众管理网络全覆盖。成立帐篷互助小组。组织虫草采集时各帐篷留守人员成立帐篷互助小组，在虫草采集时对帐篷区进行巡逻、看管，防止外来人员进入帐篷区进行破坏、盗窃等行为，并对各帐篷安全情况进行检查，防止煤气泄漏、火灾等情况发生，同时对留守小孩统一看管，确保孩子的安全健康。丰富群众精神文化生活。开展小喇叭广播工程，每天晚上8:30—9:30以小喇叭的形式，向群众播放各项政策规定、安全生产小知识和民族歌曲等，以满足群众精神文化生活，同时加强群众对相关法律法规的了解。健全采集点医疗条件。在各虫草采集点设立医疗救治点，以各村村医扩充医疗救治点人员数量，帮助群众解决常见病的治疗问题。同时由乡政府统一购买消毒器材和消毒液配发至各虫草采集点，每周对辖区帐篷及周边区域进行消毒，防止因人员密集而引发的各种传染病的感染。虫草办证期间，乡虫草办联合乡财务室，前往比如县为10名初三在校学生进行了虫草证办理，并每人发放100元。

【工作荣誉】 2016年草补工作中，恰则乡草补办被评为地区级先进集体。

达塘乡

【基本乡情】 达塘乡位于比如县西部，距离县城75公里，全乡24个行政村，71个自然村，属于纯牧区，平均海拔4200米，总面积1039平方公里。2016年底，全乡总户数1455户，总人数8762人；党员人数918人；联户长133人；农村低保户226户、905人；城镇低保户3户、5人；2016年新增事业干部8名。

【经济发展】 农村经济总收入19528468.83元；第一、第二、第三产业分别实现16616123.5元、60528468.83元、5797016元，农牧民人均纯收入2228.77元。

【党建工作】 *自身建设* 达塘乡严格按照“提升党员队伍素质、规范基层组织建设”主题实践活动，全面加强乡党委班子的执政能力建设，努力创建“勤政廉洁、执政为民”的乡党委班子，不断提高领导班子驾驭行政村工作的能力。达塘乡24个行政村、74个自然村，1455户，8762人，设立1个党委，党委下设28个党支部，共有党员732名，其中正式党员、预备党员共138名。2016年，全乡共培养入党积极分子298人，发展党员138名，其中：男性46名，占24.2%，女性92名，占75.8%；农村一线的村组干部、致富能手5名，占23.9%。建立和健全党委中心组学习制度，组织全乡党员干部深入开展学习邓小平理论、“三个代表”重要思想、科学发展观，中共十八大、十八届三中、四中、五中、六中全会精神及区党委、地委、县委相关文件精神58次，撰写心得体会120余篇，组织全乡党员干部、驻村工作队及农牧民党员开展“两学一做”学习教育讨论共4个专题，讨论8次，组织观看《建党伟业》《榜样》《孔繁森》教育影片3次，撰写心得体会118篇，并上报县强基办。先后制定和完善《达塘乡干部岗位责任制考核制度》《达塘乡干部请假制度》《达塘乡党员学习制度》《达塘乡干部考勤工作制度规定》等5项规章制度，做到用制度管事管人。严格执行民主集中制原则，坚持对重大问题集体研究，班子成员讲党性、讲大局、讲原则，能认真执行党委的决议，正确处理好责任与权力的关系，自觉维护班子的团结，营造干事创业的良好氛围。

基层组织建设 乡党委始终把“提升党员队伍素质、规范基层组织建设”贯穿于党建工作始终，按照县换届办的工作安排，顺利完成县乡党委换届选举工作，通过依法民主选举，共选举出11名县级党代表、86名乡级党代表。以朗钦村为“户户党员村”的基础上，制定《达塘乡“户户党员村”之乡活动实施方

案》，2016年以耐普村、波庆村、拉嘎村、玛热村、杰囊村等5个行政村为第一批户户党员，今年来，5个行政村共吸收积极分子132名。助推“服务心连心、行到手拉手、温暖千万家”主题实践活动，及时建立“心愿墙”搭桥点，共计收集了2个心愿、认领2个心愿。以党建带动团建为契机，成立玛隆村团建示范村，吸收团员39名，团员作为党员后备军，在2016年赛马节、国庆节等活动期间发挥志愿者作用。

队伍素质　组织达塘乡达塘片区76名农牧民党员顺利完成第一期党员培训，并组织参训人员围绕比如县当前社会和谐稳定、经济跨越式赶超发展以及出台的各项政策规定进行讨论。在自治区统战部派驻达塘乡耐普村驻村工作队的帮助协调以及自治区社会主义学院的支持帮助下，10月14日，达塘乡组织全乡每村2名农牧民党员共50人前往自治区社会主义学院进行培训学习。通过7天时间培训学习，全体学员学有所成，带着新知识、新思考、新措施回到达塘乡，回到本村并教育引导本村群众不断增强感党恩、听党话、跟党走的政治意识，认真贯彻落实当地党委政府的部署和要求，团结一致，共同推进精准扶贫、精准脱贫工作，坚决打赢扶贫攻坚战，确保达塘乡群众与全国全区各族人民一起步入全面小康社会之路。

【党风廉政建设与反腐败工作】　党风廉政　坚持“标本兼治”的原则，认真抓好党员干部的党性、党风、党纪教育，建立健全党员干部学习教育制度，强化民主监督机制，促进党风廉政建设。深入开展调查研究，制定《达塘乡维稳节点领导干部作风纪律督导检查总体方案》《达塘乡关于“两节”期间深入贯彻中央八项规定精神驰而不息纠正“四风”活动的检查方案》《达塘乡“四风”问题督导检查工作方案》《达塘乡党风廉政建设和反腐败年度工作方案》《中共达塘乡纪律检察委员会监督执纪严问责实施方案》《达塘乡3月维稳期间的领导干部作风纪律督导检查方案》《达塘乡关于贯彻落实〈自治区“建立健全惩治和预防腐败体系2013~2016年工作规划”实施办法〉工作实施办法》《达塘乡关于贯彻落实〈自治区“建立健全惩治和预防腐败体系2013-2016年工作规则”实施方案〉工作实施方案》等工作方案，并在乡党委的周密部署下，认真组织实施，做到了年初及时安排部署、平时认真督促落实、年底全面综合考核，确保了党风廉政建设工作落到实处、取得实效；针对党员干部中存在的慵、懒、散、拖等突出问题，乡纪委牵头在全乡范围内开展纪律作风整顿活动，监督指导制定完善制度16余项；从学习教育入手，树立党员干部廉洁自律意识，并结合达塘乡实际情况制定《达塘乡“中国共产党廉洁自律准则”和“中国共产党纪律处分条例”学习实施方案》《达塘乡“中国共产党廉洁自律准则”和“中国共产党纪律处分条例”学习计划》，利用会议、党课等方式开展集中学习18次，撰写心得体会56篇，组织干部职工集中观看5集《永远在路上》纪委宣传教育片，干部职工主动向乡纪委做思想报告2次。

纪律检查　成立以乡长、乡纪检委书记为负责人的检查考核小组。一是检查驻村、驻寺干部在岗情况。2016年，对达塘乡24个行政村及寺管会，各乡直单位检查督导在岗情况，按照违规情况给予名违规干部进行了处理。二是检查乡党委、政府，乡直各单位部门干部职工上下班及值班带班情况。严格履行上下班考勤，每天检查工作人员有没有带工作证及党徽，确保上班期间不出现早退、迟到、脱岗、离岗等现象。

【强基惠民】　强基惠民工作稳步推进，驻村“八项任务”有效开展。驻村工作队驻村以来，乡强基办通过加强对驻村工作队的管理，进一步提高各级驻村工作队员积极协助、认真履职、真心为民、服务群众的积极作用，较好的完成“5+2+1”工作任务。2016年以来，全乡24个行政村共发展农牧民党员136名，吸收入党积极分子298名；各驻村工作队能在重大节日及时作出值班表，安排人员进行巡逻值班，制定好相关维稳方案及应急预案；各村开展各类宣传165次，累计发放宣传材料1541份，制作宣传栏2个，上门家访65次，受教育群众1486人次；组织开展新旧西藏对比学习教育270次，观看新旧西藏对比影片24场次，开展“党的十八届五中全会和中央第六次西藏工作座谈会”、“中国梦”、社会主义核心价值观下村教育532次；帮助村居制定发展规划24篇，开展农牧民经济合作组织2个，组织农牧民技能培训12场次；开展结对认亲交朋友76人，积极访贫问苦送温暖139次，送去大米、面粉、衣物等折合人民币20万余元，送去慰问金57812元，组织村民开展道路维修等20场次；驻村工作队撰写10万元惠民资金使用计划上交县强基办，各项惠民资金全部落到实处；协助县乡搞好扶贫调研工作，逐户做好建档立卡，全面掌握贫困人口数量，2016年，达塘乡共64户207人实现脱贫致富。成立玛擦村精准帮扶牧家乐经济合作组织，实现贫困人员就业8人，今年8人共收入4000元，已脱贫。按照自治区八届七次全委会提出的“两降一升”任务，宣传“两降一升”政策24次，帮助产妇前往比如县人民医院待产检查1次，2016年，达塘乡无产妇、婴儿死亡。2016年，贫困村集中式饮用水源水质达标率达到85%以上，建成自治区生态村1个，行政村生活污水处理率达到20%以上。2016年上半年，达塘乡完成24个行政村人居环境建设中硬化道路72000平方米、篮球场10080平方米、垃圾池12000平方米、健身器材1920平方米、旱厕24个。全面落实农村公路养护管理建设责任，年初，由乡党委政府和24个行政村村两委协商并成立乡农村公路养护领导小组，签订农村公路养护目标责任书并落实责任目标任务，开展各阶段工作检查，对有责农村公路养护管理建设实施责任倒查追究、问责，考核村干部的工作责任。9月8日，达塘乡组织央塘片区6个村120人，利用四天时间进行道路养护工作。9月20日，达塘乡农村公路养护领导小组副组长扎西雇佣一台挖掘机和一台装载机，组织森塘片区六个村150多人利用10天的时间进行道路养护维修工作。10月5日，达塘乡农村公路养护领导小组副组长江永丁巴负责重新划分松朵片区8个村，30多公里的养护标段任务，并组织100多人利用8天的时间进行道路维修工作。10月20日，卡孜庆、卡孜琼两村的村两委组织60余人利用3天时间进行道路养护工作。此次道路养护工作充分发挥各村“两委”在农村公路养护、在基层工作上的桥梁和纽带作用，进一步增强村“两委”做好本村道路维护、修复工作的责任感、使命感，进一步保障了行车安全，杜绝或减少了交通安全事故的发生，确保人民群众的生命财产安全。

【社会管理】 安全生产　2016年，达塘乡对全乡现有灾害隐患点以及新增的灾害隐患点进行巡查排查2次；开展宣传培训及应急避险演练工作1次，增强防抗灾、防地震演练1次，参与人数52人；依法对本乡生产经营单位开展监督检查。确定重点商户20家、乡直各单位5家、建筑工地检查5家，督查单位由乡安委会办、综治办组成，共检查100余家单位，复查82家，占全年检查计划的83%。开展“安全生产月”宣传咨询日活动。重点宣传“强化安全基础，推动安全发展”主题、安全生产法律法规、安全科学知识、应急救援知识、职业健康知识等。通过发放安全生产宣传资料，回答群众有关安全生产的疑难问题，动员广大干部群众重视安全，关注安全。活动现场悬挂横幅4条，版面展示8块，向过往群众分发宣传资料、宣传册500余份，接受群众咨询20余人次。开展应对各种突发事故的应急避险逃生演练1次，让大家做到会报警、会自救、会引导群众如何面对突发火灾，不断提高自我防范能力和灭火技能。全乡共参与检查单位100家次，发出整改意见书22份，复查意见书25份，查出安全隐患17条，整改16条，整改率达到94%。对辖区内部分易燃易爆危险化学品单位进行消防检查，共计检查单位82家，其中人员密集场所10家、小门面46家、网吧1家、旅馆1家。开具整改意见书1份，发现安全隐患8条。通过检查整改，切实消除一定安全隐患。

综治维稳　2016年，达塘乡始终坚持把社会管理综合治理维护稳定和平安建设工作列入乡党委重要议事日程，成立了社会管理综合治理维护稳定工作领导小组，设有兼职工作人员负责具体工作，共成立29个领导小组，确保了各项综治工作顺利开展。层层签订《社会管理综合治理维护稳定及平安建设目标管理责任书》，逐级落实责任制，乡领导班子主要负责人与各科室负责人签订《社会管理综合治理维护稳定及平安建设目标管理责任书》，共计签订30余份责任书，并将责任书的要求作为年终对各单位目标责任制考核和领导干部业绩评定、奖励惩处的主要依据。制定学习教育制度，将每周五下午定为固定学习日，加强全体干部职工综治维稳平安意识，改善作风，增强大家团结友爱、互帮互助和知法、懂法、守法、依法行政的自觉性，组织学习30余次。严格执行值班制度，节假日值班实行双人双岗值班，平时都严格按照值班制度认真做好记录，遇事谨慎稳妥处理，重要事情及时汇报，值班时均有领导带头按时、认真值班，确保一方平安。另外，乡派出专干人员1名，参加县综治委组织的“综治维稳双联户工作”的培训，全年按时完成系统要求的工作，积极发挥参谋助手的作用，履行组织协调、上情下达、下情上报、督促办事、办文办事、宣传发动等职责。

“双联户”服务管理　加强组织领导，确保部署到位。达塘乡结合实际，成立以乡党委书记青美次仁为组长，乡党委副书记、乡长为副组长，人大、纪检和相关部门负责人为副组长，乡直各单位负责人、村“三委”、派出所所长为成员的达塘乡“双联户”服务管理工作领导小组，进一步加强组织领导，为全面开展好此项工作提供领导保障。乡党委、政府负责全面落实，包片主要领导和包乡县级领导负责全面督查，村“两委”班子和驻村工作队负责具体实施，形成一级抓一级、层层抓落实的工作格局。各村开展各类宣传165次，累计发放宣传材料1541份，制作宣传栏2个，上门家访65次，受教育群众1486人次。为深入开展“双联户”服务管理工作及“先进双联户”创建评选活动奠定群众基础。达塘乡综治办结合实际制定联户长工作职责、联户单位工作职责、《联户长年度业绩考核办法》及“双联户”服务管理工作的建档运用、评比表彰、培训、服务管理议事、服务管理“六清七好”工作、服务管理联动、服务管理联系、责任书签订、建立健全信息、联户长推选、联户单位的划分组建、包片包乡工作、工作例会、请示汇报、同奖同罚等15项工作制度，全部下发至各村。建立本乡镇“双联户”服务管理工作台账，由各驻村工作队指导帮助各村（居）建立“双联户”服务管理工作台账。完善20项“双联户”服务管理工作台账，并结合实际制定工作方案。

宗教管理　达塘乡所属的宗教活动场所有一座寺庙、一座日追、一座拉康。乡党委、政府主要领导和乡宗教办负责人以及宗教办工作人员定期不定期的深入辖区各寺管会、寺庙对寺庙属地管理各项工作进行督导检查6次。将寺庙管控防范机制纳入乡维稳工作主要内容，通过开展多种形式的法制宣传教育12次，大力弘扬祖国统一、民族团结、社会和谐，形成以稳定为荣的良好社会氛围。同时，按照上级党委、政府和有关部门的安排认真开展和谐寺庙创建工作和弘扬历代高僧大德“爱国爱教、遵规守法、弃恶扬善、崇尚和谐、祈求和平”等法制宣传教育活动2次。包片领导、包寺领导深入寺庙一线，组织寺管会召开会议5次，在广大寺庙僧尼中从政策、法律、社会道德和宗教教义等多层宣讲3次；乡党委、乡政府、派出所联合组织僧尼进行深入学习，开展处突演练2次，确保处置流程人人清楚，人人会操作。三月法制宣传活动月，共宣讲13场次、600余人次，24个村宣讲小组共宣讲620余场次、53000余人次。三月法制宣传月活动期间，为确保实现全乡三月期间“三不出”“三无”“三稳定”的维稳工作总目标、总要求，达塘乡实行不间断巡逻，有效确保全乡在三月期间安全无事故。9月21日开始，组织全乡190名社会流散僧尼开展为期15天的法制教育培训工作，并对其进行组织考试。

虫草采集管理　达塘乡共设采集点11个，设立卡点5处，发放虫草采集证5815本，进点群众3912人，共计派出防控力量33人，其中成立临时党支部5个共105名党员；在4个采集点（郭庆沟、卡孜琼、卡孜琼、杰然点）成立临时联户体，建立健全临时联户体相关台账。并按照乡印发的《达塘乡2016年虫草采集管理工作总体实施方案》《达塘乡2016年虫草采集期间成立临时联户体实施方案》《达塘乡2016年虫草采集联挖联管工作实施方案》要求，有序开展虫草采集管理各项工作。包乡县级领导扎西平措，深入达塘乡各采集点检查督导工作开展情况，进行检查督导34次，乡党委书记、维稳总指挥长青美次仁深入各采集点检查督导工作开展情况，检查督导37次；乡长、维稳常务副指挥长扎西平措深入各采集点检查督导工作开展情况，检查督导31次；乡人大主席、副指挥长杜林峰深入各采集点检查督导工作开展情况，检查督导20次，全乡无干部职工上山采集虫草，虫草采集期间未发生矛盾纠纷，全乡未出现无证采集，保各项工作有序开展。

【精准扶贫】 2016年，达塘乡脱贫攻坚部认真贯彻执行上级指示，结合本乡的扶贫、脱贫实际工作，尽职尽责、紧紧围绕人民群众反映强烈的精准扶贫、精准脱贫的突出问题开展工作。

建档立卡基础数据库 一是录入贫困户基本信息；二是扶贫办各项工作职责上墙，归档贫困户一户一策、一村一策以及相关材料，实现在乡有规划、村有策、户有表、人有法。

建档立卡贫困人口 县扶贫办分配达塘乡贫困人口总数412户，801人，实际录入801人。2016年达塘乡根据县扶贫办定的规模进行总量控制，并按照年人均纯收入2800元以下的标准精准识别出，贫困人口801人，其中按照“九个一批”，围绕解决好“扶持谁”“谁来扶”“怎么扶”“如何退”等重大问题，以更加明确的目标、更加有力的举措、更加实际的行动，实施精准扶贫、精准脱贫，产业扶持156户643人，转移就业95户133人，易地搬迁95户453人，生态补偿155户759人，发展教育97户154人，医疗救助85户125人，社保兜底105户158人。其中2016年脱贫目标共有42户207人，其中2016年产业项目户39户163人，转移就业户16户23人，易地搬迁14户65人，发展教育22户42人，生态补偿户42户207人，医疗救助23户36人，社保兜底户27户44人，微型基建42户207人。

“九个一批”各项政策落实情况 2016年我乡产业扶持共5个项目，分别为：农贸市场、藏餐馆、扶贫澡堂、汽车修理厂、民俗商业街。2016年项目受益人共39户163人。其中纳入扶贫澡堂的共3户11人；纳入汽车修理厂项目共6户20人；纳入农贸市场干洗店项目共6户22人；纳入民俗商业街销售店项目共19户8人；纳入农贸市场、藏餐馆项目共5户22人。为实现“培训一人、就业一人、脱贫一户”的目标，达塘乡陆续安排29人到拉萨、那曲、比如进行技能培训，拿到证书的共5人。通过思想教育7人（8月至9月）在乡政府建筑工地上打工（每日180元），自身能力增加同时增加家庭收入。通过县脱贫攻坚指挥部安排或自行就业共23人。在“十三五”时期达塘乡易地搬迁共95户、353人，其中2016年14户65人，2017年56户293人，2018年25户95人。达塘乡纳入生态补偿“八大岗位”共有360人。其中纳入生态岗位护林员共211人，纳入农村公路养护岗位共23人，纳入村级环境监督员共4人，纳入地质灾害群防群测员共4人，纳入野生动物疫源疫病检测员共47人，纳入湿地管护员监督共6人，纳入草原监督员共10人，纳入水土保持监督员共50人，纳入山洪灾害防治设施看护员共5人。

自行项目工作 达塘乡为贫困户增加岗位、实现就地就业、增加收入，乡党委、政府结合实际，开办集旅游、度假、文化传播为一体的那拉神山观景台（牧家乐），给贫困户创造致富平台。5月初开始修建以来，由乡政府垫资，共投入资金60余万元，7月正式投入使用，是达塘乡第一个自行完成的扶贫项目。参加此项目贫困户共9户51人，通过两个月的经营纯收入达到4余万元，人均增收一千元多。

增加岗位、实现就业增收 为贫困户实现

有尊严、体面就业，通过自力更生实现脱贫，乡党委、政府建立乡级环卫队，加入环卫队共有4人，每月享受1500元工资；本着自愿形式，招聘乡政府驾驶员，每月享受1000元工资。

传承民族产业、建设手工业发展试点村　阿帮村距乡政府35公里，2016年底全村共65户351人、牲畜总数5627头，地处偏远、长期在村居住人员较少，都属搬迁户。2016年建档立卡贫困口共6户25人贫困群众。2016年，全村在村党支部书记央贡的带领下，开始编织藏式手工业产业项目，带动本村贫困户，将达塘区域编织特色产业推向社会、面向市场。

指标完成情况　2016年，达塘乡固定就业、固定收入共有23人。牧家乐项目经过两个月的经营，收入4万多元，受益人共9户51人（每户月均2000多元）；创办民族手工业编织试点村以来在县、乡赛马艺术节上根据自家腰带编织的质量、样式共出售300多件藏式腰带，收入达到三万多元，按照自家腰带出售率在村分红，其中6户贫困户也参与其中（最低月收入1000~2000元），按照指标（每月人均达到3000元）实现“三不愁”共99人，贫困率发生控制在2%以内；贫困群众人均纯收入从2015年末的2076元，提高到3000元，增长924元，人均可支配收入年均增长达到17%。

【民生和社会事业】　文化、教育、卫生工作　2016年，达塘乡党委、政府要求各村创新宣传方式方法，确保法制宣传取得良好成效，为庆祝3.28百万农奴解放纪念日，乡党委、政府在乡中心小学举行升国旗仪式和文艺会演活动，中心小学、驻村工作队、各村农牧民群众出演26个自编自演的舞蹈及歌唱节目；3月19日，庆祝“3·28”西藏百万农奴解放纪念日，乡喇嘛隆村组织全村农牧民群众举办文艺演出活动县委常委、宣传部部长、达塘乡包乡县级领导周战平、乡党委书记扎西平措、副乡长扎西才加等4人前往喇嘛隆村，参加文艺演出；开展“双语”培训取得实效，利用每周星期五下午8点至9点一个小时的时间对乡干部进行藏汉双语培训，2016年共培训24个课时；圆满完成达塘乡第一届那拉赛马艺术节暨民间体育运动会的举办，通过此次运动会的举办，有效提高农牧民群众精神文明及物质文化生活；按照《达塘乡开展“关爱帮扶贫困学生”活动实施方案》要求，干部职工与达塘乡中心小学78名学生结对认亲，送去书包、书籍等物品达1万余元；2016年秋季入学工作圆满完成，其中适龄儿童总计173人。通过大学生资助政策体系，3个大学生享受共26000元的资助资金。为健全完善城乡医疗救助制度，确保困难群众享受到基本医疗卫生服务，将大病、长期患病、慢性病都纳入到医疗救助共85户125人，将医疗救助政策宣传每个病患家庭中，本着自愿方式住院接受治疗共有63人。乡防疫员采取每年一到两次注射疫苗的方式，做到预防为主，全乡范围内完成春季免疫疫苗注射工作，共注射牦牛春季疫苗36782头，注射绵羊春季疫苗1643头，注射率100%，做到“乡不漏村、村不漏组、组不漏户、户不漏畜、畜不漏针、针不漏量”，基本完成全乡免疫接种任务，防疫人员还对虫草采集点人住帐篷进行免费消毒2次。

社会保障　5月开展“两项衔接”工作以来，达塘乡164户、801人纳入最低生活保障。其中建档立卡贫困户中4人去世、2人户口迁户到茶曲，享受最低生活保障795人，低保覆盖率达到100%。为基本完成“三有、三不愁、四保障”奠定基础。

项目建设　2016年，达塘乡以项目建设为突破口，重点加大乡农贸市场、农牧科技中心、村级牧场道路等项目的争取和实施。将新农村建设和小城镇建设结合起来，进行村居牧场道路改造工程，拉嘎村村级道路全面修建，共投资189万元；宗朋村、夏普库村完成牧场道路建设工程，投入124万元；达宗村钢架桥50万元，喇嘛隆钢架桥40万元、扶贫牧家乐45万元。全面启动达塘乡招商引资项目工程，乡办公大楼引资资金600万元、玛擦村村级文化场所引资资金140万元、童莫村村级文化场所引资资金140万、乡农贸市场引资资金260万元、乡农牧科技中心引资资金80万元、乡中心医院899万元，以上招商引资项目预计于2017年全部完工并正式使用。

双集中工作　2016年，达塘乡有24个行政村，孤儿集中收养的有8人，其中5人在拉萨、2人在山南、1人在那曲地区。五保老人共有19人，其中8人集中供养、11人分散供养，在19人五保户中身患残疾及精神疾病等生活无法自理的有11人，五保户老人新增的有14人，共兑现资金33180元。

优抚工作　根据县民政局下发的《关于上报退伍军人驾驶技能培训人员名单的通知》，达塘乡严格按照区、地、县要求，认真筛选、将困难退伍军人列入培训对象。达塘乡共有10名退伍军人、1名现役军人，按照公平、公正、公开的原则，6月1日至3日工作人员对10名退伍军人进行审查核实，确保培训对象符合条件；经审查核实，符合此次培训条件的退伍军人有1名。

老年人补贴制度　根据《关于做好经济困难的高龄、失能等老年人补贴制度工作的通知》，达塘乡精心组织人员，安排专人，建立健全经济困难的高龄、失能等老年人保障和体系，做到应补尽补，不漏补、不错补。经乡工作人员统计及核查，达塘乡老年人两项补贴申请的有142人，其中高龄老年人有67人、失能老人有75人，2016年共兑现两项资金补贴85200元。

残疾工作　根据《关于办理第二代残疾证的通知》要求，无证残疾人员前往比如县人民医院进行评定，医院评定结果报县民政局审核。达塘乡持有第二代残疾证的有93人，经调查去世有13人、查无此人1人，2016年持证残疾人有79人，全年兑现资金15120元。

抗灾救灾　2015年至2016年，受强降雨的影响，乡部分村居出现泥石流、水土流失、风灾，受灾人口75余人，房屋受损13间，基础设施不同程度损坏，共造成各项经济损失13万余元。2016年至2017年为做好受灾群众今冬明春生活救助工作,结合各村上报数据对全年灾情等方面认真分析，统计全乡受灾群众冬春救助需求，据统计因灾生活困难需救助人数76户376人，资金需15万元，确保全乡群众温暖过冬，最大限度地减少和避免灾害造成的人员伤亡和财产损失，维护社会稳定。

参加合作医疗保险、报销工作　根据《比如县卫生局关于做好2016年参加农村合作医疗保险工作的通知》，此次参保户共有1448户、参保人达8487人，参保金额合计169740元，参保率达到100%。开展农牧民合作医疗报销，通过及时部署，专人负责，深入调查等，促使相关工作及时完成。进行2015年及2016年上半年合作医疗住院报销统计工作，共整理汇总全乡住院票据的农牧民群众共有610人，报销金额达3263569元。

寿星老人　按照文件要求，对照2015年寿星老人健康补助发放名单核实，2015年寿星老人去世的有17人。2016年达塘乡寿星老人共有85人，80岁~89岁有77人，90岁~99岁7人，100岁以上有1人。为了确保资金落到实处，民生工作人员严格把关，所统计的数据务求达到真实、准确。经统计达塘乡60岁以上办理老年证登记工作的有561人，办理登记达到100%。

地名普查工作　为全面做好我乡地名普查工作，结合乡实际，特制定地名普查方案、成立地名普查领导小组，以乡长扎西平措为组长,民生办主管普仓为副组长,各副职干部、民生办工作人员以及对本地熟悉的两名聘用干部为成员。自2015年12月比如县召开比如县第二次地名普查工作动员会议以来,达塘乡严格按照区、地、县相关要求,结合本乡实际,认真谋划、精心组织、扎实推进第二次地名普查工作。至目前完成地名普查和资料共计24个村民委员会、2个党政机关、3个事业单位、1所企业、1个道班、8个河流、1个湖泊、55个牧场、65个农村居民点、26座桥梁、1个泉、23座山、78座山峰、106个山谷、11个山口、1个通信基站、2个宗教纪念地。切实解决了有山无名、一地多名、一名多写、一名多译等问题,有效推进达塘乡地名信息化应用工作。测量地理位置，地名的含义及历史沿革、地名实体概况，资料来源、多媒体信息等各项工作顺利完成。

草原奖励机制　全乡总面积1039平方公里，2016年底，总户数1455户，共8762人，草场总面积161万亩，其中草畜平衡面积142.20万亩，禁牧面积19万亩，人工种草面积142亩，牲畜总头数34482头。全年经济总收入18623162.7元，其中副业收入44174039元，牧业收入19763519元，手工业收入3879000元，运输收入9996000元，商业收入12987000元，其他收入33354860元。对生存环境恶劣、草场退化严重、不宜放牧的草原，继续实行禁牧封育，对禁牧区域按实际实行禁牧面积核算补助。2011年，全乡24各行政村实施禁牧19万亩，设立禁牧标识，按照“总量控制、有进有出”的原则，通过五年禁牧，生长季末植被盖度在35%左右，2016年将继续进行禁牧，并且进一步加强禁牧监督管理工作，实现各村禁牧草场监督工作，全乡实施禁牧面积共19万亩，其中玛擦村8032亩、卡孜琼村13193亩、卡孜庆村14677亩、阿秀村6646亩、朗钦村10681亩、列玛村16061亩、拉硅村8939亩、森塘村11857.89亩、夏普库村14187.79亩、达孜村5341亩、阿帮村6918.21亩、童莫村8622亩、喇嘛隆村4827亩、玛热村10422亩、波庆村7464亩、耐普4658亩、杰囊村6054亩、杰朵村9415亩、优囊村4046亩、达宗村13832亩、塘连村4132.12亩。实施草畜平衡1422014.15亩，实现草畜平衡奖励资金共计1408525.53元，同时乡与村、村与户签订2016年草畜平衡责任书。

牲畜疫苗接种　2016年，达塘乡召集各村防疫员于9月14日召开动员大会，安排秋季疫苗注射工作，制定2016年重大动物疫病免疫实施方案，有效防止重大动物疫病的发生，维护畜牧业健康持续发展和公共卫生安全。从县农牧科技服务总站领取“口蹄疫”疫苗32箱，按照各村牲畜头数进行发放疫苗和注射免疫接种工作。发放各类驱虫药品和必需的器械，W号病，采取每年两次注射疫苗的方式，做到预防为主。2016年，全乡范围内完成免疫接种工作，基本做到“乡不漏村、村不漏组、组不漏户、户不漏畜、畜不漏针、针不漏量”的工作原则，基本完成全乡免疫接种任务。

践行“两学一做”规范最低生活保障　根据《关于践行“两学一做”规范最低生活保障政策落实工作的补充通知》要求，在乡党委、政府的高度重视下，特制定方案、成立低保排查工作领导小组，对城乡低保对象进行全面摸底调查，促进城乡低保政策落实到位，推动全乡低保工作有序开展。此次排查清退的户数有23户39人，其中A类12人、B类9人、C类18人；贫困户有164户801人，其中4人去世、2人搬迁到茶曲、1人在编僧尼，已纳入乡低保的有164户794人，两项衔接工作已达到100%。乡低保共有226户905人，A类107人、B类65人、C类733人，兑现资金共81599409元，根据困难群众的经济收入，从低收入，以阶梯的形式分类施保，施保率达到100%。

换届工作　根据《中国共产党章程》和有关法律法规，按照《中共中央办公厅关于认真做好市县乡领班班子换届工作的通知》（中办发〔2015〕65号）、《中共西藏自治区委员会办公厅关于认真做好市县乡领班班子换届工作的通知》精神和《比如县县领导班子换届工作方案》部署安排，达塘乡党委换届选举工作于2016年3月15日开始，4月28日结束。在这次乡党委换届工作中，切实加强领导，精心组织，严格把关，周密安排，规范操作，稳步推进乡党委换届工作。4月28日，达塘乡党委圆满地完成换届工作，共选举产生乡党委委员5名、纪委委员3名。选举中，党代表到会率高达98%，新一届党委委员的赞成票率高达98.8%，出席县党代会的党代表赞成票率为99.7%。新当选的党委成员平均年龄为31.5岁，全部达到大专以上文化程度。通过这次换届，乡党委、纪委班子结构进一步优化，干部素质进一步提高，班子平均年龄有所下降，少数民族干部、妇女干部、优秀年轻干部比例有所提高。

茶曲乡

【乡情概况】 茶曲乡位于比如县城西部，距县城49公里，平均海拔4100米，本乡居民大多居住在S303省道两旁和怒江两岸；乡政府驻地有两处天然温泉，著名的旅游景点骷髅墙。全乡辖16个行政村，24个自然村，2座寺庙、17座拉康。全乡共有干部职工55人（行政21人，事业34人）；总耕地面积3961.3亩，其中粮食播种面积3534.1亩，占总耕地面积的80%，粮食总产量达70.90万元。全年经济总收入85364411.3元，人均收入10846.19元。地势地貌以高山峡谷为主，怒江河流贯穿整个茶曲乡辖区。

【经济发展】 非公经济发展　茶曲乡有6家经济效益好的农牧民经济合作组织：玛库村农牧民经济合作组织收入达300多万元、塔果村合作组织80万元、多硕卡村合作组织40万元、昂永村农牧民经济合作组织20万元、郭那村农牧民经济合作组织12万元、法若村合作组织维修厂12万元。

高效牧草　2016年，茶曲乡共种植1187.4亩高效牧草，涉及14个村，通过乡党委、政府的指导，村“两委”的管理，群众的努力，取得大丰收的成绩，共收获10万公斤，收入50万元。

紫花苜蓿　紫花苜蓿示范种植共计种植260.03亩，其中多硕卡村160亩，乌通村100.03亩，收入达到624.79元每亩。

【项目建设】 2016年共实施3个项目，分别是：2013年第二批主题教育“短平快”昂永村牧场钢架桥、2013年第二批主题教育“短平快”拉沃村牧场钢架桥、2015年强基惠民“短平快”优隆村防洪堤，共投资115万元。修建茶曲乡卫生院、农牧业科技服务中心、信用社、小学办公综合楼、农贸市场，通过多渠道引进建筑公司垫支600多万元修建了政府院子、30万元铺设了民盈路、1271万修建商品房（正在建设中）、20多万元修缮市政路面基础建设。督促温泉假日酒店、达姆寺景区、温泉会所、温泉开发项目、商务一条街等项目工程的工程进度。

【社会管理】 综治维稳　开展“三月法制宣传月”宣传活动460余场次，受教群众、僧尼达到6.3万余人次，达到3个百分百的目标，即：参宣率达到100%，参学率达到100%，宣讲率达到100%。3月，开展“集中清理整顿老赖”工作。清理排查出25起涉及10个村，涉及资金4191597元。7月，开展重点人员培训。培训12场次，参加培训681人次。9月，开展从事社会宗教活动人员培训。培训30场次，1240人次，发放资料84本。通过努力，2016年茶曲乡未发生一起矛盾纠纷和危安事件。

宗教管理　为加强和创新寺庙管理工作，茶曲乡制定宗教领域全年“属地管理”工作计划。组织寺管会（片区管委会）负责人召开专题工作会议4次。联合乡派出所对流散僧尼进行跟踪了解2次，深入16个行政村走访98户，家访率达到98%。开展9月“民族团结宣传月”活动，发放宣传资料1000余份，参与群众152人次。全年举办各类宗教佛事活动85场。

督查督导　茶曲乡纪委和督查室坚持以“教育和预防”为主，在重要节点共督导检查22家单位124次，全乡范围内通报8家单位，4个人，诫勉谈话12人，检讨书面材料15份。党风廉政方面组织学习《中国共产党问责条例》《中国共产党廉洁自律准则》，集中学习5次，撰写心得体会10篇。组织集体学习十八届六中全会精神，学习《中国共产党党内监督条例》《关于新形势下党内政治生活的若干准则》《习近平总书记在十八届六中全会上的讲话》等1次。其中在第二、三季度获得县委督查室颁发的“督查工作先进单位”锦旗。

宣传教育　在信息报送方面，重视质量和

数量，向县督查室报送548期信息简报，向“微比如”公众平台投稿177篇，采纳122篇，在《西藏日报》头版头条刊登1条信息。制作1条旅游宣传片，创作2首乡歌（《欢迎您到茶曲来》（藏文版），《梦境茶曲》（汉文版））。制作赛马节宣传片6250张碟片。发放书记、乡长名片6926张，覆盖率达到100%。达姆寺骷髅墙景区共接待1000余人次，直接经济收入约100000元。

【民生和社会事业】 精准脱贫　茶曲乡建档立卡贫困户有149户，641人。通过采取干部包户、“一户一策、一户一法”，易地搬迁、转移就业、产业等脱贫措施，2016年脱贫86户，370人。

文化建设　开展“3·28”西藏百万农奴解放纪念日系列庆祝活动。活动中包含升国旗仪式、参观图片展、举行文艺演出等。活动共计花费资金3万元。7月9日，开展“中国梦、比如情”文艺活动，以各乡直单位支部大合唱和独唱形式开展，穿插娱乐游戏等。8月10日至14日，以“活力之乡、仰慕之地、幸福茶曲”为主题的茶曲乡首届民间文化旅游艺术节在玛库村措姆顶拉开帷幕，活动邀请各界人士一起参与，活动历时4天，全乡干部群众携手同庆，活动包含大型歌舞，民间体育竞赛等，活动邀请有名歌手白玉扎西到场演唱，展示茶曲乡团结和谐的大好局面。整个艺术节从筹备、邀请歌手、现场拍摄、制作影碟等共计花费70余万元。10月1日，为庆祝祖国67周年华诞，经过准备，组织六个代表队（机关队、派出所队、学校代表队、宗教代表队、群众代表队、驻村代表队）在茶曲乡政府院内举行首届“梦境杯”篮球联赛。活跃干部的国庆气氛，丰富群众的文化娱乐生活。活动从筹备和表彰共计花费30000元，其中表彰费用1万元。

财务管理　乡财政所组织村级财务集中培训1次。深入16个行政村规范村级财务1次，走村入户兑现共计12次，兑现金额达12421149元。

【基层党建】 开展领导班子换届工作　于2016年4月28日召开换届选举大会，选举产生中共茶曲乡第八届委员会委员5名、第十三届人大主席团2名、第十三届政府班子4人、新一届纪律检查委员会3人，参加县级党代会代表13人。期间那曲东三县组织换届人员到茶曲交流换届工作。

虫草采集临时党支部出亮点　在五个采集点临时党支部确立“四级管理机制”，即：乡虫草指挥部、采集点临时党支部、临时党小组、临时联户体的管理机制。在虫草采挖期间成立5个临时党支部（其中优隆村采集点临时党支部下设3个党小组，日吾庆夺村采集点临时党支部下设4个党小组），设立临时党支部书记、副书记、委员，把采集点内所有党员纳入临时党支部组织内，共计党员120名，并设立临时党支部便民服务点，医疗服务点，按党员人数的居住特点，分地段、分人员，按照帐篷顺序编排，10~15户帐篷组成一个联户体进行帐篷搭建和管理。在虫草采集结束时组织召开总结表彰大会，表彰一批在虫草采集期间的优秀单位和优秀个人。期间，塔果村驻村工作队协调一批价值3万余元的常用药物送到采集点群众手中。虫草采集工作中“四级管理模式”建设耗资4万余元，其中用于表彰资金共计10300元。

开展“两学一做”学习教育活动　按照《茶曲乡深入开展“两学一做”学习教育工作方案》和《“两学一做”学习教育活动计划》，通过印发学习材料350余份，由各支部组织党员学习和党员自学，集中学习共计80余次。虫草采集点临时党支部组织党员集体学习2次。

良曲乡

【基本乡情】良曲乡地处比如县中部，距比如县城18公里，那比公路贯穿全乡，交通十分便利，属怒江上游流域，南与嘉黎县接壤，西与比如县茶曲乡为邻，北与扎拉乡为界、东与比如镇相连。地势以高山峡谷为主，属半农半牧区，全乡平均海拔4000米，盛产虫草、贝母、雪莲花等名贵药材，主要饲养牦牛、黄牛、山羊等。全乡共13个行政村811户、4724人，其中，精准扶贫建档立卡149户、633人，占全乡总人口的12.9%。2016年脱贫44户173人，占精准扶贫人口的27.3%。全乡共有党小组19个，党员537人，其中农牧民党员437名，机关党员100名。乡机关下设党政综合办、人大办、党建办、综治办、安委会、纪检委、民宗办、民生办、扶贫办。实有干部职工50人，其中领导干部11人，一般干部39人（含事业、行政工人、临时工）。

【经济发展】2016年，全乡农村经济总收入达7127.90万元，农牧民人均收入15088元，人均现金收入9635元。总耕地面积2617亩，总播种面积为2486.1亩，粮食播种面积1570.19亩，占总耕地面积的60%，粮食总产量2755.23公斤。全乡牲畜总数为10030头（只匹），其中牦牛9343头。全乡副业收入主要来源于虫草，2016年采集虫草939公斤，收入达3943.8万元；交通运输收入为7896.1万元；其他（包括劳务输出）各项收入达3961.53万元。2016年，良曲乡开工复工的项目共13个，项目总投资4000余万元，其中，续建项目6个，新建项目7个。全乡经济合作组织在清理整顿后有7个，收益在2000~3000元不等，其中以萨玛村露域经济合作组织收益最高，参与群众年收入能达1万元以上。

【维护稳定】2016年，良曲乡在各个重要节点严格执行值班巡逻制度，积极动员党团员、联户长、护林员、护村队、护校队等群防群治（红袖标）力量开展维稳巡逻，帕拉拉康三月佛事活动期间，建立健全外来人员信息登记制度，顺利完成群众大型佛事朝拜活动期间的安保工作。

【党建工作】党的建设　制定《良曲乡2016年党建工作实施方案》，明确主要任务、工作职责和目标要求。不断总结经验，寻求创新，努力确保党建与全乡其他工作双促进。2016年“抓两个一、创十二点”的基础上，提出良曲乡“一村多平台、一村一榜样、一户一承诺”工作机制。进一步充实力量，全面深化，切实保障基层工作力量不减。通过深化开展“四合一”工作机制，使良曲乡领导力量达到有效集中，开展全乡各项基层工作的过程更加简便、快捷，基层基础得到进一步加强，各类村级信息进一步完善，为良曲乡经济的健康快速发展打下坚实的基础，提供强有力的力量保障。做好扶贫攻坚，探寻摸索党建与扶贫攻坚工作相结合的工作方式。为切实做好扶贫攻坚各项工作，乡党委书记亲自挂帅，坐镇指挥，将扶贫工作纳入党建工作日程，作为一项重中之重工作进行同安排、同部署，做到了人员底数清、情况明，同时解决了部分群众的就业再就业问题。依程序换届，按章选举，换届

工作顺利圆满结束。按照县委、政府关于换届相关要求，及时成立乡领导班子换届工作领导小组，制定工作实施方案、应急预案等，及时组织换届相关人员进行培训。分组深入各村对换届工作进行了宣传教育，并及时按照县换届方案部署定时进行选举。选举的新一届班子衔接稳妥、配合融洽，群众满意度高，干部工作积极性更高，全乡工作效率更好。

党风廉政　良曲乡坚持“标本兼治、综合治理、惩防并举、注重预防”的方针，扎实推进

党风廉政建设和反腐败工作。经常性开展形式多样、丰富多彩的党性党风党纪教育、从政道德教育和警示教育活动，提高拒腐防变能力。深入推进领导干部廉洁自律工作，强化对权力的制约和监督，抓住重点环节、关键部位和群众反映的热点问题，切实防止和纠正滥用公共权力的行为，发挥制度在惩治和预防腐败中的根本作用。

【强基惠民】 2016年，为切实保障强基础惠民生活动取得实实在在的成效，乡党委、政府进一步加强乡强基办工作力量，完善强基础惠民生工作领导小组，结合区、地、县一系列驻村工作要求制定翔实的工作计划，加强组织领导，明确工作责任，切实为第五个年头的强基础惠民生活动打下坚实的基础。全年，良曲乡将强基础惠民生活动充分与各村重点工作相结合，主要做到了“四个结合”，即驻村工作与干部作风相结合、驻村工作与扶贫工作相结合、驻村工作与党建工作相结合、驻村工作与保稳定促发展相结合。

【民生和社会事业】 2016年，城乡居民参加医疗保险共4621人，参保率达到100%。2015年下半年、2016年合作医疗资金全部兑现。免疫疫苗接种率达到97%。全乡群众及僧尼免费健康体检率达到100%。孕妇住院分娩率100%，兑现分娩补助资金53000元。乡卫生院接待患病群众1万余人次。低保“两项衔接”工作初步完成，贫困户中低保享受率显著提高。完成5名孤儿集中供养工作。全乡养老保险参保率达到99.5%。良曲乡秋季招生超额完成，招生率达到100%，小学入学率达到100%。兑现退耕还林补助1.13万元，兑现2015年度野生动物肇事补偿资金14.2万元。成立乡扶贫环卫队，街面环境卫生得到有效整治。开展怒江沿岸垃圾清理整治工作，整治成效明显。开展良曲乡12个村土地整治专项工作，拆除违规建筑面积86553.36平方米，村级居住环境和发展空间得到了有效规范。同时，加大对项目用地的协调力度，协调项目用地近25亩，在积极支持全县项目建设工作的同时，确保了良曲乡各种惠民项目及时落地。

【脱贫攻坚】 2016年是脱贫攻坚工作的开局之年，通过精准扶贫建档立卡工作，识别出贫困人口149户637人，占总人口的13.7%，其中2016年计划脱贫52户218人。一年来，良曲乡严格落实各项政策，积极推进脱贫攻坚各项工作。一是积极推进产业建设，建设完成奶牛养殖基地，实现5户18人增收，同时扶贫农贸市场主体完成、扶贫汽修厂开工建设、扶贫澡堂项目落地，产业扶贫工作得到有效落实。二是通过乡经济合作组织、组建扶贫环卫队、开展农牧民技能培训等，转移就业34人。三是根据县委、县政府统一规划，21户92人易地搬迁工作全面完成。四是认真落实生态岗位补偿政策，91人纳入了生态岗位，实现增收。五是通过“两项政策衔接”，把贫困户中121户486人纳入到低保中，实现初步社会兜底。六是大力开展教育扶持工作，贫困户中44人得到扶持，兑现扶持资金8.2万元。七是信贷扶持积极开展，70户70人享受政策。八是医疗救助落到实处，共计救助13人。九是微型基建扶持积极落实，45户182人全部纳入其中。截至2016年底，全乡脱贫45户182人，脱贫率达83.4%，良曲乡2016年脱贫攻坚工作通过区、地、县检查验收。

【社会管理】 “双联户”管理 2016年，良曲乡围绕“联户增收、联户平安”开展矛盾纠纷联排联调、安全隐患联防联控、西藏困难家庭联帮联扶等20项内容开展各项工作，从110个联户单位选出乡级“先进双联户”单位4个、先进集体5个；县级“先进双联户”单位1个、先进集体1个；地区级“先进双联户”单位1个；自治区级“先进双联户”1个。

安全生产 良曲乡安委会办公室专门成立安全生产联合督导组，采取不定期对全乡辖区2个砂石厂、1个加油站、60余家餐饮商户、12个建筑场所进行检查。全年共计检查次数45次，排查问题共计23个，要求立即整改18个，要求限期整改5个，下发整改通知书4个。

宣传教育 2016年，良曲乡组织开展法制教育和爱国主义教育，将宣传教育工作制度化、规范化。大力宣传和平解放60年来的巨大变化、对比新旧西藏变化，在全乡各村以集中宣讲、家访等形式开展宣传教育。全年在13个行政村、乡中心小学、2座寺庙开展法制宣传教育53次，发放宣传册1000余份，设立法制宣传栏15个，制作宣传横幅40余个，受教群众、僧尼、学生4800余人，宣传率达99%

矛盾纠纷排查　2016年，良曲乡按照《良曲乡矛盾纠纷排查和调处工作机制》、《良曲乡矛盾纠纷回访制度》、《良曲乡矛盾纠纷归口办理联动联调及信息办结制度》，本着“小事不出村、大事不出乡”工作原则，加强广大农牧民群众内部矛盾调处工作，预防和妥善处理群体性事件。全年，共出动排查矛盾纠纷156次，排查出矛盾纠纷3起，解决矛盾纠纷3起，调解率达到100%

扎拉乡

【乡情概况】 1961年建扎拉乡，1969年改公社，1980年复改乡。扎拉乡位于比如县北部，东南与比如镇、香曲乡相邻，东与索县交界，北与巴青毗连。扎拉乡地处317国道沿线距索县30公里，距比如县70公里，是索县、巴青、昌都等地多数群众前往那曲、拉萨的必经之地。全乡总面积800平方公里；扎拉乡下辖9个行政村，22个自然村、630户3815人，人口密度约0.21人/平方公里。全乡平均海拔3900米，空气含氧量仅为海平面64%，年平均气温2℃~3℃，极端最低气温达-30℃；每年10月至次年4月为霜冻期，绝大部分地方绿色植物生长期只有4个月，有效施工期为8个月。主要自然资源：虫草、贝母、温泉、雪莲花、冉巴。

【经济运行情况】 全乡实现经济总收入4761万余元，实现农牧民人均收入12482.13元。劳务输出286人、创造纯利润227.74万元，农业播种面积309.9亩，其中，播种粮食108.3亩,产量18145公斤；蔬菜面积2亩，产量200公斤；播种豆类183.9亩，产量30899.5公斤；其他播种面积15.7亩，总产量4630公斤。牧业：2016年底牲畜总存栏10680头（只、匹），比上年减少352头（只、匹），成活率达93.88%。牲畜疫病防治工作进一步加强，免疫接种率达到100%。副业：扎拉乡副业收入主要是虫草收入，2016年虫草产量839.5公斤、贝母产量1697公斤。

【强基惠民】 新建乡政府所在地防洪堤600米，使城镇发展建设有更安全的环境。乡政府自筹资金新建1处公共厕所，使城镇功能进一步完善，极大方便群众。新建成高寒牲畜暖棚圈110户，全部由国家出资、群众投劳建设，既增加了群众务工收入，也极大完善了防抗灾基础设施。

【民生和社会事业】 扶贫攻坚　乡农贸市场建设主体已经基本完工，汽车修理厂、扶贫澡堂前期工作已经完成，即将开工建设。对全乡11个农牧民经济合作组织的经营管理进行整顿，解决18户贫困户的就业和生活保障问题。2016年扶贫中安排八大生态岗位 120 个，教育系统安排临时工岗位 4 个，解决了所有贫困户、低保户劳动力的就业问题。全乡2016年有10户37人贫困户如期脱贫。

卫生教育事业　完成乡卫生院标准化建设主体，订购现代化医疗设备，预计下半年将正式投入使用，改善全乡的医疗条件。乡幼儿园建成并投入使用，建成农技推广服务站主体，桑布村、扎拉村文化活动场所标准化建设正在加快进行。

环境优化 2015年，群众投资建房18户，建成商品房68间，总投资约1300余万元，全部按照乡政府统一规划建设，城镇总体发展环境有较大改善，吸引了很多商户入住扎拉乡，提高我乡群众投资做生意的热情，民间资本活力进一步释放。

生态保护 群众保护生态环境的意识进一步提高，全乡大力开展清理生活垃圾，整改不合格垃圾填埋场活动，村容村貌得到改善。全乡兑现草原生态补助资金152.82万元，护林员工资37.24万元。桑布村被评为生态文明村。

【党建工作】 扎拉乡通过制作PPT，采用电子教学的方式，为党员干部讲党课6次，并为党员干部统一制作“两学一做”学习教育笔记本200册。坚持和完善理论学习制度，进一步完善业务学习和廉政学习制度。成立图书室，采购图书200余册，开展机关干部读书工程，广泛组织干部进行读书交流，在全乡形成良好的学习氛围，提高乡党员干部的政治理论水平。同时，为便于党员干部八小时外学习教育，乡党建办整理印发《“两学一做”学习手册》《“两学一做”知识问答题》《〈问责条例〉解读》《“四个全面”内容详解》《准则和条例内容解读》《党委会的工作方法》等学习小册，为夯实课外学习打下良好基础。开展两期村干部能力素质大提升培训，主要对村“两委”班子成员、村监督委员会主任进行培训，全年培训92人次。鉴于扎拉乡农牧民党员大多不会采用QQ、微信上传心愿，经乡党委研究决定，制作党员心愿征集箱，采取集中向党员询问征集或心愿征集箱征集，共征集心愿16条，认领10条，处理4条。

【维护稳定】 扎拉乡深入开展“三个排查”，努力加强社会管理创新，不断加快全乡治安管理体系和治安防控体系建设，强化保障领导责任。3月，乡与村签订《社会治安综合治理工作目标责任书》，工作责任明确、工作任务清晰，为今后综治工作打下坚实基础。认真开展“三月综治宣传月”、“三月法制宣传月”、悬挂法制宣传条幅等活动，各村也结合实际，深入开展“揭批达赖”及“新旧西藏对比教育”“感党恩教育”“虫草收入怎么花”等教育活动，进一步增强群众的法律认识，提高群众反对分裂、理性消费的自觉性，并不断深化平安创建工作。全乡以“平安寺庙”“平安校园”“平安村居”“平安家庭”建设为抓手，进一步加强平安创建工作宣传动员，扩大影响面。

【虫草采集工作】 扎拉乡虫草采集管理工作自3月底全面启动，成立以党委书记为组长的虫草采集证IC卡办证工作领导小组，各包乡领导分工负责，对所包村的采集群众信息进行仔细核对、严格排查，确保不办一张信息错误和不符合条件的证件。全乡共计办理虫草采集证IC卡2377张。乡党委、政府成立专项工作组深入各村对《比如县冬虫夏草采集管理办法（暂行）》《比如县冬虫夏草采集纠纷处理实施细则》《关于2016年虫草采集管理新调整八个方面内容的释义》等文件精神进行广泛宣讲，确保各项政策规定做到人人皆知。同时，乡党委政府召开乡虫草采集管理动员部署会议，对各工作组责任任务分工进行明确，对虫草采集管理相关工作进行安排部署。分别召开乡各村“三委”班子会议、各工商户会议、各施工队负责人会议、重点人员会议，就虫草采集期间的各项规定和纪律进行了再要求、再明确，分别签订了管理责任书，规范各类人员在虫草采集期间的管理工作。研究制定并下发《扎拉乡虫草采集管理工作方案》《扎拉乡虫草采集管理临时党支部工作方案》《扎拉乡虫草采集管理临时联户体建设工作方案》，各虫草采集管理片区、工作组严格按照县、乡各项方案要求，切实抓好工作落实。一是完善各类信息台账。各工作组进驻后，对辖区采集群众的各类信息进行仔细统计，对帐篷进行统一编号，制定若干工作台账，规范各项工作运转。二是建立完善“两个平台”。进点后，各工作组根据各自实际，分别召开党员大会和群众代表大会，成立临时党支部、党小组和联户体，民主推选临时党支部、党小组和联户体成员，明确工作职责，制定工作措施，确保工作落实。全乡各采集点共成立临时党支部9个、党小组9个、联户体43个，将全乡5447名采集群众和507名党员采集群众纳入管理当中。

【工作荣誉】 集体 扎拉乡被评为虫草采集工作先进乡镇一等奖及自治区级、地区级、县级先进双联户。

个人 边巴卓玛被评为县级优秀党员；雷星被评为自治区优秀驻寺干部；格桑措姆被评为自治区优秀驻寺干部；索朗被评为地区优秀驻寺干部；旦增加措被评为地区优秀驻寺干部；贡嘎曲旦被评为优秀公安；索南贡萨被评为优秀村警；旦增欧珠被评为优秀村警；格桑达瓦被评为优秀村警。

香曲乡

【乡情概况】 “香曲”意为“下沟、水的下方”。位于北纬31° 29′，东经93° 47′，地处比如县东郊，属怒江上游流域，距比如县城18公里，是全县唯一一个不沿国道和省道的乡。在1988年撤公社改为乡级行政单位，乡政府所在地建立在香曲乡吉瓦村附近，所以沿用香曲乡这一名字到至今，故现在称为香曲乡。其辖区内共计丁嘎、日新、培巴、色雄、色空、贡许、仲耐、央巴、贺塔、旺宗、旺耐、亚扎、那热、邦切、达加、吉瓦、亚东、嘎当、玛热、努玛21个村民委员会和龙姆、恰如2个自然村；辖区总人口为6409人，其中搬迁户人数为2584人，搬迁至比如县城2503人，搬迁至那曲地区的52人，搬迁至拉萨29人。辖区总面积816平方公里；全年生产总值达 10633万元，同比增长15%，人均收入达到 16590.73元，同比增长21 %。

【经济发展】 高效牧草种植 2016年按照县委、县政府的要求，在我乡全乡范围内种植了高效牧草，进一步扩大广大农牧民的经济收入，到2016年，香曲乡辖区内21个行政村，共计种植1600亩高效牧草，实现经济收入67万元。

农业发展 耕地面积4781亩，人均 0.75亩，以种植高效牧草（建设豌豆、绿叶麦）、紫花苜蓿、黑豌豆为主。

畜牧业发展 牲畜以黄牛、牦牛为主。2016年，香曲乡牲畜共计13542头（匹、只），其中牦牛12215头，黄牛803头，绵羊183只，山羊202只，马139匹。

非公经济组织发展 2016年，香曲乡共有农牧民经济合作组织10家，其中规模较大，注册商标的合作组织9家，各合作组织共计投资562.5万元，全年实现收入107.95万元，对香曲乡经济发展做了重大的贡献。

【民生和社会事业】 草补奖励机制 2016年，香曲乡按照上级部门的相关要求，认真统计各村草原、牲畜具体数据，依照法定程序发放草补奖励资金共计104.82万元。

社会保障 广大农牧民群众参加医疗保险6409人，参保率达到100%，参加养老保险3081人，参保率达到100%。发放城乡养老资金共计166.68万元，享受国家低保政策662人，发放农村低保和城市低保金33.02万元，走访慰问特困户、残疾人及优抚对象10人，发放资金26000元。发放五保户救济款及解困资金2.47万元，帮助323名困难患者落实医疗救助金2207268元。

强基惠民 第五批强基础惠民生为民办实

事资金共计落实205万元，村级卫生室医疗设备购置经费落实31.18万元，各村文化室维修费落实2.205万元，村级组织工作经费落实25.2万元，各村公路（乡道）维修资金落实14万元，各寺庙“九有”工程落实资金12.53万元，各村村干部税费改革资金落实144.39万元，各村村医、兽医补助资金落实75.6万元，各村监督委员成员生活补助资金落实81.97万元，各村科技特别派员补助资金落实25.2万元，各村护林员补助资金落实113.75万元，“五保户”“三老人员”生活补助资金落实13.71万元，计划生育“一孩双女”两项补助资金落实11.72万元。

精准扶贫　按照“八看”的识别要求，各村实际精准识别贫困户118户459人，2016年实现脱贫的42户158人中按照“九个一批”的脱贫方式，异地搬迁安排3户8人，生态岗位安排92人，产业培训24人，转移就业8人。

文化教育　认真组织各村控辍保学工作，九年义务教育覆盖率达100%。同时在学生放假期间积极提倡各村自发组织寒暑假补习班，2016年度各村开展补习班8个，约190余中小学生参与补习。香曲乡共计农家书屋24座，藏文图书3.2万册，包括音乐、美术、书法、政策宣传等书籍。乡文化站一座。丁嘎村丁嘎热巴民间舞蹈队和色雄村色雄卡尔舞蹈队各一支。为进一步促进村与村之间的文化交流，进一步加强香曲广大群众的团结意识，由乡党委政府牵头在元旦、春节、藏历新年、“3·28”、国庆等节庆期间，组织开展文化活动25场次，其中大型的活动有“香曲乡首届丁嘎热巴民间旅游艺术节”、“3·28”百万农奴解放纪念日庆祝活动，进一步丰富群众的精神文化生活，促进村与村之间、群众与干部职工之间的团结。

医疗卫生　2016年香曲乡卫生院接诊480余人次，为新生儿注射疫苗380余人次，开展卫生下村活动120次，为群众免费发放药品价值30000余元。组织村医培训65人次。乡兽防站开展牲畜疫情排查120次、14605头（只、匹），为牲畜注射疫苗15000头（只、匹）。发放疫苗587瓶（支），组织村兽医开展培训68人次。

【社会管理】 村“两委”班子、联户长的业务培训　2016年由地、县组织各村“两委”班子成员织培训2次，培训人员30余人；由本乡组织集中培训各村联户长2次，人数约248人。

宣传教育　按照县委、县政府的要求，组织各类宣传宣讲讲座627场次，解答政策和法律咨询145人次，发放宣传资料13689份（册），受教育干部、群众和僧尼达到4656人次，全乡群众参与率达90%以上。

虫草采集服务管理　共办理虫草采集证4260个，组建6个驻虫草采集点工作组和4个设卡点工作组，坚持做到零距离管控群众，零距离服务群众。2016年虫草采挖期间，未发生任何不稳定事件。

宗教领域和谐稳定　认真落实属地管理原则，严格把好各寺、各拉康（日追）佛事活动的审批关，提前对每场佛事活动进行风险评估，切实做好佛事活动现场的安全保卫工作，有力确保4座寺庙、9座拉康、1座日追的40余场佛事活动顺利有序开展。深入推进“六建”“九有”“六个一”工作，实现寺庙水、电、路、广播电视、文化书屋等全覆盖，国旗、领袖像悬挂率均达到100%。大力开展僧尼“五个意识”教育，开展宣传教育20次，受教僧尼860人次，不断提高广大僧尼爱国守法意识。

社会治安综合治理　以“12·4”全国法制宣传日及“三月综治宣传月”“三月法制宣传月”“六月平安宣传周”等活动为契机，积极组织广大农牧民群众和僧尼学习各种法律法规，进一步提高群众和僧尼法律意识，推进全乡法制化建设。深入开展“三个排查”工作，立足抓早、抓小、抓苗头，认真排查，妥善调处各类矛盾隐患，对治安混乱地区和突出治安问题，找准原因，采取有力措施进行集中整治，营造良好的治安环境。继续深化“双联户”暨网格化服务管理工作，乡“双联户”办公室认真组织、有力指导各联户长开展工作，各联户长发挥作用明显，组织联户体内群众开展环境卫生整治活动123次，学习党的政策及法律法规95场次，排查道路交通、火灾等安全隐患330余次，有效整治安全隐患12，处开展矛盾纠纷排查112次。

安全生产　按照“安全第一、预防为主、综合治理”的方针，深入开展安全生产工作，切实加强对安全生产工作的监督管理和安全隐患排查力度，有效遏制重特大事故的发生。进一步完善乡、村、寺庙安全生产工作网络，全面落实安全生产责任制，开展安全隐患排查1056次，解决道路交通安全等突出隐患38处。开展“三大节日”、虫草采挖期间安全生产专项整治活动，实现全乡安全生产形势持续稳定好转。

【维稳工作】 2016年以来，香曲乡以“三不出”、“三稳定”为目标，按照“两个只要”原则，全面落实自治区党委“维稳十项措施”，全力确保社会局势和谐稳定。成立以乡党委书记为组长的乡维稳工作领导小组，各村、各寺也分别结合各自实际，成立村支部书记（寺管会书记、主任）任组长的村、寺庙维稳工作领导小组。乡维稳办结合实际，制定切实可行的《香曲乡2016年维稳工作方案》《香曲乡2016年突发事件处置方案》《香曲乡2016年风险评估报告》进一步明确责任、细化措施。乡党委坚持每月召开维稳工作例会，科学分析社会维稳形势，及时对全乡宗教领域、重点人员管控、矛盾纠纷排查调处、安全隐患整治等方面工作进行科学全面的风险评估，针对薄弱环节作出侧重性安排部署，做到提前安排，有效预防。西藏自治区成立50周年、国庆等重要节点，各护村队、护寺队等开展维稳安保巡逻。

【党建工作】 组织学习　组织556名机关党员干部和群众党员开展集体学习活动320场次，撰写心得体会183篇，深入开展“两学一做”专题学习活动，组织各党员学习党章、党规、习近平总书记系列重要讲话以及区、地、县主要领导讲话精神等重要内容，有效强化党员干部宗旨意识，提高工作能力。

组织建设　在2015年组建的各“双联户”党小组的基础上，加强基层党组织的建设，进一步夯实党的基层基础。深入开展“提升党员队伍素质，规范基层组织建设”主题实践活动和“两学一做”专题学习活动，发动党员干部查找问题、改进问题。先进党员与后进党员结成帮扶对子23对，形成以先进带动后进、帮助后进的“传、帮、带”模式，不断提高党员队伍政治素养和品德修养。

健全党内激励关怀帮扶机制　认真贯彻落实《比如县党内帮扶资金管理和使用办法》，全面开展党内帮扶激励关怀工作。深入开展老党员慰问工作，“三大节日”“3·28”百万农民解放日等节庆期间，为老党员发放慰问金总计20000元。

【工作荣誉】 曲德寺派出所干警旦增江才被评为地区级优秀寺管会干部。曲德寺管委会宗教事务科科长尼玛卓嘎被评为自治区级优秀寺管会干部。恰如寺管委会副书记、副主任普布索朗被评为自治区级优秀驻寺干部。恰如寺管委会办公室主任赵立峰被评为地区级优秀驻寺干部。恰如寺管委会治安管理科副科长吾金旦培被评为地区级优秀驻寺干部。恰如寺管委会派出所所长边巴次仁被评为地区级优秀驻寺干部。恰如寺管委会派出所副所长旦培被评为县级优秀先进个人、地区级优秀驻寺干部。恰如寺管委会副书记、主任旦达被评为自治区级优秀驻寺干部。香曲乡派出所干警旦增平措被评为县级优秀村警。香曲乡派出所干警拉巴次仁被评为县级优秀村警。香曲乡派出所干警旦增平措被评为县级优秀村警。亚扎寺寺管委会工人吉刚被评为地区级优秀驻寺干部。秀东寺管委会干部贡珠被评为自治区级优秀驻寺干部。秀东寺管委会驻寺干警次仁坚才被地区级公安处嘉奖。

羊秀乡

【基本情况】 羊秀乡位于比如县东南部，距县城70公里，平均海拔4000余米，面积约1280平方公里，属半农半牧区，全乡有18个行政村，71个自然村；2016年年底，羊秀乡总人口7290人，1229户，全年经济总收入125903262.9元，其中副业收入72824933元，牧业收入7255200.3，手工业收入97040元，建筑业收入20000元，运输收入5814000元，商业收入7135900元，其他收入32756189.6元，牲畜存栏数28817头（只）。羊秀乡低保共计：221户，总人数697人，其中有劳力236人、无劳力337人、丧失部分劳力124人，纳入精准扶贫低保共计118户351人；A类89人、B类52人、C类556人。孤儿：10人、残疾人64人、五保户28人。60岁以上人员：60~69岁有250人、70~79岁有191人、80~89岁有58人、90岁以上11人。羊秀乡的地质灾害类型有滑坡、崩塌、泥石流、地面塌陷等。主要地质灾害隐患点分布在亚贡村、索雄村、吾雄村、奇达村、朗切村、帕荣村。

【社会管理】 维护稳定　在全年各类重要时段以及各类大型活动期间，采取多种措施维护社会局势的稳定，时刻以“维稳之弦不放松、维稳第一政治任务”的高度开展维稳工作。通过制定符合实际的工作方案、预案、风险评估等前期的指导性部署，不断强化维稳工作纪律、强化值班巡逻制度、保障人员在岗率，不断加强人员管理，加强法制教育，共召开维稳工作会议80次，参会人员达6900多人（次），受传达教育达1229多户7290多人（次）；另外，开展36次安全隐患和矛盾纠纷排查工作，排查890多户、38家商店、4处建筑施工点，消除各类安全隐患30余处，调解16个矛盾纠纷。

法制宣传教育　以“三月法制宣传月”“三月综治宣传月”“六月平安宣传周”以及“9·16”平安宣传日等活动为契机，深入到各村、各联户单位、农牧民家中以及各虫草采集点开展宣传教育活动，全年共开展100余场次宣传活动，动员600余人次宣讲小组成员进行宣讲，发放各类宣传材料10000余份，受教育群众达到8万余人次。

安全生产　及时调整充实乡安委会领导小组，明确安委会成员单位及个人的工作职责。积极开展各项安全隐患排查和治理工作，通过不间断的督促检查，全年未发生一起生产安全事故。成立以各联户长为主要成员的“两站、两员”的羊秀乡道路交通安全管理站。共深入安全隐患排查40次，出动干部189人次，干警40人次，车辆53辆。排查出安全隐患13起，全部解决。

“双联户”管理　羊秀乡共组织两次联户长学习培训，全乡101位村联户长参学率达到99%；于1月26日举行2015年度羊秀乡“先进双联户”创建评选表彰大会。8月24日组织驻村工作队召开2016年羊秀乡“先进双联户”创建评选及推荐申报工作动员部署会议，进一步传达学习上级相关文件精神和工作要求并安排部署了工作。

信访工作　2016年以来，以“老赖”问题深入整治教育和拖欠民工工资整治为抓手，加强对信访工作督办力度，保证信访及矛盾纠纷得到妥善解决，取得明显的成效。2016年，共接待群众来访0次，处理信访案件0起。

虫草采集管理　包乡县级领导西饶旺杰、索朗多布杰和乡党委书记加努同志，组织相关工作人员深入各采集点检查督导工作开展情况，共进行检查督导40余次。各个采集点成立临时联户单位，建立健全临时联户体相关台账。并按照羊秀乡印发的《羊秀乡2016年虫草采集管理工作总体实施方案》等规定要求，有序开展虫草采集管理各项工作。共组织群众开展宣传政策法规活动4次，参学群众1330人次。各点临时党支部、临时联户体共组织群众开展宣讲工作14次，宣讲群众5200人次。积极开展防煤气中毒、防食物中毒、防火、防盗、防雷、防自然灾害等隐患排查，共对采集点开展10余次安全隐患排查，排查出安全隐患5起，整治5起。各联户长组织联户体内的成员对采集点进行不定时巡逻，对采集点群众的IC采集证进行查验，最大限度的消除虫草采集期间外来人员越界采集、随意跟换采集点现象的发生。全乡2016年采集虫草共计6982人（本乡4969人、外乡镇2013人），共设虫草采集点23个，交通设卡点5个。

纪律检查　年初，成立以乡长、乡纪检委书记为第二责任人的检查考核小组。2016年1月至11月，对乡18个行政村及三座寺庙、各乡直单位检查督导在岗情况，按照在岗情况给予3名违规干部进行处理。乡党委、政府，各乡直单位部门干部职工上下班及值班带班，严格履行上下班打考勤，签字实名制度，确保上班期间不出现早退、迟到、脱岗、离岗等现象。每周进行一次督导检查乡财政所的工作开展情况，确保避免出现“小金库”的类似情况，查看收支明细账及有关一系列账簿，协助乡财政所做到万无一失。对全乡范围内的施工地进行排查，未出现安全隐患。全乡的食品、药品、加油站进行定期不定期排查。在虫草采挖期间，为避免出现安全隐患的发生，统一安排、统一管理，一律不准加散装油，过后一律以实名制登记制度加散装油，加强督导检查，加大管理力度，确实做到情况明，底数清。

【宗教领域工作】　严格落实寺庙目标管理责任　定期不定期督促、检查、指导寺庙管理工作，督促检查各项规章制度、利寺惠僧政策落实情况、经考评材料补缺情况并及时反映、研究、分析、处理寺庙管理工作中出现的新情况、新问题。对三座寺庙共督导45次、查出3个隐患。

工作部署和具体指导　羊秀乡把寺庙管理工作纳入到乡政府工作的整体部署和乡经济社会发展的总体规划，摆上重要议事日程，做到安排多、检查多、总结多，并定期听取寺管会的工作汇报，研究解决寺管会工作中存在的困难和问题。对寺庙工作安排部署次数达38次，工作检查26次，指导16次，工作总结4次。

僧尼教育　按照乡镇领导定点联系寺庙有关要求，羊秀乡主要领导深入各自定点联系寺庙开展法治宣传工作，共开展6次法治宣传工作。制定工作方案及课程表，并成立巡回宣讲组，主要围绕县委县政府下发宣传手册内容进行宣传，同时结合本寺庙实际，宣传寺规戒律、宗教事务条例、新旧西藏对比、寺庙四权等方面的内容，引导僧人自觉做爱国爱教、知法守法的好僧人，自觉履行僧人的义务，自觉做到不传谣、不造谣、不参加非法乱纪活动。宣传达109次，参与僧人达504人次，其中除桑达寺三位僧人因特殊原因未能参加学习外，宣传率达到100%。

寺庙公共服务　寺庙实现领袖像、国旗、报纸、广播电视全覆盖，3座寺庙通路、通水，其中桑达寺、嘎如寺（无寺庙书屋）、萨普拉康、古宁日追未通电，使用国家发放的太阳能。实现寺庙“六建”全覆盖和驻寺干部常态化。三座寺庙的各项制度（佛事管理、文物管理、治安管理）都已上墙，按照制度履行各项职责。利用每周四僧人学习活动，宣传“两保一低”方面利寺惠僧政策，特别是对长期养病在其他地区的僧人，桑达寺寺管会领导利用休假时间探病，并宣传各项利寺惠僧政策。参加养老、医疗保险僧人达75名（桑达寺35名、申扎寺25名、嘎如寺11名、拉康、日追各2名），达到98%，参加低保达80僧人（桑达寺36名、申扎寺26名、嘎如寺13名、拉康、日追各2名），达到100%。乡党委书记加努召开专题例会，对僧尼体检进行安排部署，8月30日开始在比如县人民医院体检了30%僧人，其余的70%僧人在乡卫生院进行体检。各寺管会利用“三月综治宣传月”、每周四法治宣传学习机会，对僧人宣传评选条件、范围、时间、办法、奖励等。3座寺庙上半年评选情况分别为桑达寺、嘎如寺为地区级和谐模范寺庙，桑达寺、嘎如寺僧人为县级、地区级爱国守法先进僧尼。

政府慰问　按照《羊秀乡领导干部联系寺庙和宗教界代表人事制度》领导干部深入联系各自所定点寺庙、宗教人士，并召开专题、定期、联席会议，向寺庙（寺管会）了解财务运行、僧人学习、联户长作用发挥、干僧结对工作开展等情况，对表现好的寺管会进行慰问。对贫困、长期生病的僧人进行慰问、家访，截至目前家访次数达6次。

寺庙项目　顺利完成嘎如寺通往天葬台道路项目，受益僧人240人，项目资金24万元。嘎如寺僧舍维修项目，受益僧人13人，项目资金80万元。2015年，少数民族发展资金项目，羊秀村喇嘛朵自然村修建桥、砂石路、涵洞，受益群众561人，项目资金50万元。

驻寺干部管理 定期不定期特别通过前往三座寺庙、拉康日追进行明察暗访、电话查岗（每一个月查岗一次）等方式检查驻寺干部在岗情况。节假日、重要节点在岗率为100%，平时大多数在岗率为67%，查岗次数达28次。寺管会干部休假、事假、病假、探亲、婚假、出差等都经过乡党委书记或乡长、副书记审批后，乡宗教办备案方可离开。销假时本人到乡宗教办销假并备案。阴暗里寺管会干部内未出现擅自离岗、无故超假、逾期不返岗的现象。

【民生和社会事业】 精准扶贫　对全乡贫困户进行走访，填写比如县精准扶贫工作手册，在羊秀乡会议室召开座谈会，结合包户干部自身的实际，给生活特别困难的贫困户送去大米、白面、糌粑、菜油和冬季御寒衣物、酥油等。贫困户中筛选后确定2016年继续脱贫的贫困户63户191人建立档案，完善扶贫对象动态识别机制。主动动员和引导我乡辖区内高山边远的农户搬迁下来到县城安置，2016年共扶贫易地搬迁15户35人，脱贫12户28人。通过草场承包到户及天然草原和保护生态环境、绿化造林等一系列政策，至2016年下半年已脱贫37户6人。至2016年下半年采取教育脱贫方式已脱贫16户22人。通过社会兜底帮扶救助，到2016年下半年已脱贫20户28人。羊秀乡乡贫困户11户中11人已转移就业，现已脱贫。

教育事业 2016年秋季入学工作圆满完成，其中适龄儿童总计194人，在乡完小就读91人，在乡外就读87人。

医疗卫生 除奇达村3名村医外其他17个村都配有各村2名村医，1名兽医的，共配备37村医和18名兽医。对各村村医进行培训共3场次，人数达54人次，兽医培训2次，人数达36人次。通过培训和宣传，羊秀乡2016年参加合作医疗的农牧民群众达97%。在我乡住院分娩人数为0。各种免疫接种率达到100%。共组织4次大规模的宣传活动。

生态建设　羊秀乡申报两个自治区级生态村（羊秀村、奇达村），并于5月成立创建工作领导小组，对两村各进行不少于10次的实地指导，帮助两村制定《环保村规民约》、规划村容村貌，并在两村内开展环境大整治，确保申报工作取得实效。

防抗灾工作 制定《羊秀乡2016年今冬明春防抗灾工作实施方案》《羊秀乡2016年防抗灾工作应急预案》，先后召开三次防抗灾工作安排部署会，并实地督导各村防抗灾筹备情况达48余次。全力以赴完成2016年底统计工作：成立以乡党委副书记、乡长储从飞为组长，分管副乡长为副组长的工作领导小组，制定《羊秀乡2016年底统计工作实施方案》，并召开专题部署会议，就年底统计工作进行安排部署，同时乡统计工作领导小组先后10余次下村进行指导，并完成最终的汇总审定工作，确保了年底统计的真实性。

地名普查 羊秀乡紧密联系比如县第二次全国地名普查办公室，为其提供辖区内各类地名基本信息2000余条，地名信息翔实准确。地名普查工作于10月经过自治区全国第二次地名普查办公室的验收。

草原生态保护补助奖励机制　成立乡级领导小组1个，10人；村级领导小组18个，90人。制定《羊秀乡建立草原生态保护补助奖励机制2016年度实施方案》《羊秀乡草原生态保护补助奖励机制工作考评办法》《羊秀乡实施草原生态保护补助奖励机制工作信息上报制度和公示制度》等方案和办法，细化了步骤。充分发挥创先争优强基础惠民生驻村工作队的作用，全面做好草原生态保护奖励机制工作新政策宣传工作。共进行大小宣讲会议52次，发放宣传单1000余份。发动各村驻村工作队、各村两委班子成员及各联户长，通过走村入户的形式开展了牲畜清点工作，2016年底牲畜存栏2.8万头（只、匹），折合绵羊单位合计12.86万只绵羊单位。同时结合清点的数据，由各联户长做担保各牧户确认签字画押后，将牲畜清点原始凭证由专人保管保存。认真审核数据，确保表格数据准确无误。在10月下旬对表格数据进行逐一审核，确保数据的准确性；再次对各项资料进行查漏补缺、整理成册，草补工作以顺利通过地、县两级验收。

牲畜疫苗接种 为确保农牧民群众的牲畜能够安全度过春季和秋季传病多发期，羊秀乡农牧业科技服务中心对全乡范围内的牲畜进行春季和秋季牲畜口蹄疫疫苗接种工作，逐户调查摸底，注射疫苗，清点牲畜、登记存栏数、疫苗数。在牲畜疫苗接种过程中，各村驻村工作队全程参与，及时了解驻地群众所饲养牲畜的健康状况和饲料供给状况。开展的牲畜疫苗免费注射工作，对全乡1229户农牧民群众28817头牲畜进行了全覆盖、无死角的疫苗注射工作。做到了村不漏户、户不漏畜，确保牲畜防疫率达到100%。

宅基地确权登记发证 羊秀乡国土所严格按照“一户一证”政策，以户口本为准，出现一户有两证或多的只发一证，层层把好质量关。县国土局共下发808本，其中已发放745本集体土地使用证，权利变更182本（原名错误、原名已去世），剩余63户其中17户为“一户两证”，无法提供材料3户，户主名字无法核实的43户，群众集体土地使用证领取程序为本人提交身份证、户主户口复印件，乡工作人员进行资料再审核、现场再核对，确保不发纠纷证，不留后遗症。应根据县国土局的要求将本次发证的材料整理归档，上交县国土局。

群众建房的审批 截至2016年11月，羊秀乡共计上报建房7户，对不符合申报条件的告知申请人重新选择地块。在审核过程中，“村两委”及驻村工作队做到选址定点到场，放线施工到场，竣工验收到场，严守耕地红线。

【党建工作】 全面落实基层党建各项工作任务 年初成立党建工作领导小组，召开党委会,专题研究党建工作,制定《羊秀乡2016年度基层党建工作计划》，并召开各支部负责人大会,安排部署全年目标任务,落实具体的工作要求和措施，层层签订基层党建工作目标责任书。乡党委组织召开专题会议11场，签订目标责任书23份，形成考核报告3份。开展“提升党员队伍素质规范基层组织建设”主题活动。乡党委针对党员队伍和基层党组织中存在的一系列问题，制定党员户门牌，在农牧民党员家中悬挂，切实增强党员的存在感，让党员感到同群众不一样，促使党员更好的履行党员的义务、服务群众，共计发放党员户门牌234面；开展“结对互帮”活动，实行“一对一”“一对多”的互帮模式，及时撰写结对互帮报告，制定党员干部民情民意日志75本，由乡党委每个月对民情民意日志进行一次查看，对日志上记录的进行核实，对切实办事解难事的党员干部予以表彰，对不做事的党员干部予以批评；对农牧民办事、办证等流程归纳成12项流程图，制定成手册，在全乡群众中发放，共计发放手册1211册；开展党员干部“承诺、践诺、评诺”活动，分别在乡政府以及各基层党组织中设立公示栏，共计24面。对全乡220余名无职党员设岗定责。虫草采集期间，成立了临时党支部，并由乡政府、派出所、卫生院、驻村工作队共计16人在该村成立留守人员党支部。切实加强基层服务型党组织建设，制定《羊秀乡在职党员到村报到“服务基层、服务群众”活动实施方案》，并本着组织安排与自愿服务相结合的原则进行报到。同时为确保活动的深入开展，根据实际制定在职党员到村服务记录卡、在职党员村报到登记表、在职党员到村报到情况统计表、在职党员基本情况登记表，乡党委不定时对其进行抽查，对表现好的同志提出表扬，对思想不重视，工作不认真的同志提出批评。制订《羊秀乡2016年度党员发展工作的年度计划》，并结合在党委自查中出现的问题，对入党程序作进一步的规范，在发展党员中坚持做到五个“严把”，即严把“教育关”“考察关”“发展关”“转正关”“质量关”；对党员资料填写不规范以及党员档案不全的问题进行及时整改，对党员资料档案进行规范补全，并指派党务人员指导各申请人认真填写入党材料，从根本上解决党员档案不规范且不全的问题；加大支部党员发展督促力度，确保支部每年都有一定群众加入中国共产党；充分发挥“微型党校”作用，经常性的对农牧民党员进行集中培训，确保本乡党员队伍素质得到明显提升，共开展集中培训11场次，培训党员达400余人；加大妇女党员和35岁以下年轻党员的发展力度，同时加大对积极分子的培养，在2016年“七一”前后共计发展牧民党员18名，其中妇女党员有7名，35岁以下16名，发展入党积极分子40余名。

【强基惠民】 惠民政策落实　惠民政策是否惠及民生，乡党委、政府主要领导亲自深入各村进行督促检查，查看落实情况，督查各项低保、五保、寿星老人、老党员、老干部等补助资金有无落到实处；安居工程项目分配是否合情合理；村运转经费是否做到专款专用，是否按照要求公开透明，并着重对各村项目进行验收检查，在第一时间把各项惠民政策以及惠民资金项目落到了实处。

深化感恩教育　组织宣讲组深入各村组织群众召开学习会议，认真传达学习中共十八届三中、四中、五中、六中全会及中央第六次西藏工作座谈会，习近平总书记系列重要讲话精神等各级重要会议精神和党政主要领导的重要指示、批示精神。同时，深入每家每户，深入宣传党的各项强农惠农政策，扎实开展新旧对比活动，让村“两委”班子组织群众开展“两学一做”学习教育活动，大力宣传了与经济社会发展、农村改革发展密切相关的法律法规及政策。村“两委”班子组织群众观看红色电影、新旧西藏对比影片。

建强基层组织　按照“五个培养”要求共发展73名党员。鼓励村两委班子多培养党员，建强基层组织，协助村里建立健全了“三会一课”制度、党员活动日制度、党员教育培训制度、发展党员制度、村务公开和民主管理制度、村干部管理监督制度等各项制度。按照“十有”标准，完善内部设施，加强硬件建设。村“两委”班子及驻村工作队组织本村的党员陆陆续续开展为期3天的党员干部培训班。

促进增收致富　积极协调项目单位和施工单位，引导群众劳务输出，从而增加群众的劳务输出收入；多方走访调研，深入了解村情、民情，找出群众增收和发展路子，召开村民代表大会，以“村”为单位，群众自愿入股的方式，创办比如特色产业为主的经济合作社，建立合作社体制机制，办理相关手续，民主选举确定合作社的相关管理人员，明确各项工作职责和今后发展目标。

人居环境建设　认真制定羊秀乡的人居环境建设和环境综合整治项目、实施方案，吾雄村、赤塔村、久隆村、奇达村、帕荣村，每村人居环境建设项目经费均是62.27万元，4个村全面完成人居环境建设。

【经济与社会发展】 高效牧草　羊秀乡开展高效牧草种植工作。全乡2016年共计种植高效牧草面积800余亩，出售132358.5公斤。促进群众增收达65万余元。

基本草原划定　调整充实，召开基本草原划定宣传会19场次，入户宣传达143人次。全乡共计天然草原555万余亩（含禁牧5万亩），可利用草原178万余亩。

【项目建设】 9月启动城乡经济开发建设工作以来，召集有投资意向村、寺以及工程施工单位初定方案、核定低价、划定地块等方面工作均完成。工程施工将于2017年3月正式启动，力争明年工期内全部完成。

【惠民资金】 农村城乡低保生活保障

2016年共有 1037059.32元、五保户供养经费今年共有23700元、村干部误工补贴（村干部基本报酬及业绩考核）受益对象92人，共计1360180元、村级组织工作经费涉及18个行政村6293人、三老人员生活补助受益对象老干部5人，老党员12人，共计106380元。寿星老人补贴受益对象49人，共计16500元。村医、防疫员待遇政策受益对象55人，共计660000元。种粮农民直接补贴2736.65亩，共计30111.6元。退耕还林还草工程补助受益对象8人，共计9586.8元。2015年、2016年，草原生态保护补助奖励共计2552898.44。野生动物肇事补偿受益对象106人，共计65637元。强基惠民活动办实事经费183万元，2015年下半年、2016年上半年60岁以上老人共525人，共计879564元。2015年、16年“双联户”联户长共109人，共计322000元，搬迁户联络员共22人，共44000元。2015年、2016年民管会补助共44人，共66480元，一孩双女困难家庭奖励直接有银行兑现，已落实。残疾人补助共103人，共66300元，经济困难老人两项补贴共56人，共33600元，科技特派员共36人，共216000元，农牧民住院报销共533人，共2813104元，以上资金已全部兑现。

【基础设施】 2016年8月，乡党委、政府投入7.5万元资金，对乡便民服务中心进行扩建。同时购买办公设备投入资金2250元，更好的方便群众、服务群众。

白嘎乡

【乡情概况】 白嘎乡始建于1960年，1969年改公社，1980年复核乡，1988年撤区并乡扩大范围。白嘎乡藏语意为地形像莲花而起名，地处比如县东南部，为比如县东大门，怒江之流杰曲河岸，G558贯穿东西，距县城约78公里，东邻昌都边坝县，北与索县接壤。白嘎乡境内风景秀丽，其所辖的那若沟风景古朴、人文淳朴、自然状况以及人文景观尤为秀丽。平均海拔4010米，总面积约为1400平方公里，耕地面积约为6559.7亩，属半农半牧半林业乡，地势以低山丘陵为主，属高原亚寒带半湿润气候区。每年10日至次年5月为霜冻期，全乡共有23个行政村、89个自然村，现任村“两委”班子136人，共有农牧民党员353名、党员干部128名。

【民生和社会事业】 *惠民政策* 为贯彻落实好“应保尽保、应退则退”的原则，按照上级要求，全年共开展排查工作2次，乡民生办以政府红头文件形式下发至各村，强化了对户数、人数以及农村低保审批等条件核实，对全乡共334户1134人进行了一一排查，确定266户990人进入“两项衔接”政策,落实农村低保生活保障金1374473.79元。全乡53户五保对象进行排查，全力解决群众呼声大的问题，经过两轮排查后，排查出不符合条件的5户、已死亡6户，对于符合纳入五保户条件的36户进行教育引导，争取按照“双集中”政策，进行集中供养，有6户对象已进入集中供养。推进养老保险工作，对全乡16岁~59岁人员进行一一核实统计，2016年上缴3926人296100元，并通过进村入户与驻村工作队联合开展政策宣传，积极争取全乡参保率达100%。新农合工作稳步推进，2016年共自愿上交个人自筹资金达8253人165860元，参保率达100%。

拓宽发展思路 按照县上要求，从发展自身优势出发，改变农牧民虫草收入单一形式，严格抓好乡2197.81亩高效牧草种植，结合地理环境和气候，及时选定在558国道沿路18个行政村1222户进行分配，受益人员达6909人，县领导及乡领导多次深入实地查看，牧草长势很

好，进一步为农牧民发展提供基础，切实通过种植高效牧草拓宽农牧民群众增收渠道。

加大技能培训　2016年，白嘎乡共派出12名人员参与上级培训工程，增强农牧民群众技能，包括汽车驾驶、厨师、挖掘机、装载机等技能培训，提高了培训人员的技能水平，增强了致富能力。安排1名贫困退伍军人前去地区培训，积极促进县乡两级安置退伍无业人员。

脱贫攻坚　乡党委政府及时把扶贫开发工作作为头等大事来抓，专门成立扶贫攻坚指挥部和办事机构，开展摸底排查工作达4次，“回头看”工作进行2次，实现村村排查到位、户户排查到位。全乡共确定贫困户266户990人。同时，在排查过程中，认真寻找贫困原因，找准贫根，按照“一户一策”“一户一法”建立档案，制定脱贫措施。按照要求，干部进行联村包户，副县级和正科级干部一人2户、副科级和一般干部1人1户，责任到人。帮助贫困户寻找致富问路，提出解决贫困的办法和措施。在2016年底全乡共脱贫55户189人，易地搬迁16户56人。

【项目建设】2016年全乡共完成职工周转房建设64套，解决干部职工用房难的问题；11月底，白嘎乡综合服务楼全面竣工，总面积达1822.3平方米，总投资720万，已投入使用。同时，建成5000平方米的白嘎公园，在11月全面竣工，并投入使用；2016年底，2325.64平方米的扶贫宾馆主体完工；乡中心医院完成总工程量的70%；强达尼寺敬老院全面完工，总建筑面积2399平方米、投资600万元，强达尼寺僧尼安置房50套4522平方米、总投资1459万元；白嘎乡新区建设总投资7000余万元，正在建设之中。

【社会管理】法制宣讲　3月份，及时召开“三月法制宣传月”活动动员大会，把全乡各领域划分为7个片区，组成由各科室领导和骨干人员为专区片组、乡党政主要领导为巡回督导组共8个小组，通过大力宣传、张贴标语等形式，营造人人知晓、人人关心、人人支持、人人参与的浓厚氛围。宣讲组责任片区涵盖全乡23个行政村、6座寺庙及外来经商人员216户、乡直各单位及企业单位5家，做到了法制宣传人人参与。法制宣传月活动期间，共发放宣传单842份，填写日志本共33本，宣传场次达93场次，参学人员达10165人次，上报专题简报信息共31期，撰写心得体会达313份。并由乡综治办牵头，组成巡回宣讲组，深入各村进行法制巡回宣讲；从3月16日至25日，深入各村级进行宣讲；3月26日至30日，深入到各寺庙进行相关爱国爱教等法制宣传和白嘎乡中心小学进行青少年相关法制教育，每个点综治宣传均达2次以上，参学人员多达2200余人次。紧紧围绕综治、宣传的基本要求，开展“六月综治宣传周”活动。工作人员分成4个小组，划分区域在辖区人口密集地方，面对面向群众进行法制教育，解答有关法律咨询，发放宣传资料，悬挂宣传横幅，营造气势宏大的宣传氛围，取得了良好宣传效果，宣传场次有12场次参学人员达609人次。测评调查问卷。县综治办牵头，以抽样方式，印发218份调查问卷，问卷内容涵盖16个方面，经统计后人们对现有的社会治安、生活满意度都达92%以上。通过开展法制宣传，进一步提高全乡人民法制意识。

“双联户”划分组建　全乡23个行政村、6座寺庙、290户商户、5家乡直单位，联保单位共190个联户体9071人；建立全乡各“双联户”联户体档案。

维护稳定　为确保社会局势持续稳定，与所辖的23个行政村、各类经商户、乡直单位、寺管会一一签订《社会治安综合治理目标管理责任书》《比如县人民政府冬虫夏草采集管理暂行办法》《2016年白嘎乡采挖虫草管理目标责任书》等各类责任书，发挥“点到线、线到面”的效应。责任书签订率达100%。

安全生产　按照“党政同责，一岗双责”的要求，乡党委政府联合乡派出所及其他乡直各单位，实施对食品药品、施工作业场所、加油站等处进行严格排查，共出动警力210人次，出动车辆95台次，出动干部工作人员433人次，经排查，发现本乡人员密集场所易燃易爆物品存放处存在一定的火灾安全隐患，全年排查食品药品中，共收缴不合格、过期食品、伪劣产品多达11.76吨，价值16.51万余元。同时，向广大农牧民群众讲解如何规范、合理、科学地存放易燃易爆物品等相关知识，对道路安全存在的隐患，乡派出所设置行车警示，乡政府组织村民对道路进行维修。

社会治安　对建筑施工、青少年犯罪预防、学校周边安全生产进行排查，排查次数17次，接触问题13条，法制宣传1000余场次，宣传包括三、六、九月宣传、重点人员宣传、流散僧尼宣传等多方面宣讲，解决各类矛盾纠纷13起，为农民工解决工资300余万。为加强管理流散僧尼确保安全稳定，乡维稳办及时与各单位、各寺、各村签订维稳目标责任书，制定相关措施，切实做到加强管理。在2016年内乡党委、政府高度重视，密切关注、高度警惕下，共排查大小纠纷13起，均已妥当解决。加大力度开展安全生产学习、宣传，利用多种宣传形式，不间断的宣传安全生产的重要性，发放安全生产宣传材料200余册。2016年，进行安全隐患排查67次，食品药品排查12次，建筑领域排查29次，道路隐患排查35次，消除安全隐患37处。

市政建设　乡党委、政府就老城区改造工程专门召开4次专题会议讨论研究。前期摸排准备工作进行2次。集中召开教育会8场次。为保证宣传上到位，做细、做深群众教育工作，专门深入户中宣传教育达61户，宣传覆盖率达100%，确实做到涉拆户宣传教育家喻户晓、人人皆知，赢得群众的支持和理解。5月中旬，划地补偿达41户7718平方米已全部完成划拨。按照5月3日陈刚委员的指示，老城区市政路面改扩建工程正在有序进行，并且5个纵路工程量完成进度约达三分之一。

民宗工作　按照属地管理原则，加强对驻寺干部管理，经常性深入寺中开展检查，对寺庙日志以及驻寺干部开展“六个一”活动深入督导。依法加强寺庙“四权”管理工作，进一步巩固工作成果，对寺庙僧尼再次排查，确保寺庙规范工作长效化。全年乡党政一把手深入寺庙督导工作达16次，全乡6座寺庙全覆盖。认真全面统计寺庙标志性建筑物（佛塔、寺庙场所、玛尼石等）并登记造册。23场各项惯例性佛事活动顺利举行，满足广大信教群众的宗教信仰需求。同时对从事宗教活动人员进行再次排查并建立个人档案。乡宗教办负责深入各寺庙排查安全隐患共3人次。

虫草采集管理　在5月初，乡党委政府及时安排部署虫草采集管理各项工作，并专门成立乡虫草办，制定虫草采集管理工作方案，组成6个驻点工作组、4个交通设卡组，成立虫草采集点临时党支部7个；全乡共为农牧民办理虫草采集证IC卡5896张；虫草办共上报专题简报22期，采集点开展“两学一做”集中学习教育13场次390人，临时党支部开展宣传7次，发放宣传单356份；虫草采集期间对558国道沿路巡。开展巡诊、义诊活动7场次，332人就医就诊，巡诊里程达310余公里，发放健康宣传册137份，期间免费送药6100元。

精神文明建设　白嘎乡党委政府把精神文明建设作为重要工作来抓。利用“3·28”文艺活动这一平台，在全乡范围内23个行政村各成立一个文艺演出队，各村文艺人数均达20人以上，乡党委政府及乡直单位联合成立文艺队1个，在庆祝百万农奴翻身纪念日之际，举行大型文艺演出，主要紧紧围绕歌颂伟大祖国好、中国共产党好、社会主义好、比如家乡美等丰富多彩的文体活动,每个演出队都表演了2个以上节目，极大地丰富干部群众的文化生活。

【换届工作】 按照县换届方案要求，悬挂横幅、标语达14条，发放宣传单达460余份，为换届选举营造了浓厚氛围。一是认真统计18周岁以上具有选举权选民，全乡共4440人，并按照选举要求提前20天对各选区选民在各选区进行了公示；二是对于提名推荐候选人，乡里专门派出工作组进行深入考察，并由乡换届领导小组进行审查，把好政审关和考察关，提前15天在选区进行公示；三是对于通过各级部门和单位政审的正式候选人，提前了7天公示。按照县人大常委会要求，为便于投票、便于集中群众的原则，每名代表所代表的群众人数大致相同的要求，将全乡划分成24个选区。于4月27日成功选举产生了44名乡级代表。全体党员大会筹备前，对全乡党员三类人员进行了统计共32人，并上报县换届办，在大会中不计入应参会人员中。4月28日，召开全体党员大会，完成了各项会议议程，大会选举了新一届党委委员。按照相关法定程序，应参加新一届人大代表大会代表共44名，县委副书记李东对会议进行现场指导，大会代表成功选举了新一届政府和人大领导班子共6人。

【党建工作】 党员队伍建设　要求广大党员加强学习、认真履职，为群众带好头；认真做好党员发展工作。在党员发展上，白嘎乡严格按照“控制总量、优化结构，提高质量，发挥作用”的十六字方针，注重从致富带头人和群团组织推荐的优秀青年中发展党员，全年新发展党员共28名，截至2016年底全乡共有481名党员，为党组织输入了新鲜血液、壮大了基层组织力量。

严格落实党建责任制　与辖区内各支部党组织签订《党建目标责任书》，定期进行检查，做到有计划、有布置,季度有小结，决不让党建工作在一片“落实”声中“落空”。

各项工作同推进同落实　白嘎乡党委高度重视党组织和党员信息库建设工作，认真落实文件精神，把建库工作列入重要议事日程，由白嘎乡党委书记亲自抓，分管领导具体抓，业务人员全力抓，抓好信息采集、审核和录入，认真完成党组织和党员信息库的建设任务。不断深化和拓展，切实体现党组织对困难党员的关心和爱护，着力解决困难党员生产、生活中的实际困难和问题，形成党内经常性、时效性的帮扶方式，增强党员的认同感、荣誉感和党组织的凝聚力、战斗力。白嘎乡党委委派乡党建办工作人员，按照扶住对象条件进行认真摸底调查,切实开展此次活动。以开展“两学一做”学习教育契机，乡党委及乡党建办专门研究部署工作，召开全乡动员会，安排部署“两学一做”学习教育实践。乡领导班子专门研究决定每周五开展一次集中学习会，专门就党章党规、系列重要讲话精神进行深入学习。同时，还专门组织党员干部观看习近平总书记系列讲话和警示教育片，丰富学习教育载体，提高党员干部学习教育的积极性。全乡共开展专题学习会52场次，开展讨论8场次，上报相关简报信息79篇。全乡开展学习教育涵盖了各党组织。取得了很好成效。认真开展“服务心连心、行动手拉手、温暖千万家”活动。在推动这一活动时，以开展扶贫工作为抓手，党员干部全部一对一建立了联系帮扶制度，从4月底开始启动，每月28日定点到联系对象家中，帮助自己的联系对象解决实际困难，进一步密切党群关系。全年为群众办实事、做好事共达207件，党员干部为群众送去慰问礼品、现金价值2.3万余元。

【党风廉政建设】 完善制度　乡纪委结合乡里实际及工作需要，对全乡各项廉政制度进行完善，切实保证有据可依，用制度规范言行，用制度管人管事，努力促进白嘎乡廉洁体系的建立完善。进一步建立完善各项规章制度，逐步形成一套长效管理机制。通过制度约束，促使党员干部在工作中做到“一切按制度办，一切按程序走”。

组织领导　按照建立健全惩治和反腐败体系实施意见要求，及时调整和充实党风廉政建设领导小组，由乡党委书记为组长，乡党委副书记、乡长为副组长，其他班子成员任成员的领导小组，负责对全乡党风廉政建设和反腐败工作进行有计划地组织、领导、监督和实施。

督导检查　将廉政制度规定要求纳入乡党委政府学习的主要内容，坚持定期开展廉政谈话，半年和年终开展一次廉政总结分析会，找问题，查原因，添措施；坚持半年和年终开展一次民主生活会，听取干部职工对党风廉政建设工作的考评和建议，重视加强对党员干部的监督。自觉遵守各项廉政规定，做到无违纪违规违法行为。加强对广大干部职工自律自励监督，自觉遵守各项廉政纪律，做到无违纪行为，坚决杜绝“四风”问题。2016年4月、9月，在广大干部职工中开展了一次廉政谈话，广泛听取了意见和建议。同时多次安排纪委牵头联合各科室，深入村居一线开展督导检查工作，在各个重要节点，对各个单位、各村居落实值班带班工作进行督导检查，对学校周围安全生产工作进行督导检查。同时在各节假日、节庆日，以“随机抽查、现场点名”方式，对人员在岗在位情况进行督导，以走访谈话形式，对公车私用情况以及收受红包等进行督导检查，2016年白嘎乡未发生干部违纪违规行为。

【工作荣誉】 白嘎乡强达尼寺管委会主任拉珠次仁被评为2016年度自治区级优秀驻寺干部。

机构和负责人

机构和负责人

中国共产党比如县委员会

地委委员、县委书记　陈刚（藏族）
县委副书记、政府县长　顿珠群培（藏族，9月离职）
县委副书记、政府县长　边巴次仁（藏族，9月任职）
县委常务副书记　徐真民（援藏，7月离职）
县委常务副书记　盛　悠（援藏，7月任职）
县委副书记、县人大常委会主任　江英（藏族）
县委副书记　李　东（7月离职）
县委常委、武装部政委　王国良
县委常委、常务副县长　朱如华（援藏，7月离职）
县委常委、常务副县长　徐丽东（援藏，7月任职）
县委常委、常务副县长　普布次旦（藏族，12月离职）
县委常委、组织部部长　格桑旺姆（藏族，12月离职）
县委常委、宣传部部长　周战平（7月离职）
县委常委、统战部部长　旦　达（藏族，7月离职）
县委常委、组织部部长　罗布旺秋（藏族，12月任职）
县委常委、纪委书记　李兴林
县委常委、白嘎乡党委书记　扎西维色（藏族，9月任职）
县委常委、比如镇党委书记　孔祥飞（9月任职）
县委常委、政法委书记、公安局党委书记、局长　觉阿次仁（藏族，9月任职）
县委常委、统战部部长　旦增旺加（藏族，9月任职）
县委常委、副县长　杨复洪（7月任职）
县委常委、宣传部部长、副县长　张俊（7月任职）

中国共产党比如县委员会办公室

县委办主任　李　平
县委办副主任　赵庆明
　　　　　　　群旦次成

比如县人民政府

县委副书记、县长　顿珠群培（藏族，9月离职）
县委副书记、县长　边巴次仁（藏族，9月任职）
县委常委、常务副县长　朱如华
县委常委、常务副县长　徐丽东
县委常委、常务副县长　普布次旦
县委常委、宣传部部长、副县长　张俊
县委常委、副县长　杨复洪

副县长　杰嘎（藏族，1月离职）
副县长　尼玛次仁（藏族，1月任职）
副县长　土登格列（藏族，4月离职）
副县长　扎西平措（藏族，4月任职）
副县长　王建国（7月离职）
副县长　李建军
副县长　普布珠久（藏族）
副县长　德吉卓玛（藏族）

比如县人民政府办公室

政府办主任　朱文兵
政府办副主任　罗桑平措
张晓军

比如县人大常委会

县委副书记、县人大常委会主任　江英（藏族）
县人大常委会副主任　布巧（藏族，2013年5月—2016年1月，退休）
县人大常委会副主任　陈朋占（2011年5月—2016年5月，离职）
县人大常委会副主任　扎西维色（藏族，2015年2月—2016年4月，离职）
县人大常委会副主任　德琼（藏，2015年8月—至今在职）
县人大常委会副主任　吴道华（汉族，4月任职）
县人大常委会副主任　扎西尼玛（藏族，4月任职）
县人大常委会副主任　拉珠次仁（藏族，4月任职）

比如县人大常委会办公室

办公室主任　何晓娟（汉族，2015年9月至今）
办公室副主任　索朗珠杰（藏族，2015年9月—2016年4月）
办公室副主任　琼拉（藏族，2016年4月至今）

政协比如县委员会

政协主席　边巴次仁（藏族，9月离职）
政协主席　索朗达瓦（藏族，9月任职）
政协副主席　日旺·贡觉旦增（活佛）
政协副主席　达布·朗杰旺久（活佛）
政协副主席　扎西索朗（藏族）
政协副主席　塔曲仁青（藏族）
政协副主席　洛桑旦增（藏族）

政协比如县委员会办公室

主　任　巴桑旺堆（藏族，2016年4月离职）
主　任　扎西罗布（藏族，2016年4月至今）
副主任　黄晓珊（汉族，2016年4月至今）

中共比如县纪委（监察局）

县委常委、纪委书记　李兴林（汉族，2015年1月至今）
纪委副书记、监察局局长　李红彬（汉族，2015年9月至今）
纪委副书记（主任科员）　王小进（汉族，2015年9月至今）
监察局副局长　罗布次仁（藏族，2015年9月至今）
监察局副局长　次仁普赤（藏族，2016年4月至今）

中共比如县组织部

县委常委、组织部部长　格桑旺姆
组织部副部长、编办主任　吴道华（4月离职）

组织部副部长　张保扩
老干局局长　达吾
事业登记管理局局长　次旦央宗
电子政务中心主任　付雪梅

比如县强基办

县委常委、组织部部长强基办主任　格桑旺姆（藏族，12月离职）
县委常委、组织部部长强基办主任　罗布旺秋（2016年12月任职）
香曲乡副乡长、强基办副主任　田红仓

中共比如县委宣传部

县委常委、宣传部部长　周战平（2014年9月—2016年5月）
县委常委、政府副县长　王建国（2016年6月—7月主持宣传部工作）
县委常委、宣传部部长、政府副县长　张俊（2016年7月任职）
宣传部副部长　达珍（2015年8月任职）

中共比如县委统战部

县委常委、统战部部长、工商联党组书记、宗教领导小组副组长　旦增旺加（2016年7月任职）
统战部副部长　扎西达杰（2015年9月任职）
达　瓦（2016年3月任职）
县工商联主席　次旺（2015年9月任职）
副主席　查思（2016年4月任职）
县宗教办主任　杨清地（2015年9月任职）
副主任　拉巴卓玛（2015年9月任职）

中共比如县政法委

县委常委、政法委书记、公安局局长
觉阿次仁
政法委副书记、综治办主任　格桑巴珠
综治办副主任　孙成林

县信访局

局　长　索朗曲扎（2015年4月—2016年4月）
局　长　贡曲顿珠（2016年4月任职）

县民族宗教事务所

县政协副主席、民宗局局长　洛桑旦增
县民宗局副局长（正科）　贡觉扎西
县民宗局副局长　格桑拉姆
县民宗局副局长　龚建国

县档案馆

县档案馆馆长　多　琼
县档案馆副馆长　次仁拉姆

县机关后勤服务中心

主　任　李瑞番
副主任　扎西卓玛

县工会

主席 扎桑（2015年5月任职）

县团委

书记　地吉央宗（2015年9月任职）

县妇联

主席塔吉（2013年1月至今）

县人民武装部

政　　委　王国良
部　　长　杨　豹
副 部 长　杨兴明
政工科长　袁永勇

中国人民武装警察部队比如县中队

队　长　宋　超
指导员　雷轩进

县消防大队

队　长　龙永平

县公安局

比如县县委常委、政法委书记、公安局党委书记　拉巴坚赞（藏族，4月离职）
比如县县委常委、政法委书记、公安局局长　觉阿次仁（藏族）
比如县公安局党委副书记、政委　格　布（藏族，1月5日离职）
比如县公安局党委书记、政委　洛桑顿珠
比如县公安局党委委员、副政委　杨　刚
比如县公安局党委委员、副局长　陈建威
比如县公安局党委委员、副局长　边巴罗布
比如县公安局党委委员、国保大队长　次旺顿珠

县检察院

党组书记、检察长　西饶旺杰（2015年4月任职）
党组成员、副检察长　王彬礼（援藏）
党组成员、副检察长　侯伟泼（汉，2015年9月任职）

县人民法院

党组书记、院长　索朗多布杰（2015年9月）
党组副书记、副院长　白淋绯（2015年4月至今）
党组成员、正科级审判员　陈亚梅（2012年10月—2016年12月退休）
党组成员、办公室主任　贾丽（2012年10月—2016年9月）
装备科科长　吴苏琳（2016年4月至今）
立案庭庭长　吾金拉姆（2015年4月—2016年4月）
立案庭庭长　仁青拉姆（2016年4月至今）
党组成员、副院长　格桑罗布（2016年4月至今）
民事审判庭庭长　次仁拉姆（2015年9月至今）
审监庭庭长　仁增卓玛（2015年9月至今）
执行局局长　多吉旺堆（2016年4月至今）
刑事审判庭庭长　张欣（2015年4月至今）
法警队队长　次旦欧珠（2015年9月至今）
行政审判庭庭长　付玉波（2016年4—7月）

县司法局

局　长　索朗杰布（2015年9月至今）
副局长　党 辉 生（汉族，2015年1月至今）

县发展和改革委员会

主　任　杨晓庆（藏族，2015年4月—2016年5月）
副主任　达　瓦（2016年5月至今）
粮食局局长　张明星

县工商行政管理局

局　长　格桑达瓦
副局长　江拥多杰

县统计局

局　长　周仁梅（汉，2014年11月至今）

副局长　白玛拉（2014年1月至今）

县食品药品监督管理局

县食药监局局长　赵文伟

县食药监局副局长　旦增白珍

卓嘎拉姆

县人力资源和社会保障局

局　长　同珠卓玛

副局长　杨世明

强久次仁

县民政局

局　长　故桑（藏族）

副局长　达嘎措姆

王顺羽

县财政局

局　长　卓玛拉宗

副局长　普　琼

次仁巴吉

县国税局

局　长　扎西罗布

纪检专员　任晓珍

农业银行比如县支行

行　长　丁超

副行长　普赤

罗布旺加

县农牧局

局　长　葛超（汉，2015年8月至今）

农牧局副局长　德庆卓嘎（2014年1月至今）

科协负责人　扎西措姆（2015年1月至今）

县农牧业科技服务站

站　长　巴桑次仁（藏族，2015年9月至今）

县扶贫办

主　任　边　曲（藏族，2015年9月至今）

副主任　王　刚（汉，2015年5月至今）

县林业局

局　长　扎西平措（藏族，2015年6月至今）

副局长　次　央（藏族，2016年5月离职）

副局长　袁少文（汉，2016年5月1日任职）

森林公安政委　贡觉云旦（藏族，2016年5月1日任职）

县水利局

局　长　雷　吉（藏族）

副局长　索朗顿珠

县气象局

局　长　梁　科（2016年7月离职）

局　长　洛松次仁（2016年7月任职）

副局长　晓　红（2016年4月任职）

国土局

局　长　才旺扎巴（藏族）

副局长　周晓辉

广电局

局　长　卢荣义（藏族）
副局长　次　央（藏族）

环保局

局　长　扎西次仁（2015年9月—2016年5月）
局　长　胡燕飞（2016年5月至今）
副局长　吴蕴慧

文化局

局　长　次仁吉央（藏族）
副局长　次仁曲增（藏族）

住建局

局　长　徐超
副局长　叶国栋（援藏，6月离职）
　　　　丽满峰（援藏，7任职）
　　　　扎西顿珠

卫生局

局　长　巴桑卓嘎
副局长　刘琳（援藏）

交通局

局　长　格桑朗杰（藏族）
副局长　尹耀

藏医院

院　长　同珠次仁（藏族）

商务局

局　长　江措
副局长　米玛（藏族）
　　　　次仁（藏族）
　　　　庄旭（援藏）

卫生服务中心

院　长　达　杰（7月离职）
　　　　洛桑扎西（7月任职）
副院长　达瓦加才
　　　　益　西
主　任　德庆白宗

旅游局

局　长　刘盛华
副局长　卓玛布吉

疾控中心

主　任　央金卓玛
副主任　扎西平措

安监局

局　长　边　曲（藏族）
副局长　桑　吉

邮政局

局　长　达瓦次仁

加油站

经　理　措吉

电信局

经　理　斯塔罗布

城投公司

董 事 长　土登格列
总 经 理　普布索朗
副总经理　旦增桑珠

养护段

段　长　索朗旺杰（藏族）
副段长　雷海萍
副段长　边巴多吉

编译局

局　长　色珍
副局长　尼玛珠杰

幼儿园

园　长　卓玛龙宗（藏族）

教体局

政协副主席、局长　塔曲仁青
副局长　杨周宏（浙江援藏）
　　　　旦增罗布
　　　　丁玲芳

完小

校　　长　边巴
支部书记　金珠

县中学

党支部书记　次旺多吉
校　长　索加
　　　　陈勇　（10月任职）
副校长　杨菊
　　　　卓玛

供电公司

总经理　珠松
支部书记、副经理　日卓
副经理　姚建华（援藏）
　　　　才　加
综合部主任　姜福涛（援藏）
营销部主任　王键（援藏）
运检部主任　朱小飞（援藏）

贡萨寺管委会

书　记　拉巴平措
副书记、主任　次旺罗布
副书记、副主任　次仁白峰

比如寺管委会

书记、主任　努托
副书记、副主任　加洛
副书记、副主任　普布次仁

恰如寺管委会

党组书记、主任　索朗达瓦（9月离职）
党组书记、副主任　陈朋占
党组副书记、主任　旦　达
党组副书记、副主任　普布索朗

曲德寺管委会

书记、主　任　扎西索朗（4月离职）
书记、副主任　罗布（5月任职）
副书记、主任　徐永杰（5月任职）

白嘎寺管委会

党委书记、副主任　土登格列
党委副书记、主任　桑　珠
委副书记、副主任　益西加措

比如镇

县委常委、镇党委书记　格桑益西（2月离职）
县委常委、比如镇党委书记　孔祥飞（5月任职）
比如镇党委副书记、镇长　扎西次仁（5月任职）
比如镇人大主席　卓央（5月离职）
比如镇人大主席　次仁罗培（5月任职）
比如镇党委副书记　蒋鑫（4月任职）
比如镇党委组织委员　罗追（5月任职）
比如镇纪委书记　边珍（9月任职）
比如镇人大副主席　丹增朗杰（5月任职）
比如镇副镇长　次仁桑珠（1月任职）
比如镇副镇长　罗布次仁（4月任职）
比如镇副镇长　洛桑顿珠（7月任职）
比如镇副镇长　孙舒珍（7月任职）
比如镇副镇长　寸议雷（7月任职）
农牧推广服务中心主任　达珍（2012.10任职）
比如镇文化服务中心主任　次央（小）（5月任职）
比如镇副镇长　黄晓姗（5月离职）
比如镇副镇长　王顺羽（5月离职）
比如镇副镇长　贡曲同珠（5月离职）
经济发展办公室主任　索朗巴吉（5月离职）

夏曲镇

夏曲镇党委书记　扎西尼玛
夏曲镇镇长　王　炜
人大主席　扎西顿珠
党委副书记　索朗层措
人大副主席　旦增曲宗
副镇长　扎西朗加
副镇长　洛桑江参
副镇长　边巴拉姆
副镇长　胥　杰
组织委员　次仁秋吉
纪委书记　胡盼

扎拉乡

乡党委书记　顿珠尼玛（4月26日离职）
乡党委书记　四朗绕吉（4月26日任职）
乡人大副主席　边巴卓嘎（4月26日离职）
乡人大副主席　格珍（4月26日任职）
乡政府副乡长　查思（4月26日离职）
乡政府副乡长　次仁多布杰（4月26日任职）
乡后勤服务中心主任　次仁多布杰（4月26日离职）
乡政府副乡长　杨松亚
乡派出所所长　尼玛次仁（4月26日任职）
乡派出所副所长　次仁南加（4月26日任职）
乡文化服务中心主任　米玛普赤（4月26日任职）
乡后勤服务中心主任　卓玛吉宗（4月26日任职）

恰则乡

乡党委书记　阿布次仁（藏族，2012年至今）
党委副书记、乡长　刘长雪（汉，2014年1月至今）
乡人大主席　米玛（藏族，2015年9月至今）
乡党委副书记　唐久传（男，汉，5月离职）
乡党委副书记　付玉波（男，汉，7月至今）
乡纪委书记　旦增罗布（藏族，2015年8月至今）
乡党委组织委员　才珠（藏族，4月任职）

茶曲乡

党委书记　嘎桑朗加（藏族，2015年3月至今）
党委副书记、乡长　巴杰多吉（藏族，2016年4月至今）
人大主席　黄绍凡（男，汉，2016年4月至今）

党委副书记　吴帅映（汉族，2016年4月至今）
纪委书记　索朗曲吉（藏族，2016年4月至今）
党委组织委员　旦增欧珠（藏族，2016年4月至今）
人大副主席　拉吉普尺（藏族，2016年4月至今）
副乡长　次仁巴吉（藏族，2015年9月至今）
副乡长　才　旺（藏族，2016年4月至今）
副乡长　达娃曲珍（藏族，2016年4月至今）
副乡长　李双停（汉族，2016年7月至今）
副乡长　杨盛安（汉族，2016年7月至今）
文化服务中心主任　萨珍（藏族，2016年4月至今）
后勤服务中心主任　曲吉（藏族，2016年4月至今）

香曲乡

乡党委书记　罗布（2015年12月—2017年2月）
乡党委书记　赵远（2015年12月至今）
乡人大主席　四朗绕吉（2015年8月—2016年4月）
乡人大主席　洛措（2016年4月至今）
乡党委副书记　索朗巴吉（2016年4月至今）
乡纪委书记　拉巴卓玛（2015年9月至今）
乡人大副主席　拉巴次仁（2016年4月至今）
乡党委组织委员　次旺（2016年4月至今）
副乡长　旦增赤列（2016年7月至今）
副乡长　张新康（2016年7月至今）
副乡长　次旺群宗（2016年7月至今）
副乡长　秦羽浩（2016年7月至今）
后勤办主任　贡觉旨达（2014年6月至今）
副乡长　田宏仓（2016年7月至今）
乡派出所所长　尼玛平措（2015年5月至今）
乡派出所教导员　巴桑次仁（2012年7月至今）
乡派出所副所长　罗布次仁（2016年4月至今）
片 区 主 任　洛桑群培（2014年11月至今）
片区副主任　贡巧扎西（2014年11月至今）
卫生院院长　多吉占堆（2014年3月至今）

白嘎乡

县委常委、白嘎乡党委书记　扎西维色（藏族，6月任职）
党委副书记、乡长　仁青桑珠 (藏族，1月任职)
人大主席　龙燕宁（苗，1月任职）
乡党委副书记　其美旺姆（藏族，4月任职）
纪检委书记　格桑曲达（藏族，1月任职）
组 织 委 员　拉　琼（藏族，4月任职）
人大副主席　拉　珍（藏族，4月任职）
政府副乡长　次吉罗布（藏族，4月任职）
政府副乡长　其米卓嘎（藏族，4月离职）
政府副乡长　赫川超（汉，4月离职）
政府副乡长　孙璨（汉，4月任职）
政府副乡长　泽仁俊美（藏族，4月任职）
政府副乡长　石丹成（汉，7月任职）
政府副乡长　谢小军（汉，7月任职）
文化服务中心主任　加央曲珍（藏族，4月任职）
后勤服务中心主任　尼玛穷达（藏族，4月任职）
党政综合办公主任　卓玛拉姆（藏族，1月任职）

羊秀乡

书　记　加努（藏族，2015年9月22日至今）
副书记　布布（藏族，2015年9月22日—2016年4月）
副书记　洛桑次仁（藏族，2016年4月至今）
乡长　储从飞（汉族，2015年5月10日至今）
人大主席　白洛（藏族，2015年9月—2016年4月）
人大主席　布布（藏族，2016年4月—2017年2月）
文化服务中心主任　达瓦曲珍（藏族，2014年7月–2016年4月）

文化服务中心主任　顿珠卓玛（藏族，2016年4月至今）
副乡长　色珍（藏族，2015年8月至今）
后勤班主任　巴桑旺堆（藏族，2015年1月至今）
农牧综合中心主任　索朗曲培（藏族，2015年4月至今）
副乡长　唐永贤（汉族，2015年4月至今）
组织委员　其米卓嘎（藏族，2015年1月至今）
副乡长　贺云鹏（汉族，2016年7月至今）
副乡长　王　江（汉族，2016年7月至今）
纪委书记　索朗旦曾（藏族，2015年8月至今）
人大副主席　次　宗（藏族，2016年4月至今）
副乡长　塔　杰（藏族，2014年12月至今）
卫生院院长　普桑罗布（藏族，2014年7月至今）

达塘乡

乡党委书记　青美次仁（藏族，2016年5月至今）
乡　　长　扎西平措（藏族，2016年5月至今）
人大主席　杜林峰（汉族，2015年4月至今）
乡党委副书记　余正伟（汉族，2015年9月至今）
人大副主席　达珍（藏族，2016年5月至今）
乡纪委书记　扎西达瓦（藏族，2016年5月至今）
乡组织委员　扎西同珠（藏族，2016年5月至今）
副乡长　普布仓木（藏族，2015年9月至今）
副乡长　李建平（汉族，2016年7月至今）
副乡长　江永丁巴（藏族，2014年10月至今）
副乡长　格桑丹巴（藏族，2016年6月至今）
乡后勤办主任　次央（藏族，2015年1月至今）
乡经济办主任　卓玛次仁（藏族，2015年1月至今）
文化站站长　任兴磊（汉族，2016年4月至今）

良曲乡

乡党委书记　扎西尼玛 2015年7月至今
乡党委副书记、乡长　袁武 2016年4月至今
乡人大主席　央珠（2015年7月—2017年2月）
乡党委副书记　伦珠罗布（2016年4月至今）
乡纪委书记　琼　吉（2015年9月至今）
乡人大副主席　边巴卓嘎（2016年4月任职）
乡后勤办主任　代　屹（2015年9月至今）
乡政府副乡长　吕　璐（2016年7月至今）
经济与社会发展办主任　索朗秋吉
乡政府副乡长　索朗曲扎（2016年4月至今）
乡财务所所长　卓玛布

先进名录

中共比如县委员会 比如县人民政府
表彰比如县2016年度综合考评
先进集体

各乡（镇）综合考评先进集体

达塘乡　茶曲乡　恰则乡

经济社会发展突出贡献奖

人保财险那曲分公司比如县三农服务站

农行比如县支行

比如县气象局

比如县公安消防大队

经济社会发展财税工作突出贡献奖

比如县国税局

中共比如县委员会 比如县人民政府
表彰比如县2016年度党风廉政建设
先进集体

各乡（镇）先进集体

良曲乡　达塘乡　茶曲乡

县直单位先进集体

人民法院　政法委　财政

中共比如县委员会 比如县人民政府
表彰比如县2016年度党建工作
先进乡镇党委和优秀县直党支部

先进乡（镇）党委

中共比如县良曲乡委员会　中共比如县茶曲乡委员会　中共比如县达塘乡委员会

优秀县直党支部

县委支部

中共比如县委 比如县人民政府
表彰比如县2016年度社会治安综合治理
及群防群治工作先进集体和先进个人名单

综治先进单位（3家）

检察院　安监局　民宗局

综治先进乡（镇）（3个）

扎拉乡　香曲乡　达塘乡

县直各单位综治先进个人（3人）

检察院次仁加布　安监局张守武　民宗局尼玛吉

各乡（镇）综治先进个人（13人）

比如镇派出所　达瓦次仁
夏曲镇派出所　次仁多旦
良曲乡贡萨寺　尼玛顿珠
香曲乡综治专干　李　丹
羊秀乡综治专干　吕　坤
达塘乡副乡长　江永旦巴
白嘎乡综治专干　张一凡
比如镇比如寺　王加强
良曲乡朵卡村　择　吉
茶曲乡综治办主任　旦增欧珠
香曲乡曲德寺　达瓦拉姆
恰则乡兽防站　仁增卓嘎
扎拉乡综治专干　安先国

群防群治先进集体（1个）

比如镇　色康居委会

各乡（镇）群防群治先进个人（20人）

夏曲镇扎热村　德　交　　夏曲镇娘热村　贡　加
良曲乡吉日村　尼　玛　　良曲乡帕拉村　加　达
恰则乡曲荣夺村　央　嘎　　恰则乡底吾达村　郭　阔
达塘乡优囊村　贡确加　　达塘乡卡孜庆村　斯塔次措
羊秀乡索雄村　热　嘎　　羊秀乡羊秀村　土　卡
香曲乡丁嘎村　达　杰　　香曲乡亚东村　索　江
茶曲乡日普村　阿　布　　茶曲乡拉沃村　加　达
比如镇珠德村　旦增加才　　比如镇夏尔耐村　索南达杰
扎拉乡扎拉村　嘎　热　　扎拉乡勒仲村　次仁多吉
白嘎乡叮色村　昂　增　　白嘎乡昌帕村　玛　国

中共比如县委 比如县人民政府 表彰比如县2016年度维稳工作先进个人和先进集体名单

维稳先进集体（1个）

县公安局

县直单位维稳先进个人（10人）

统战部　扎西罗布　　维稳办　孙成林
国土局　治　琼　　教育矫治中心　次仁罗布
信访局　索朗巴宗　　特警大队　格桑多布杰
图嘎警务站　侯向龙　　刑警队　平措旺堆
县公安局（驻村）　次仁扎西　　消防大队　章朴方

各乡（镇）维稳先进个人（10人）

夏曲镇　阿旺央金（镇政府科员）
良曲乡　次仁曲措（扎桑村党支部书记）
恰则乡　才旺平措（恰则乡中心小学书记）
茶曲乡　尼玛旦增（派出所副所长）

达塘乡　索朗帕加（派出所所长）
扎拉乡　尼玛次仁（派出所所长）
比如镇　次旦巴姆（比如镇事业干部）
香曲乡　多吉次仁（乡政府科员）
羊秀乡　德吉央宗（乡政府科员）
白嘎乡　巴桑次仁（派出所副所长）

各乡（镇）先进集体

良曲乡　达塘乡　茶曲乡

县直单位先进集体

人民法院　政法委　财政

中共比如县委 比如县人民政府
表彰比如县2016年度
平安单位、平安家庭、平安商户名单

平安单位（1家）

县财政局

平安寺庙（4座）

珠德寺　贡萨寺　曲德寺　桑达寺

平安卫生院（2家）

扎拉乡卫生院　良曲乡卫生院

平安学校（2家）

白嘎乡中心小学　比如县第一幼儿园

平安营区（1个）

比如县消防大队

县城平安商户（5户）

拉萨明珠茶馆　佳艺相馆　现代超市　热罗藏餐

比如县比如镇察隆村色芭农牧民特色经济合作组织

各乡（镇）平安商户（13户）

夏曲镇　同胞商店

　　　　夏曲镇5村农牧民合作社

良曲乡　嘎达村双联户奋进餐馆

恰则乡　曲荣夺水磨糌粑经济合作社

羊秀乡　花果山超市

茶曲乡　北坛商店

达塘乡　恒达商店

　　　　日喀则茶馆

白嘎乡　四川浴室

　　　　安多罗培商店

比如镇　素琼小卖部

扎拉乡　贺兰商店

香曲乡　香曲老张小卖部

各乡（镇）平安家庭（215户）

夏曲镇（26户）

镇职工次仁曲吉　边塘村白朗　玉纳村姆杰　扎勒村罗珠　扎热村次旦多杰

瓦塘村嘎路　夏曲卡居委会次多　夏曲卡居委会罗杰　改乃村扎罗

搽曲松果村格玛　勒加库村白玛玉加　热萨村热旦　色娘村班旦

勒根村扎西加才　伯托居委会索朗次吉　伯托居委会阿格　诺美尼村珠加

仲拉村玛君　布龙村玛旦　茶迁村罗杰　克玛村贡曲　热布村罗宗

永嘎勒村赤洛多吉　掩纳莫布村玛日　娘热村曲加　娘热村贡旺

良曲乡（17户）

乡政府工人次仁塔吉　萨玛村央德　帕拉村旦巴赤列　吉日村央罗

朵卡村斯南扎巴　娘达村单培　嘎达村才旺仁增　嘎达村次多

热如村南色　热如村巴增　热如村扎西次仁　栋多村索朗旺扎

提阔村热巴　格康村明吉　扎桑村布次旺　然塘村布子桑

查库勒村索朗平措

恰则乡（10户）

乡干部尼西果罗（乡人大副主席）　孔玛夺村白玛多吉　帕玛夺村随巴

曲荣夺村贡巧土杰　曲荣夺村拉玛　察隆夺村帕姆卓玛　底吾达村多杰

那村久鲁姆　那村扎西朗杰　那村央珠

羊秀乡（22户）

乡职工强巴（驾驶员） 擦普村布云 吉仁村旺青 久隆村阿布
朗切村哈觉 帕荣村培杰 索雄村扎巴 瓦宁村扎达 旦德村曲培
羊秀村格勒尼玛 奇达村益西拉松 奇达村扎西 嘎囊村塔瓦
亚贡村斯达 耐达村贡觉扎西 中宗村日杰 吾雄村扎布
吾雄村杰参 朵给村阿吾 朵给村贡窘 赤塔村次仁罗布 贡宁村贡觉扎西

茶曲乡（20户）

乡职工达瓦顿珠 萨塘村贡曲班觉 玛库村罗杰 玛库村洛桑尊追
郭那村珠嘎 耐秀村欧珠 昂永村罗追旺秋 塔果村索朗顿珠
日普村扎西平措 肥塘村阿布 优隆村次仁赤列 乌通村罗堆
达勒村索朗扎西 达勒村次仁顿珠 拉沃村索多 法若村珠杰
多硕卡村贡觉次旺 嘎塘村布次旺 日吾庆朵村嘎琼 日吾庆朵村巴吉

达塘乡（28户）

乡干部尼玛群宗（大学生村官） 耐普村木增 优囊村巴旦 列玛村阿钦
阿帮村罗桑 阿秀村强琼 卡孜庆村多吉 杰朵村拉加 杰朵村次仁同珠
达宗村达瓦 达孜村巴旦 喇嘛隆村自嘎 喇麻隆村宗罗 夏布库村罗布顿玉
玛隆村扎西旺堆 童莫村索朗德祖 杰囊村西热旺布 拉嘎村罗布同珠
拉硅村朗色 玛擦村德庆伦珠 玛擦村仁青同珠 玛热村扎西尼玛
卡孜琼村索朗扎巴 朗钦村多吉才培 波庆村多吉 森塘村扎秀
塘连村达珠 宗朋村次仁曲培

香曲乡（25户）

乡干部嘎德（乡政府科员） 丁嘎村达杰 丁嘎村扎西旺堆 日新村桑鸟
培巴村格勒 色雄村旦增卓玛 色空村次仁多吉 贡许村江措 贺塔村布阿仁
旺宗村曲宗 亚扎村吉多 旺耐村扎达 央巴村次旺久美 努玛村格桑卓玛
仲耐村索朗次仁 吉瓦村日嘎 那热村吉顿珠 那热村扎西达瓦 达加村嘎刚
玛热村格桑 亚东村阿次 亚东村阿布朗卡 帕列村嘎德 嘎当村尊追 邦切村苏堆

扎拉乡（13户）

乡卫生院医生安东 桑布村土旦益西 桑布村仁增 察夺村斯培 昂秀村嘎鲁
扎拉村央鸟 扎拉村曲杰 美日村金珠 雄唐村吉鲁 勒仲村旦增
勒仲村朗白 孔热村嘎玛 刚夺村布刚

比如镇（27户）

镇工人阿布嘎嘎（公益性岗位） 其达居委会桑旦 美日村洛桑巴旦 色康居委会卓布
嘎叶居委会索朗阿培 迦然村拉巴 玉贡村旦增平措 培巴村央增 章达村次仁斯曲
章达村珠拉 吉琼村达培 珠德村卓玛曲措 吉前村贡求平措 莫瓦村旦增达琼
查龙村欧珠 央然村拉旺加布 图嘎居委会吾嘎 瓦乃村仁青多吉 瓦乃村冲冲
瓦乃村其美永忠 切玛村亚杰 尼朗村斯塔 孟庆村贡秋旦增 吉扎居委会尼嘎
巴贡村贡布朗杰 通定村拉松培达 夏尔耐村扎西平措

白嘎乡（27户）

乡干部卓玛拉姆（政务综合办主任） 喜江村嘎松曲旦 喜江村央珠 叮色村旦增曲扎
叮色村索朗顿珠 达钦村旦增 董达村昂热 鲁卡村麦巴 沃阔村央热
杂亚村达娃加措 夏日村土登 斯达村孜珠 雅安朵村择旦玛 强达村扎曲次加
亚阔村次仁塔杰 欧泽村扎西旦增 热若村巴怕 偌托村索朗扎西 吉仲村益西
吉仲村吉措 列瓦村索朗 昌帕村扎西次仁 塘巴村洛桑 巴瓦村格米
贡定村益西 扎西隆村嘎旦 墨荣村国米

各乡（镇）平安村居（20个）

夏曲镇瓦塘村 夏曲镇吉扎居委会 恰则乡曲荣夺村 恰则乡底吾达村
羊秀乡贡宁村 羊秀乡羊秀村 茶曲乡昂永村 茶曲日吾庆夺村
达塘乡玛擦村 达塘乡阿帮村 良曲乡吉日村 良曲乡栋多村
香曲乡丁嘎村 香曲乡玛热村 比如镇培巴村 比如镇吉扎居委会
扎拉乡桑布村 扎拉乡察夺村 白嘎乡夏日村 白嘎乡墨荣村

自治区创先争优强基础惠民生活动 比如县2016年第五批自治区级先进驻村（居）工作队

自治区党委办公厅驻那曲地区比如县良曲乡格康村工作队
自治区人大办公厅驻那曲地区比如县羊秀乡中宗村工作队
自治区党委组织部驻那曲地区比如县茶曲乡日普村工作队
自治区党委组织部驻那曲地区比如县茶曲乡耐秀村工作队
自治区审计厅驻那曲地区比如县比如镇夏乃村工作队
自治区审计厅驻那曲地区比如县香曲乡仲耐村工作队
自治区纪委驻那曲地区比如县香曲乡亚扎村工作队
自治区党委统战部驻那曲地区比如县达塘乡耐普村工作队
自治区国资委驻那曲地区比如县茶曲乡优隆村工作队
自治区交通厅驻那曲地区比如县白嘎乡扎西隆村工作队
自治区财政厅驻那曲地区比如县夏曲镇扎勒村工作队
自治区财政厅驻那曲地区比如县夏曲镇勒加库村工作队
自治区疾控中心驻那曲地区比如县夏曲镇托纳莫布村工作队
自治区住建厅驻那曲地区比如县羊秀乡久隆村工作队
自治区疾控中心驻那曲地区比如县恰则乡察隆夺村工作队
自治区教育厅驻那曲地区比如县茶曲乡法若村工作队

那曲地委办公室驻比如县扎拉乡察夺村工作队
自治区人大办公厅驻那曲地区比如县羊秀乡亚贡村工作队
自治区发改委驻那曲地区比如县夏曲镇娘热村工作队
自治区住建厅驻那曲地区比如县白嘎乡塘巴村工作队
自治区教育厅驻那曲地区比如县良曲乡查库勒村工作队
团自治区委驻那曲地区比如县白嘎乡亚阔村工作队

自治区创先争优强基础惠民生活动 比如县2016年第五批自治区级先进驻村（居）工作队员

罗 传 启　自治区党委办公厅驻那曲地区比如县良曲乡然塘村工作队队长
旦增克珠　自治区党委办公厅驻那曲地区比如县良曲乡格康村工作队队员
德　　吉　自治区人大办公厅驻那曲地区羊秀乡中宗村工作队队长
李　　燕　自治区人大办公厅驻那曲地区比如县羊秀乡亚贡村工作队队长
达瓦次仁　自治区党委组织部驻那曲地区比如县茶曲乡日普村工作队队长
郭 中 华　自治区党委组织部驻那曲地区比如县茶曲乡耐秀村工作队队长
拥　　军　自治区审计厅驻那曲地区比如县比如镇夏乃村工作队队长
晋　　美　自治区审计厅驻那曲地区比如县香曲乡仲耐村工作队队长
闫 永 正　自治区纪委驻那曲地区比如县香曲乡亚扎村工作队队员
刘 期 胜　自治区党委统战部驻那曲地区比如县达塘乡耐普村工作队队长
格桑朗加　自治区国资委驻那曲地区比如县茶曲乡优隆村工作队队长
次仁达瓦　自治区国资委驻那曲地区比如县茶曲乡优隆村工作队副队长
丹增德色　自治区国资委驻那曲地区比如县茶曲乡多硕卡村工作队队长
多吉才达　自治区国资委驻那曲地区比如县茶曲乡达勒村工作队队长
马 绍 水　自治区发改委驻那曲地区比如县扎拉乡孔热村工作队队长
格桑达瓦　自治区交通厅驻那曲地区白嘎乡扎西隆村工作队队长
旦增曲扎　自治区交通厅驻那曲地区比如县白嘎乡贡定村工作队队长
格桑旺堆　团自治区委驻那曲地区比如县白嘎乡亚阔村工作队队长
伍 普 琼　自治区财政厅驻那曲地区比如县夏曲镇扎勒村工作队队长
普　　琼　自治区财政厅驻那曲地区比如县夏曲镇勒加库村工作队副队长
龚 弘 强　自治区疾控中心驻那曲地区比如县恰则乡察隆夺村工作队队长
国　　杰　自治区疾控中心驻那曲地区比如县夏曲镇托纳幕布村工作队队长
康　　博　自治区卫生监督局驻那曲地区比如县比如镇吉琼村工作队队员

拉巴顿珠 自治区纪委驻那曲地区比如县香曲乡努玛村工作队队员
平措桑珠 自治区住建厅驻那曲地区比如县白嘎乡塘巴村工作队队长
黄　　伟 自治区住建厅驻那曲地区比如县羊秀乡久隆村工作队队长
黄 庆 辉 自治区教育厅驻那曲地区比如县茶曲乡法若村工作队队长
尼　　琼 自治区教育厅驻那曲地区比如县良曲乡查库勒村工作队队长
尼玛次旦 自治区国土资源厅驻那曲地区比如县恰则乡底吾达村工作队队长
索朗顿珠 自治区工商局驻那曲地区比如县达塘乡阿邦村工作队副队长
翟 向 楠 自治区人民检察院驻那曲地区比如县达塘乡玛热村工作队队员
格桑加措 那曲地委办公室驻比如县扎拉乡察夺村工作队队长
李 龙 兴 那曲地委办公室驻比如县扎拉乡察夺村工作队队员
宗　　吉 那曲地区农牧局驻比如县白嘎乡欧泽村工作队队员
贡　　久 自治区党委办公厅驻那曲地区比如县良曲乡格康村工作队队长
措　　吉 那曲地区卫生局驻比如县比如镇珠德村工作队队长
多　　吉 那曲地区卫生局驻比如县比如镇察隆村工作队队员
永忠次仁 那曲地区卫生局驻比如县比如镇培巴村工作队队长
扎西平措 那曲地委宣传部驻比如县夏曲镇伯托居委会工作队队长
牛　　牧 那曲地区住建局驻比如县羊秀乡擦普村工作队队长
吴　　坚 那曲地区住建局驻比如县羊秀乡奇达村工作队队员
恰　　央 那曲地区住建局驻比如县羊秀乡朵给村工作队队员
唐　　斌 那曲地区电信分公司驻比如县比如镇其达居委会工作队队员
冶 红 钢 那曲地区药监局驻比如县茶曲乡塔果村工作队队长
格桑德吉 那曲地区妇幼保健医院驻比如县良曲乡萨玛村工作队队长
普布卓玛 那曲地区妇幼保健医院驻比如县良曲乡扎桑村工作队队长
布 桑 美 那曲地区交通局驻比如县香曲乡吉瓦村工作队队长
石秀次仁 那曲地区交通局驻比如县香曲乡旺耐村工作队队长
沙　　多 那曲地区交通局驻比如县香曲乡色雄村工作队队长
李 淑 珍 那曲地区交通局驻比如县香曲乡培巴村工作队队长
次仁卓玛 那曲地区人社局驻比如县达塘乡卡孜琼村工作队队员
巴桑扎西 那曲地区人社局驻比如县达塘乡卡孜庆村工作队队长
强巴贡桑 那曲地区畜牧推广总站驻比如县白嘎乡昌帕村工作队队长
旦巴扎西 那曲地区畜牧推广总站驻比如县白嘎乡昌帕村工作队队员
拉　　琼 那曲地区畜牧推广总站驻比如县白嘎乡偌托村工作队队员
袁 新 荣 那曲地区检察分院驻比如县白嘎乡夏日村工作队队员
嘎　　措 那曲地区人民医院驻比如县夏曲镇热萨村工作队队长
仁增罗布 那曲地区人民医院驻比如县夏曲镇克玛村工作队队长
次仁旦增 比如县政府办公室驻比如县比如镇瓦乃村工作队队员
旦真贡布 比如县人民检察院驻比如县扎拉乡美日村工作队队长
次　　多 比如县环保局驻比如县比如镇美日村工作队队长

塔　　吉　比如县工青妇驻比如县比如镇嘎叶居委会工作队队长
扎　　西　比如县住建局驻比如县良曲乡娘达村工作队队员
邹 介 呈　比如县委组织部驻比如县香曲乡贡许村工作队队长
索　　朗　比如县农牧业科技服务站驻比如县香曲乡央巴村工作队队长
才旺俊美　比如县司法局驻比如县达塘乡玛隆村工作队队长
晋美加措　比如县人民法院驻比如县达塘乡阿秀村工作队队长
巴　　久　比如县教体局驻比如县达塘乡朗钦村工作队队员
次旦平措　比如县民政局驻比如县达塘乡杰朵村工作队队长
次仁顿珠　比如县应急民兵连驻比如县达塘乡达宗村工作队队长
舒　　丹　比如县宣传部驻比如县达塘乡宗朋村工作队队长
普布次仁　比如县水电公司驻比如县夏曲镇扎热村工作队队长
卓嘎拉姆　比如县卫生局驻比如县羊秀乡羊秀村工作队队长
旦　　增　比如县统战部驻比如县羊秀乡赤塔村工作队队员
平措加增　比如县恰则乡人民政府驻恰则乡曲荣夺村工作队队长
边巴卓玛　比如县恰则乡人民政府驻恰则乡帕玛夺村工作队队长
德吉卓嘎　比如县扎拉乡人民政府驻扎拉乡扎拉村工作队队长
益西拉措　比如县比如镇人民政府驻比如镇通定村工作队队长
次仁卓玛　比如县比如镇人民政府驻比如镇章达村工作队队长
旺　　久　比如县良曲乡人民政府驻良曲乡吉日村工作队队长
土　　旦　比如县香曲乡人民政府驻香曲乡嘎当村工作队队长
多吉次仁　比如县达塘乡人民政府驻达塘乡达孜村工作队队员
次吉罗布　比如县白嘎乡人民政府驻白嘎乡沃阔村工作队队长
桑　　珠　比如县夏曲镇人民政府驻夏曲镇边塘村工作队队长
尼玛仓觉　比如县夏曲镇人民政府驻夏曲镇布龙村工作队队长
仁青平措　比如县夏曲镇人民政府驻夏曲镇勒根村驻村工作队长
雷 志 谋　原自治区人大办公厅驻那曲地区比如县羊秀乡亚贡村工作队队长（已去世）
周 美 宾　原那曲地区检察分院驻比如县白嘎乡喜江村工作队队员（已去世）

自治区创先争优强基础惠民生活动比如县2016年第五批自治区级优秀组织单位

自治区人大办公厅	自治区审计厅	自治区教育厅
那曲地委办公室	比如县公安局	比如镇人民政府

地区级创先争优强基础惠民生活动比如县2016年先进驻村（居）工作队

那曲地区农牧局驻比如县白嘎乡欧泽村工作队
那曲地区卫生局驻比如县比如镇培巴村工作队
比如县政府办公室驻比如县比如镇瓦乃村工作队
比如县住建局驻比如县良曲乡娘达村工作队
比如县民政局驻比如县达塘乡杰朵村工作队
自治区人民检察院驻那曲地区比如县达塘乡玛热村工作队
自治区工商局驻那曲地区比如县达塘乡阿邦村工作队
那曲地区药监局驻比如县茶曲乡塔果村工作队
那曲地区药监局驻比如县茶曲乡郭那村工作队
那曲地区妇幼保健院驻比如县良曲乡扎桑村工作队
那曲地区交运局驻比如县香曲乡吉瓦村工作队
那曲地区人民医院驻比如县夏曲镇克玛村工作队
那曲地区住建局驻比如县羊秀乡擦普村工作队
比如县政法委驻比如县达塘乡玛擦村工作队
比如县人民检察院驻扎拉乡美日村工作队
比如县财政局驻比如县比如镇江然村工作队
比如县工青妇驻比如县比如镇嘎叶居委会工作队
自治区国资委驻那曲地区比如县茶曲乡达勒村工作队
自治区国资委驻那曲地区比如县茶曲乡多硕卡村工作队
自治区国土资源厅驻那曲地区比如县恰则乡底吾达村工作队
自治区卫生监督局驻那曲地区比如县比如镇吉琼村工作队
自治区交通厅驻那曲地区比如县白嘎乡贡定村工作队

地区级创先争优强基础惠民生活动
比如县2016年先进驻村（居）
工作队员

陈凌云　自治区党委办公厅驻那曲地区比如县良曲乡然木塘村工作队副队长
彭　亮　自治区党委办公厅驻那曲地区比如县良曲乡格康村工作队队员
郑洪伟　自治区党委组织部驻那曲地区比如县茶曲乡耐秀村工作队队员
温立省　自治区党委组织部驻那曲地区比如县茶曲乡日普村工作队队员
白玛多吉　自治区审计厅驻那曲地区比如县比如镇夏乃村工作队队员
罗永彬　自治区发改委驻那曲地区比如县扎拉乡孔热村工作队队员
欧珠朗杰　自治区发改委驻那曲地区比如县扎拉乡岗夺村工作队队员
普布扎西　自治区党委统战部驻那曲地区比如县达塘乡耐普村工作队队长
于向海　自治区教育厅驻那曲地区比如县茶曲乡法若村工作队副队长
多　吉　自治区国资委驻那曲地区比如县茶曲乡多硕卡村工作队队员
索朗德吉　自治区疾控中心驻那曲地区比如县恰则乡察隆夺村工作队副队长
希绕见赞　自治区国土资源厅驻那曲地区比如县恰则乡底吾达村工作队副队长
多　青　自治区国土资源厅驻那曲地区比如县恰则乡那村工作队副队长
德吉央宗　自治区卫生监督局驻那曲地区比如县比如镇吉琼村工作队队员
祝晓飞　自治区教育厅驻那曲地区比如县良曲乡查库勒村工作队副队长
高双鱼　自治区人民检察院驻那曲地区比如县达塘乡波庆村工作队队长
旦增云丹　自治区交通厅驻那曲地区白嘎乡贡定村工作队队长
次仁朗杰　自治区住建厅驻那曲地区白嘎乡塘巴村工作队队员
陈俊团　自治区委驻那曲地区白嘎乡亚阔村工作队副队长
扎　西　自治区交通厅驻那曲地区白嘎乡扎西隆村工作队队员
廖　辉　自治区财政厅驻那曲地区比如县夏曲镇勒加库村工作队队长
段其龙　自治区发改委驻那曲地区比如县夏曲镇娘热村工作队队长
多　吉　自治区住建厅驻那曲地区比如县羊秀乡久隆村工作队队员
普布次仁　那曲地委办公室驻比如县扎拉乡昂秀村工作队队长
欧巴拉泽　那曲地委办公室驻比如县扎拉乡昂秀村工作队队员
卫斌庞　那曲地区质监局驻比如县夏曲镇诺美尼村工作队队长
边巴次仁　那曲地区人民医院驻比如县夏曲镇热布村工作队队长
贡　桑　那曲地区人民医院驻比如县夏曲镇茶迁村工作队队长
琼　达　那曲地区人民医院驻比如县夏曲镇永嘎勒村工作队队长
次仁卓嘎　那曲地区驻拉萨办事处驻比如县夏曲镇色娘村工作队队长
德　吉　那曲地区住建局驻比如县羊秀乡奇达村村工作队队员

尼玛旦增　那曲地区住建局驻比如县羊秀乡瓦聂村工作队队长
旺　　堆　那曲地区住建局驻比如县羊秀乡朵给村工作队队员
次仁旺堆　那曲地区卫生局驻比如县比如镇培巴村工作队队员
次　　旦　那曲地区卫生局驻比如县比如镇孟庆村工作队队长
伦珠加布　那曲地区卫生局驻比如县比如镇吉扎居委会工作队队员
畅育强　那曲地区电信分公司驻比如县比如镇央然村工作队队长
赵青德　那曲地区水利局驻比如县茶曲乡嘎塘村工作队队长
拉　　珍　那曲地区药监局驻比如县茶曲乡郭那村工作队队长
王　　梅　那曲地区妇幼保健医院驻比如县良曲乡萨玛村工作队队员
达瓦次仁　那曲地区交运局驻比如县香曲乡吉瓦村工作队队员
桑　　杰　那曲地区交运局驻比如县香曲乡丁嘎村工作队队长
德　　吉　那曲地区人社局驻比如县达塘乡夏普库村工作队队长
卓　　玛　那曲地区人社局驻比如县达塘乡杰囊村工作队队长
扎西多吉　那曲地区人社局驻比如县达塘乡优囊村工作队队员
严　　俊　那曲地区农牧局驻比如县白嘎乡欧泽村工作队队员
高　　迪　那曲地区农牧局驻比如县白嘎乡热若村工作队队员
塔　　杰　那曲地区检察分院驻比如县白嘎乡夏日村工作队队员
仁青措姆　比如县委办公室驻比如县香曲乡日新村工作队队长
德吉央宗　比如县政府办公室驻比如县比如镇色康居委会工作队队员
巴桑旺堆　比如县政协办公室驻比如县香曲乡达加村工作队队长
汪吉顺　比如县纪委驻比如县比如镇巴翁村工作队队长
索朗巴宗　比如县政府办公室驻比如县比如镇瓦乃村工作队队长
琼　　拉　比如县人大办公室驻比如县香曲乡帕列村工作队队长
小拉巴卓玛　比如县统战部驻比如县羊秀乡赤塔村工作队队长
次仁扎西　比如县公安局驻比如县羊秀乡吾雄村工作队队长
尼玛吉　比如县民宗局驻比如县羊秀乡古宁村工作队队长
龚云峰　比如县发改委驻比如县良曲乡热如村工作队队长
洛桑顿珠　比如县扶贫办驻比如县香曲乡色空村工作队队员
晋美次仁　比如县农牧局驻比如县香曲乡贺塔村工作队队长
次旺欧珠　比如县人民医院驻比如县香曲乡旺宗村工作队队长
王　　腾　比如县政法委驻比如县达塘乡玛隆村工作队队长
其美顿多　比如县司法局驻比如县达塘乡玛隆村工作队队长
其美白珍　比如县统计局驻比如县达塘乡列玛村工作队队长
扎西措姆　比如县文化局驻比如县达塘乡森塘村工作队队长
贡觉云丹　比如县林业局驻比如县达塘乡喇嘛隆村工作队队长
扎西加才　比如县商务局驻比如县达塘乡塘连村工作队队员
白玛央金　比如县恰则乡人民政府驻恰则乡帕玛夺村工作队队员
旦增加措　比如县扎拉乡人民政府驻扎拉乡桑布村工作队队长

其美旺姆　比如县比如镇人民政府驻比如镇玉贡村工作队队长
普　布　尺　比如县比如镇人民政府驻比如镇章达村工作队队员
央　　宗　比如县茶曲乡人民政府驻茶曲乡昂永村工作队队长
次仁拉姆　比如县茶曲乡人民政府驻茶曲乡玛库村工作队队员
索南吉宗　比如县良曲乡人民政府驻良曲乡提阔村工作队队长
达　　瓦　比如县香曲乡人民政府驻香曲乡帮切村工作队队员
乌坚晋米　比如县白嘎乡人民政府驻白嘎乡吉仲村工作队队员
桑　　珠　比如县香曲乡人民政府驻香曲乡旺宗村工作队队员
江　　珠　比如县达塘乡人民政府驻达塘乡达孜村工作队队员
格桑卓嘎　比如县白嘎乡人民政府驻白嘎乡沃阔村工作队队员
尼玛穷达　比如县白嘎乡人民政府驻白嘎乡沃阔村工作队队长
赤列顿珠　比如县白嘎乡人民政府驻白嘎乡巴瓦村工作队队长
扎西顿珠　比如县夏曲镇人民政府驻夏曲镇瓦塘村工作队副队长
土　　嘎　比如县夏曲镇人民政府驻夏曲镇瓦塘村工作队队长
洛桑江村　比如县夏曲镇人民政府驻夏曲镇边塘村工作队副队长
米玛仓觉　比如县夏曲镇人民政府驻夏曲镇擦曲松果村工作队队长
曲　　珍　比如县羊秀乡人民政府驻羊秀乡朗切村工作队队员
拉　　琼　比如县羊秀乡人民政府驻羊秀乡索雄村工作队副队长
冯　乔　华　自治区党委办公厅驻那曲地区比如县良曲乡然塘村工作队队员
扎西顿珠　自治区教育厅驻那曲地区比如县茶曲乡法若村工作队队员

地区级创先争优强基础惠民生活动
比如县2016年优秀组织单位

自治区党委组织部　自治区纪委（监察厅）　自治区发改委
自治区住建厅　自治区交通厅　自治区国资委

县级创先争优强基础惠民生活动 比如县2016年先进驻村（居）工作队

那曲地委办公室驻比如县扎拉乡昂秀村工作队
那曲地区水利局驻比如县茶曲乡拉沃村工作队
那曲地区水利局驻比如县茶曲乡乌通村工作队
那曲地区水利局驻比如县茶曲乡嘎塘村工作队
那曲地区人社局驻比如县达塘乡杰囊村工作队
那曲地区人社局驻比如县达塘乡夏普库村工作队
那曲地委宣传部驻比如县夏曲镇夏曲卡居委会工作队
那曲地区人民医院驻比如县夏曲镇热萨村工作队
那曲地区卫生监督局驻比如县比如镇珠德村工作队
那曲地区卫生监督局驻比如县比如镇莫瓦村工作队
那曲地区电信分公司驻比如县比如镇其达居委会工作队
那曲地区交运局驻比如县香曲乡旺耐村工作队
自治区政府办公厅驻比如县比如镇塔龙村工作队
那曲地区住建局驻比如县羊秀乡奇达村工作队
比如县委办公室驻比如县香曲乡日新村工作队
比如县委组织部驻驻比如县香曲乡贡许村工作队
比如县公安局驻比如县羊秀乡吾雄村工作队
比如县民宗局驻比如县羊秀乡古宁村工作队
比如县档案馆驻比如县比如镇色康居委会工作队
比如县司法局驻比如县达塘乡玛隆村工作队
比如县人民法院比如县达塘乡阿秀村工作队
比如县教体局驻比如县达塘乡朗钦村工作队
比如县林业局、水利局驻比如县达塘乡喇嘛隆村工作队
比如县农牧业科技服务中心驻比如县香曲乡央巴村工作队
比如县恰则乡人民政府驻恰则乡帕玛夺村工作队
比如县扎拉乡人民政府驻扎拉乡扎拉村工作队
比如县比如镇人民政府驻比如镇通定村工作队
比如县茶曲乡人民政府驻茶曲乡昂永村工作队
比如县良曲乡人民政府驻良曲乡嘎达村工作队
比如县良曲乡人民政府驻良曲乡朵卡村工作队

比如县良曲乡人民政府驻良曲乡吉日村工作队
比如县良曲乡人民政府驻良曲乡提阔村工作队
自治区扶贫办(农发办)驻扎拉乡勒仲村工作队
比如县白嘎乡人民政府驻白嘎乡沃阔村工作队
比如县夏曲镇人民政府驻夏曲镇瓦塘村工作队
比如县夏曲镇人民政府驻夏曲镇擦曲松果村工作队
比如县夏曲镇人民政府驻夏曲镇勒根村工作队
比如县夏曲镇人民政府驻夏曲镇布龙村工作队
比如县羊秀乡人民政府驻羊秀乡索雄村工作队
比如县水电公司驻比如县夏曲镇扎热村工作队
比如县比如镇人民政府驻比如镇章达村工作队
比如县恰则乡人民政府驻恰则乡曲荣夺村工作队
比如县茶曲乡人民政府驻茶曲乡玛库村工作队
比如县香曲乡人民政府驻香曲乡嘎当村工作队

县级创先争优强基础惠民生活动
比如县2016年先进驻村（居）
工作队员

向　　林　比如县比如镇人民政府驻比如镇塔龙村工作队员
　　　　　地区比如县良曲乡然木塘村工作队副队长
边巴次仁　自治区党委办公厅驻那曲地区比如县良曲乡格康村工作队队员
周 思 磊　自治区党委办公厅驻那曲比如县良曲乡格康村工作队副队长
扎西贡嘎　地区药监局驻那曲地区比如县茶曲乡日吾庆夺村工作队队长
姬 生 博　自治区党委办公厅驻那曲地区比如县良曲乡格康村工作队副队长
达瓦卓玛　自治区人大办公厅驻那曲地区比如县羊秀乡中宗村工作队队员
索朗普琼　自治区人大办公厅驻那曲地区比如县羊秀乡中宗村工作队队员
扎西列措　自治区人大办公厅驻那曲地区比如县羊秀乡索雄村工作队队员
张　　伟　自治区党委组织部驻那曲地区比如县茶曲乡耐秀村工作队队员
鲁 志 金　自治区党委组织部驻那曲地区比如县茶曲乡日普村工作队队员
马　　斌　自治区审计厅驻那曲地区比如县比如镇夏乃村工作队队员
巴　　桑　自治区审计厅驻那曲地区比如县比如镇夏乃村工作队队员
朱 生 兵　自治区审计厅驻那曲地区比如县香曲乡仲耐村工作队队员
冯 承 海　自治区审计厅驻那曲地区比如县香曲乡仲耐村工作队队员

陈文俊 自治区纪委驻那曲地区比如县香曲乡努玛村工作队队员
安风熙 自治区纪委驻那曲地区比如县香曲乡亚扎村工作队队员
卓 嘎 自治区扶贫办驻那曲地区比如县扎拉乡勒仲村工作队队员
次旺典达 自治区扶贫办驻那曲地区比如县扎拉乡勒仲村工作队队员
普布索朗 自治区扶贫办驻那曲地区比如县扎拉乡雄塘村工作队队员
加央多吉 自治区党委统战部驻那曲地区比如县达塘乡耐普村工作队队员
张进锋 自治区党委统战部驻那曲地区比如县达塘乡耐普村工作队副队长
益 西 自治区交通厅驻那曲地区比如县白嘎乡贡定村工作队队员
金塔顿珠 自治区交通厅驻那曲地区比如县白嘎乡扎西隆村工作队队员
晋 朗 自治区交通厅驻那曲地区比如县白嘎乡扎西隆村工作队队员
格 桑 自治区交通厅驻那曲地区比如县白嘎乡扎西隆村工作队队员
达瓦扎西 自治区疾控中心驻那曲地区比如县恰则乡孔玛夺村工作队队长
朗杰卓玛 自治区疾控中心驻那曲地区比如县恰则乡孔玛夺村工作队队员
李 敬 自治区国土资源厅驻那曲地区比如县恰则乡那村工作队队长
达娃次仁 自治区国土资源厅驻那曲地区比如县恰则乡那村工作队队员
毕海生 自治区卫生监督局驻那曲地区比如县比如镇吉琼村工作队队员
边巴次仁 自治区国资委驻那曲地区比如县茶曲乡达勒村工作队队员
郭建壮 比如县扶贫办驻比如县香曲乡色空村工作队队长
索 朗 自治区国资委驻那曲地区比如县茶曲乡多硕卡村工作队队员
张青龙 自治区教育厅驻那曲地区比如县良曲查库勒村工作队队员
巴 桑 自治区卫生监督局驻那曲地区比如县比如镇吉琼村工作队队长
孔亚鹏 自治区工商局驻那曲地区比如县达塘乡阿邦村工作队队长
旺 杰 自治区人民检察院驻那曲地区比如县达塘乡玛热村工作队队长
和 靖 团自治区委驻那曲地区比如县白嘎乡亚阔村工作队队长
王 云 团自治区委驻那曲地区比如县白嘎乡亚阔村工作队队员
多 吉 团自治区委驻那曲地区比如县白嘎乡亚阔村工作队队员
罗 翰 自治区发改驻那曲地区比如县夏曲镇娘热村工作队队员
李 旭 自治区财政厅驻那曲地区比如县夏曲镇勒加库村工作队队员
次旦多杰 自治区疾控中心驻那曲地区比如县夏曲镇托那莫布村工作队队员
王 军 自治区财政厅驻那曲地区比如县夏曲镇扎勒村工作队成员
小 江 那曲地委办公室驻比如县扎拉乡察夺村工作队队员
旦增嘎旦 那曲地委宣传部驻比如县夏曲镇伯托居委会工作队队员
拉桑扎西 那曲地委宣传部驻比如县夏曲镇夏曲卡居委会工作队队长
雷 措 那曲地区人社局驻比如县达塘乡卡孜琼村工作队队员
贡 布 那曲地区人社局驻比如县达塘乡卡孜庆村工作队队员
秦 辉 那曲地区人社局驻比如县达塘乡夏普库村工作队队员
吴连庆 那曲地区人社局驻比如县达塘乡拉嘎村工作队队长
赤列加措 那曲地区人社局驻比如县达塘乡优囊村工作队队长

卫　　东　那曲地区妇幼保健院驻比如县良曲乡扎桑村工作队队员
卓玛次仁　那曲地区妇幼保健院驻比如县良曲乡萨马村工作队队员
尼吉措姆　那曲地区妇幼保健院驻比如县良曲乡栋多村工作队队长
吉　　巧　那曲地区交运局驻比如县香曲乡色雄村工作队队员
塔　　多　那曲地区交运局驻比如县香曲乡培巴村工作队队员
拉　　吉　那曲地区交运局驻比如县香曲乡丁嘎村工作队队员
巴　　巴　那曲地区水利局驻比如县茶曲乡肥塘村工作队队员
南　　杰　那曲地区水利局驻比如县茶曲乡乌通村工作队队长
阿旺平措　那曲地区水利局驻比如县茶曲乡拉沃村工作队队长
旦　　增　那曲地区水利局驻比如县茶曲乡萨塘村工作队队长
才　　加　那曲地区水利局驻比如县茶曲乡嘎塘村工作队队员
噶　　陪　那曲地区住建局驻比如县羊秀乡瓦聂村工作队队员
宗　　查　那曲地区住建局驻比如县羊秀乡怕荣村工作队队员
其　　布　那曲地区住建局驻比如县羊秀乡奇达村工作队队员
朗　　杰　那曲地区药监局驻比如县茶曲乡塔果村工作队队长
盛 建 明　那曲地区药监局驻比如县茶曲乡塔果村工作队队员
格桑卓嘎　那曲地区药监局驻比如县茶曲乡郭那村工作队队员
白玛央金　那曲地区药监局驻比如县茶曲乡郭那村工作队队员
仓 木 杰　那曲地区卫生局比如县比如镇莫瓦村工作队队员
古桑多旦　那曲地区卫生局比如县比如镇培巴村工作队队 员
吕 建 文　那曲地区卫生局比如县比如镇孟庆村工作队队员
江 永 梅　那曲地区卫生局比如县比如镇珠德村工作队队员
才　　培　那曲地区卫生局比如县比如镇莫瓦村工作队队长
白　　曲　那曲地区卫生局比如县比如镇莫瓦村工作队队员
加　　措　那曲地区卫生局比如县比如镇珠德村工作队队员
平措朗加　那曲地区卫生局驻比如县比如镇孟庆村工作队队员
仁增罗布　那曲地区应急办驻比如县夏曲镇改乃村工作队队长
施 天 安　那曲地区应急办驻比如县夏曲镇改乃村工作队队员
扎　　旺　那曲地区驻拉萨办事处驻比如县夏曲镇色娘村工作队副队长
党 永 智　那曲地区农牧局驻比如县白嘎乡欧泽村工作队队员
高　　科　那曲地区农牧局驻比如县白嘎乡墨荣村工作队队员
索朗加布　那曲地区交运局驻比如县香曲乡旺耐村工作队队员
仁青扎西　那曲地区交运局驻比如县香曲乡那热村工作队队员
尼玛次措　那曲地区交运局驻比如县香曲乡那热村工作队队长
次　　多　那曲地区交运局驻比如县香曲乡色雄村工作队副队长
索朗旦培　那曲地区交运局驻比如县香曲乡丁嘎村工作队队员
萨　　吉　那曲地区交运局驻比如县香曲乡旺耐村工作队队员
吉 次 仁　那曲地区交运局驻比如县香曲乡吉瓦村工作队队员

普布扎西　那曲地区畜牧推广总站驻比如县白嘎乡列瓦村工作队队长
扎西吉姆　那曲地区畜牧推广总站驻比如县白嘎乡雅安朵村工作队队员
赤列旺姆　那曲地区畜牧推广总站驻比如县白嘎乡斯达村工作队队员
珠　　姆　那曲地区畜牧推广总站驻比如县白嘎乡雅安朵村工作队队员
次仁朗加　那曲地区畜牧推广总站驻比如县白嘎乡雅安朵村工作队队长
拉　　卓　那曲地区畜牧推广总站驻比如县白嘎乡偌托村工作队队员
洛桑扎西　那曲地区电信分公司驻比如县比如镇央然村工作队队员
旦增卓嘎　那曲地区电信分公司驻比如县比如镇吉扎居委会工作队队员
巴桑卓嘎　那曲地区电信分公司驻比如县比如镇吉扎居委会工作队队员
吴 永 涛　那曲地区电信分公司驻比如县比如镇其达居委会工作队队长
扎西占堆　那曲地区电信分公司驻比如县比如镇其达居委会工作队队员
仁青加措　那曲地区电信分公司驻比如县比如镇央然村工作队队员
董 贵 元　那曲地区检察分院驻比如县白嘎乡叮色村工作队队员
旺钦多吉　那曲地区检察分院驻比如县白嘎乡夏日村工作队队长
卓玛次仁　那曲地区检察分院驻比如县白嘎乡鲁卡村工作队队员
白玛措姆　那曲地区检察分院驻比如县白嘎乡董达村工作队队长
阿加平措　那曲地区人民医院驻比如县夏曲镇茶迁村工作队队员
吾更罗布　那曲地区人民医院驻比如县夏曲镇热布村工作队队员
边巴次仁　那曲地区人民医院驻比如县夏曲镇热萨村工作队队员
平　　措　那曲地区人民医院驻比如县夏曲镇永嘎勒村工作队队员
拉　　桑　那曲地区人民医院驻比如县夏曲镇玉纳村工作队队员
鲁 晓 梅　那曲地区人民医院驻比如县夏曲镇仲拉村工作队队员
巴　　久　那曲地区人民医院驻比如县夏曲镇仲拉村工作队队员
次塔罗布　那曲地区人民医院驻比如县夏曲镇玉纳村工作队队长
巴桑吉巴　那曲地区质监局驻比如县夏曲镇诺美尼村工作队队员
扎西旺加　那曲地区质监局驻比如县夏曲镇诺美尼村工作队队员
宗　　珍　比如县委办公室驻比如县香曲乡日新村工作队队员
扎西罗布　比如县政协办公室驻比如县香曲乡达加村工作队队员
德吉卓嘎　比如县档案馆驻比如县比如镇色康居委会工作队队长
次央卓玛　比如县政法委驻比如县达塘乡玛擦村工作队队员
桑　　珍　比如县宣传部驻比如县达塘乡宗朋村工作队队员
曲　　吉　比如县公安局驻比如县羊秀乡吾雄村工作队队员
顿珠多吉　比如县财政局驻比如县比如镇江然村工作队队员
尼玛仓决　比如县人民检察院驻比如县扎拉乡美日村工作队队员
次仁白珍　比如县人民检察院驻比如县扎拉乡美日村工作队队员
益西扎珍　比如县人民检察院驻比如县扎拉乡美日村工作队队员
格旺仁青　比如县住建局驻比如县良曲乡娘达村工作队队长
嘎桑卓玛　比如县人社局驻比如县良曲乡帕拉村工作队队员

扎　　桑　比如县工青妇驻比如县比如镇嘎叶居委会工作队队员
高 家 志　比如县工青妇驻比如县比如镇嘎叶居委会工作队队员
拉姆次仁　比如县编译局驻比如县良曲乡热如村工作队队员
康珠拉姆　比如县农牧局驻比如县香曲乡贺塔村工作队队员
多吉平措　比如县人民医院驻比如县香曲乡旺宗村工作队队员
扎西朗珠　比如县农牧业科技服务站驻比如县香曲乡央巴村工作队队员
孙　　荣　比如县司法局驻比如县达塘乡玛隆村工作队队员
加　　南　比如县人民法院驻比如县达塘乡阿秀村工作队队员
次仁贡布　比如县教体局驻比如县达塘乡朗钦村工作队队员
扎西卓玛　比如县统计局驻比如县达塘乡列玛村工作队队员
塔吉次旺　比如县广电局驻比如县达塘乡童莫村工作队队员
管 仕 摇　比如县民政局驻比如县达塘乡杰朵村工作队队员
朗 西 加　比如县应急民兵连驻比如县达塘乡达宗村工作队队员
白　　洛　比如县商务局驻比如县达塘乡塘连村工作队队长
顿珠次仁　比如县藏医院驻比如县羊秀乡旦德村工作队队长
扎西平措　比如县疾控中心驻比如县羊秀乡旦德村工作队副队长
格桑拉姆　比如县民宗局驻比如县羊秀乡古宁村工作队队员
冯　　成　比如县卫生局驻比如县羊秀乡羊秀村驻村工作队队员
旦增罗布　比如县恰则乡人民政府驻恰则乡曲荣夺村工作队副队长
次仁央措　比如县恰则乡人民政府驻恰则乡曲荣夺村工作队队员
普布德吉　比如县扎拉乡人民政府驻扎拉乡岗夺村工作队队员
边巴卓玛　比如县扎拉乡人民政府驻扎拉乡岗夺村工作队队员
次旦巴姆　比如县比如镇人民政府驻比如镇玉贡村工作队队员
尼玛片多　比如县茶曲乡人民政府驻茶曲乡玛库村工作队副队长
曲　　恰　比如县茶曲乡人民政府驻茶曲乡玛库村工作队队员
游 银 行　比如县茶曲乡人民政府驻茶曲乡昂永村工作队队员
秋　　增　比如县良曲乡人民政府驻良曲乡提阔村工作队队员
西热江措　比如县良曲乡人民政府驻良曲乡朵卡村工作队队长
阿　　洛　比如县良曲乡人民政府驻良曲乡吉日工作队队员
索南秋吉　比如县良曲乡人民政府驻良曲乡嘎达村工作队队长
其　　美　比如县香曲乡人民政府驻香曲乡帕列村工作队队员
德吉卓嘎　比如县香曲乡人民政府驻香曲乡央巴村工作队队员
觉嘎拉姆　比如县香曲乡人民政府驻香曲乡邦切村工作队队员
贡曲塔杰　比如县达塘乡人民政府驻达塘乡达孜村工作队队员
才旦多吉　比如县白嘎乡人民政府驻白嘎乡沃阔村工作队队员
桑珠加措　比如县白嘎乡人民政府驻白嘎乡吉仲村工作队队长
次仁多吉　比如县白嘎乡人民政府驻白嘎乡巴瓦村工作队队员
徐 安 帅　比如县白嘎乡人民政府驻白嘎乡沃阔村工作队队员

巴桑卓玛　比如县夏曲镇人民政府驻夏曲镇擦曲松果村工作队队员
卓玛曲措　比如县羊秀乡人民政府驻羊秀乡耐达村工作队队员
次仁罗布　比如县羊秀乡人民政府驻羊秀乡嘎村工作队队长
旦增克热　比如县羊秀乡人民政府驻羊秀乡赤塔村工作队队员
叶 尚 前　比如县羊秀乡人民政府驻羊秀乡古宁村工作队队员
索朗多吉　比如县羊秀乡人民政府驻羊秀乡朗切村工作队队长
普布次仁　比如县羊秀乡人民政府驻羊秀乡耐达村工作队队员
小 边 巴　比如县羊秀乡人民政府驻羊秀乡耐达村工作队队长
仁增多杰　比如县达塘乡人民政府驻达塘乡拉硅村工作队队员

县级创先争优强基础惠民生活动 比如县2016年优秀组织单位

自治区政府办公厅　自治区扶贫办（农发办）　自治区疾控中心　团自治区委
自治区卫生监督局　自治区人民检察院　自治区国土资源厅　自治区工商局
地区妇保院　茶曲乡人民政府

中共比如县委员会 比如县人民政府表彰 比如县2016年度冬虫夏草采集工作先进乡镇

一等奖

香曲乡　扎拉乡　恰则乡　羊秀乡　白嘎乡　良曲乡

二等奖

夏曲镇　比如镇　达塘乡　茶曲乡

中共比如县委员会　比如县人民政府表彰
比如县2016年度安全生产目标管理先进乡镇

羊秀乡

中共比如县委员会　比如县人民政府表彰
比如县2016—2017学年第一学期教育工作先进乡镇

达塘乡人民政府　恰则乡人民政府

中共比如县委员会　比如县人民政府表彰
比如县2016—2017学年第一学期优秀校长

达塘乡小学校长格桑拉姆　恰则乡小学校长贡布次仁　夏曲镇小学校长扎西顿珠

中共比如县委员会　比如县人民政府表彰
2016—2017年度“支持比如发展突出贡献奖”

县电力援藏工作人员　姚建华　姜福涛　朱小飞　王健

中共比如县委员会 比如县人民政府表彰 2016年上半年比如县先进寺管会及优秀驻寺干部

先进寺庙管理委员会：（7个）

比如寺管理委员会　热钦寺管理委员会　朗地寺管理委员会　珠德寺管理委员会

古龙寺管理委员会　龙卡寺管理委员会　扎拉乡片区管委会

优秀驻寺干部：（25名）

朵定寺管理委员会　罗　桑

强达尼寺管理委员会　普布扎西

申扎寺管理委员会　尼玛多吉

恰如寺管理委员会　贡求曲旦

亚扎寺管理委员会　西热平措

香曲乡片区管理委员会　拉巴斯塔

曲林寺管理委员会　德庆措姆

比如片区管理委员会　同珠江才

达姆寺管理委员会　阿旺江才

茶曲一片区管理委员会　雷英明

古龙寺管理委员会　确　巴

恰则片区管理委员会　旦　增

欧括寺管理委员会　李　军

白嘎寺管理委员会　庞　浩

桑达寺管理委员会　布旺珠

秀东寺管理委员会　贡　珠

曲德寺管理委员会　加　参

比如寺管理委员会　白　珍

仲那寺管理委员会　达　增

色扎寺管理委员会　旦增曲扎

热登寺管理委员会　洛桑江参

茶曲二片区管理委员会　袁少文

夏区片区管理委员会　多吉米朗

中共比如县委员会 比如县人民政府表彰 2016年上半年和谐模范寺庙及爱国守法先进僧尼

比如县级和谐模范寺庙（拉康、日追）名单：（25个）

比如寺　珠德寺　仲那寺　恰如寺　曲德寺　秀东寺　亚扎寺　龙卡寺　贡萨寺　朗地寺

欧括寺　强那寺　申扎寺　桑达寺　嘎如寺　达姆寺　热登寺　热钦寺　古龙寺

嘎才日追　嘎曲日追　那拉拉康　改乃拉康　那果日追　多雍塘日追

比如县级爱国守法先进僧尼名单：（547名）

达塘乡（43人）

古龙寺（41人）

仁青同珠　洛桑白姆　才成卓玛　次成嘎姆　西热桑姆　日增旺姆
次成曲珍　嘎玛桑姆　罗桑卓玛　索巴白姆　洛桑曲措　贡曲拉姆
曲宁桑姆　旦增曲珍　旦增卓玛　同玉美琼　曲旦白姆　阿旺德青
贡觉曲珍　次成南达　贡觉白姆　达松卓玛　强久群措　阿旺德吉
次成桑姆　旦增卓嘎　洛桑曲宗　旦增当秋　次成卓玛　桑旦白姆
贡曲旺姆　曲英白姆　旦增格堆　洛桑曲卓　桑旦曲卓　西热曲措
洛桑卓玛　曲英巴姆　旦增桑杰　旦增旺姆　次成白玛

那拉拉康（1人）　阿旺塔钦

孔玛日追（1人）　旦增曲措

恰则乡（4人）

提塔拉康（1人）玛米

多雍塘日追（3人）　帕姆卓玛　吾金卓玛　旦增桑吉

扎拉乡（4人）

萨布拉康（1人）乃旦

雄塘拉康（1人）旦巴旺久

央龙拉康（1人）欧珠

孔热拉康（1人）曲旺

茶曲乡（49人）

热登寺（29人）

洛桑加央　旦增帕巴　阿旺赤列　洛桑鲁珠　洛桑欧珠　洛桑多增
洛桑西珠　洛桑罗布　洛桑扎西　罗桑念扎　旦增格堆　崔成塔杰
崔成热萨　洛桑措美　钦热江白　嘎桑朗卓　益西土美　洛桑措央
江参贡格　旦增曲培　崔成贡桑　洛桑克珠　洛桑顿旦　洛桑克巧
洛桑次旺　洛桑仁青　洛桑益西　丹增谭确　落桑贡确

达姆寺（9人）

阿旺洛珠　阿旺多吉　阿旺强巴　阿旺达杰　洛桑同追
嘎桑夏加　阿旺江白　嘎桑松热　阿旺曲旦

肥塘拉康（1人）　措杰多杰　**嘎塘拉康（1人）**罗　达　**吾塘拉康（1人）**嘎　亚
玛库拉康（1人）　次仁曲培　**昂永拉康（1人）**扎西热桑多　**多拖拉康（1人）**格　朗
达列拉康（1人）　次仁央鲁　**郭那拉康（1人）**　曲英塔钦　**乃秀拉康（1人）**伦　珠
日普拉康（1人）　仓　巴　**拉吾拉康（1人）**阿　青

良曲乡（73人）

贡萨寺（45人）

日旺贡觉旦增　旦增朗达　旦增巴旦　旦增塔曲　旦增多杰　旦增曲英
旦增土美　大旦增次成　旦增曲恰　旦增热杰　大旦增西热　旦增吾色
小旦增西热　旦增赤美　旦增曲加　大旦增久美　贡觉塔钦　小旦增次成
旦增热卓　旦增罗布　格桑江央　旦培嘎玛　旦增曲久　嘎玛德庆
旦增索朗　旦增卓堆　旦增贡加　旦增祖珠　旦增宁布　阿旺旦达
旦增克曲　贡觉旦达　旦增顿珠　小旦增久美　旦增平措　旦增曲杰
旦增格列　旦增培德　旦增索巴　旦增曲培　旦增旺秋　旦增曲塔
旦增强久　西热平措　小贡觉旦增

热钦寺（26人）

格列平措　崔成洛萨　洛桑土旦　加央洛培　崔成吾色　旦增热色
加央益西　旦增朗杰　旦增朗卓　加央曲旦　洛桑谭确　崔成朗达
加央多阿　次成格桑　阿旺旦增　阿旺巴桑　罗桑让卓　洛珠顿珠
赤美洛珠　次成曲培　洛桑久美　洛桑云旦　洛桑美朗　洛桑曲达
洛桑念杰　洛桑南达

美巴日追（1人） 次成桑姆　**热如拉康（1人）** 次仁央培

比如镇（71人）

珠德寺（23人）

琼追格桑吞旺　加在平德　加参龙多　加参达扎　拉松加参　拉松单增　拉松平措
格桑曲培　格桑单塔　格桑杰参　旦增同珠　格桑塔克　洛桑加参　拉松云单
旦增塔杰　拉松单培　格桑南真　格桑塔杰　格桑贡罗　洛桑旦达　拉松培杰
格桑尼玛　曲古塔杰

比如寺（15人）

单增塔曲　更堆塔杰　嘎桑尊追　单增益尼　格桑曲旺　格桑次成
格桑路珠　拉松单增　单增索巴　克珠曲扎　贡确曲杰　克珠崔成
格桑塔庆　单增次南　单增怎玛

曲林寺（4人）

嘎桑朗珠　嘎桑桑旦　阿旺贡旦　克珠土旺

仲那寺（20人）

曲旦罗布　加央球克　丹增次成　加央尊追　加央伦珠　加央贡培
丹增夏加　加央赤列　嘎桑加央　加央旦巴　加央更堆　旦增帕琼
旦增拖美　加央曲巴　加央桑旦　罗桑加央　旦增罗布　加央罗追
旦增扎巴　格桑索巴

吉前拉康（1人） 仁庆次仁　**玉贡拉康（1人）** 次仁拉旺　**江然拉康（1人）** 桑珠
莫瓦拉康（2人） 扎西加才　央罗　**通定拉康（1人）** 索南多加
央然拉康（1人） 热　旦　**嘎曲日追（2人）** 旦增旺姆　旦增卓玛

香曲乡（105人）
恰如寺（48人）
杰色贡桑丹增　尼扎贡桑·云丹桑布赤列贡恰　土登隆多丹白尼玛
云丹平措　赤列土米（贡桑潘德）　贡觉催成　贡觉桑布　崔成郎达　厅觉丹增
贡桑洛珠　仁增扎巴　龙多塔青　土登曲觉　扎西维色　贡桑崔成　格桑朗杰
洛珠加措　西珠达瓦　曲英赤美　土登江巴　催成白觉　贡桑龙朵　曲英桑布
催成塔青　洛追西热　催成晋美　西珠尼玛　尼玛丹增　阿旺朗加　嘎桑丹白
尼　最　催成白丹　丹增崔成　贡桑赤列　崔成尼玛　贡觉索巴　江白龙多
贡桑曲旺　云旦平措　洛追桑布　贡桑曲丹　土丹尼其　贡桑显培　塔益维色
土丹白桑　格列塔青　贡桑伦珠　贡桑塔青　次成克曲　贡桑旦培

亚扎寺（7人）
格桑塔巴　格桑当曲　旦增洛萨　江白益西　尊追塔庆　土旦洛桑　塔巴龙托

曲德寺（16人）
达布吉尊．阿旺洛桑旦增．曲吉坚赞　吉仲．洛桑旦增　丹增曲朗　嘎桑尊追
嘎桑索巴　嘎桑强巴　嘎桑西热　嘎桑洛丹　罗桑平措　旦增曲旦　丹增西热
丹增巴旦　嘎桑龙日　曲扎桑布　洛桑桑旦　益西贡加

秀东寺（18人）
强巴多吉　西热坚才　洛桑西热　土旦贡青　拉松益西　阿旺曲朗　洛桑次成
旦增金巴　拉松催成　洛桑云旦　强巴杰布　嘎桑土旦　嘎桑白久　嘎松催成
次成朗加　拉松郎塔　拉松龙日　旦增米朗

久巴拉康（1人） 扎西江参　**培巴拉康（2人）** 各勒　古热
嘎才日追（5人） 旦增尊追　斯曲　旦增曲姆　催成旺姆　吾坚卓玛
丁嘎拉康（1人） 朗多　**仲乃拉康（2人）** 姆刚　次旺　**玛热拉康（1人）** 旦增尼玛
央巴拉康（2人） 白玛多吉　苏杰　**旺乃拉康（2人）** 吉培　曲旺

羊秀乡（74人）
桑达寺（37人）
益西贡桑　西热贡加　嘎桑次仁　西热旺加　格桑伦珠　雪叶尼达次旺
次成江才　嘎桑丹增　格桑永忠　朗达组培　单增克珠　旦增加瓦
东尼让卓　嘎桑催成　次旺祖培　萨东让卓　次成南达　索朗催成

次成伟色　西热达杰　久美祖培　西热平措　西热久美　永忠巴丹
永忠丹增　燕加丹增　永忠曲旦　祖培次成　尊追塔青　永忠南达
隆多塔奇　尼玛加参　旦增永忠　永忠旺加　次旺次成　祖培江才
西热洛桑

申扎寺（24人）

西热益西　西热旦增　催成西热　西热催成　次成江村　次成加措
旦培塔庆　益西洛珠　次成南加　洛珠平措　永忠催成　宗彭朗加
永忠江村　单增格列　赤美西热　洛追坚参　催成塔杰　桑旦久美
永忠祖普　晋巴塔青　贡加维斯　多巴坚才　土　嘎　穆朗南达

嘎如寺（11人）

东萨让卓　永忠旦增　永忠旺扎　次成旺扎　次旺江参　永忠西热塔青
桑旦塔青　达瓦坚参　西热平措　催成组陪　贡桑催成

古宁日追（1人） 催成罗珠　**萨布拉康（1人）** 桑旦祖普

白嘎乡（100人）

白嘎寺（20人）

坚参肯热　嘎桑赤列　土登赤列　贡　桑　加增龙多　旦增赤列　洛桑江增
多阿坚增　次成杰参　嘎桑坚参　土登曲扎　洛桑念扎　嘎桑强巴　阿旺贡培
坚参强曲　洛桑英尼　强曲塔杰　阿旺旦培　益西巴桑　格桑云旦

强达尼寺（12人）

塘曲桑姆　次成卓玛　土旦益西　益西措姆　旦增曲措　土旦曲珍
平措桑姆　洛桑次珍　土旦曲珍　土旦拉姆　土旦曲宗　土旦卓吉

强那寺（25人）

土旦索巴　曲　珠　阿旺巴桑　加才塔青　阿旺土美　塘曲班坝　强巴克珠
晋　巴　土旦平措　加才西热　阿旺强巴　加　旦　土旦塘克　曲英塔青
益西尼玛　平措朗尼　土旦嘎桑　洛桑当曲　曲古欧珠　益西阿旺　阿旺久美
土旦贡布　阿旺扎巴　阿旺嘎旦　阿旺青热

欧括寺（23人）

嘎松平措　西热南卡　次成米朗　卡　尼　西热赤米　永忠才加　扎西亚培　巴旦曲扎
永旺杰　祖布伟色　益西森格　拉　加　乃　米　美　久　自　德　西热塔孜
扎　西　多　加　布扎西　同　扎　旦增达杰　哈　布　索南塔杰

龙卡寺（12人）

嘎桑加措　次成塔钦　古　格　西热次成　旦增桑巴　旦增加增　次成晋美
贡恰龙多　次成宗布　次仁罗布　桑旦向秋　罗桑扎西

朵定寺（8人）

龙多杰参　噶桑次成　祖布杰参　次成热旦　旦培伟色

仁增杰参　次成尼玛　桑旦次成

夏曲镇（24人）

瓦塘寺（7人）

贡桥培杰　贡巧次成　贡巧土登　旦增仁青　旦增昂琼　旦增扎巴　晋美桑珠

朗地寺（5人） 金巴曲措　班杰　曲英曲措　木拉曲措　强秋曲珍

那国日追（4人） 次成曲措　次成巴姆　旦增曲措　西热曲措

江日日追（1人） 次仁旺曲　**擦曲松果拉康（1人）** 旦增曲旺

茶如尼拉康（1人） 塔　杰　**扎勒拉康（1人）** 巴　旦　**列加库拉康（1人）** 西　热

改乃拉康（3人） 白玛曲卓　贡桑德青　嘎宗

中共比如县委员会 比如县人民政府表彰 2016年下半年比如县先进寺管会及优秀驻寺干部

先进寺庙管理委员会：（7个）

瓦塘寺管理委员会　茶曲乡第一片区寺庙管理委员会　达姆寺管理委员会

龙卡寺管理委员会　强达寺管理委员会　夏曲镇片区寺庙管理委员会

白嘎寺管理管委会

优秀驻寺干部：（25名）

比如寺管理委员会　拉巴桑珠

仲那寺管理委员会　仁增多杰

恰如寺管理委员会　何元福

秀东寺管理委员会　次仁顿珠

桑达寺管理委员会　嘎　布

龙卡寺管理委员会　格桑拉姆

朵定寺管理委员会　旦增普布

色扎寺管理委员会　旦增曲扎

瓦塘寺管理委员会　次旺见参

那拉拉康专职管理特派员　次仁多杰

热登寺区管理委员会　扎西达瓦

贡萨寺管理委员会　多吉拉旦

热钦寺管理委员会　张刚刚

珠德寺管理委员会　仁　乃

比如镇片区寺庙管理委员会　阿　若

曲德寺管理委员会　拉　巴

香曲乡片区寺庙管理委员会　贡确才增

申扎寺管理委员会　尼玛多吉

欧括寺管理委员会　李　军

白嘎寺管理委员会　达　瓦

夏曲镇片区寺庙管理委员会　多吉次仁

恰则乡片区寺庙管理委员会　那　色

达姆寺管理委员会　陈正星

茶曲第二片区寺庙管理委员会　索朗多吉

良曲乡片区寺庙管理委员会　钟正源

中共比如县委员会 比如县人民政府表彰 2016年下半年和谐模范寺庙及爱国守法先进僧尼

和谐模范寺庙（拉康、日追）名单：（25个）

比如寺 珠德寺 恰如寺 曲德寺 亚扎寺 申扎寺 桑达寺 嘎如寺 萨布拉康

白嘎寺 龙卡寺 欧括寺 强那寺 强达寺 朵定寺 扎拉乡 色扎寺 央龙拉康 朗地寺 那果日追 古龙寺 达姆寺 热登寺 帕如拉康 贡萨寺 热钦寺

爱国守法先进僧尼名单：（647名）

达塘乡（49人）

古龙寺（48人）

仁青同珠（活佛） 洛桑白姆（委员） 才成卓玛 次成嘎姆 西热桑姆 仁增旺姆

次成曲珍 嘎玛桑姆 罗桑卓玛 索巴白姆 洛桑曲措 贡曲拉姆 曲宁桑姆

旦增曲珍 旦增卓玛 同玉美琼 曲旦白姆 阿旺德青 贡觉曲珍 次成南达

贡觉白姆 达松卓玛 强久群措 阿旺德吉 次成桑姆 旦增卓嘎 洛桑曲宗

旦增当秋 次成卓玛 桑旦白姆 贡曲旺姆 曲英白姆 旦增格堆 洛桑曲卓

桑旦曲卓 西热曲措 洛桑卓玛 曲英巴姆 旦增桑杰 旦增旺姆 次成白玛

西热旺姆 洛桑白吉 唐曲卓玛 古如拉措 洛桑曲英 旦增卓玛 次成巴宗

孔玛日追（1人） 单增卓玛

恰则乡（2人）

提塔拉康（1人） 玛米（副组长） **多雍塘日追（1人）** 旦增桑吉

扎拉乡（10人）

色扎寺（5人） 旦增列西（副主任） 云丹旦增（委员） 次成西热

土旦加措（委员）贡觉罗旦

雄塘拉康（1人） 斯扎 **央龙拉康（3人）** 欧珠 阿培 尼珠（副组长）

孔热拉康（1人） 曲旺（副组长）

茶曲乡（52人）

热登寺（32人）

洛桑次旺（副主任） 洛桑克巧（委员） 洛桑扎西（委员） 洛桑加央

旦增帕巴 阿旺赤列 洛桑鲁珠 洛桑欧珠 洛桑多增 洛桑西珠 洛桑罗布

罗桑念扎 旦增格堆 崔成塔杰 崔成热萨 洛桑措美 钦热江白 嘎桑朗卓

益西土美 洛桑措央 江参贡格 旦增曲培 崔成贡桑 洛桑克珠 洛桑顿旦

洛桑仁青　洛桑益西　丹增谭确　落桑贡确　坚参巴旦　崔成旦增　坚参旦培

达姆寺（11人）

阿旺达杰（副主任）　阿旺强巴（委员）　阿旺曲旦（委员）　嘎桑松热（委员）

阿旺路珠　阿旺多吉　嘎桑夏加　阿旺江白　阿旺洛桑　阿旺曲久　阿旺多吉

玛库拉康（1人）洛桑曲增　**昂永拉康（1人）**托色占巴　**拉吾拉康（1人）**欧珠（副组长）

日朵拉康（1人）啊　琼　**嘎塘拉康（1人）**洛　达（副组长）

肥塘拉康（1人）平措江措　**乃秀拉康（1人）**曲　培

吾塘拉康（1人）伦　珠　**多拖拉康（1人）**次仁扎巴

良曲乡（86人）

贡萨寺（57人）

日旺·贡觉旦增（活佛）　贡觉塔钦（副主任）　旦增卓堆（副主任）　贡觉旦达（副主任）

旦增强久（副主任）　旦增曲英（副主任）　旦增罗布（委员）　旦增朗达

旦增巴旦　旦增塔曲　旦增多杰　小贡觉旦增　旦增土美　小旦增次成　旦增曲恰

旦增热杰　旦增伟色　旦增赤美　大旦增西热　旦增曲加　小旦增西热　旦增热卓

格桑加央　旦培嘎玛　旦增曲久　大旦增久美　旦增索朗　小旦增次成　嘎玛德庆

旦增贡布　旦增祖珠　旦增宁布　大旦增曲热　阿旺旦塔　小旦增多吉　旦增克巧

旦增顿珠　旦增平措　旦增曲杰　旦增格列　旦增培德　小旦增曲热　旦增曲培

旦增旺久　旦增曲塔　旦增索巴　西热平措　才成杰美　旦增次巧　旦增达桑

旦增贡布　旦增郎色　旦增旺达　贡觉土旦　旦增洛追　旦增贡嘎　旦增杰达

热钦寺（26人）

格列平措（活佛）　崔成洛萨（委员）　洛桑土旦（委员）　加央洛培　崔成吾色

旦增热色　加央益西　旦增朗杰　旦增朗卓　加央曲旦　洛桑谭确　崔成朗达

加央多阿　次成格桑　阿旺旦增　阿旺巴桑　罗桑让卓　洛珠顿珠　赤美洛珠

次成曲培　洛桑久美　洛桑云旦　洛桑美朗　洛桑曲达　洛桑念杰　洛桑南达

嘎曲日追（1人）旦增旺姆（副组长）　**美巴日追（1人）**次成桑姆

热如拉康（1人）次仁央培

比如镇（65人）

珠德寺（23人）

琼追·格桑吞旺（活佛）　拉松加参（副主任）　格桑南真（委员）　加在平德

加参龙多　加参达扎　拉松单增　拉松平措　格桑曲培　格桑单塔　格桑杰参

旦增同珠　格桑塔克　洛桑加参　拉松云单　旦增塔杰　拉松单培　格桑塔杰

格桑贡罗　洛桑旦达　拉松培杰　格桑尼玛　曲古塔杰

比如寺（21人）

拉松单增（副主任）　单增塔曲（委员）　格桑尊追（委员）　克珠崔成（委员）

格堆塔杰　单增益尼　格桑曲旺　格桑崔赤　嘎桑路珠　旦增索巴　克珠曲扎

贡确曲杰　格桑塔庆　旦增次南　旦增杂玛　次仁平措　旦增贡青　单增曲培

旦增托美　格桑罗旦　赤列曲培

曲林寺（6人）克珠嘎桑　拉松旺久　加央曲培　扎西多吉　平措顿珠　益 信

仲那寺（9人）曲旦罗布（活佛）　旦增次成（副主任）　嘎桑加央（委员）
加央旦巴　加央伦珠　加央土杰　洛桑次仁　秋英克珠　加央赤美

江然拉康（1人）扎　坚　**莫瓦拉康（1人）**扎西加才　**吉前拉康（1人）**仁庆次仁

央然拉康（1人）贡曲强巴　**培巴拉康（1人）**贡求塔杰　**玉贡拉康（1人）**晋美赤加

香曲乡（92人）

恰如寺（51人）

杰色·贡桑丹增（活佛）　尼扎·贡桑云丹桑布赤列贡恰（活佛）　土登隆多丹白尼玛（活佛）
贡桑潘德（副主任）　催成白丹（副主任）　江白龙多（副主任）　贡桑洛珠（委员）
扎西维色（委员）　贡桑赤列（委员）　云丹平措　贡觉催成　贡觉桑布　崔成郎达
厅觉丹增　仁增扎巴　龙多塔青　土登曲觉　贡桑崔成　格桑朗杰　洛珠加措
西珠达瓦　曲英赤美　土登江巴　贡桑龙朵　催成白觉　曲英桑布　催成塔青
洛追西热　催成晋美　西珠尼玛　尼玛丹增　阿旺朗加　嘎桑丹白尼玛次　丹增崔成
崔成尼玛　贡觉索巴　贡桑旦培　贡桑曲旺　云旦平措　贡桑曲丹　洛追桑布
土丹尼其　贡桑显培　塔益维色　土丹白桑　格列塔青　贡桑伦珠　贡桑塔青
次成克曲　贡桑加参　曲英尼玛贡桑索巴

亚扎寺（8人）

旦增洛萨（副主任）　格桑当曲（委员）　格桑塔巴　江白益西　尊追塔庆
土旦洛萨　塔巴龙托　洛桑西热

曲德寺（16人）

达布吉尊·阿旺洛桑旦增曲吉坚赞（活佛）　吉仲．洛桑旦增（活佛）　丹增曲朗（副主任）
嘎桑尊追（副主任）　嘎桑索巴（委员）　嘎桑强巴（委员）　嘎桑西热（委员）
嘎桑洛丹　罗桑平措　旦增曲旦　丹增西热 丹增巴旦　嘎桑龙日　曲扎桑布
洛桑桑旦 益西贡加

秀东寺（6人）

强巴多吉（活佛）　西热坚才（副主任）　土旦贡青（委员）　次成朗加
拉松催成　洛桑西热

玛热拉康（1人）顿多扎西(副组长)　**久巴拉康（1人）**扎西更才（副组长）

嘎才日追（2人）旦增尊追（副组长）　催成旺姆　**旺乃拉康（2人）**曲旺　吉培

央巴拉康（1人）白玛多杰　**仲乃拉康（2人）**姆 刚　古 达　**培巴拉康（1人）**格 勒

丁嘎拉康（1人）拉　央

羊秀乡（76人）

桑达寺（36人）

雪叶·尼达次旺（活佛）　次成江才　次成南达　次成伟色　次旺次成　单增克珠
旦增永忠　东尼让卓　嘎桑次仁　嘎桑催成　嘎桑丹增　格桑伦珠　久美祖培
次旺祖培　格桑永忠　朗达祖培　尼玛加参　西热洛桑　萨东让卓　旦增加瓦

索朗催成　西热达杰　西热贡加　西热久美　西热平措　西热旺加　燕加丹增
益西贡桑　永忠巴丹　永忠丹增　永忠南达　永忠曲旦　永忠旺加　祖培次成
祖培江才　尊追塔青

申扎寺（25人）

土嘎（活佛）　西热益西（活佛）　西热旦增（委员）　西热崔成（委员）
催成西热　次成江村　次成加措　次成南加　催成塔杰　永忠催成　宗彭朗加
永忠江村　旦培塔庆　洛珠平措　赤美西热　洛追坚参　桑旦久美　多巴坚才
晋巴塔青　贡加伟斯　幕朗南达　永忠祖普　单增格列　益西洛追　索巴扎西

嘎如寺（13人）

永忠旺扎（副主任）　永忠西热塔青（委员）　次旺江参　永忠旦增　桑旦塔青
催成组陪　贡桑催成　次成旺扎　东萨让卓　达瓦坚参　西热平措　巴青旺布
次成久美

萨布拉康（2人）桑旦祖普　桑旦塔次

白嘎乡（194人）

白嘎寺（75人）

坚参肯热（副主任）　江央江参（副主任）　加增龙多（委员）　洛桑江增（委员）
阿旺旦培　阿旺贡培　阿旺洛珠　阿旺尊追　次成杰参　次成踏青　旦增赤列
旦增顿珠　旦增尼玛　旦增群培　多阿坚参　嘎桑赤列　嘎桑坚参　嘎桑强巴
格　培　格顿江参　格桑云旦　贡　桑　土登顿玉　江参洛珠　坚参强曲
多阿坚增　拉松桑布　洛桑贡布　洛桑念扎　洛桑英尼　洛桑英尼　洛桑尊追
平措洛桑　强曲塔杰　土登赤列　土登赤美　土登次加　土登达娃　土登罗布
土登罗杰　土登培杰　土登曲扎　土登热嘎　土登桑珠　土登森格　土旦塔杰
土登塔庆　土登沃松　土登益西　西　热　益西巴桑　益西贡桑　益西洛珠
益西米朗　益西强巴　益西桑旦　益西沃朗　益西扎西　扎西江才　曲英仁青
坚参旦让　次成旦培　曲松勒西　拉松塔庆　土登洛萨　洛桑益西　曲松坚参
曲英洛珠　益西坚参　曲英夏加　旦增平措　曲英加央　曲英强巴　曲英桑达
益西索巴

强达尼寺（40人）

唐曲桑姆（委员）　土旦益西（委员）　土旦曲珍（委员）　洛桑尼措　格堆桑姆
旦增桑姆　嘎旦卓玛　次成卓玛　益西措姆　土旦曲巴　旦增曲措　土旦桑姆
土旦巴姆　土旦贡措　曲宗塔庆　桑旦卓玛　土旦巴珍　洛桑白措　土旦德吉
土旦拉姆　土旦央宗　土旦曲宗　土旦曲珍　阿旺卓嘎　平措桑姆　土旦罗央
洛桑次珍　土旦曲嘎　平措德萨　土旦曲珍　土旦曲吉　土旦卓吉　洛桑曲增
土旦塔措　旦增曲增　土旦巴姆　益西央卓　土旦曲措　土旦塔措　土旦卓嘎

强那寺（25人）

江才西热（副主任）　加旦（副主任）　曲珠（委员）　益西阿旺（委员）
阿旺强巴　土旦塘克　阿旺巴桑　土旦贡布　阿旺扎巴　塔曲班坝　江才塔青

晋　　巴　阿旺土美　曲英塔青　益西尼玛　土旦松巴　平措朗尼　强巴克珠
土旦嘎桑　阿旺久美　洛桑当曲　土旦平措　曲古欧珠　阿旺嘎旦　阿旺青热

欧括寺（14人）

嘎松平措（副主任）　永忠才加（委员）　西热南卡　次成米朗　卡　尼
西热赤米　扎西亚培　巴旦曲扎　永旺杰　祖布伟色　益西森格　美　久
自　　德　旦增达杰

龙卡寺（12人）

嘎桑加措（委员）　次成宗布（委员）　次成塔钦　古　格　西热次成　旦增桑巴
旦增加增　次成晋美　贡恰龙多　次仁罗布　桑旦向秋　罗桑扎西

朵定寺（28人）

仁增杰参（副主任）　伟色江参（委员）　永忠洛萨　永忠旦巴　洛桑森巴
永忠贡塞　赤玖杰参　龙多杰参　西旦达杰　旦增次成　嘎桑次成　租布杰参
次成益西　次成热旦　次成贡塞　永忠边曲　杰参确勒　龙多塔庆　杰参扎西
旦增旺布　次成久米　色尼杰参　赤米杰参　旦培伟色　旦增旺杰　永忠布尼
次成尼玛　桑旦次成

夏曲镇（21人）

瓦塘寺（6人）

贡桥培杰（副主任）　贡巧次成（委员）　贡巧龙多　桑旦加措　旦增同玉　贡曲塔其

朗地寺（5人）

金巴曲措　班　杰　曲英曲措　木拉曲措　强秋曲珍

那果日追（4人）

次成曲措　次成巴姆　旦增曲措　西热曲措

列加库拉康（1人）西　热　**扎勒拉康（1人）**念扎（副组长）

江日日追（1人）阿吹卓玛（副组长）　**改乃拉康（1人）**贡桑德青

茶如尼拉康（1人）塔　杰　**擦曲松果拉康（1人）**旦增曲吉

2016年度自治区级民族团结进步模范集体名单

比如县

比如县2016年度地区级民族团结进步模范集体及个人名单

集体：热钦寺　　**个人：**比如县中学　刘娜

比如县2016年度县级民族团结进步模范集体及个人名单

集体：

扎拉乡片区管委会　良曲乡卫生院　比如镇巴翁村　比如县应急民兵连
比如镇派出所　达塘乡古龙寺　比如县完小　恰则乡人民政府
良曲乡热如村　夏曲镇朗地寺管会

个人：

达塘乡列玛村防疫员　阿琼
茶曲乡派出所　董旭明
扎拉乡宗教办　吕阳宪
比如镇图噶居委会支部书记　洛桑索朗
比如县药监局副局长　旦增白珍
比如县完小教师　黄蕾
夏曲镇中心小学教师　王婕
香曲乡片区管委会　张仁勇
良曲乡人民政府　王龙继
比如县市政管理局环卫队小组长　久美
比如镇江然村党支部书记　贡觉次培
比如镇嘎叶居委会个体经商户　高酒力海
比如镇派出所教导员、党支部书记　次仁多吉
比如县公安局刑警大队队长　平措旺堆
比如县编译局副主任科员　拉姆次仁

2016年度比如县优秀公务员

县委办　盛悠
县委办　徐智强
县委办（档案馆）　次仁拉姆
县委办（机要局）　拉　措
县纪检委　罗布次仁
县纪检委　赵彬
县人大办　索朗珠加
县政协办　罗正辉
县委组织部　达　吾
县委组织部　赵孟涛
县委统战部　高　峰
县委统战部　旦　增
县宣传部　达　珍
县宣传部　达瓦卓玛
县政法委　格桑巴珠
县政法委　孙成林
县工青妇　高家志
县人民检察院　王彬礼
县人民检察院　旦真贡布
县人民检察院　次仁百珍
县人民检察院　巴　桑
县人民法院　格桑罗布
县人民法院　多吉旺堆
县人民法院　次仁拉姆
县人民法院　次仁多吉
白嘎寺管委会　雍林杰
强达寺管委会　普布扎西
强那寺管委会　次仁桑珠
桑达寺管委会　王贵川
恰如寺管委会　贡曲求旦
曲德寺管委会　罗　布
亚扎寺管委会　西热平措
比如寺管委会　罗　桑
珠德寺管委会　益西平措
贡萨寺管委会　扎西央措
热钦寺管委会　尼玛次仁
达姆寺管委会　陈正星
热登寺管委会　钱茂生
古龙寺管委会　诺布央金
朗地寺管委会　多　杰
瓦塘寺管委会　旦增多吉
香曲乡片区　贡曲扎西
比如镇片区　央　金
良曲乡片区　索朗玉珍
茶曲乡一片区　多吉平措
茶曲乡二片区　索朗多吉
扎拉乡片区　索　朗
夏曲镇片区　次仁曲宗
达塘乡党委　扎西达瓦
比如镇党委　蒋　鑫
比如镇党委　罗　追
良曲乡党委　边巴卓嘎
恰则乡党委　尼西果罗
恰则乡党委　才　珠
香曲乡党委　索朗巴吉
扎拉乡人民政府　阿旺措珍
县政府　徐丽东
县政府　普布次旦
县政府　李建军
政府办　扎西卓玛
政府办　索朗德吉
政府办　卓玛布吉
国土局　罗发梁
国土局　扎西次仁
交运局　尹　耀
民宗局　尼玛吉
发改委　龚云峰

财政局　卓玛曲吉
财政局　白玛索朗
商务局　庄旭东
商务局　次　仁
扶贫办　赵腾飞
人社局　陈　超
人社局　达瓦拉姆
统计局　白玛拉增
住建局　郦满峰
住建局　拉姆次仁
安监局　贡觉旦桑
环保局　吴蕴慧
民政局　措　吉
司法局　赤来旺姆
文化局　次仁曲增
广电局　次仁平措
比如县水利局　杨磊
农牧局　卡卓拉姆
县林业局　贡觉云旦
比如县教体局　杨周宏
比如县卫生局　刘　林
比如县食品药品监督管理局　旦增白珍
比如县应急民兵连　余　杰
比如县应急民兵连　曾　果
比如县应急民兵连　邓　俊
比如县应急民兵连　刘　庆
比如县应急民兵连　李　超
比如县应急民兵连　廖运路
比如县应急民兵连　郑登开
比如县应急民兵连　欧　鹏
比如县应急民兵连　王俊翔
比如县应急民兵连　李小伟
比如县应急民兵连　梅益飞
比如县应急民兵连　张林武
比如县应急民兵连　李正华
比如县应急民兵连　赵文健
白嘎乡政府　吴孟波
比如镇　洛桑顿珠
比如镇　罗布次仁
比如镇　高仕薪
比如镇　曹万云
恰则乡人民政府　翟晓松
恰则乡人民政府　玛　布
达塘乡人民政府　扎西达瓦
达塘乡人民政府　普布仓木拉
达塘乡人民政府　江永丁巴
达塘乡人民政府　宾炬林
香曲乡政府　张新康
香曲乡政府　王　彪
扎拉乡人民政府　吕阳宪
羊秀乡人民政府　吕　坤
羊秀乡人民政府　陈从能
羊秀乡人民政府　金　巴
茶曲乡人民政府　次仁旺扎
茶曲乡人民政府　洛桑旺久
茶曲乡人民政府　高　翔
茶曲乡人民政府　陈志培
良曲乡人民政府　边巴普尺
良曲乡人民政府　卓玛布
良曲乡人民政府　符钟文
夏曲镇人民政府　贡　吉
夏曲镇人民政府　邓成帅
夏曲镇人民政府　德吉拉姆
公安局国保大队　次旺顿珠
公安局国保大队　扎西多吉
公安局国保大队　洛布次仁
公安局国保大队　普　次
公安局国保大队　巴　桑
公安局交警大队　尼玛旦增
公安局交警大队　赵　强
公安局交警大队　强巴次珠
公安局交警大队　贡嘎次仁
公安局治安大队　胥建军
公安局治安大队　次　多
公安局户籍科　嘎玛罗布
公安局督察大队　杨俊岭

公安局朗地寺管委会特派员　冷本才让
公安局指挥中心　兰晓光
公安局看守所　桑杰公觉
公安局看守所　达娃巴珠
公安局刑警大队　索朗珠扎
公安局办公室　益西曲珍
公安局法制科　顾　永　斌
公安局政工科　班觉旺堆
公安局警务保障室　龚艳霞
公安局警务保障室　胡忠达
城东警务站　占　　堆
城东警务站　达瓦次仁
农贸警务站　次仁多吉
农贸警务站　王　　卓
嘎叶村警务站　扎西索朗
嘎叶村警务站　达　　多
城西警务站　罗　康　华
城西警务站　尼玛罗布
占嘎尔警务站　色金多杰
色空路警务站　孔　明　杰
图嘎村警务站　龙　燕　恒
中学警务站　班　巴
公安局特警大队　格桑多布杰
公安局特警大队　王　通
公安局特警大队　次仁罗布
公安局特警大队　巴　桑
公安局特警大队　大米玛次仁
公安局特警大队　尼　玛
公安局特警大队　罗　布
羊秀乡派出所　多吉边久
羊秀乡派出所　顿珠多吉
羊秀乡派出所　次仁朗杰
扎拉乡派出所　拉巴次仁
扎拉乡派出所　索南贡萨
白嘎乡派出所　次仁多吉
白嘎乡派出所　次仁欧珠
白嘎乡派出所　夏靖松
白嘎乡派出所　仁青多杰
白嘎乡派出所　洛　　加
比如镇派出所　次仁多吉
比如镇派出所　达瓦次仁
比如镇派出所　次旺加措
比如镇派出所　阿旺曲培
比如镇派出所　达　尔　吉
达塘乡派出所　普布索朗
达塘乡派出所　边巴次仁
达塘乡派出所　次仁桑珠
茶曲乡派出所　土多多吉
茶曲乡派出所　平措郎珍
茶曲乡派出所　益　　西
恰则乡派出所　钟　康　豪
恰则乡派出所　阿旺洛桑
良曲乡派出所　索朗格桑
良曲乡派出所　平措旺堆
香曲乡派出所　加　　央
香曲乡派出所　次　　罗
公安夏曲检查站　扎西坚赞
公安夏曲检查站　拉巴次仁
公安夏曲检查站　扎西彭措
公安夏曲检查站　落　　追
夏曲镇派出所　多吉次仁
夏曲镇派出所　土旦嘎旦
夏曲镇派出所　扎西班典
贡萨寺派出所　嘎　　玛
曲德寺派出所　拉巴旦增
白嘎寺派出所　次仁平措
恰如寺派出所　玉　达　瓦
比如寺派出所　嘎桑达杰

2016年度比如县优秀事业单位工作人员

比如县人民医院　郭　创
比如县人民医院　王海勇
比如县人民医院　尼　确
比如县人民医院　央　珠
比如县人民医院　旺扎次仁
比如县人民医院　益　西
比如县疾控中心　顿珠曲英
比如县藏医院　次成旦增
比如县农牧科技服务站　罗增普赤
比如县农牧科技服务站　扎西朗珠
白嘎乡文化服务中心　格桑卓嘎
白嘎乡文化服务中心　央　宗
白嘎乡后勤服务中心　洛桑旦增
白嘎乡文化服务中心　次仁央宗
达塘乡人民政府　格　桑
达塘乡人民政府　次仁玉珍
达塘乡人民政府　白玛康珠
恰则乡农牧业科技服务中心　桑杰平措
恰则乡卫生院　阿　来
恰则乡文化站　次仁央措
香曲乡文化站　多吉次仁
香曲乡文化站　德吉群宗
香曲乡文化站　白玛拉珍
香曲乡后勤服务中心　尼玛曲珍
香曲乡卫生院　扎　西
扎拉乡文化服务中心　白玛德吉
扎拉乡文化服务中心　米玛普赤
扎拉乡后勤服务中心　达　娃
羊秀乡文化服务中心　宗　巴
羊秀乡文化服务中心　大普布卓玛
羊秀乡卫生院　旦增曲珍
茶曲乡农牧科技服务中心　次仁拉姆
茶曲乡后勤服务中心　旦增玉珍
茶曲乡卫生服务中心　达瓦卓嘎
比如镇文化服务中心　江丽琴
比如镇文化服务中心　格桑德吉
比如镇后勤服务中心　赤列顿珠
比如镇文化服务中心　达　珍
良曲乡文化服务中心　仓木卓嘎
良曲乡文化服务中心　仓　决
良曲乡后勤服务中心主任　普　卓
良曲乡卫生院　向　玛
夏曲镇文化服务中心　拉姆次仁
夏曲镇农牧业科技服务中心　白　马
夏曲镇文化服务中心　次仁玉珍
夏曲镇文化服务中心　索朗央宗

比如县教育系统获奖情况

被评为自治区级优秀教师：比如县中学　小益西曲珍

被评为地区级优秀教师有：

第一小学　尼措　　　第一幼儿园　卓玛龙宗

被评为县级优秀教师有：

白嘎乡中心小学　卓琼　　　白嘎乡中心小学　刘培培

比如县第一小学教务主任　洛桑次仁　　　比如县第一小学　吉嘎

比如县第一小学　次旺顿珠　　　达塘乡小学　罗　桑

比如县中学政教处　云　旦　　　良曲乡小学　旺久卓玛

比如县中学教师　次仁白玛　　　第二幼儿园　索朗次珍

比如县中学教师　欧珠拉姆　　　比如县中学　加　略

比如县第一小学　卓嘎才措　　　茶曲乡小学　旺堆扎西

茶曲乡小学　西热卓玛　　　比如县中学　大益西曲珍

比如县中学　吾金多吉　　　比如县中学　央金卓嘎

比如县中学　尼玛措　　　比如县中学　次仁白玛

第二幼儿园　索朗次珍　　　第二小学　吉拉姆

第二小学　索朗罗布　　　第二小学　索朗吉

良曲乡小学　平措嘎珍　　　良曲乡小学　旺久卓玛

良曲乡小学　阿　琼　　　恰则乡小学　旦增曲登

夏曲镇中心小学　达瓦次仁　　　夏曲镇中心小学　次仁卓嘎

第一小学　尊　追　　　第一小学　普布占堆

比如县第一小学　次仁央宗　　　比如县第一小学　次仁罗姆

荣获个人教学质量优胜奖的有：

比如县第一小学　次仁吉措　　　比如县第一小学　措　吉

比如县第一小学　次仁曲培　　　比如县第一小学　洛桑旦增

茶曲小学　班　姆　　　茶曲小学　斯曲卓玛

达塘乡小学　格桑拉姆　　　比如县中学政教处　洛桑阿旺

比如县中学党建办　达　珍　　　达塘乡小学　达杰曲培

达塘乡小学　才旺仁青　　　达塘乡小学　扎　桑

达塘乡小学　次旺次塔　　　达塘乡小学　央　吉

达塘乡小学　白玛曲宗　　　达塘乡小学　卓玛次仁

达塘乡小学　才增玉珍　　　达塘乡小学　嘎玛卓玛

达塘乡小学　吉卓玛　　　比如县中学　曾庆东

比如县中学　洛桑阿旺　　比如县中学　达　珍
比如县中学　刘　娜　　比如县中学　德　吉
比如县中学　央金卓嘎　　比如县中学　尼玛措
比如县中学教师　次仁白玛　　比如县中学　德庆拉增
第二小学　德吉措姆　　第二小学　次旦卓嘎
第二小学　次仁央卓　　第二小学　强曲卓玛
第二小学　旺秋卓玛　　第二小学　强巴央珍
第二小学　拉增塔姆　　第二小学　央青卓玛
第二小学　卓嘎曲措　　第二小学　次仁央宗
第二小学　次尼达娃　　第二小学　王　婕
第二小学　吉拉姆　　第二小学　索朗罗布
第二小学　扎　顿　　第二小学　索朗吉
良曲乡小学　尼玛卓玛　　良曲乡小学　旺久卓玛
良曲乡小学　米玛拉姆　　良曲乡小学　次仁江参
良曲乡小学　央　加　　良曲乡小学　多　吉
比如县第一小学　索朗卓嘎　　比如县第一小学　嘎卓措吉
比如县第一小学　中索朗卓嘎　　比如县第一小学　伊　卓
比如县第一小学　益西桑姆　　比如县第一小学　旦增崔成
比如县第一小学　旦增罗布　　比如县第一小学　白玛德吉
比如县第一小学　普布次仁　　比如县第一小学　龙　措
比如县第一小学　次仁罗姆　　夏曲镇中心小学　桑　嘎
夏曲镇中心小学　央　增　　夏曲镇中心小学　次仁央嘎

被评为地区级模范班主任的有： 茶曲乡小学　强珍
被评为县级优秀班主任的有：
第一小学　白玛德吉　　第一小学　措央
第一小学　德　庆　　第一幼儿园　拉措
第一幼儿园　边巴卓玛　　第一幼儿园　央金桑姆
达塘乡小学　旦增多吉　　比如县中学　次桑卓玛
比如县中学　尊　追　　第二幼儿园　索朗拉姆
第二小学　次旦卓嘎　　第二小学　拉增塔姆
第二小学　罗布卓玛　　第二小学　次　宗
第二小学　金　措　　良曲乡小学　旺久卓玛
良曲乡小学　米玛拉姆　　恰则乡小学　达瓦曲珍
恰则乡小学　次仁吉措　　夏曲镇中心小学　索朗旺久

荣获国家级培训计划优秀学员的有：

第一小学　平措卓玛
第一小学　尼　措
茶曲乡小学　旦增欧珠
第二幼儿园　索朗次珍
第二小学　德吉措姆
第二小学　次旺扎西
第二小学　白玛央宗
第一小学　卓 嘎 措
第一小学　旺　　扎

简略语注释

“两个一百年”奋斗目标：中国共产党成立一百年时全面建成小康社会，在新中国成立一百年时建成富强民主文明和谐的社会主义现代化国家。

五大发展理念：创新、协调、绿色、开放、共享。

五种重要的思维方式：战略思维、历史思维、辩证思维、创新思维和底线思维。

十八大报告提出的到2020年实现两个“翻一番”是什么：国内生产总值比2020年翻一番；城乡居民人均收入比2020年翻一番。

十八大报告提出的“两个倍增”“两个同步”：“两个倍增”一个就是国内生产总值的倍增；一个就是城乡居民收入的倍增。“两个同步”一个是城乡居民收入水平要和经济增长同步，另一个是劳动者报酬要和生产率提高同步。

“一带一路”是“丝绸之路经济带”和“21世纪海上丝绸之路”的简称。

“两学一做学习教育”是学党章党规、学系列讲话、做合格党员。

合格党员的“四讲四有”是：讲政治、有信念，讲规矩、有纪律，讲道德、有品行，讲奉献、有作为。

四个自信是：道路自信、理论自信、制度自信、文化自信。

当前面临的“四大危险”是精神懈怠危险、能力不足危险、脱离群众危险、消极腐败危险。

附 录

县委（扩大）会议暨2017年全县经济工作会议上的讲话（摘录）

比如县委书记　陈　刚

这次县委（扩大）会议暨2017年全县经济工作会议的主要任务是：学习贯彻党的十八届六中全会、自治区第九次党代会、全区经济工作会议、地委（扩大）会议、地区经济工作会议精神，总结回顾2016年工作。

下面我代表县委讲四个方面的意见。

一、跨越赶超、迎难而上，“十三五”实现顺利开局

2016年是“十三五”规划的开局之年，是脱贫攻坚的起步之年。一年来，在区党委政府、地委行署的坚强领导下，县委县政府团结带领全县各族干部群众，认真贯彻落实党的十八届六中全会、自治区第九次党代会精神，特别是吴英杰书记在比如视察调研时的重要讲话精神，面对艰巨繁重的任务，跨越赶超、争优争先；面对稍纵即逝的机遇，只争朝夕、跑步向前，圆满完成全年各项目标任务，“十三五”实现良好开局。**一是发展形势催人奋进**。2016年完成地区生产总值9.45亿元，增长28.06%；地方财政收入达到3702万元，增长21.86%；累计完成固定资产投资20.16亿元，增长17.6%；社会消费品零售总额1.86亿元，增长8.7%；农牧民人均收入达11496.59元，增长13.61%。项目建设成效显著。投资规模不断扩大，2016年全县项目共计190个，总投资达55.53亿元。新型城镇化建设稳步推进，实施了一大批改变城市面貌、完善城市功能的重大城建项目，区域性中心城市雏形加速形成，白嘎乡小城镇建设进展顺利，完成比如镇巴贡、夏曲镇夏曲卡居委会小康新村示范点建设。产业发展迈出坚实步伐。房地产业有序推进，娜秀岭安居苑小区填补了我地房地产开发空白。旅游业发展迈出实质性步伐，启动茶曲乡骷髅墙、温泉度假村景区建设，CCTV发现之旅《精彩视界》寻迹唐蕃古道——比如站活动产生积极影响。比如正大步向前，迎头赶上，大好的发展形势振奋人心、催人奋进。二**是稳定局面令人鼓舞**。始终把维护稳定作为硬任务和第一责任，讲法治、讲秩序、守底线，一仗接着一仗打，不断巩固专项治理成果，比如稳定的基础更加牢固。坚持露头就打、露尾就抓、依法严惩，持续开展严打整治专项行动，开展治安排查整治工作，社会治安形势持续好转，人民群众安全感显著提升，2016年县公安局荣获全区社会治安综合治理工作先进集体荣誉称号。宗教领域和谐稳定，依法加强寺庙“四权”，寺庙僧尼法制宣传教育深入扎实，各类传统性宗教活动正常开展，白嘎乡中心敬老院和强达尼寺、嘎如寺、申扎寺、朗地寺集体僧舍相继建成，僧尼修行条件不断改善，广大僧尼一心向党，寺庙和谐、宗教和睦、佛事和顺。全面推行IC卡虫草采集证，促进虫草采集管理信息化、规范化，采集秩序一年比一年好。以“三月法制宣传月”为抓手，群众思想教育不断深化。我们牢牢掌握了反分裂斗争的主动权，专项治理成果进一步巩固深化，比如和谐稳定的局面鼓舞人心。**三是谋划民生以人为本**。始终把民生作为各项工作的出发点和落脚点，推进民生持续改善。加快发展教育事业，建成比如县第二小学和两所幼儿园，比如县公共职业技能实训基地、比如县第二中学建设有序推进。县综合人民医院、3个乡镇中心医院、5个乡镇卫生院标准化建设扎实推进，为全县农牧民群众统一购买小额意外伤害保险。文化事业欣欣向荣，村村都有民间业余文艺演出队，群众性文化活动深入开展，成功举办第八届娜秀民间文化旅游艺术节暨冬虫夏草交易会、5个乡镇的民间艺术节和首届“娜秀风情”歌舞大赛，加强优秀传统文化的挖掘与保护，民生领域投入大、举措实，充分体现了以人为本。**四是倾情脱贫给人信心**。全面完成年度脱贫任务，去年全县446户、1691人实现脱贫，脱贫人口人均可支配收入达4150元，实施易地搬迁129户、532人，脱贫攻坚首战告捷，为2017年决战决胜脱贫攻坚打下了坚实基础，我们坚定了打赢脱贫攻坚战的信心决心。**五是党建加强聚人之力**。落实管党治党责任，毫不放松抓基层打基础。深入推进党风廉政建设，初步形成了干事创业、遵纪守法、风清气正的政治生态。县乡领导班子换届工作顺利完成，换出了好的班子、好的风气。持续整顿软弱涣散基层党组织，投资6600万元实施了22个村级组织活动场所标准化建设。持续用力正风肃纪，继续分三批选派60名干部到双湖县、尼玛县学习交流，关心爱护干部职工，每名干部分配一套周转房，提高休假包干路费标准，干部作风持续改善，为我们凝聚起了强大力量。**六是援藏工作成效明显**。第八批援藏进入比如以来，视比如为第二故乡，践行“老西藏精神”、“那曲精神”，在深入走访调研的基础上，科学确定援藏思路和三年援藏计划，积极推进援藏工作。按照“两个倾斜”的原则，扎实推进项目援建，援藏投资力度不断加大，去年由援藏投资实施的比如县综合人民医院、比如镇巴贡小康示范村、夏曲镇夏曲卡小康示范村等项目基本建成，总投资达到8000多万元，有力促进了受援地经济社会发展。

成绩来之不易，必须倍加珍惜。**事实证明，以习近平同志为核心的党中央和区党委政府、地委行署的坚强领导，是我们做好工作的坚强保障**。区党委政府、地委行署高度重视比如工作，特别是吴英杰书记、齐扎拉主席心系比如，先后亲临比如视察调研工作，对比如工作给予充分肯定，提出殷切期望。**社会大局和谐稳定，是我们加快发展的根本前提**。比如的发展，离不开稳定的社会环境，比如的发展证明，稳定是前提，稳定是基础，稳定是保证，没有稳定其他都无从谈起，必须倍加珍惜当前来之不易的和谐稳定局面。**解放思想、敢于担当、主动作为、埋头苦干，是我们攻坚克难的关键**。全县各级各部门和广大干部职工开拓创新、真抓实干，在破解难题的过程中，形成了许多特色亮点和成功经验，广大人民群众更加真切地体会到了稳定带来的实惠和好处，思稳定、盼富裕、奔小康的行动更加坚定。在此，我代表县委、县政府向全县党政军警民表示亲切的问候，并致以崇高的敬意！

成绩有目共睹，压力客观存在。当前和今后一个时期我们面临的压力还很大。**必须面对加快发展的压力**。经济发展层次低、总量小、人均少，近年来我县经济呈现较快增长，但这是在较低基数上的增长，与其他先进兄弟县相比仍然存在较大差距，区位资源优势不突出，发展仍然以投资拉动为主，内生增长动力不足，部分干部思想不够解放，带领群众发展经济措施不多，基础设施建设滞后，产业发展缓

慢，自身造血能力差，发展后劲不足，农牧民持续增收难度大，跨越赶超的压力依然很大。**必须面对巩固成果的压力**。各种风险隐患增多，维护稳定的压力依然很大。**必须面对改善民生的压力**。基础设施还不完善，民生领域欠账较多，特别是脱贫攻坚任务十分繁重，自治区、地区明确我县2017年脱贫摘帽，比地区原定的2018年率先脱贫提前了一年，2017年要完成1101户4479人的脱贫任务，同时还要巩固好2016年脱贫攻坚成果，时间特别紧、任务特别重，改善民生的压力依然很大。**必须面对改进作风的压力**。近年来干部作风建设深入推进，干部作风不断改善，但也要看到一些干部精神状态不佳、心浮气躁，事业心、责任心缺乏，群众观念淡薄，不思进取、慵懒无为的有之，不敢担当、不抓落实的有之，改进作风的压力依然很大。

面对成绩不骄不躁，面对困难充满信心。总的来看，希望和困难并存，机遇和挑战同在，但希望大于困难，机遇大于挑战。一定要坚定信心、鼓足勇气，勇于担当、主动作为，牢牢抓住机遇，奋力攻坚克难，撸起袖子加油干，就一定能够实现比如长足发展、长治久安。

二、深入学习贯彻党的十八届六中全会、自治区第九次党代会和地委（扩大）会议精神

党的十八届六中全会、自治区第九次党代会和地委（扩大）会议精神，为我们奋力推进长足发展、长治久安指明了方向，必须学习宣传好、贯彻落实好。党的十八届六中全会，以全面从严治党为主题，对加强党的建设作出了新的重大部署。全会最大贡献就是，明确了习近平总书记的核心地位、正式提出了“以习近平同志为核心的党中央”，这是党的选择、人民的选择、历史的选择，是党心所向、军心所向、民心所向，是党和国家根本利益所在，反映了全党的共同意志，反映了全党全军全国各族人民的共同心愿。自治区第九次党代会选举产生了以吴英杰书记为班长的新一届区党委班子，科学分析了西藏工作面临的新形势新任务，明确了今后五年的工作思路、目标任务，提出了坚定不移维护社会稳定、坚定不移促进经济社会发展、坚定不移建设美丽西藏、坚定不移加强党的建设的战略举措。地委（扩大）会议贯彻党的十八届六中全会和自治区第九次党代会精神，明确了当前和今后一个时期我地工作的目标任务和总体思路，吹响了在新的起点上奋力推进那曲经济社会长足发展和长治久安的新号角。旗帜就是方向，核心至关重要。全县各级党组织和广大党员干部群众，要牢固树立政治意识、大局意识、核心意识、看齐意识，特别是核心意识和看齐意识，在思想上拥戴核心，在政治上信赖核心，在组织上忠诚核心，在行动上捍卫核心，坚决维护党中央权威，与区党委保持高度一致，坚决贯彻落实地委决策部署。要认真学习宣传、贯彻落实好党的十八届六中全会、自治区第九次党代会精神和地委（扩大）会议精神，深入持久抓好学习宣传，坚定不移抓好贯彻落实。

比如县人民代表大会常务委员会工作报告

比如县人大常委会主任　江　英

2016年，县人大常委会在县委的正确领导下，深入贯彻党的十八大和十八届三中、四中、五中、六中全会和中央第六次西藏工作座谈会以及区党委第九次党代会精神，深入贯彻落实习近平总书记治国理政新理念新思想新战略系列重要讲话精神，特别是“治国必治边、治边先稳藏”的重要战略思想和“努力实现西藏长期稳定、全面稳定、持续稳定”的重要指示，坚定不移地坚持党的领导、人民当家作主和依法治国的有机统一，紧紧围绕县委决策部署、“一府两院”重点工作和人民群众普遍关心的热点问题，主动作为，依法履职。党的十八届六中全会正式确立习近平总书记为党中央的核心、全党的核心，反映了全党全军全国各族人民的共同心愿。县人大常委会牢固树立政治意识、大局意识、核心意识、看齐意识，特别是核心意识和看齐意识，自觉在思想上政治上行动上同以习近平同志为核心的党中央保持高度一致，保证党的路线方针政策和决策部署在人大工作中得到贯彻和执行。

一、服务发展大局，进一步增强监督实效

县人大常委会紧紧围绕县委决策部署，坚持法治导向、问题导向、发展导向、民生导向，坚持监督的原则性与灵活性、监督与支持的有机统一，不断完善监督工作的方式方法，着力增强监督实效。

加强对计划和预算执行的审查监督。2016年，比如县通过了“十三五”时期国民经济和社会发展规划纲要，县人大常委会听取和审议了“十二五”时期国民经济和社会发展计划执行情况报告，充分肯定了县政府为经济社会发展所做的努力和取得的成效。同时，加强预决算审查监督力度，听取和审议了关于2015年预算执行情况及2016年财政预算（草案）的报告，促进了财政工作的规范运行。

加强对民生问题的监督。县人大常委会组织区、县、乡“三级人大”代表，围绕县委中心工作和农牧民群众关心的热点问题，针对脱贫攻坚、法制教育和小康示范村建设进行了专题视察，通过视察代表们提出有针对性的意见建议7条。

重视群众来信来访工作。县人大常委会对群众反映强烈的信访问题，开展重点监督，切实维护群众合法权益，进一步发挥人大在保护群众利益和维护社会和谐稳定中的作用。一年来共接待和处理人民群众涉法来信来访1件1人次，按照“统一受理、及时批办、责任督办、情况反馈”的原则，及时转交有关部门和单位，全程跟踪督办，限期答复当事人，做到了件件有着落，事事有回音。

二、依法行使职权，讨论决定重大事项和人事任免工作更加科学规范

规范行使重大事项决定权。一年来，县人大常委会着重选择事关全局和群众切身利益的重大问题，深入开展调查研究，及时作出决议决定。围绕改革发展稳定大局，听取和审议通过了《比如县虫草采集管理办法（暂行）修正案》、《比如县人民政府关于购买政府团体意外伤害保险和农牧民小额意外伤害保险、大病医疗补充保险的报告》，认真审议决定重大事项。

依法行使人事任免权。常委会坚持把党管干部原则同依法行使任免权统一起来，把对党负责同对人民负责一致起来，严格执行党委建议、有关机关提请、常委会把关、主任会议审查、常委会会议审议的任免程序，进一步推进人事任免工作民主化、法制化、规范化，实现了县委人事任免意图。2016年，县十二届人大及其常委会选举任免县“一府两院”和常委会工作机构、政府机关工作人员74人次，为地方国家机关建设提供了有力的组织保障，新当选的国家机关工作人员进行了宣誓。

三、加强代表工作，充分发挥代表主体作用

加强议案建议督办。县人大常委会始终把办理代表议案建议作为保障代表民主权利、充分发挥代表作用作为重要工作来抓，针对代表建议办理效率低、质量差等问题，制定了《代表建议办理工作制度》，用制度来推动代表建议办理，使建议办理工作规范化、程序化。十一届六次会议共受理代表包括政法类、财政计划类、农牧林业类、工业交通类、文化教育类、劳动人事社会保障类和其他共七类建议48件；十二届一次会议共受理代表和其他各类建议49件。县人大及时与县政府联合召开交办会，落实具体承办单位，切实加强督办，97件代表建议均已得到有关部门的规范办理和答复，代表满意率98%，基本满意率2%，收到了良好的效果。

积极组织代表活动。围绕县委中心工作和农牧民群众关心的热点问题，组织区、县、乡三级人大代表，针对扶贫、小康示范村建设、法治建设领域进行了专题视察。人大代表切实履行自身职权，积极参与、认真视察，指出了存在的7个共性问题并提出了针对性的意见建议，讨论形成了视察报告。

四、搞好换届选举，保障人民当家作主

2016年，县人大常委会按照区、地关于换届选举工作的部署，在县委的领导下，及时部署、周密安排，精心组织，圆满完成了县乡两级人大换届选举工作。按照“坚持党的领导、坚持发扬民主、坚持严格依法办事”的原则，加强检查指导，认真落实广大选民的参与权、选举权和监督权，确保了县乡两级人大代表换届选举工作依法有序进行。经过宣传动员和准备、选民登记、提名确定代表候选人、投票选举和召开新一届人代会五个阶段工作，依法选举产生了新一届县级人大代表129名，乡镇人大代表428名，县人大常委会组成人员27名。这次换届选举，提高了基层人大代表特别是农牧民、专业技术人员代表比例，降低了党政领导干部代表比例，妇女代表比例比上届有所提高，人大代表具有更加广泛的代表性，充分体现了人民当家作主。

五、创建代表之家，发挥代表闭会期间作用

2016年，按照区人大、人大地区工委关于创建“人大代表之家”的系列部署和相关要求，县人民政府解决122万元，县人大常委会完成了县乡11个“人大代表之家”的规范化建设，做到了硬件建设标准化、软件建设制度化，努力促进代表活动常态化，不断把“人大代表之家”建设成为学习培训、联系选民、开展活动、履行职责的重要载体。

六、加强自身建设，努力提高常委会工作水平

加强思想政治建设。认真学习党的十八大、十八届三中、四中、五中、六中全会和中央第六次西藏工作座谈会精神，深刻领会精神实质，牢牢把握人大正确的政治方向。深入学习落实自治区第九次党代会、县委扩大会议等重要会议精神，切实增强大局观念，把握常委会工作重点，加强宪法和法律学习。坚持民主集中制原则，严格依法办事，集体行使职权，自觉接受人大代表和群众的监督。坚持改进工作作风，密切联系群众，充分了解和反映群众的意愿和要求。

加强制度化建设。坚决维护党的领导的核心地位，坚持重要工作和重大事项向县委请示报告制度。以“两学一做”专题教育为契机，不断提高工作的制度化和规范化水平。严格执行常委会议事规则，着力提高会议质量和工作效率。

加强联系沟通。县人大常委会加强与人大

那曲地区工委的工作联系，协助和配合上级人大开展调研、视察、执法等活动。加强对乡镇人大工作的指导，加强各乡镇人大之间的联系和交流，及时总结和推广好的经验和做法，为

进一步搞好乡镇人大工作起到了积极的促进作用。

服务中心工作，兼顾人大职能。县人大常委会在履行职责的同时，积极参与到全县重点工作中，坚决服从县委的安排，按照县委的统一部署，积极参加全县中心工作等。常委会各领导长期蹲点一线，积极开展维护稳定工作，协助全县抓好扶贫攻坚，督导指导政府做好经济发展社会事业各项工作，在宣传党的方针政策的同时，还结合人大工作开展调研活动，真正“两手抓、两不误，两促进”，为比如的经济社会大局稳定贡献了力量。

推进党风廉政建设。认真学习新修订的《中国共产党章程》、《中国共产党廉洁自律准则》和《中国共产党纪律处分条例》，严格执行中央八项规定和区党委“约法十章”“九项要求”，认真履行主体责任和监督责任，巩固和发展了人大机关风清气正的良好局面。

政府工作报告

县长　边巴次仁

2016年是“十三五”规划的开局之年，全县上下按照“解放思想强县、巩固成果稳县、生态牧业立县、特产投资富县、文化教育兴县”的总体思路，以开拓创新的举措突破发展瓶颈制约，以只争朝夕的精神抢抓发展机遇，“十三五”实现开门红，跨越发展迈出坚实步伐，经济社会发展取得了可喜成效。全县实现GDP9.45亿元，同比上年增长28.06%；完成固定资产投资20.16亿元，增长17.6%；实现地方财政一般预算收入3702万元，增长21.86%；实现税收收入4210万元，增长55.91%；农牧民人均收入达11496.59元，增长13.61%，主要经济指标均超额完成年初确定的目标任务。

一、抓项目，促跨越发展。坚持把项目作为跨越发展的强大支撑，实施了一大批关系全局的重大项目，全年项目共计190个，总投资达55.53亿元。实施了一批改变城市面貌的重大项目。全地区首个房地产开发项目——娜秀岭安居苑小区顺利推进，完成布曲河景观带、怒江岛公园建设，一号院改造工程、第一公务员小区一期、比如县商贸大厦、比如县2013—2016公租房工程等项目加快推进。比如新区建设有序推进，完成比如县第二公务员小区、比如镇人民政府服务中心、人民法院综合楼建设，比如新区一站式政务服务中心、棚户区改造等项目加快推进。开工建设县城给排水工程、比如新区市政道路、比如县建材市场。按照“特色鲜明、功能完善、集约节约、宜居宜业”的总体要求，重点打造夏曲镇、达塘乡、白嘎乡3个中心乡镇。完成白嘎乡老城区市政道路延伸项目建设，白嘎乡新区市政道路、中心公园加快推进，完成达塘乡中心乡镇建设初步规划。争取援藏投资，在比如镇巴贡村、夏曲镇夏曲卡建成2个小康新村示范点。实施了一批打牢基础的重大项目。G558比如至边坝段、比扎公路加快推进，完成工程总量的80%。建设

县城南岸新区防洪堤、北岸城区防洪堤，完成白嘎乡灌区续建项目和夏曲镇、扎拉乡、羊秀乡2014年、2015年小型牧区水利专项县。在夏曲镇、扎拉乡、达塘乡、恰则乡、良曲乡实施高寒棚圈建设4476户，完成县乡农技推广服务站建设。开工建设夏曲镇等8个乡镇农贸市场。招商引资取得新成效。全年招商引资项目达18个，签订协议27.16亿元，完成落地1.16亿元。比如县川英商砼混凝土有限责任公司、比如县川英建材有限公司等多家公司在比如县注册。

二、**抓产业，促长远发展**。立足实际，科学谋划，培育了一个个关系比如跨越发展的新增长点。农牧业平稳发展。2016年在全县6个半农半牧乡镇实施万亩高效牧草种植基地建设，种植牧草12000余亩，干草产量达1123.95万斤，总产值近3000万元。在良曲乡萨玛村、比如镇章达村新建奶牛养殖基地2个。旅游业全面起步。成功举办第八届娜秀民间文化旅游艺术节暨冬虫夏草交易会，积极参加第十八届杭州西湖博览会、四川绵阳电子商务博览会和重庆、成都旅游推介会，拍摄制作比如旅游宣传片、微电影《邂逅比如》，CCTV发现之旅《精彩视界》——寻迹唐蕃古道比如站活动圆满成功。实施茶曲乡骷髅墙景区、温泉度假村项目建设，完成良曲乡帕拉晶塔、良曲乡嘎达村民俗体验村、良曲乡热如村景区设计方案。2016年接待游客5.54万人次，实现收入594.9万元。

三、**抓民生，促共享发展**。坚持以人为本，在加快发展的同时，始终不忘民生，实实在在地为群众谋福祉。脱贫攻坚开局良好，首战告捷。446户1679人脱贫出列，贫困户人均可支配收入达4150元。2016年产业扶持项目共15个，总投资6.62亿元，开工建设比如县虫草交易市场、比如县10个乡镇商业综合体建设等项目。实施县城集中搬迁，完成129户、532人易地搬迁任务。坚持走适度集中、联合办学的路子。建成比如县第二小学和两所幼儿园，实施县中心小学等8所小学附属设施建设，开工建设比如县第二中学、比如县公共职业技能实训基地，完成县高级中学规划设计。教育教学质量稳步提升，中小学入学率分别达到93.92%、99.84%。基层文化红红火火。县乡村均成立了艺术团、演出队，群众性文化活动广泛开展，全年共开展文艺演出70场次，参与群众5万余人次。成功举办第八届娜秀民间文化旅游艺术节暨冬虫夏草交易会和夏曲镇、达塘乡、茶曲乡、白嘎乡、香曲乡5个乡镇的文化旅游艺术节。举办比如县首届娜秀风情原生态牧歌、原生态舞蹈比赛，达布卡尔、多瓦热巴等一批失传多年的优秀民族文化被重新挖掘出来。加强文物安全保护工作。协同自治区文物普查办文物鉴定专家对我县25座寺庙及5个拉康日追文物进行鉴定，确定各类文物1512件，其中一级文物13件、二级文物54件、三级文物539件、一般文物906件。加强村级组织活动场所建设。投资6600万元实施22个行政村文化活动场所标准化建设。加大卫生事业投入力度，加快医疗卫生基础建设。新建比如县综合人民医院（含藏医院、疾控中心、妇幼保健院），实施夏曲镇、达塘乡、白嘎乡3个中心医院和恰则乡、茶曲乡、良曲乡、扎拉乡、羊秀乡5个卫生院标准化建设。加强基层医疗队伍建设。将新分配的医护专业事业干部全部分派至乡镇卫生院，为基层医疗队伍注入新活力。加大医疗设备配备，县综合人民医院、乡镇卫生院已完成4000余万元的设备招标工作。积极发展藏药产业。县藏药制剂室自制藏药125种，总量达24070斤，研制了专制妇科病的藏药1种、应用特色藏药制剂16种，建设县藏药制药厂。社保事业拓展新门路。县财政安排540多万元，为全县农牧民群众统一购买了小额意外伤害保险、大病医疗补充保险，为全县干部职工购买了团体意外伤害保险。城镇新增就业365人，困难群体、失业人员再就业1641人，开展农牧民技能培训799人，开发就业岗位360个，转移就业7383人、收入2615.5万元。民政事业开创新业绩。落实城镇低保资金439.15万元、农村低保资金1014.55万元、医疗救助资金196.16万元、困难家庭临时救助资金27.58万元、五保资金113.76万元、寿星补助22.28万元。县城“五保”集中供养中心于2016年1月投入使用，白嘎乡中心敬老院12月投入使用。全国第二次地名普查工作通过自治区验收，双拥工作荣获“全国双拥模范县”称号。

四、抓生态，促绿色发展。积极开展环境监测工作，在全县建立4个水质监测点和1个空气质量监测点。投资194万元，建设20个农村饮用水水源保护项目工程。认真做好自治区级生态村创建申报工作，茶曲乡玛库村、多硕卡村

已通过自治区评审。大力实施植树造林和人工种草（退牧还草）工程，去年，全县造林面积1071.6亩。投资310万元，在夏曲、扎拉、达塘3个乡镇休牧10万亩，草地补播5万亩。投资90万元，在夏曲镇实施人工种草4500亩。兑现草原生态保护补助奖励资金1822万元、牧民生产资料综合补贴257.2万元、村级天然草原监督员补贴555.66万元。

五、援藏工作取得新突破。2016年，对口支援我县的浙江省绍兴、宁波两市第八批援藏干部在比如任职以来，坚守工作岗位，心系比如各项事业发展，通过自身努力争取资金，扎实推进项目援建，援藏投资不断加大。去年由援藏投资实施的县综合人民医院（含藏医院、疾控中心、妇幼保健院）、比如镇巴贡小康示范新村、夏曲镇夏曲卡小康示范新村等项目进展顺利，总投资超过8000万元。

中国人民政治协商会议比如县第七届委员会常务委员会工作报告（草案）

县长　边巴次仁

2016年,政协比如县第七届委员会常务委员会在中共比如县委的坚强领导和县人大常委会、县人民政府的大力支持下，坚持以邓小平理论、“三个代表”重要思想和科学发展观为指导，认真学习党的十八大和十八届三中、四中、五中、六中全会和自治区第九次党代会精神，紧扣县委总体发展思路，积极组织各族各界政协委员，紧紧围绕全县经济社会发展大局和广大群众关心的热点难点问题，认真履行政治协商、民主监督、参政议政职能，在强化政治协商、推进民主监督、深化调查研究、注重反映社情民意方面取得新成效，圆满完成了七届一次会议确定的各项任务。

一、强化政治理论学习，不断提高履行职能水平

常委会始终把加强政治理论学习作为提高各族各界委员参政议政水平和政协工作者工作能力的重要途径。认真坚持党组、常委会、机关干部、委员学习组学习制度，采取集中学习、讨论、交流、专题辅导等灵活多样的方式，组织学习了习近平总书记系列重要讲话精神，党的十八届三中、四中、五中、六中全会精神，全国政协、自治区政协、地区政协会议精神，提高了各族各界委员围绕中心、服务大局、致力发展的实际能力。并根据调研需要，组织委员学习区域经济、文化旅游、环境保护等方面的政策和知识，为提高调研水平奠定了基础。通过学习，增强了委员履行职能的自觉性和坚定性，提升了为全县经济社会又好又快发展建言献策的质量和水平。

二、围绕大局，突出重点，认真履行三项职能

（一）围绕经济社会发展大局，积极开展政治协商。常委会按照“民主、求实、团结、鼓劲”的方针，不断创新思路，完善例会制度，提高了协商质量，增强了协商效果。七届一次会议以来，通过召开常委会议、主席会议，对事关全县经济社会发展的重大决策、重大事项和重要项目进行重点协商讨论，在坦诚为促进全县经济发展和社会和谐建言献策的同时，积极探索政治协商的新形式，紧紧围绕“十三五”规划的编制、比如县旅游资源开发、特色产业发展等问题开展了专题协商，取得了明显成效。

（二）努力提高提案的质量和办结率，切实增强参政议政实效。常委会采取有效措施，努力提高提案的质量，加大提案办理工作力度，保障了提案全局性作用的发挥。一是严把提案引导、征集、书写、审查、立案“五关”，使提案全局性、合理性、可操作性和参政议政的实效性有了明显增强。二是完善提案工作机制，加强提案工作制度化建设。进一步健全完善了《政协比如县委员会提案工作规定》。加强了与委员、提案承办单位协调联系，建立了提案提交、交办、承办、督办、落实、答复反馈一体化机制，促进了提案工作规范化、制度化。三是全面加强了提案办理工作。采取主席、副主席督办，与政府联合办理提案、跟踪督办、现场办理提案等形式，特别是县政府领导亲自参与办理提案，有效提高了提案办结率。七届一次会议共收到委员提案41件，经审查立案35件。截至目前，35件提案已办结14件，办结率为40%。提案的有效办理，使惠及广大农牧民群众的问题得到了解决，增强了提案参政议政的实效。

三、把握主题，发挥优势，竭力为全县经济社会发展服务

（一）把握“团结”和“民主”两大主题，服务构建和谐社会工作有新进展。常委会按照巩固壮大统一战线的要求，积极引导各族各界委员充分发挥自身优势，为化解矛盾，理顺关系，汇聚民力，影响和带动周围群众参与和投身经济社会建设、促进社会和谐多作贡献。制定了《比如县政协关于建立常委会组成人员联系委员并与委员交朋友制度实施方案》，要求各界委员在搞好本职工作，服务经济社会发展的同时，充分发挥委员主体作用，积极配合党委和政府开展凝聚民心、汇聚力量的工作，同样为全县各族各界群众积极参与支持全县经济社会建设起到了模范带头作用，有力地维护了社会和谐，推动了经济社会发展。

（二）广辟渠道，反映社情民意信息工作有新举措。健全委员联系制度和信息报送制度。制定《2016年政协比如县委员会委员任务分解表》，要求委员献一条良策、提一件提案、搞一项调查、办一件实事、反映一条社情民意，为委员反映社情民意搭建了平台，畅通了渠道，取得了实效。

法院工作报告

2016年，比如县人民法院牢记职责使命，精准定位，坚持以“四个全面”统领全局，以邓小平理论和“三个代表”重要思想、科学发展观为指导，全面贯彻落实党的十八大和十八届三中、四中、五中、六中全会及中央第六次西藏工作座谈会精神，贯彻落实习近平总书记系列重要讲话精神，特别是“治国必治边 治边先稳藏”的重要战略思想和“努力实现西藏持续稳定、长期稳定、全面稳定”重要指示，坚持“依法治藏、富民兴藏、长期建藏、凝聚人心、夯实基础”的重要原则，牢记职责使命，精准定位，坚持以司法为民、公正司法为主线，以规范司法行为为重点，以打造一支忠诚于党、忠于人民、忠于法律的高素质法官队伍为依托，忠实履行司法审判职责，真正实现“让人民群众在每一起司法案件中都感受到公平正义”的伟大目标。

一、牢记职责使命，开展审判工作

（一）加强立案、信访接待工作

2016年法院不断创新立案工作，积极推进立案登记制改革工作，对符合立案条件的实行当场登记立案，共立案214件。设立导诉台，由值班干警负责引导当事人正确行使诉讼权利，为群众提供必要的法律咨询和帮助，最大限度地保护他们的合法权益。

始终把信访工作作为化解矛盾，维护社会稳定的一项重要工作。积极采取措施，加大与其他部门沟通协调力度和诉讼风险告知力度，从源头上预防和减少涉诉信访问题。同时继续落实司法救助制度，为当事人减、缓、免案件受理费34159.25元，其中减交8件8人，共计5366.25元；缓交1件1人，共计2171元；免交16件16人，共计26622元，让经济确有困难交不起诉讼费的群众打得起官司。

（二）加强刑事审判，维护社会稳定

比如县处于反分裂斗争的前沿阵地，维稳任务繁重，涉稳案件较多。为维护社会稳定，比如县法院始终把如何有效打击、震慑犯罪，铲除分裂土壤，筑牢反对分裂、维护稳定的钢铁长城，作为当前刑事审判工作的重中之重。在每一起“专案”审理过程中，都成立由院长为组长，主管副院长为主要负责人的领导小组，在刑庭下设专门办公室，由刑事审判庭庭长负责制定各项工作方案、处突预案，坚持打击犯罪与警示震慑效果并重。同时积极争取县委、县政府及县委政法委的大力支持，并取得公安、消防、驻地武警部队、检察等部门的通力合作，在庭审安保、犯罪嫌疑人押解等方面为案件的审理提供强有力的保障。2016年，法院共受理刑事案件8件10人，审结8件10人。圆满完成了县委、县政府及上级法院关于审理工作“三不出”的工作任务，有效的震慑了一小撮人妄图利用制造敏感事件，破坏正常社会秩序的企图。

（三）立足民事审判，化解矛盾纠纷

随着生活水平的不断提高，群众消费意愿越来越强，但是群众法律意识还比较淡薄，随意买卖、以物抵物，随意担保情况严重。针对这一情况，法院充分发挥主动司法积极性，推行司法服务下基层，加大流动法庭巡回办案力度。抽调经验丰富的民事法官3人组成流动法庭，行程遍及全县10个乡镇，共调处矛盾纠纷12件，走村入户以案释法3次，开展各类法制宣传72场次，受教育群众达4万余人次。其次，协调司法行政机关，为群众诉讼提供服务，减少因诉讼对象、策略失误而导致的合法权益不能实现现象的发生。第三，充分发挥人民调解员作用，对诉讼关系简单，权利义务明确的简单民事案件交由人民调解员分流消化，对达成调解协议的案件由人民法院予以确认。2016年，比如县法院受理各类民事案件127件，诉讼标的额1045.19万元，已结121件（调解结案96件，撤诉11件，判决13件，不予受理1件，调撤率88.4%），结案标的900.27元，未结6件，结案率95.2%。其中夏曲法庭共受理各类民事案件30件，诉讼标的共计75.35万元，已结30件（调解结案30件，撤诉0件，调撤率100%），结案标的80.52万元，未结0件，结案率100%。有效的地减轻了群众诉讼负担，保护了群众合法权益。

（四）全力破解“执行难”，保障群众合法权益

在对申请执行案件加大执行力度的基础上，针对民事审判庭移送执行的案件，特别是一些疑难复杂或履行内容较多、数额较大的案件，执行人员在执行时，主动向原审判人员寻求帮助，调阅原审判的卷宗，要求承办案件的审判人员介绍案情，请原办案人员帮助执行。对夏曲法庭审理的简易案件，原则上由法庭就地审判就地执行，充分发挥夏曲法庭对当地情况和执行案件背景熟悉，做群众工作经验丰富的优势。2016年，比如县法院受理执行案件82件（旧存4件），结案72件，未结10件，结案率88%。与银行、财政、工商、国土及各乡镇等联动机关协助我院执行次数60次，联动办案17件。在破解“执行难”问题，重塑司法公信力，缓解执行力量不足方面开了一个好头。

二、维护社会稳定，积极参与全县中心工作。

2016年，法院在做好审判执行工作的同时，注重参与全县中心工作，维护我县社会局势和谐稳定。

（一）认真排查化解矛盾纠纷

充分发挥法院化解矛盾纠纷职能，大力整治“老赖”问题。为此，我院主动作为创新工作方式，着力改变以往法院单打独斗的被动局面，特向比如县委、县政府提交了整治“老赖”问题的《司法建议书》，引起县委、县政府领导的高度重视并做出“抓住机遇，快速启动”的重要批示。按照县委、县政府及县委政法委领导批示要求，法院起草了《比如县清理整治“老赖”工作方案》，详细阐述了我县“老赖”问题的产生原因和具体的对策措施，取得了县委、县政府及县委政法委领导的高度认可和大力支持。由县委政法委牵头，将比如县10个乡（镇）党委、政府及175个村（居）“两委”班子，驻村工作队，“一村一警”等

力量全部纳入进来。对全县范围内的老赖进行集中清理整治，压缩“老赖”们的生存空间，提高其违法成本，迫使“老赖”们不敢赖账、不能赖账。

（二）坚持能动司法，扎实做好群众宣传教育工作

积极开展法制宣传活动，在发挥好传统宣传手段的同时，努力适应和满足不同普法对象的需求。利用法制宣传日、重大节假日等有利时机，开展形式多样的法制宣传活动。通过以案释法，提供法律咨询、发放宣传单、悬挂横幅等形式，切实为群众答疑解惑。2016年，法院通过县委政法委协调各乡（镇）党委、乡政府，各驻村工作队加强法制宣传，提升群众法律意识和风险意识，我院制作了法律宣传单1000份，覆盖全县175个行政村，惠及全县5万余人。另外，坚持司法为民，落实便民措施，及时解决当事人诉难、诉累问题，主动走下法台、走出法院、深入到农牧民群众中，切实为群众服务，打牢维护社会稳定的群众基础。

三、立足规范管理，提升法院管理水平

以开展“廉洁司法”“规范司法行为年”活动及“两学一做”教育活动为契机，以制度的全面清理和完善为重点，全力实现管理方式由人工到信息化、由粗放化到精细化的转变，实现用制度管人、管案、管事，促进审判管理、队伍管理、司法政务和纪律作风的全面规范。

（一）以审判管理为中心，规范审判权利运行

一方面，大力加强司法过程标准化建设，严格行法律规定的程序制度。先后制定了审判管理方面的规范性文件3项。在立案环节，严格执行立案登记制度，公示立案工作流程和服务标准，对当事人询问实行首问责任制和一次性告知，最大限度减少当事人的往来奔波，减轻诉讼负担。在审判环节，狠抓各类庭审规范和流程标准的落实，同时加大督查力度，杜绝了随意改变庭审时间、随意打断当事人或律师发言、随意进出法庭以及着装不规范等问题，确保当事人有理讲在法庭、证据举在法庭、疑惑解在法庭、裁判形成在法庭。在执行环节，进一步规范执行行为，严格中止、终结执行程序，明确细化执行结案标准。正确适用查封、扣押、冻结等措施，加强对执行款物的管理，杜绝了消极执行、乱执行等问题。另一方面，严格规范审判权运行机制。2016年，比如县法院共评查案件74件，其中评查刑事案件4件，民事案件40件，执行案件30件。

（二）以制度建设为中心，规范法院日常管理。

坚持贯彻严格管理、强化考核，注重督促、强化责任的原则，努力在抓制度修订、制度落实和求实效上下功夫。共修订、完善了党员星级考评、着装考勤、廉政纪律、教育培训等方面的制度7项。利用“周五工作例会”，组织干警对新修订的制度进行学习，提高干警对制度的重视程度。

四、加强队伍建设，提升综合素质

（一）坚定党的领导，提升忠诚意识

重点加强领导班子建设。健全党组学习制度，成立由院长为班长的学习小组，深入持续开展“四个意识”学习活动，自觉增强政治意识、大局意识、核心意识，自觉向党中央看齐，不断开展批评与自我批评，增进了班子的团结，提高了班子的凝聚力和战斗力。不断增强服务意识，在全院干警中开展“党员之星”评选、党员先锋岗、领取“微心愿”等活动，加强党员法官司法为民的使命感、责任感。加强政治理论学习，将学习党章党规和学习系列讲话贯穿始终，将做合格党员与做合格法官统一起来，全年开展“两学一做”专题讨论会2次，组织干警集中学习8次，每人撰写心得体会8篇，人均记录学习笔记5000字以上。同时以党支部为单位，以“三会一课”等党的组织生活为基本形式，开展党组中心组讨论学习1次，党支部书记上党课2次。以“忠诚于党，忠于人民，忠于法律”的要求建设法官队伍。

（二）规范司法行为，打造干净法官队伍

不断深化司法廉洁意识教育，充分发挥党

支部纪律委员职责，狠抓日常管理和制度建设，组织干警学习了违反八项规定的典型案例，学习了“法官行为准则”“纪律处分条例”等文件，观看警示教育视频片，做到警钟常鸣。签订了党风廉政建设责任书，明确了领导干部一岗双责，加强审判执行、财务管理等重点岗位的监督管理，推进廉政风险防控机制建设。截至目前比如县法院干警无违法违纪行为。严格落实“五个严禁”“六条禁令”要求，规范干警行为，做到人前人后一个样，八小时内外一个样。开展党员法官亮身份活动，在立案信访、庭审活动、执行活动、法律文书送达等环节要求每一位干警在履职时必须身着制服，出示证件，接受群众监督。强化外部监督机制，邀请人大代表、政协委员、群众代表旁听案件审理，并制作发放“听审情况意见表”和“廉政监督卡”对庭审内外情况进行监督。今年以来，干警司法行为、司法作风得到极大改变，群众对法院满意度进一步提升。

（三）强化责任意识，激发勇于担当精神

坚持问题导向，针对存在的“庸、懒、散”问题，着力解决办事拖拉、推诿扯皮、怕担责任等不作为、乱作为现象，制作“司法便民联络卡”，由案件承办法官发放给当事人，便于当事人与法官及时沟通，杜绝相互推诿，扯皮现象的发生。突出司法能力建设，强化岗位练兵，组织、参加各类业务培训7次，培训干警7人，切实提高干警公正裁判、依法履职的能力。打造阳光法院、透明法院，以“法院开放日”为主要内容，邀请比如镇3个村居“两委”班子成员20余人，群众代表100余人来法院参观，了解法院日常工作流程。这些措施的施行，极大地缩短案件办理期限，提升了案件审理质效，减轻了群众诉累。

检察院工作报告

2016年，在县委和上级检察机关的正确领导下，在县人大、政府、政协及社会各界的监督支持下，检察院深入学习贯彻党的十八届四中、五中、六中全会和习近平总书记系列重要讲话以及司法体制改革精神，紧紧围绕比如县经济社会发展大局，顺应人民群众对和谐稳定、反腐倡廉、司法公正、权益保障的新期待，忠实履行检察职能，服务发展、维护稳定、保障民生，各项工作取得了新成效。

一、坚持宽严相济，着力维护社会平安和谐

依法履行批捕、起诉职能，积极推进和谐比如建设，坚持惩治犯罪、教育挽救、综合治理相结合，努力提升社会治理法治化水平。

（一）重点打击严重刑事犯罪

全年批捕各类刑事犯罪案件6件9人，起诉11件13人。其中，依法批捕抢劫、盗窃等侵犯财产权利犯罪案件4件6人，起诉4件6人；批捕故意杀人、故意伤害严重暴力犯罪2件3人，无纠正漏捕案件，同时认真落实检察环节社会治安综合治理各项措施，积极参与比如县社会治安防控体系建设，维护比如平安和谐。

（二）坚持贯彻宽严相济刑事政策

坚持把化解社会矛盾、促进社会和谐贯穿到办案的全过程，宽严相济，促进社会和谐稳定转变。虽然全年无不批捕案件，但是在办案过程中对特殊群体、特殊情节的轻微犯罪，始终坚持可捕可不捕的一律不捕，努力减少不必要的羁押。充分利用比如县社会矫治中心，对部分犯罪嫌疑人进行教育转化，同时推行轻微刑事案件的快速办理机制。另外，对于本县近年来未成年人犯罪易发、高发态势，检察院联合县教育局，深入开展“法制进校园”连续3年的巡讲专项工作，针对中小学生身心发展特点，有针对性地进行法制宣传教育，通过强化对未成年人的教育，完善了“未检”工作机制，实现了法律效果与社会效果的有机统一。

二、配合县委县府，服务比如社会稳定发展

（一）积极开展综治工作

为推动比如县社会综合治理工作稳步开展，本院健全了平安创建工作各项制度，完善了各类内保工作预案，建立了矛盾纠纷排查化解机制，严格落实防控举措，巩固治理成果。通过开展“三月、虫草采挖、文化艺术节等期间法制宣传”“流散僧尼培训”参与“清理老赖”“配合信访治理”等专项工作，提升了民众法制意识，调处了矛盾纠纷隐患，综合治理工作成效突出。

（二）深入开展维护社会稳定工作

始终把维护社会稳定摆在检察工作的首位，全力以赴开展各项维稳工作，确保了我县持续稳定。尤其在全年各个敏感时段，通过制定安保工作方案、处突预案，院领导下乡蹲点督导，院干警值班备勤巡逻等工作，确保了维稳举措落实到位。全年共派出50余人次，100余车次，投入维稳经费30多万元，参与维稳安保工作，为我县的持续全面长期稳定贡献了力量。另外，检察院督导驻村工作队，通过严格管控重点人员、重点部位，大力开展“感党恩”“中国梦”等系列教育活动，从思想和行动上巩固了基层稳定。

（三）持续开展强基惠民工作

始终坚持发展是第一要务的原则，严格落实七项重点任务。全年检察院共派出9名同志到扎拉乡美日村、白嘎乡杂亚村开展“强基惠民”工作，检察院党组成员每月至少1次深入村居调研看望驻村工作队，关心关爱驻村干部，全面支持驻村工作，建强村级党组织，为民办实事、办好事，打赢脱贫攻坚战，夯实基层发展的社会基础，同时看望慰问区、地检察院驻村工作队。

三、突出惩防并举，着力推进反腐倡廉建设

认真贯彻自治区、地委、县委和上级检察机关反腐败斗争的决策部署，坚持“老虎”、“苍蝇”一起打，促进惩防腐败体系建设，积极回应人民群众对惩治腐败的强烈期盼。

（一）积极开展职务犯罪查办预防工作

以树立理性、平和、文明、规范的执法理念为先导，以办案数量、质量、效率、效果、安全有机统一为目标，重点查办预防党委政府关注、人民群众反映强烈的职务犯罪案件。依法加大对工程、扶贫、食品药品等部门的法律监督。2016年，在县委、县政府的大力支持下，检察院联合县纪委，建成比如县廉政教育基地，并于9月份正式投入使用，通过邀请各机关单位负责人、工作人员参观、案例分析的方式，营造反腐倡廉和预防职务犯罪的浓厚氛围，净化各机关单位政治生态。截至目前，已组织参观学习16次，269人。同时，行贿犯罪档案查询系统正式上线运行，可以有效防控贿赂犯罪。

（二）深入推进专项工作

围绕易地搬迁、生态补偿脱贫、草场补助发放、项目实施等重点领域，本院联合县扶贫办，开展集中整治和预防扶贫领域职务犯罪专项工作，严肃查办发生在群众身边、损害群众利益的贪污贿赂、渎职犯罪案件。随着新时代侦查手段的转变和技术的提升，通过微信、微博、客户端等公开举报方式，本院集中核查在扶贫领域虚报冒领、截留挪用、贪污、失职渎职等违法犯罪情形，通过精心开展扶贫领域“四个阶段”专项工作，遏制了重点领域职务犯罪易发多发的势头，保障人民群众合法权益，促进农牧区的和谐稳定。

四、强化内外监督，着力促进严格公正司法

紧紧抓住人民群众反映强烈的执法不严、司法不公问题，优化检察资源配置,提升法律监督水平，促进社会公平正义。在诉讼监督方面，重点以防止错捕、漏捕和漏罪为重点，纠正有案不立、有罪不究、以罚代刑等问题，强化侦查、立案监督，全年对侦查机关在侦查活动中的违法事项提出口头纠正13次，向相关单位发出检察建议2份。在刑事执行检察工作方面，重点开展对看守所监管执法、社区矫正、财产刑执行以及刑罚执行工作的检察，其中对看守所各类安全防范检察5次，发现安全隐患6件，口头纠正6次，纠正率100%，在社区矫正与财产刑执行检察工作中，对县法院和司法局出现的问题，一一作了口头纠正，坚决履行法律监督职责，依法保障了当事人的合法权益，维护了法律的统一正确实施。另外，牢固树立自觉接受人大、政府、政协和社会各界监督的意识，确保公正司法。

五、践行为民宗旨，着力提高服务群众能力

始终把保障民生、维护民利、服务群众作为检察工作的又一中心，坚持以民为本、司法为民，依法公正对待人民群众诉求，不断满足人民群众对检察工作的新要求。为我县同全国一道全面建成小康社会，检察院全体干警开展与贫困群众结对帮扶工作，除了资金上的帮扶，重点帮助贫困群众转变思想，掌握技术，通过全体干警努力，精准帮扶，激发了贫困群众内生动力，其中2户贫困户如期脱贫。另外，认真推进涉法涉诉信访工作的开展，平均每月开展1次排查活动，坚持把排查、防范、化解社会矛盾贯穿于执法办案的全过程,对重大敏感热点案件及时进行分析研判，妥善办理涉法涉诉信访案件，减少矛盾积累和信访上行，及时解决群众合法诉求，有力推动比如的平安创建工作。在县委政法委的正确领导下，在法院、公安的大力配合下，本院及时有效地处置了2013年的一起盗窃信访案件。

六、持续从严治检，着力打造过硬检察队伍

按照政治过硬、业务过硬、责任过硬、纪律过硬、作风过硬的要求，切实解决队伍和司法中存在的问题，促进严格公正司法，提升公信力。

（一）学严结合，正风肃纪

本院通过周五集中学习平台，扎实有序开展“两学一做”和“规范司法行为”专题教育活动，切实提升了干警的党性修养。结合“两学一做”学习教育开展了“七月党建月”系列活动，党员干部扶贫结对帮扶活动，到敬老院献爱心活动以及县党建办开展的“服务心连心、行动手拉手，照亮千万家”活动。推动了本院党组织的建设，全面提升了干警“四个意识”。

（二）强化制度管理作用

2016年，检察院党组充分发挥领导职责，组织干警全面梳理现有制度，对多项制度进行“废、改、立”，以制度管权、管人、管事，重点出台《干警评分考核制度（试行）》《党组生活制度》《中层领导干部竞争上岗制度》等，不断完善检察机关司法为民、廉洁从检长效机制，促进干警纪律作风转变、工作绩效提升。

（三）增强司法能力

认真落实教育培训工作规划,切实加大业务尖子和办案能手的培养力度，全年积极组织12人前往那曲、林芝、拉萨、浙江、北京等地参加各类培训。结合司法实践,认真开展“双百计划”，坚持“走出去”与“引进来”相结合，多形式开展有针对性实用性的交流学习和岗位大练兵活动，促进干警业务能力不断提升。检察院干警1名通过司法考试，1名被区检察院评为“十佳业务能手”。

（四）推进司法体制改革，整合检察队伍资源

2016年，按照司法体制改革精神，检察院8名检察官通过考试或考核，顺利入额，整合了检察官力量，有利于充分发挥检察机关法律监督职能。另外，本院对部分检察干警进行科室调整，以适应司法体制改革中关于“三类人员”的分类工作，通过及时调整，明确责任，充分做好了司法体制改革各项准备工作，优化了我院检察队伍结构。

检察院检察工作的发展进步，得益于县委和上级检察机关的正确领导，得益于县人大、政府、政协和广大人民群众的大力支持和监督。但本院检察工作仍存在一些问题和不足，主要是：检察机关服务经济社会发展、服务人民群众的能力有待进一步提高;法律监督实效与人民群众对司法公正的需求还有一定差距;查办和预防职务犯罪工作力度仍需不断加大;检察队伍整体素质与形势任务的要求还有不相适应的方面等。对于这些问题,检察院将以更加务实的态度和扎实的措施,认真加以解决。

2016年国民经济和社会发展计划及执行情况与2017年国民经济和社会发展计划（草案）报告

一、2016年国民经济和社会发展计划执行情况

2016年，是“十三五”规划的开局之年，是脱贫攻坚的起步之年。一年来，在县委、县政府的坚强领导下，比如县各族干部群众，认真贯彻落实党的十八届六中全会、自治区第九次党代会精神，特别是吴英杰书记在比如视察调研时的重要讲话精神，面对艰巨繁重的任务，我们跨越赶超、争先争优，面对稍纵即逝的机遇，我们只争朝夕、跑步向前，继续加快城乡建设，着力保障和改善民生，确保了全县经济平稳中有增。圆满完成全面各项目标任务，“十三五”实现良好开局。

（一）经济继续保持平稳较快增长

当前比如县总人口为72637人，其中农牧民人口70190人。全年预计完成生产总值94473.13万元，与去年同比增长28.06%;其中第一产业21221.93万元，与去年同比增长4.5%，第二产业30551.37万元,与去年同比增长86.9%（工业310.02万元，建筑业30241.35元），第三产业42699.83万元,与去年同比增长15%。农牧民人均可支配收入达11496.59元，与去年同比增长13.67%

（二）经济得到可持续发展

农牧业：比如县2016年万亩牧草种植基地建设项目。该项目共投资1500万，在我县茶曲乡、良曲乡、比如镇、香曲乡、白嘎乡、羊秀乡休耕地、弃耕地上实施高效牧草种植12000亩。2016年我县万亩牧草种植建设工作共采购种子35万斤，其中绿麦草25万斤，箭舌豌豆10万斤，且完成了种植工作。

比如县严格按照地区农牧局为比如县分解的粮食种植21500亩目标任务，各乡镇共计完成粮食种植21500亩，100%完成粮食耕种目标任务。

投资市场：随着我县招商引资工作的深入开展，各招商引资项目的逐步实施和相继建成投入使用，对促进我县经济社会的发展，对城市规划的定位、布局，对改善城市的居住环境，对提高城市居民的生活品质等方面都起到了重要作用，2016年我县招商引资项目达18项，签订协议27.16亿元，完成落地1.16亿元。

（三）加强项目建设力度，改善民生设施

2016年以来，坚持把抓项目扩投资作为稳增长的首要举措，千方百计争取国家和援藏省市投资，全年建设项目190个，投资总额达到55.53亿元，完成投资35.9亿元。

道路交通：全县交通项目22项，总投资9.23亿元，完成投资7.07亿元。目前，我县建制村通车数达175个，农村公路路线总数为60条，总里程为1104.70公里，通车里程达637.65公里，其中县道253.37公里，乡道112.01公里，村道272.26公里。

水利：2016年，我县开复工水利项目9处，主要涉及防洪、灌溉、供水三大项，规划总投资为13223.91万元，完成投资12814.2万元，占全部投资的97%。按照“十三五”水利规划中重点项目前期工作，目前完成《比如县农村饮水安全巩固提升规划》编制工作，规划包含我县异地扶贫搬迁点及扶贫工程点，涉及全县10个乡（镇）286个项目点，项目建成后受益6058户39341人，规划总投资为11469.72万元。

教育：以地区在我县开展集团化办学试点

为契机，整合资源、优化配置，促进公平、提升质量，适度集中、联合办学的方式，并始终坚持教育优先发展战略。2016年我县教育项目建设15项，总投资21917.46万元，完成投资20309.49万元。

卫生：为加快卫生基础设施建设，推进县人民医院创“二甲”建设，完成乡镇中心医院、卫生院标准化建设，改善乡镇卫生院医疗卫生条件，2016年我县建设卫生类项目11项。总投资16269.32万元，完成投资13953.62万元。

扶贫：2016年申报基础设施建设扶贫项目15项，总投资66200.47万元，完成投资30482.47万元，受益人数达2503人。比如县易地扶贫搬迁项目2项，总投资21066.65万元，完成投资6359.985万元。目前，易地搬迁房建设完成130套，129户532人已顺利入住，为我县2017年全面实现脱贫任务打下坚实的基础。

援藏：2016年，援藏省市投资建设实施项目有县综合人民医院，比如镇巴贡小康示范新村等项目，总投资超过8000万元，已到位资金5560万元。

基础设施建设：全县基础设施建设进一步完善，县垫资建设基础设施项目25项，涉及医疗卫生、交通等。总投资9.14亿元，完成投资3.13亿元，进一步改善了基础设施滞后现象的同时，方便了群众就医、出行。

（四）强基固本，为跨越式发展营造良好环境

保障性住房方面：比如县2016年保障性住房项目共计19项，项目总投资55354.98万元，其中新建5项，总投资22785.24万元，预计完成投资20372.63万元。续建14项，总投资32569.74万元，预计完成投资28129.00万元。目前已有374套干部职工周转房投入使用。

宗教领域基础设施建设：建立健全促进寺庙和谐稳定的长效机制，我县新建僧舍、寺庙业务用房共82套，总建筑面积达4156平方米，同时为全县83处宗教活动场所广播电视“寺寺通”发放84套、“舍舍通”发放707套，均已发放完毕；83处宗教活动场所书屋建设已完成，各类书籍已全部发放到位，发放率达100%。

在过去的一年中，比如县经济发展固然取得了一定成绩，但也存在不少问题和不足。

（一）项目资金到位较慢。目前，比如县已进入项目建设的冲刺阶段，2016年确定的建设项目较多，投资额度也相对较大，但因资金到位慢，给我县项目建设工作带来很大阻碍。

（二）项目建设业务技术欠缺。今年我县工程建设项目多，尤其是投资额上千万甚至上亿的重点项目较多。我委和项管办等为重点业务单位，在项目建设的监督管理、质量检查及进度督促的过程中，由于工作人员受专业培训的平台和载体较少，工作人员业务技术跟不上项目建设总体需求。

（三）做好物价监管及突发价格事件监管不力。目前，县发改委无价格执法证，相关价格监管和认证业务骨干稀缺，物价相关工作无法正常开展，对物价监管及突发价格时间监管不力。

2016年财政预算执行情况和2017年财政预算草案的报告

一、2016年财政预算执行情况

2016年是“十三五”规划的开局之年，是贯彻落实全面建成小康社会，全面深化改革，全面依法治国，全面从严治党的关键之年，也是脱贫攻坚的起步之年。一年来，全县财政工作在县委、县政府的坚强领导下，在县人大的法律监督和县政协的民主监督下，在各部门的积极配合下，始终“坚持稳中求快”的发展总基调，深化财政体制改革，紧紧围绕发展和稳定两件大事，积极加强财源建设，优化支出结构，提高资金使用效益，促进民生持续改善，凝心聚力，攻坚克难，较好的完成了全年财政工作目标任务，财政预算执行情况良好，财政保障水平得到进一步提高。

（一）2016年财政预算收入执行情况

县十二届人大一次会议通过的财政预算收入为：财政总收入60727.5万元，其中：上级补助收入57233.8万元（包括一般性转移支付收入30834.5万元、专项转移支付收入26399.3万元），本级财政收入3493.7万元。2016年财政预算收入执行结果为：财政总收入116949万元，比年初预算增加56221.5万元，增长92.58%，其中：上级补助收入113246万元，比年初预算增加56012.2万元，增长97.87%，本级公共财政预算收入完成3703万元，完成年初预算的105.99%（其中：**税收收入**完成2385万元，**非税收入**完成1318万元）。

（二）2016年财政预算支出执行情况

2016年公共财政预算支出116740万元，比上年同期增加25395万元，增长27.80%。其中：一般公共服务支出14241万元；国防支出1295万元；公共安全支出13133万元；教育支出18039万元；科学技术支出218万元；文化体育与传媒支出2791万元；社会保障和就业支出5284万元；医疗卫生支出7542万元；节能环保支出1513万元；城乡社区事务支出19232万元；农林水事务支出19217万元；交通运输支出3300万元；资源勘探电力信息等事务支出153万元；商业服务业等支出1534万元；国土海洋气象等事务支出1068万元；住房保障支出4278万元；粮油物资储备支出311万元；其他支出3591万元（其中：“三老”人员支出135万元；强基惠民短、平、快项目675万元；第五批驻村工作队地、县两级表彰经费60万元；教育25%配套759.5万元；“三大节日”慰问及年底表彰经费210万元；基层政权建设资金200万元;西部政权建设资金216万元; 2016年度“双联户”户长补助资金266.2万元；五保户生活补助101万元；村级党组织活动经费40万元；2016年财政激励资金340万元；安全监管员补助49万元；2016年党建工作经费152万元;乡镇基层组织保障经费30万元;异地搬迁户设备购置县级配套65万元；各乡镇精准扶贫工作专项经费30万元；老干部活动经费及考察经费30万元；其他杂项支出232.3万元）。

总的来看，收支相抵后，安排预算稳定调节基金209万元，实现了收支平衡。此外，政府性基金支出121万元，收支平衡。从全年支出数据分析中能看出我县的医疗卫生、农林水、教育、社会保障，城乡社区事务支出占支出的比重较大，支出增长的主要原因是各类政策性和法定配套支出不断提高，新分人员逐年增多等因素造成。

二、财政工作主要情况

（一）民生保障水平稳步提高，群众幸福感得到不断提升

2016年，我们紧紧围绕社保、医疗卫生、教育等民生，不折不扣地把各项强农惠民政策落到了实处，为推动比如经济社会发展、社会和谐稳定做出了积极贡献。2016年共落实惠民资金18912.42万元，其中：全年村干部基本报酬、业绩考核支出1316万元；村民监督员基本报酬支出 696.99万元（其中：2015年至2016年自治区承担部分324.8万元，由县财政垫付）；村级组织工作经费支出 256.79万元；村级组织保障经费支出30万元；社区工作经费支出70万元；村文化室管理费支出 18.38万元；“三老”人员生活补贴支出 138.1 万元；和谐模范寺庙暨爱国守法先进僧尼表彰经费支出425 万元；民族团结表彰经费支出24.6万元；宗教活动场所民管会补助支出36.6万元；双联户表彰经费支出155.08 万元；双联户户长补贴支出266.2万元；义务兵优待金支出13.52万元；计划生育经费支出22.93万元；五保户供养支出120.98万元；寿星老人发放补贴22.29万元；高龄失能补助支出 40.32万元；农村低保支出1014.6万元；城镇低保支出412.46万元；城乡困难群众临时生活救助支出67.51万元；冬春受灾群众生活补助244.38万元；阳光家园计划项目支出 7.8 万元；残疾人机动轮椅燃料补助支出4.1 万元；城乡医疗救助支出320.89万元；农牧民医疗费支出2676万元；药品零差价销售补贴支出 165.3万元；基本公共卫生服务支出122.84万元；降消项目77.08 万元；村医补贴支出447.27万元；农牧区技术人员培训支出23万元；农业支持保护补贴131万元；生态公益林管护费支出955.71万元；科技特派员补助支出 210万元；兽医补贴支出 210万元；教育“三包”经费支出3709.33万元；2016年度草原生态奖励补助支出1670.06万元；野生动物肇事补偿支出173.71万元；公共文化设施免费开放支出 52.4万元；家电家具补贴支出 448.08万元；驻村为民办实事经费支出1935.92 万元；非物质遗产保护支出11.2万元；三大节日慰问金支出 168万元。

（二）加大基层工作经费投入，切实提升基层工作效能

落实干部职工带薪休假包干路费标准达到区内人均最低7100元，区外年人均最高达到13300元，共计全年支出1400万元，包干路费标准比地区略高；干部职工通讯补助全年支出272万元；乡镇干部生活补助经费支出488.5万元；寺管会驻寺津贴支出371万元；县级财政投入干部群众人身意外伤害保险406.4万元，基层党建工作经费152万元（上年财政收入5%），投入寺管会党建工作10万元，投入僧尼培训经费20万元，投入寺庙“六个一”活动经费10万元，投入县脱贫攻坚指挥部工作经费40万元，10乡镇脱贫攻坚工作经费30万元，产业发展项目资金303.8万元（上年财政收入10%），投入教育配套经费759.5万元（上年财政收入的25%），投入法律援助经费3万元，普法教育经费7.2万元，社区矫正经费5.1万元，人民调解员工作经费1.5万元，刑释解教人员安置帮教工作经费1.5万元，投入法院人民陪审员经费8万元，法院执行救助基金10万元，投入综治工作专项经费37.5万元，创安经费14.5万元，群防群治经费2.7万元，双联户服务管理工作经费50万元，投入视频监控和公安四级网线路租赁费66.5万元。

（三）财政体制改革不断推进

贯彻实施新《预算法》，预算编制更加注重长期规划，严格执行自治区预算支出执行进度考核机制，加快预算执行，提升效率；积极推进预决算公开，2016年我局除涉密单位外，37家单位的部门预算、21家单位的部门决算和财政总决算在全区政务网上进行了公开，进一步接受社会的全面监督；加大惠农涉农资金的整合力度，盘活存量资金，将更多的资金向扶贫和惠及民生的领域倾斜；积极参与县委、县府对县教育系统的财务改革，实行各项支出由财政局审核和分管领导审批的报账制，促进财务管理更加规范；着力推进涉农惠民资金“一卡（折）通”工作，2016年所有乡镇草补资金基本实现“一卡（折）通”，其他惠民资金逐步实行“一卡（折）通”管理，确保了涉农惠民资金及时兑现，规范化管理；完成所有乡镇

会计电算化的软件安装和人员培训，实现了全覆盖；完成了全县电子票据系统的安装和人员培训工作，实现了财务电子票据的使用管理，确保财政资金收支更加规范。

（四）加强财政监督，确保资金安全

今年以来，县财政配合县组织、纪检等部门，完成对比如镇政府、强达尼寺管委会、夏曲镇公安一级检查站四家单位领导离任和比如镇环卫队移交县市政局的财务检查和交接工作；对教育系统的债务再次进行了清理、核实，并对进一步加强资金的管理提出了意见建议；会同纪检等相关部门对各类涉农惠民资金落实情况，进行了多次全面督促检查，形成了专项检查报告；加强公务用车的监管工作，严格规范公务用车购置报废等的审批、登记程序，对所有纳入固定资产卡片的车辆实行动态管理；积极参与物资采购管理，对全县行政事业单位物资采购实行公开招投标和政府集中采购，做到节约财政支出，监管到位。积极开展惠民政策宣传工作，依托村级农牧民党员培训，认真宣传惠民利民政策。继续开展往来账款清理工作，对我县历年挂账的往来账款进行了全面的清理，及时催缴了各类借款，取得了明显的成效。坚持不懈地抓好党风廉政建设，以深化《中国共产党廉洁自律准则》《中国共产党纪律处分条例》的贯彻落实为重点，继续深化“两学一做”活动取得的成果，不断加强干部队伍廉洁从政建设。

索引

说明

一、本索引采用主题分析索引法，按主题词首字汉语拼音（同音字按声调）顺序排列；首字相同的按第二字汉语拼音顺序排列，依此类推。

二、部类、分目标题和页码用黑体字标明。主题词后的阿拉伯字表示内容所在页码及参见页码。

三、大事记、特载的重要文件只索引到文章的二级标题。

四、本索引的主题词由部类、分目和条目名称，人名、地名、机构名、文件名、表格名组成。

五、为便于读者检索，比如县的企事业，比如县的企事业单位和比如县发生的事件名称，除易产生歧义的外，省略“比如县”或“比如”。